세계교회협의회(WCC) 주요문서 및 해설집

세계교회 협의회 신학을 말한다

World Council of Churches

세계교회협의회 제10차 총회 한국준비위원회

God of life,
lead us to
justice and peace

한국장로교출판사

:: 발행의 글

세계교회협의회 제10차 부산 총회를 한국 부산에서 성공적으로 개최하게 되어 하나님께 감사를 드립니다. 총회를 준비하는 데 있어서 행정적이고 실무적인 일이 많이 있었지만, WCC의 여러 주요 문서들을 연구하고 학습하는 신학적인 작업도 중요한 일이었습니다.

한국준비위원회의 기획위원회는 이 작업을 위하여 수차례 '기획마당'을 열어 여러 주제들을 심도 있게 다루며, 다양한 계층의 참가자들과 함께 발제도 하고 비평도 하며 건전한 토론을 이어 왔습니다. 특히 한국교회 상황에 WCC의 문서들을 비추어 해석하는 작업도 의미 있는 일이었습니다.

이 일을 위하여 수고하신 박성원 기획위원장과 기획위원 그리고 실무자들께 감사를 드립니다. 이 작업이 앞으로 세계 교회의 선교와 신학을 연구하는 학도들에게 좋은 자료를 제공할 것입니다. 모든 영광을 하나님께 돌립니다.

한국준비위원회 대표 대회장
김 삼 환 목사

:: 인사의 글

"에큐메니칼 문서도 일을 하네요."

에큐메니칼 운동과 세계교회협의회 World Council of Churches에 대해 오랫동안 학문적으로 연구한 한 학자가 한 말입니다. 사람들은 신학 문서가 에큐메니칼 운동, 혹은 복음의 증언에 무슨 의미가 있느냐고 합니다. 그러나 에큐메니칼 문서는 문서 그 자체로도 충분히 역할을 합니다.

2004년 가나, 아크라에서 열린 세계개혁교회연맹 World Communion of Reformed Churches 제24차 총회는 현 지구의 경제 불의와 생태계 파괴에 대해 신앙고백적 차원에서 응답한 '아크라 신앙고백'(Accra Confession)을 채택했습니다. 이 문서는 에큐메니칼 공동체가 낸 문서 중에 괄목할 만한 예언적 문서로 기록되고 있고, 이 문서에 표현된 고백은 에큐메니컬 신앙을 고백하는 교회나 개인에게는 경제와 생태 문제에 관한 신조(Credo)로 인식되고 있습니다.

초대 교회가 시작되어 신앙적 걸음마를 하고 있을 때 유대인들과 이방인들 사이에 신학 논쟁이 붙었습니다. 소위 할례파와 무할례파 사이의 논쟁으로, 당시 유대인들은 하나님의 자녀가 되는 조건으로 할례를 요구했고 이방인은 자신들이 유대인도 아닌데 왜 할례를 받아야 하느냐고 반박

했습니다. 논쟁이 격렬해지면서 교회의 분열이 일어날지도 모르는 상황이 되자, 사도들은 예루살렘 회의를 소집해서 이 문제에 대한 토론을 하였습니다. 예루살렘 회의는 격렬한 논쟁 끝에 하나님의 임재는 인간의 조건에 제한되지 않는다는 입장을 정리하고 신학적 공감대를 형성하였습니다. 이를 바탕으로 초대 교회는 본격적으로 이방인 선교에 몰입하게 됩니다. 이것이 그 유명한 예루살렘 회의(행 15장)이며, 이 회의가 후에 에큐메니칼 공의회의 뿌리가 되었습니다. WCC 총회도 이 전통에 그 뿌리를 두고 있는 셈입니다.

예루살렘 회의의 신학적 공감대의 형성은 당시 분열의 위험으로 치닫고 있던 초대 교회의 일치를 도모함과 동시에 이방인 선교라는 공동 복음 증거 실천의 동력이 되었습니다. 예루살렘 회의에서 있었던 토론은 오늘날과 같이 문서로 정리되지는 않았으나 성경에 이야기 형식으로 핵심이 기록되어 있습니다. 문서는 일을 하는 것입니다.

WCC는 에큐메니칼 증언을 하는 과정에 항상 신학적 공감대를 형성하기 위한 노력을 하고 있습니다. WCC 헌장 1조에 따르면 "세계교회협의회는 성경에 따라 예수 그리스도를 하나님이며 구주로 고백하고, 성부·성자·성령의 영광을 위하여 공동의 소명을 함께 성취하고자 노력하는 교회들의 교제"라고 밝히고 있는데, 서로 다른 전통의 교회들이 공동의 소명 성취를 위해 교제하기 위해서는 신학적 공감대를 형성할 필요가 있습니다. 사소한 문제에서부터 교회 분열의 신학적 이유였던 교리 문제에 이르기까지 신학토론을 하고 공감대를 형성하면 공동 증언의 길이 열리게 되는 것입니다. 때로는 공동 증언을 통해서 신학적 공감대에 이르기도 합니다.

WCC는 지난번 총회에서 결의된 내용을 바탕으로 프로그램을 구성하여 다음 총회 때까지 진행하고 총회에 보고합니다. 총회는 그 보고를 받고 그것을 참고하여 새로운 시대에 에큐메니칼 증언을 해야 할 것들을 성찰하고, 다음 총회 때까지 진행해야 할 과제를 결의합니다. WCC는 일치 Unity, 증언 Witness, 봉사 Service라는 큰 범주에서 프로그램을 세분화하여 진행하는 동안 많은 신학적 성찰을 진행하며, 이 과정에서 많은 문서가 도출됩니다.

제10차 총회에도 지난 회기 동안 여러 가지 프로그램들이 진행되어 온 것을 정리한 문서들이 보고되고 참고됩니다. 여기에는 이미 중앙위원회에 의해 공식문서로 채택된 문서도 있고, 총회와 총회 사이에 진행해 온 프로그램의 산물로서의 문서도 있고, 총회가 참고하고 그것을 바탕으로 하여 다음 과제를 정리할 문서들도 있습니다.

WCC는 제9차 총회(포르투 알레그레) 이후에 다음과 같은 여섯 분야의 프로그램을 운영해 왔습니다.

1. WCC와 21세기 에큐메니컬 운동 / WCC and the Ecumenical Movement in the 21st Century
2. 일치, 선교, 전도와 영성 / Unity, Mission, Evangelism and Spirituality
3. 공적 증언 : 권력에 대한 대응과 평화 천명 / Public Witness : Addressing Power, Affirming Peace
4. 정의, 봉사, 창조를 위한 책임 / Justice, Diakonia and Responsibility for Creation
5. 교육과 에큐메니컬 양육 / Education and Ecumenical Formation
6. 종교간 대화와 협력 / Inter-Religious Dialogue and Coperation

WCC는 이 프로그램들을 진행하면서 그 열매로 다음의 문서들을 산출했습니다.

1. 공동의 비전을 향한 교회, The Church towards a Common Vision(2012 크레테 중앙위원회에 보고된 신앙과 직제 Faith and Order 문서)

2. 하나님의 창조와 우리의 일치, God's Creation and Our Unity(2012, 크레테 중앙위원회에 보고되고 채택된 일치 선언문)
3. 함께 생명을 향하여 : 변화하는 에큐메니컬 지형에서의 선교와 전도에 관한 에큐메니컬 확언, Together towards Life : Ecumenical Affirmation on Mission and Evangelism in Changing Landscape(2012, 크레테 중앙위원회가 채택한 선교선언문)
4. 모두의 생명과 정의와 평화를 위한 경제, Economy of Life, Justice and Peace for All(2012, 크레테 중앙위원회에 보고되고 채택된 경제 생태 정의 선언문)
5. 정의로운 평화로의 에큐메니컬 부름, Ecumenical Call to Just Peace(2011년 DOV 마감 자마이카 대회 이후 정리한 평화 선언문)
6. 신학 교육에 관한 에큐메니컬 계약, Ecumenical Covenant on Theological Education(2012, 크레테 중앙위원회 승인 에큐메니컬 교육정책서)
7. 21세기 봉사에 관한 신학적 관점, Theological Perspective on Diakonia in 21st century(2012, 크레테 중앙위원회 보고, 채택된 21세기 봉사의 신학적 입장)
8. 다종교 사회에서의 기독교 증언, Christian Witness in Multi-Religious Society(WCC, WEA, RC 공동 합의한 다종교 사회에서의 기독교 증언 문서)
9. 부산을 향한 순례 : 세계 기독교를 향한 에큐메니컬 여정, Pilgrimage to Busan : Ecumenical Journey into World Christianity(WCC가 지난 7년간 한 프로그램의 개교회 신자들을 위한 요약 책자)

WCC 제10차 총회 한국준비위원회 기획위원회는 총회를 준비하는 동안 이 문서들을 여러 차례에 걸쳐 성찰하였습니다. 부산 총회를 계기로 한국 교회와 한국의 신학 교육기관이 이 문서들을 접하고 신학 교육과 교회의 신학적 성숙을 기하기 위해 문서들을 묶어서 출판하기로 하였습니다.

WCC 문서들을 번역해 주신 분들과 해설을 해주신 모든 분들께 감사드리고, 마당에 참여하여 토론해 주시고 신학적 의견을 나누어 주신 모든 분들과 여러 차례 신학 마당을 여는 데 수고를 아끼지 않은 한국준비위원회 실무진에게 감사를 드립니다.

에큐메니즘에 대한 이해와 친숙도와 그 중요도에 대한 인식이 깊지 않는 한국 교회와 한국 신학계가 이 문서들을 통해 에큐메니컬 운동과 WCC에 대해 직접적이고 정확하고 권위 있는 이해를 도모하기를 바랍니다. 나아가서 한국 교회가 신학적 지평을 좀 더 넓히고, 세계 교회와 교제하고, 다른 전통을 지닌 교회들과 지체로 연결되어 우주적 공교회를 형성하는 성숙한 교회가 되기를 바랍니다.

WCC 제10차 총회 한국준비위원회 기획위원회
위원장 **박 성 원** 목사

:: 인사의 글

　　WCC 제10차 부산 총회가 다가오면서, WCC가 그동안 발표해 온 중요한 문서들에 대해 한국 교회 다양한 그룹의 관심이 높아졌습니다. 특히 디아코니아 사역을 감당하는 각 교단의 부서들과 단체, 기독교 평화운동 그룹, 생태 환경 운동에 참여하는 교회와 단체 등 에큐메니컬 운동 그룹에 WCC의 문서들에 대하여 성찰과 논의가 필요하다는 움직임이 커졌습니다.

　　이러한 흐름을 토대로 KD한국교회희망봉사단은 WCC 제10차 총회 한국준비위원회 기획위원회와 더불어 9월 2일 서울 동승교회에서 'WCC 디아코니아 신학 세미나'를 개최했습니다. 이 세미나에는 한국 교회의 WCC 가입교단 디아코니아 담당 부서 책임자와 현장 목회자, 신학자 등이 참여하여 WCC 태동기부터 현재까지 WCC의 역사를 통해 디아코니아와 관련되어 발표된 5가지 중요한 문서들을 검토하고 비판적으로 성찰하며 토론을 진행했습니다.

　　디아코니아 신학 세미나 이후 보다 다양한 차원에서 WCC 운동과 역사를 검토하고 한국 교회에 적용해야 한다는 필요성이 대두되었습니다.

그래서 기독교평화센터를 중심으로 WCC 한국준비위원회와 함께 9월 27일 서울 동숭교회에서 'WCC 평화신학 세미나'를 개최했습니다. 한국 교회의 다양한 평화운동 단체와 활동가들이 참여하여 '정의로운 평화에 대한 에큐메니컬 선언'과 이 선언문의 안내서인 '정의로운 평화 동행'을 중심으로 WCC의 평화와 관련된 문서의 의미와 실천에 대해서 토론했습니다. 뿐만 아니라 한국 교회의 다양한 평화 교육 흐름 전반에 대해서 활동가들이 함께 논의하는 중요한 마당으로 자리매김했습니다.

생태 환경 분야는 워크숍 형태로 행사를 가졌습니다. 10월 14일 연세대학교 신과대학에서 WCC 제10차 총회 한국준비위원회 기획위원회가 주최하고, 한국 교회환경연구소 주관, 그리고 기독교환경운동연대와 연세대학교 한국기독교문화연구소의 협력으로 '제10차 WCC 총회 주제 심화를 위한 생태 부문 워크숍'이 열렸습니다. 워크숍은 생태 환경운동 단체와 실무자, 목회자가 참여하여 'WCC 공식 문서를 통해 본 생태 신학과 에큐메니컬 운동'이라는 주제를 통해, 한국 교회가 실천해 나갈 수 있는 현실적인 방안들을 모색해 보고, 그동안의 문제점을 진단하며 앞으로의 나아갈 방향성에 대해 논의하였습니다.

'WCC 경제정의신학 세미나'는 WCC 제10차 총회 한국준비위원회 기획위원회가 주최하고 생명평화마당이 주관하여, 10월 21일 한국기독교사회문제연구원에서 한국 교회 에큐메니컬 운동 목회자와 활동가들이 모인 가운데 개최되었습니다. 세미나에서는 이번 WCC 총회 공식 문서인 '만물을 위한 생명과 정의와 평화-행동의 촉구를 중심으로'를 주제로 다양한 발표와 토론이 진행되었습니다.

WCC 제10차 부산 총회를 다양한 형태로 준비하면서 WCC가 발표한 문서들을 각 분야별로 중점적으로 토론한 네 차례의 세미나는, WCC가 펼쳐온 다양한 운동들의 흐름을 분야별로 집중적으로 논의하고 공부하며 비판적으로 성찰할 수 있었다는 점에서 이번 부산 총회의 중요한 준비과정이 될 것입니다.

뿐만 아니라 총회를 준비하면서 한국 교회의 디아코니아와 평화, 생태, 경제정의 분야에서 활동하는 다양한 그룹이 만나고 대화하여 연대의 틀을 확인하고, 새로운 한국 교회 에큐메니컬 운동의 방향을 논의했다는 점이 중요한 가치로 확인될 것입니다.

WCC 제10차 총회가 잘 마무리된 이후에도 다시 다양한 그룹들이 함께 모여 부산 총회의 의미를 살펴보고 위기 속의 한국 교회가 나아가야 할 방향에 대해 토론한다면 더욱 바람직할 것입니다. 관련하여 수고하신 모든 분들께 깊은 감사와 평화의 인사를 전합니다.

KD 한국교회희망봉사단 사무총장

김 종 생 목사

발행의 글 _ 김삼환 / 3
인사의 글 _ 박성원 / 4
인사의 글 _ 김종생 / 9

1부 하나님의 창조 세계와 우리의 일치 / 15
번역 : 장윤재 _ 하나님의 창조 세계와 우리의 일치 / 16
해설 : 이형기 _ 하나님의 창조와 우리의 일치 / 25

2부 함께 생명을 향하여 : 기독교의 지형 변화 속에서 선교와 전도 / 71
번역 : 정병준 _ 함께 생명을 향하여 / 72
해설 : 김영동 _ 함께 생명을 향하여 / 113

3부 모두의 생명, 정의, 평화를 위한 경제 : 행동 촉구로의 부름 / 143
번역 : 박성원 _ 모두의 생명, 정의, 평화를 위한 경제 / 144
해설 : 강원돈 _ 모두의 생명과 정의와 평화를 위한 경제 / 155
해설 : 김정숙 _ 신자유주의 세계화에서의 경제 정의 / 177

4부 정의로운 평화를 향한 교회의 소명 / 185
번역 : 안종희 _ 정의로운 평화를 향한 교회의 소명 / 186
해설 : 장윤재 _ WCC 평화신학과 실천 / 204
해설 : 정주진 _ WCC와 한국 교회의 정의 평화 논의와 실천 / 235

5부 생명, 정의, 생태 정의에 대한 신학과 에큐메니컬 운동 / 245
해설 : 박성원 _ WCC와 에큐메니컬 공동체의 생태정의신학과 행동 / 246
해설 : 강성열 _ 창조 회복을 위한 성서의 해석 / 264

차례

6부 신학교육에 대한 에큐메니컬 서약문
  : 변화하는 세계 기독교 지평에서의 리더십 형성 / 285
   번역 : 김은혜 _ 신학교육에 대한 에큐메니컬 서약문 / 286
   해설 : 김성은 _ 신학교육에 관한 에큐메니컬 서약문 / 302

7부 21세기의 디아코니아에 관한 신학적인 전망들 / 309
   번역 : 강성열 _ 21세기의 디아코니아에 관한 신학적인 전망들 / 310
   해설 : 박성원 _ 에큐메니컬 관점에서 본 봉사 Diakonia에 관한 신학적 성찰 / 326
   해설 : 류태선 _ 콜롬보 디아코니아 컨퍼런스 문서의 배경과 의미 / 348
   성찰 : 장상 _ 디아코니아에 대한 성서적 성찰 / 354
   번역 : 박성원 _ 과거문서들 / 364

8부 다종교세계에서의 기독교 증언 / 381
   번역 : 정원범 _ 다종교세계에서의 기독교 증언 / 382
   해설 : 한국일 _ 다종교세계에서의 기독교 증언 / 390

9부 부산으로 떠나는 순례 : 세계 기독교를 향한 에큐메니컬 여정 / 399

1부

하나님의 창조 세계와 우리의 일치
God's Creation and Our Unity

번역

하나님의 창조 세계와 우리의 일치

장윤재
이화여자대학교 교수

1. 창조세계는 살아계신 하나님이 주신 선물이다. 우리는 창조세계의 다양성 안에 깃든 그 생명력을 찬미하며, 창조세계의 선함(창 1장)으로 인해 감사드린다. 따라서 변혁시키시는 성령을 힘입어 그리스도의 사랑 안에서 화해하게 된 온 창조세계가 일치와 평화 속에서 더불어 살아가야 하는 것이 바로 하나님의 뜻인 것이다(엡 1장).

1. 우리의 경험

2. 오늘날, 온 창조세계, 즉 이 세상과 거기 거하는 사람들은 저 깊은 곳에서 나오는 희망과 극도의 절망, 그 사이의 긴장 속에서 살고 있다. 우리는 인간 문화의 다채로움으로 인해, 지식과 발견으로 말미암은 경이로움으로 인해, 공동체들이 재건되고 적대적 관계에 있던 자들이 화해함으로 인해, 그리고 사람들이 치유 받고 배를 채울 수 있게 됨으로 인해 감사드린다. 우리는 서로 다른 신앙을 가진 사람들이 정의와 평화를 위해 함께 일하면서 기쁨을 느낀다. 이 보는 것들은 희망과 새로운 시작의 징

조이다. 한편 우리는 하나님의 자녀들이 울부짖고 있는 자리가 있음에 또한 애통함을 느낀다. 사회적·경제적 불의, 가난과 기근, 탐욕과 전쟁으로 우리 사는 세상은 황폐하게 되었다. 폭력과 테러리즘과 전쟁, 특히 핵전쟁의 위협이 도사리고 있는 실정이다. 많은 사람들이 HIV/AIDS와 그 밖의 다른 전염병들로 인해 고통 받고 있으며, 고향에서 쫓겨나고 땅을 박탈당하기도 한다. 숱한 여성들이 폭력과 불평등 및 인신매매의 희생양이 되고 있다. 남성들 중에서도 학대당하는 이들이 있다. 사회 주변부로 쫓겨나고 배제된 사람들도 있다. 우리는 누구나 할 것 없이 우리의 문화로부터 소외되고 이 땅과 단절될 위험에 처해 있는 것이다. 창조세계는 오용되어 왔으며, 따라서 우리는 생명의 균형에 대한 위협과 점증하는 생태적 위기 그리고 기후변화로 말미암은 결과에 직면해 있다. 이것들은 우리와 하나님, 우리와 이웃, 그리고 우리와 창조세계와의 관계가 뒤틀려 버렸다는 징조들이며, 생명이라는 하나님의 선물을 욕되게 하는 것이다.

3. 우리는 교회 안에서도 축제와 슬픔 사이에서 그 비슷한 긴장을 경험하고 있다. 세계 도처의 기독교 공동체들이 새롭고도 전에 없던 다양성을 갖추며 성장해 나감에 있어 활력 넘치는 생명력과 창조적인 에너지를 보여주고 있다. 교회들 가운데 서로가 서로에게 필요한 존재임은 물론 그리스도께서 하나 되라 부르셨음에 대한 자각이 점점 깊어가고 있다. 교회가 고통과 계속되는 박해에 대한 공포를 경험하는 곳에서, 서로 다른 전통을 가진 그리스도인들이 정의와 평화를 위해 봉사하며 연대함은 하나님 주신 은총의 또 하나의 표지라 할 수 있다. 그간 에큐메니칼 운동은 일치가 증대될 수 있는 모판을 만들어 줌으로써 새로운 사귐을 장려해 왔다. 어떤 곳에서는 그리스도인들이 자신들이 속한 현지 공동체 안에서, 또 지역적 차원에서 새로이 합의된 약속 및 보다 긴밀한 협조 안에서 더불어 일하면서 증인의 역할을 감당하고 있기도 하다. 우리는 우리와 다른 신앙을 가진 사람들과 서로 나누고 배움으로써 정의와 평화를 위해, 그리고 아름답지만 한편 상처 받고 있는 하나님의 창조세계의 온전성을 보존

하기 위해 함께 일하도록 부르심 받았음을 점점 더 깨달아 가고 있다. 이렇게 심화되는 관계들은 새로운 도전을 불러일으키고 우리의 이해의 지평을 넓혀준다.

    4. 그러나 다양성이 분열로 변질되고, 우리가 서로에게서 그리스도의 얼굴을 시종일관 인지하지 못하는 고통스러운 상황도 경험하고 있음을 우리는 슬프게 생각한다. 우리는 성찬의 교제 식탁 주위에 다 함께 모일 수도 없는 형편이다. 분열을 일으키는 문제들이 남아 있는가 하면, 새로운 문제들이 날카로운 도전을 불러일으키며 교회 안과 교회 사이에서 새로운 분열을 일으키고 있는 것이다. 우리는 너무도 쉽사리 각자의 전통과 공동체 안으로 움츠러 들어감으로써 다른 이들이 우리에게 선사하는 선물에 의해 도전받지도, 풍성해지지도 못하고 있다. 어떤 이들에게는 신앙이라는 창조적이고도 새로운 삶 안에 일치에의 열정, 혹은 다른 이들과의 친교에 대한 갈망이 포함되어 있지 않은 것 같다. 이로 인해 우리는 교회 안에, 그리고 교회와 교회 사이에서 일어나는 불의와 심지어 갈등마저 보다 쉽게 묵인하게 된다. 사람들이 에큐메니칼 운동의 여정에서 조금씩 지치고 실망함에 따라 우리는 주춤하고 있다.

    5. 우리는 인간의 약점을 지닌 자들로서, 우리의 생명의 근원이신 하나님께 항상 영광을 돌리지는 않는다. 사람들을 배제시키거나 주변화시키고, 정의를 추구하기를 거부하며, 평화롭게 살기를 꺼리고, 일치를 추구하지 않으며, 창조세계를 착취함으로써 생명을 학대할 때마다 우리는 하나님께서 우리에게 선사하고 있는 선물을 거부하는 셈이다.

2. 우리가 공유하는 성서적 비전

    6. 우리가 함께 성서를 읽을 때, 창조세계 안에 있는 하나님 백성의 공동체의 자리, 즉 교회를 이해하는 눈이 열린다. 남자와 여자는 하나님의 형상 및 모상으로 창조되었으며, 생명을 돌보는 책임을 부여받았다(창

1 : 27-28). 이스라엘과 맺은 계약은 하나님의 구원 계획을 전개함에 있어 결정적인 하나의 순간을 나타내고 있다. 예언자들은 하나님과 계약을 맺은 백성들이 정의와 평화를 위해 일하고, 가난한 자들과 버려진 자들과 소외된 자들을 돌보며, 뭇 민족의 빛이 되라고 불렀다(미 6 : 8, 사 49 : 6).

　7. 하나님께서는 예수 그리스도를 보내주셨고, 예수께서는 자신의 사역을 통해, 그리고 십자가 위에서의 죽음을 통해 분리와 증오의 장벽을 허무시고, 새로운 언약을 세우셨으며, 자신의 몸 안에서 참다운 일치와 화해를 이루셨다(엡 1 : 9-10, 2 : 14-16). 예수께서는 하나님 나라의 도래를 선포하셨고, 무리들을 긍휼히 여기셨으며, 병든 자들을 고치시고, 가난한 자들에게 기쁜 소식을 전하셨다(마 9 : 35-36, 눅 4 : 14-24). 자신의 삶과 죽으심과 부활에 의해, 그리고 성령의 힘을 통해, 예수께서는 성삼위일체 하나님의 생명의 교제를 밝히 드러내셨고, 모든 이들에게 하나님의 사랑 안에서 서로 교제하는 새로운 삶의 길을 열어주셨다(요일 1 : 1-3). 예수께서는 세상을 위해 그의 제자들이 하나 되기를 기도하셨다(요 17 : 20-24). 예수께서는 일치와 화해라는 자신의 메시지와 사역을 그의 제자들에게, 그리고 그들을 통해 교회에 위임하심으로써, 맡은 바 그 분의 사명이 계속 이어지도록 교회를 부르셨다(고후 5 : 18-20). 믿는 자들의 공동체는 시작부터 더불어 살았으며, 함께 빵을 떼고 기도하면서, 가난한 자들을 돌보면서, 복음을 선포하되 다른 한편으로는 불화나 분열과 맞서 싸우면서 사도적 가르침과 친교에 전념했다(행 2 : 42, 15장).

　8. 교회는 그리스도의 몸으로서 십자가 위에서 예수님이 보여 주신 하나 되게 하시고, 화해시키시며, 세상에 대해 자신을 희생한 그 사랑을 체현하고 있다. 친히 연합하시는 하나님의 삶, 그 중심에는 십자가도 영원하며 부활도 영원하다. 그것은 우리에게, 그리고 우리를 통해 드러난 하나의 실재다. 우리는 하나님께서 온 창조세계를 새롭게 하실 것을 기도하며 간절히 기다린다(롬 8 : 19-21). 하나님은 언제나 우리보다 앞서 계시

며, 언제나 우리를 놀라게 하시며, 우리의 허다한 잘못을 용서하시고, 새 생명의 선물을 우리에게 주신다.

3. 오늘날 일치를 향한 하나님의 부르심

9. 에큐메니칼의 여정에 선 우리는 하나님께서 교회를 불러 온 창조세계의 일치를 위해 섬기게 하신 것을 더욱 깊이 이해하기에 이르렀다. 교회의 소명은 다음과 같은데, 그것은 새 창조의 전조(前兆)가 되는 것이고, 하나님이 모든 만물에게 주고자 하시는 생명을 전 세계에 알리는 예언자적 표지가 되는 것이며, 정의와 평화와 사랑이라는 하나님 나라의 기쁜 소식을 전파하는 봉사자가 되는 것이다.

10. 새 창조의 전조로서의 교회에 하나님은 다음과 같이 은혜가 넘치는 선물을 주신다. 그것은 성서에 기초한 신앙(faith)이고, 성령의 권능을 통해 우리가 그리스도 안에 거하게 되어 새로운 피조물이 되게 하는 세례(baptism)이며, 하나님과 우리 서로 간의 교제를 가장 완벽하게 표현해 주는 것이자, 사귐을 증대시켜 이를 통해 우리를 선교로 파송하게 하는 성찬(Eucharist)이고, 모든 믿는 자들의 은사를 찾아내 키우고 또한 교회의 선교를 이끄는 사도적 목회(apostolic ministry)이다. 회합적이고 협의체적 모임들 역시도 친교를 가능하게 하는 선물이다. 성령의 인도 아래서 이 모임들은 서로의 필요와 세상의 필요를 채우면서 무엇을 합의할 것인지 분별하고, 함께 가르치며, 희생적으로 살 수 있게 한다. 교회의 일치는 획일성과 다르다. 다양성 역시 창조적이고 활력을 불어넣는 선물이다. 그러나 세례 받은 사람들이 서로 이방인이나 적이 되고, 따라서 그리스도 안에 있는 생명의 하나 되게 하시는 실체에 해를 가해도 좋을 만큼 다양성이 그 정도로 대단한 것은 결코 아니다.[1]

---

1) 우리는 교회들이 신앙과 직제위원회의 문서, "교회 : 공동의 비전을 향하여"(*The Church : Towards a Common Vision*)에 응답하면서 하나님께서 우리에게 세상

11. 예언자적 표지로서의 교회에 주어진 소명은 하나님께서 온 창조세계에 뜻하고 계시는 생명을 공표하는 것이다. 신앙에 대한 근본적인 의견 차이에서 비롯된 교회의 분열이 남아 있는 한, 우리는 좀처럼 신뢰할 수 있는 표지라 말할 수 없다. 예를 들어 민족성, 인종, 성, 장애, 권력, 사회적 지위, 그리고 신분에 기반한 분열이나 주변부화 역시 일치에 대한 교회의 증언을 무색케 한다. 신뢰할 수 있는 표지가 되려면, 더불어 사는 우리의 삶을 통해서 인내, 겸손, 관대함, 상대방에 대한 주의 깊은 경청, 상호 책임, 포용성, 그리고 "너는 내게 쓸데가 없다"(고전 12 : 21)라고 말하지 않고 기꺼이 함께 하려는 의지 등의 자질이 반드시 반영되어야 한다. 우리는 자신의 삶에서 정의를 세우고, 평화 속에 함께 살며, 저항과 수고를 침묵시키는 안이한 평화에 결코 안주할 것이 아니라, 오히려 정의와 더불어 도래하는 진정한 평화를 위해 싸우는 공동체가 되도록 부르심 받았다. 오직 그리스도인들이 하나님의 영에 의해 화해되고 새로워질 때라야 교회는 모든 사람들과 온 창조세계가 화해된 삶을 살 수 있는 가능성을 진정 증언할 수 있게 된다. 교회가 하나님의 은혜의 참된 표지이자 신비인 때는 다름 아닌 교회가 그리스도께서 고난당하신 것처럼 때론 고난 받으며 약하고 가난한 바로 그 때이다.[2)]

12. 봉사자로서의 교회는 예수 그리스도 안에 계시된, 세계를 위한 하나님의 거룩하고 생명을 긍정하는 계획을 나타내 보이도록 부르심 받았다. 교회의 가장 기본적 본성은 선교이며, 교회는 하나님께서 그의 나라 안에서 온 인류와 온 창조세계에 주시려 작정한 교제라는 선물을 증거하기 위해 부르심 받았고 또한 보내심 받았다. 교회는 그리스도의 방법으로

안에서 그리고 세상을 위해 살도록 요청하시는 가시적 일치에 대해 보다 잘 이해하길 기도한다.
2) 우리는 WCC의 많은 프로그램들이 민족성, 인종, 성, 권력, 그리고 사회적 지위로 말미암아 발생하는 분열에 맞서 싸우며 이를 극복하는 과정에서 신앙 공동체가 된다는 것이 무엇을 의미하는지 이해할 수 있도록 우리에게 도움을 준 것에 고마움을 표한다.

섬기고 전도하며 선교하면서 하나님의 생명을 세계에 제공하는 일에 참여한다. 성령의 권능 안에서 교회는 다른 상황과 다른 언어와 다른 문화 속에서도 하나의 동일한 응답을 불러일으키는 방식으로 복음을 선포해야 하며, 하나님의 정의를 추구해야 하고, 하나님의 평화를 위해 일해야 한다. 그리스도인들은 우리와 다른 신앙을 가진 사람들이 있는 곳에서 함께 살고 있으며, 따라서 가능한 모든 곳에서 모든 사람들 및 창조세계의 안녕을 위해 협력하도록 부르심 받았다.

13. 교회의 일치, 인간 공동체의 일치, 그리고 온 창조세계의 일치는 하나다. 그것들은 불가분의 관계에 있다. 교회의 일치는 정의와 평화의 삶을 요구하는데, 이로써 우리는 하나님의 세계 안에서 정의와 평화를 위해 함께 일하지 않을 수 없게 된다.[3]

4. 우리의 헌신

14. 우리는 하나님의 계획 안에 있는 교회의 자리를 확신하는 바이며, 우리의 분열로 말미암아 예수 그리스도의 복음에 대한 증거가 약화됨은 물론, 하나님께서 모두에게 원하시는 그 일치에 대한 증거의 신뢰성을 떨어뜨리고 있음을 비통한 마음으로 고백하면서 우리 교회 안에, 그리고 교회와 교회 사이의 분열을 회개한다. 우리는 정의를 행하고, 평화를 위해 일하며, 창조세계를 지탱하는 데 있어서 실패했음을 고백하는 바이다. 하지만 우리의 실패에도 불구하고, 하나님께서는 신실하시며 책망하지 않

---

[3] 우리는 '폭력극복10년운동'(Decade to Overcome Violence, DOV)을 통해 자메이카 평화대회가 채택한 '정의로운 평화를 향한 교회의 소명'(An Ecumenical Call to Just Peace)에 요약된 하나님의 방법으로서의 정의로운 평화에 대해 배운 모든 것에 감사한다. 또한 '세계선교와 전도위원회'(CWME)의 문서, "함께 생명을 향하여 : 변화하는 지형 속에서 선교와 전도"(Together Towards Life : Mission and Evangelism in Changing Landscapes)에 요약된, 하나님의 방법으로서의 선교에 대해 배운 모든 것에도 감사를 표한다.

으시고 우리를 계속해서 일치로 부르신다. 우리는 창조하시고 재창조하시는 하나님의 능력을 믿으며, 하나님께서 세상에 공급하고 계시는 새로운 생명의 전조, 신뢰할 수 있는 표지, 그리고 유능한 봉사자로서의 교회가 되기를 갈망한다. 일치의 기쁨과 희망 그리고 열정이 새로워지는 때는 바로 우리가 생명의 모든 충만함으로 우리를 손짓하여 부르시는 하나님 안에 있을 때이다.

15. 그러므로 우리는 "교회들의 친교의 기본적인 목적[은] … 그리스도 안에 있는 예배와 공동의 삶 안에 표현된, 또한 세상에 대한 증언과 봉사를 통해 표현된, 하나의 믿음과 하나의 성례전적 친교 안에 있는 가시적 일치로 서로 부르고, 또한 세상이 믿을 수 있도록 그 일치를 향해 나아가는 것"[4]에 계속 헌신하기를 서로에게 촉구하는 바이다.

16. 이와 같은 공동의 소명에 충실하면서 우리가 주님의 한 식탁에 둘러앉아 우리의 일치를 표현할 때, 우리는 함께 '하나의, 거룩한, 보편적, 그리고 사도적 교회'라는 완전한 가시적 일치를 추구하게 될 것이다. 교회의 일치를 추구함에 있어 우리는 다른 전통들이 가진 선물을 받아들이도록 우리를 개방할 것이며, 아울러 우리 전통이 가진 선물 또한 그들에게 제공할 것이다. 우리는 신학적 대화를 이어 나가면서 새로운 목소리와 다른 접근 방법론에도 관심을 기울일 것이다. 우리는 정의와 평화와 창조세계의 치유를 위한 노력을 강화할 것이며, 함께 현대의 사회적·경제적·도덕적 문제들이 제기하는 복잡한 도전들을 다루어 나갈 것이다. 우리는 보다 공정하고 참여적이며 포용적으로 함께 사는 길을 찾기 위해 노력할 것이다. 우리는 다른 신앙의 공동체들과 함께 인류의 안녕과 창조세계의 안녕을 위해 협력할 것이다. 무엇보다도 우리는 그리스도께서 기도하

---

4) 2006년 브라질의 포르토 알레그레에서 열린 제9차 총회에 의해 개정된 WCC의 헌장과 규칙 제III항, 목적과 기능 중에서. 우리는 1948년에 열린 제1차 WCC 총회에서 나온 말을 기억한다. "여기 암스테르담에서 우리는 … 이 세계교회협의회를 창립하기로 서로 서약하였다. 우리는 함께 하려 한다(We intend to stay together)."

신 바로 그 일치(요 17장)를 위해 쉬지 않고 기도할 것이다. 즉 예수 그리스도께서 그의 사역을 통해 가져다주신 믿음과 사랑과 열정의 일치, 예수께서 아버지와 서로 나누신 것과 같은 일치, 삼위일체 하나님의 생명과 사랑의 교제 안에 내포된 바로 그 일치를 위해 기도할 것이다. 여기에서 우리는 선교와 봉사 안에 있는 일치를 위한 교회의 소명을 부여받는다.

17. 우리는 우리가 의지하고 기도하는 하나님을 향하여 우리의 눈을 돌린다.

> 오 생명의 하나님,
> 우리를 정의와 평화로 이끄소서,
> 그리하여 고통당하는 사람들이 희망을 발견할 수 있도록,
> 상처 입은 세계가 치유 받을 수 있도록,
> 그리고 갈라진 교회가 하나 되는 것이
> 우리 눈에 드러날 수 있도록,
> 우리를 위해 기도하시는 그분을 통해,
> 그리고 우리가 한 몸인 그분 안에서,
> 당신의 아들, 예수 그리스도,
> 당신과 당신의 성령과 함께,
> 찬양 받으시기에 마땅하신, 한 하나님,
> 이제와 그리고 영원히, 아멘.

[해설]

하나님의 창조와 우리의 일치

이형기
장신대 명예교수, 공적신학연구소 소장

1. 1927년 로잔부터 1982년 BEM 텍스트까지 '신앙과 직제' 운동이 추구해 온 교회의 일치 모델

'신앙과 직제' 운동은 1927년 로잔에서 열린 제1차 세계 대회로부터 1993년 산티아고 데 콤포스텔라의 제5차 세계 대회를 거쳐 오늘에 이르고 있다. 그러히 때문에 BEM 문서와 더불어 「교회 : 니케아=콘스탄티노플 신조(381)로 고백된 사도적 신앙에 대한 하나의 에큐메니컬 해설서」 및 '일치 성명서 : 하나님의 창조와 우리의 일치'(2012) 문서는 장구한 전(前) 역사를 가지고 있다.

이 글에서 먼저 그동안 '신앙과 직제' 운동이 추구해 온 교회 일치의 역사를 간단히 소개하려고 하는 목적은, 오늘 우리가 숙고해야 할 문건에 대한 역사적인 이해를 위해서이다. 아래의 교회 일치 추구의 약사는 WCC 총회별로 제시된 것이지만, 실제로는 '신앙과 직제'의 연구 결과물들이 여러 복잡한 절차를 거쳐서 총회에 의해서 받아들여진 것이다.

1948년 암스테르담 WCC 총회는 아직 비교교회론적 차원에 머물면서,

교회들의 '주어진 일치'(a God-given unity)를 말했다. 이는 신약성서가 증언하고 있는 교회요, 사도신경이나 니케아-콘스탄티노플 신조가 고백하는 믿음의 대상으로서의 교회이다. 이와 같은 계시에 의하여 은혜로 주어진 교회(the Church)와 역사 속에 있는 경험적 교회들은, 구별은 되지만 분리될 수 없는 예수 그리스도의 두 본성의 관계처럼 결코 이분 화될 수 없다. 따라서 역사 속에 있는 교회들은 이와 같은 '주어진 일치'를 이미 경험하면서, 믿고(출발점) 희망(종말론적 완성)하고 있을 것이다.

1952년 룬드 신앙과 직제 제2차 세계 대회는 기독론 중심의 일치를 주장하였다. 그것은 그 어떤 교회와 기독교인일지라도 예수 그리스도에게 가까이가면 갈수록 하나가 될 수 있다고 하는 것이었고, 1954년 에번스턴 WCC는 가시적 일치 추구를 시발시켰으나, 정식으로 가시적 일치 추구의 방향이 잡힌 것은 1961년 뉴델리 WCC 총회 때였다. 뉴델리는 "각 장소에 있는 모든 기독교인들"(all in each place)[1]이 사도적 신앙과 복음, 세례와 성만찬, 코이노니아와 증거에 있어서 교파적인 정체성을 뒤로 하고 하나의 유기체적 공동체(organic union)를 추구하였다. 이와 같은 일치 추구는 우리가 추구하는(we seek) 가장 기본적이고 이상적인 일치 추구의 모형으로서 1961년 이전에는 없었던 것이요, 향후 이와 같은 일치 모델은 계속하여 에큐메니컬 운동이 추구하는 이상적인 일치의 모델로 남게 되었다.

하지만 1961년 WCC 총회 때에 동방정교회와 오순절 교회들이 정식 회원으로 가입하였고, 1962~1965년 사이에 제2차 바티칸 공의회가 열렸으며, 성서 연구의 결과로 신약성서 안에서 발견되는 다양한 교회의 모습이 강조되면서, "화해된 다양성 속의 일치" 혹은 "교파별 기독교 공동체

---

1) 뉴델리의 "all in each place"에 있어서 'place'는 공시적 차원에서 지역별, 광역지역별, 국가별 그리고 6대주 5대양과 같은 더 큰 넓은 광역별 지역에 있는 모든 기독교인들과 교회들을 뜻하고, 웁살라의 "all in all places"는 통치적 차원에서 그것들의 보편교회적 실재를 의미한다.

들의 코이노니아"(the Communion of the communions)가 강조되었으니, 궁극적으로 교파들의 정체성을 해체시키는 뉴델리의 "유기체적 일치"의 이상을 바라보면서도, 그 도상에서 양자 간 대화를 통한 일치운동이 활발하게 전개되었다.

이미 지적한 대로 1961년 뉴델리와 제2차 바티칸 이후 1960년대부터 시작된 양자 간 대화는 1970년대 이후 매우 활발하였다. 그리고 1968년 웁살라 WCC 총회는 교회들의 정체성과 연속성과 다양성을 허용하는 교회의 보편성을 부각시켰고, 1975년 나이로비는 교회들의 일치 추구에 있어서 교회의 협의회성을 강조하였다. 나이로비의 '협의회성'은 지역(local) 교회들의 진정한 가시적 일치를 전제하는 것으로서, 제2차 바티칸 공의회 이후의 '화해된 다양성 속의 일치'(a reconciled diversity)를 더욱 강조한 것이다. 이는 '교파별 세계기구들'(WCFs=World Confessional Fellowships 혹은 CWCs=Christian World Communions) 교파들의 정체성을 없애는 것이 아닌, 화해된 일치를 의미한다.

'세례 성만찬 직제'에 대한 교회들 간의 상호 인정과 실천을 선언한, "신앙과 직제" 운동의 금자탑과도 같은 BEM Text(1982)[2]는 에큐메니컬 회원 교회들의 다자 간 수렴 문서로서 에큐메니컬 교회론에 관한 것이다. 이미 여러 해 동안 회원 교회들로부터 논찬을 수렴하여 6권의 책이 출판된바, BEM 문서는 에큐메니컬 교회론으로서 반세기 동안의 신앙과 직제 운동의 결실이었다. 1983년 밴쿠버 WCC 총회는 가시적 일치 추구의 요건으로 "사도적 신앙"과 "세례·성만찬·직제" 그리고 "공동의 결의 방법과 공동의 권위 있는 가르침"을 제시하였으니, 이 모든 교회 일치 추구를 위한 이정표들은 모두 "주어진 일치"를 가시화하는 바, "유기체적 일치"를 궁극적인 목표로 하는 것이다. 오늘에 이르기까지 그리고 향후 "신앙과 직제" 운동은 이와 같은 "유기체적 일치"를 결코 포기하지 않을 것으로 보

---

2) 본 역서에서 번역 된 나머지 문서들에 대한 간단한 소개는 각 책의 서론에 실려 있다.

인다. 비록, 그것이 약화되었고, 여러 다양한 일치 모델들 가운데 하나로 굳어졌지만 말이다.[3]

2. 과거 20년 동안(1990-2012) '신앙과 직제' 운동에 변화를 준 신학적 변수들

1) 창조 세계 보전과 생명

'생명'의 문제는 1961년 뉴델리 WCC 총회에서 골로새서 1 : 15~20을 토대로 우주적 기독론에 입각한 창조 세계 보전에 대한 주장을 펼친 지틀러(Joseph Sittler)에게서 시발되었다. 그러나 1960년대의 세계사적 격변들로 인해 WCC는 관심의 초점을 '역사'로 집중하였다. 그러다가 1972년 유럽의 경제학자와 과학자, 기업인 등 36명으로 구성된 '성장의 한계'(The Limits to Growth)와 '스톡홀름 유엔 인간환경회의'가 출범하면서, 지구 환경 문제는 글로벌 이슈가 되었다. 이와 같은 맥락 속에서 1975년 나이로비 WCC 총회가 교회의 사회 참여의 이상(理想)으로서 JPSS(a just, participatory and sustainable society)를 내세우고, 1979년 MIT '교회와 사회 세계 대회'가 그것을 숙성시켰으며, 1983년 밴쿠버 WCC 총회의 JPIC와 1990년 서울 'JPIC 세계 대회' 이래로 오늘에 이르기까지 '창조 세계의 보전'(integrity of the creation)의 틀 안에서 '생명의 신학'이 신학의 큰 흐름을 형성하였다.

따라서 1991년 호주 캔버라 WCC 총회는 전체 주제를 "성령이여, 오소서! 전 창조의 세계를 새롭게 하소서!"로, 제1분과의 제목을 "생명의 시여자시여, 당신의 창조 세계를 지탱하소서!"로 정했으니, JPIC의 정신, 특히 "IC"의 문제가 역사상 유래 없이 크게 부각되었다. 서울 JPIC를 계기로 WCC 중앙 위원회는 향후 100년 동안 JPIC야말로 세계 교회의 과제가

---

3) 「신앙과 직제와 삶과 봉사의 합류」, 이형기 · 송인설 옮김(한국기독교교회협의회, 2009)의 역자 서론 10-14쪽 참조.

될 것이라 하였다.

하지만 '창조 세계 보전'(IC)의 문제는 '정의와 평화' 문제와 맞물려 있다. 과학과 기술에 의한 자연에 대한 탐욕적 정복, 산업화와 도시화로 인한 자연환경 파괴, 무한 경쟁과 무한 소비를 추구하는 '신자유주의 시장경제'의 글로벌화로 인한 자연 착취, 이로 이한 기후 변화와 자연재해 등은 경제적 부정의의 예증이요, 세계 제1, 2차 대전과 같은 전쟁과 핵 실험으로 인한 자연에 대한 오염 등은 모두 반 평화의 예증일 것이다.

'정의와 평화와 창조 세계의 보전'(JPIC) 운동이야말로 교회와 인류가 추구해야 할 '샬롬의 생명 공동체'라고 말할 수 있다. 그도 그럴 것이 건강한 '창조의 세계'만이 '생명'의 세계가 아니라, '사랑과 정의와 평화'의 인류 공동체 역시 '생명'의 세계이기 때문이다. 그리고 인류 공동체와 창조 세계 안에 있는 생명체들의 공동체를 아우르는 하나님의 집 역시 '생명'의 집이기 때문이다.

비록 1972년 스톡홀름, 1990년 서울 JPIC 그리고 1992년 리우 유엔 세계정상회의에서는 북반구의 나라들은 환경주의(environmentalism)로 그리고 남반구의 나라들은 정치·사회·경제적인 측면으로부터 환경을 바라보아야 한다고 보았지만, 환경 문제는 결국 리우에서 '지속 가능한 발전'으로 일단락되었다고 보인다. 그런즉, 오늘날 세계는 정치, 사회, 경제와 창조 보전 문제를 상호 불가 분리한 관계 속에 있는 것으로 보고 있다.

위의 세계 환경 대회들과의 연속성 상에 있는 '지구 헌장'(2000, Paris) 역시 이 둘의 불가 분리한 관계를 주장하고 있다. 그도 그럴 것이 본 '지구 헌장'은 4장으로 구성되어 있는데, 제1장이 "생명 공동체에 대한 존중과 배려"를 논하고 제2장이 "생태학적 온전성"을 논하며, 제3장이 "사회경제적 정의"를 논하고, 제4장이 "민주주의, 비폭력 그리고 평화"를 논하였기 때문이다.

다시 말하면, 처음 두 장은 환경 문제요 나머지 두 장은 정치·경제·사회·문화의 문제인 것이다.[4]

2) '신자유주의 시장경제'의 글로벌화 : 글로벌화의 역기능[5]

2009년 5월 14일 프란시스코 교육회관에서 한국의 로마 가톨릭교회와 개신교의 '그리스도인 일치 협의회' 주관으로 열린 세미나에서, 몰트만 교수는 "지구화 시대에 있어서 오이쿠메네 : 회칙 '하나 되게 하소서'"를 발표하였다.

그는 이 강연의 결론 부분에서, 그동안의 글로벌화 과정은 '신자유주의'와 '정보통신'과 '인권'과 '민주주의'의 세계화로 일류 공동체가 하나 되어 잘 아 갈 것으로 기대되었으나, 실제로 오늘날 우리들에게는 글로벌화(특히, '신자유주의')가 4가지 역기능을 초래하였다며, 세계 교회들이 연합하여 그와 같은 역기능들을 극복해 나가야 할 것을 촉구하였다. 4가지 역기능에 대하여 몰트만은 다음과 같이 주장하였다.

첫째로 점점 더 많은 사람들이 세계적으로 주변으로 내몰리고 있다. 이들은 직업이 없고 소비할 것이 없는 사람들이다. 아무도 이들을 필요로 하지 않고, 아무도 이들을 원하지 않는다. 둘째로 환경파괴는 급속도로 증가하고 있고 글로벌화 된 경제는 세계 정상들의 기구 변화 대응 세계 대회들을 방해하고 있다. 셋째로 글로벌화 된 세계는 인류사회를 부유한 사회와 빈곤한 사회로 분열시키고(20대 80), 사회적 국가들(Sozialstaaten)과 자유민주주의를 파괴한다. 넷째로 나

---

4) "Appendix : The Earth Charter"(2000, Paris), *In Earth Habitat : Eco-Injustice and the Church's Response*, ed. Dieter Hessel and Larry Rasmussen(Minneapolis : Fortress Press), 2001, 207-216.
5) 지금 몰트만이 주로 글로벌화의 '역기능들'에 대하여 주장하고 필자도 그와 같은 '역기능'의 측면을 소개하고 있으나, 그것의 '순기능들'에 대하여 주장하는 학자들도 있다. 대체로 이와 같은 학자들은 자연과학과 기술, 자유와 인권과 같은 민주주의적 가치들, 경제적인 발전에 의한 빈곤 퇴치 등 모더니즘의 글로벌화로 말미암아 그것의 '역기능들'에도 불구하고 아시아와 아프리카와 라틴 아메리카 등 '제3세계'들에게 좋은 영향을 주었고 계속해서 줄 것으로 본다. 참고. Max Stackhosue, *God and Globalization, Vol. 4 : Globalization and Grace*(New York : Continuum, 2007), 1-33; John Atherton, *op. cit.*, 9-30.

라들이 짊어지고 있는 산더미 같이 큰 부채는 세대들 간의 계약을 깨뜨리고, 오고 오는 세대들의 생명과 삶을 짓누르고 있다.

ㄱ. 1990년대 들어서 글로벌화 된 '신자유의주의 패러다임'의 글로벌 자본주의로 인한 글로벌 '인종차별'(apartheid)에 해당하는, 나라들 안에서 그리고 나라와 나라 사이의 빈익빈부익부로 인한 삶의 모든 분야에 있어서의 양극화와 인간 및 창조 공동체의 파괴

ㄴ. '신자유주의'의 무한 경쟁, 무한 성장, 무한 소비로 인한 기후 변화와 환경 파괴와 생태계 파괴

ㄷ. '신자유주의의 글로벌화'로 야기되는 이민과 민족 이동, 이로 인한 다민족 다문화 다종교의 상황, 그리고 그 결과로 야기된 종교 및 문명 간 충돌(폭력과 전쟁)

ㄹ. 모더니즘(신자유주의의 글로벌화)의 유산인 획일주의 문화, 동시에 다름과 정체성과 차이 그리고 다원주의를 강조한 나머지 공동체성을 상실하게 하는 포스트모더니즘 문화

그동안 에큐메니컬 운동은 이상과 같은 글로벌화의 역기능으로서 '신자유주의 시장경제'의 도전에 대하여 계속해서 응전해 왔다. 이에 관하여 우리는 1992년의 「기독교 신앙과 오늘의 세계 경제」, 1998년의 「하라레 총회 보고서」, 그리고 2006년의 「아가페 문서」가 그 예증이라고 본다. 일찍이 1998년에 나온 *Mission and Evangelism in Unity Today*[6]는 새로운 선교 신학 지침서의 새로운 변수로서 "글로벌화"와 "포스트모더니즘"을 언급하였다.

3) 포스트모더니즘과 다민족 다문화 다종교

---

6) 본 문서는 2005년 아테네 CWME 총회를 위하여 CWME에 의하여 채택된 a study document로서 "Preparatory Paper No.1"이다. *Mission and Evangelism in Unity Today*, 3-6.

포스트모더니스트들 모두는 하나의 이야기가 아니라 다양한 이야기들과 미시담론들, 보편(universals)이 아니라 특수(particulars)와 다름과 차이들을 주장하였다. 이들은 네트워크와 피트너십과 연대성과 "차이 속에서의 연대성"이 아니라 알알이 흩어짐만을 역설하였다.

하지만 앞에서 필자가 제시한 교회와 '타자들'과의 관계 맺음의 방법론은 모더니즘의 '거대담론'을 해체하려는 포스트모던 사상가들의 좋은 점들(다양한 이야기, 특수와 다름 등)을 받아들이면서 그들의 딜레마를 해결하였다고 본다. 필자는 삼위일체론과 우주적 기독론과 에큐메니컬 교회론으로 푸코, 데리다, 리요타르의 해체주의의 문제점을 해결한 셈이다. 베스트와 켈르너는 "미시 정치"(micropolitics)를 강조하는 "사회 민주주의"로 포스트모던 해체주의를 극복하려 하였고, 비스는 전통적인 미국의 자유민주주의로 1960년대 이후 미국의 해체주의에 가까운 다원주의와 다양성의 해악을 극복하려 하였다.[7]

우리는 다문화 시대 혹은 다문화의 글로벌화 시대 속에서 문화적인 전통과 정체성을 귀하게 여기면서도 타 문화들의 공동체들과 함께 어우러져 살면서, 다양한 문화들 속에서 문화적 코이노니아를 추구함으로써 '다문화 공동체들로 구성된 하나의 인류 공동체'(the Community of humankind of diverse cultural communities)를 구축해야 할 것이다. 한 문화가 타 문화 속에 침투하는 페리코레시스[8]를 추구하면서도, 하나의

---

7) *Ibid.*, 56, 56-60.
8) 희랍어의 perichoresis는 라틴어로는 circuminsessio와 circumincessio를 뜻한다. 즉, 전자는 삼위 상호간의 내주를, 다른 하나는 삼위 상호 간의 침투를 뜻하는 것으로, 삼위의 사랑의 관계성을 뜻한다. 영어로는 'coinherence'로 번역되기도 한다. 이는 동방정교회 신학이 애용하는 용어로서 그 기원은 요 10 : 30, 38, 14 : 11, 17 : 21에 근거하고, 그것을 처음 사용한 교부는 6세기경의 가(假) 키릴로 추정되나, 그것을 삼위일체론에 처음 정식으로 사용한 교부는 동방의 다메섹의 요한(c. 675~c. 749)이다. 그리고 일찍이 그것의 예수 그리스도의 '두 본성의 교류'(communicatio idiomatum)에 관련하여 사용한 교부는 역시 동방의 니사의 그레고리(Gregory of Nyssa : c. 330~c. 395)였고, 고백자 막시무스(Maximus the Confessor : c. 580~662)였다.

문화가 타 문화들을 자기 것으로 동질화하지 않고, 다양성을 뭉개서 제3의 무엇을 만들지 않는 다양성 속에서의 코이노니아를 추구하는 문화 공동체를 성취하여, 하나님 나라를 앞당겨 보여 주어야 할 것이다.

1996년, 살바도르 CWME의 보고서[9]는 포스트모더니즘 문화에 대한 WCC 선교신학의 공식적인 응답이었다. 첫째로 하나의 복음과 종말론적 소망이라고 하는 통일성의 축과, 다양한 문화를 통해서 표현되고, 다양한 문화 속에 있는 기독교라고 하는 다양성의 축이야말로 살바도르 CWME의 선교적 비전의 핵심적인 부분이다. 살바도르는 다가오는 종말론적 새 공동체를 바라보면서, 역사의 지평 속에 있는 다(多)문화를 긍정적으로 보고, 복음에 의해서 다(多)문화가 개변될 것을 촉구한다. 둘째로 살바도르는 인종, 성, 종족, 나이 등 한 사회 안에 있는 특정 집단들에 관련된, 문화의 구조적 요소들, 즉 "정체성"의 문제를 "공동체성"의 문제와 결부시켜 논한다. 살바도르는 인종, 성, 종족, 나이로 인한 소외를 극복하고 진정한 공동체를 형성해야 할 것을 주장한다. 이와 같은 맥락에서 우리 동아시적 가치(불교와 유교와 힌두교 등)의 정체성을 회복하면서도 글로벌 공동체의 가치들과 함께 아우러지는 삶을 추구해야 할 것이다. 이는 다름 아닌 정체성과 공동체성의 문제일 것이다.

살바도르는 시장경제 원리의 지구화와 정보혁명의 지구화로 집약되는 지구화(globalization)야말로 오늘날 "지구적 인종차별"(global apartheid)을 초래했다고 본다. 즉, 가난하고 약한 나라와 민족과 종족들의 소외가 진정한 공동체 형성을 위해서 받아들여지고 있지 않다는 말이다. 여기에 더하여 인류는 자연을 소외시킨 나머지, 생태계 파괴와 이상 기온을 가져왔다는 것이다. 그리하여 살바도르는 교회로 하여금 진정한 종말론적 '샬롬 공동체'를 바라보면서 복음의 능력으로 이와 같은 공동체 파괴 현상들에

---

9) *Called to One Hope – The Gospel in Diverse Cultures*, Conference on World Mission and Evangelization, Salvador, Bahia, Brazil : 24 November-3 December 1996, 12-33.

대처할 것을 촉구하고 있다. 이는 다름 아닌 삼위일체 하나님과 다문화의 인류 공동체와 창조 세계가 함께 어우어지는 하나님 나라를 가리킨다. 따라서 우리는 '다양성 속에서 통일성 혹은 다양성 속에서 코이노니아'라고 하는 교회 일치의 모델에 '유비'하여 다민족·다종교·다문화를 추구할 때, 교회의 정체성과 일치 추구를 확고히 붙들어야 한다. '신앙과 직제'는 '삶과 봉사'와의 관계에서만 중요한 것이 아니라 여타의 모든 에큐메니컬 운동에 있어서도 중요하다.

4) 그리스도 중심적 구속사로부터 삼위일체 중심적 구속사로 패러다임 이동

「에큐메니컬 운동에 있어서 성경의 권위와 해석」 초판은 1980년에 나왔다. 우리가 지적한 대로 본 저서는 1949년 문서부터 1978년 벵골 문서까지만 다루었다. 그런데 필자는 콘라드 라이저(Konrad Raiser)와 더불어 WCC 중심의 에큐메니컬 운동이 1980년대까지 '그리스도 중심적 보편주의'를 추구해 오다가, 1990년대로 접어들면서 결정적으로 그리고 본격적으로 '삼위일체 중심적 보편주의'로 패러다임 이동을 했다고 주장한다. 물론, 그렇다고 전자가 폐기처분된 것이 아니라 후자 속에 재편되었지만 말이다.

우선 라이저가 주장하는 '그리스도 중심적 보편주의'가 무엇인가를 알아보자. 라이저는 다음의 인용문들에서 그것을 성명하고 있다. 라이저는 그의 저서 「에큐메니컬 운동의 패러다임 전환」에서 '그리스도 중심적 보편주의'에 대하여 이렇게 언급하였다.

> 1. 신약성서는 예수 그리스도께서 하늘과 땅의 주님(마 28:18)이라고 확언한다. 이 세상을 창조하시고 통치하시는 하나님의 말씀이 그분 안에서 성육신하셨고, 하늘과 땅의 창조주시요 주님이신 하나님 자신이 그분 안에 계시되었다(요 1:14; 골 2:9).

그분은 낮아지심과 고난과 죽음을 통과하여 승귀되심으로써 주님이 되신 것이다(빌 2 : 6-11).

2. 하나님께서 그리스도에게 주신 주권은 최후 심판과 완성의 날에 그것의 완성을 볼 것이다(고전 15 : 24 이하 ; 계 11 : 15). 그러나 그 주권은 하나님의(종말론적인)약속이요 선물이지만 지금 현재 실제적이고 현재적이며 무제약적이고 완전하다. 사람들이 그것을 인정하든 인정하지 않든(엡 1 : 20-22 ; 골 2 : 10 ; 딤전 3 : 16 ; 벧전 3 : 22) 말이다.

3. 그리스도의 주권은 인류에 의한 인정을 요구한다. 그와 같은 인정이 없이는 이 세상을 위한 진정한 웰빙과 구원이 없다. 하나님께서 신앙의 기적을 일으키시는 모든 곳에서 그리스도의 은폐된 주권에 대한 이와 같은 인정이 촉발되는 것이다(눅 10 : 23 ; 요 20 : 29 ; 고전 2 : 9).

4. 이 세상에 대한 그리스도의 주권은 그분의 교회에 대한 주권에서 특수하게 현현된다. 하나님께서 그리스도의 주권에 대한 선포를 통하여 모으시고 신앙의 기적을 일으키신 세상 안에 있는 그와 같은 사람들이 교회를 구축한다. 하나님께서는 세례와 성만찬을 통하여 충만한 역사적 실재성과 유일무이성을 지닌 사람들로 하여금 그분 자신의 죽음과 부활에 동참하게 하신다. 그렇게 해서 탄생된 교회 안에서, 하나님께서는 성령을 통하여 교회로 말미암아 그분이 겪으신 고난의 길을 따라가게 하심으로써 그들의 약함 속에서 강함을 나타내심으로써(고후 12 : 9 ; 참고 4 : 7), 신앙에로의 순종을 일으키심으로써 그리고 예배 및 성만찬에 실질적으로 현존하심으로써(마 18 : 20 ; 엡 5 : 26이하) 그분의 주권을 나타내신다(막 8 : 31, 34 ; 고후 4 : 10 ; 계 12 : 11). 교회는 그것의 실존 그 자체에 의하여, 창조 세계 전체에게 이 세상은 그리스도의 주권 밑에 있다고 하는 사실을 선포하는 것이다(마 5 : 14엡 3 : 10).(40)[10]

우리는 이상과 같은 '그리스도 중심적 보편주의'가 1990년 이전까지의 성서의 통일성으로서의 '복음'(the Gospel Tradition) 이해에 크게 영향을 주었다고 본다. 하지만 라이저는 이상과 같은 '그리스도 중심적 보편주의'가 1990년대 접어들면서 '삼위일체 중심적 보편주의'로 패러다임 이동을 보였다고 본다. 라이저는 다음과 같은 3가지 점을 새로운 신학적 패러다임의 출발점으로 보았다.

- 신적 실재와 하나님과 세상과 인류 사이의 관계에 대한 삼위일체론적인 이해
- '생명', 상호관계망으로 그리고 하나의 중심적인 전거점으로 이해된 생명
- 각 장소와 모든 장소에서 상호 간에 서로 다른 사람들의 한 공동체의 의미로 이해된 코이노니아로서 하나의 교회에 대한 이해.[11]

마이클슨은 1966년 제네바 '교회와 사회 세계 대회'까지만 해도 창조 세계를 인류 구속의 드라마(언약사)가 펼쳐지는 무대로 보는 칼 바르트 류의 창조의 신학이 지배적이었으나, 1975년 나이로비(JPSS)와 이를 심화시키는 1979년 MIT 교회와 사회 세계 대회를 거쳐 1983년 밴쿠버 WCC와 1990년 서울 JPIC 대화에서는 '창조의 세계'가 결코 '역사'에 종속하는 무엇이 아니라 '역사'와 더불어 하나의 '생명 공동체'의 구속의 드라마에서 결정적인 역할을 한다고 하였다. 비록 마이클슨이 칼 바르트적인 '그

---

10) Konrad Raiser, *Ecumenism in Transition : A Paradigm Shift in the Ecumenical Movement*(Geneva : WCC, 1991). 참고 : 이형기, 「에큐메니컬 운동의 패러다임 전환」(서울 : 한들출판사, 2011), 365-375; "The Lordship of Christ over the World and the Church", study document, WCC Division of Studies(Geneva, WCC, 1959), 3. WCC 자체는 1954년 에번스턴 이후 '그리스도의 주권'에 대한 연구를 하나의 포괄적인 성서적이고 신학적인 연구 프로그램으로 정하여 이와 같은 결과물을 얻었다.
11) K. Raiser, *op. cit.*, 77.

리스도 중심적 보편주의'로부터 '삼위일체론과 삼위일체론적 성령론'에로의 신학적인 패러다임 전환을 주장하지는 않으나, 1991년 캔버라 WCC가 성령의 관계적 독립성과 만유 내재에 대한 주장으로 삼위일체론을 내세우면서 창조 세계와 그 안의 모든 생명체들의 '본유적 가치와 위엄', '상호 관계성' 그리고 '지속 가능성'을 주장했으니, 이와 같은 창조 세계와 그 가운데 있는 모든 생명체에 대한 이해는 특히 사회적 삼위일체론과 다양성을 통일시키려는 성령론에 의존하고 있는 것이라고 하는 것이다.[12]

따라서 필자는 '그리스도 중심적 보편주의'로부터 '삼위일체론'으로의 패러다임 전환에 있어서 '성령과 창조 세계' 그리고 '생태학과 창조 세계' 역시 함께 기여한 것으로 보인다. 마이클슨의 다음과 같은 주장은 옳다. "생태학적 패러다임들과 에큐메니컬 패러다임들 사이에는 놀라운 평행들이 있다. 모든 것은 상호의존적이고(interdependent) 유기적으로 관계되어 있다. 다양성은 전체의 생명이고 실제로 통일성을 가능하게 만든다. 연관되어 있음(connectedness)은 하나의 소여이다. 우리의 '죄'는 이와 같은 전체에의 귀속의 실재를 부인하거나 파괴하는 것이다. 창조의 신학을 심화시키려는 현재의 노력들이야말로 통일성과 코이노니아에 대한 새로운 이해를 떠받치면서 에큐메니컬 신학을 위한 새로운 패러다임을 열어주고 있는 것이 사실이 아닌가?"[13]

여기에 더하여 라이저는 삼위일체론적 성령을 주장한다. 그는 로마가톨릭 형태이든 프로테스탄트 형태이든 서방교회는 정교회 전통의 '성령'을 망각하고 있다면서, 1990년대 들어서면서 크게 논의된 "특히, 기독론과 성령론의 관계('filioque' 논쟁)와 성령의 교회에 대한 관계"(1992)를 의식하고 있다. 그리고 이와 같은 맥락에서 최근 사회적 삼위일체론의 근

---

12) Wesley Granberg-Michaelson, "Creation in Ecumenical Theology", In *Ecotheology : Voices From South and North*, ed. by David C. Hallman(Geneva : WCC, 1994), 96-100.
13) *Ibid.*, 104-105.

간인 '페리코레시스'야말로 "하나님 담론, 하나님과 창조 세계에 대한 관계를 밝히는 담론 그리고 인간론과 교회론 담론을 위한 하나의 기본적인 범주"(1992)에 다름 아니라고 하였다. 그는 이와 같은 정교회 전통의 삼위일체론으로부터 영향을 받은 사회적 삼위일체론을 통하여 '통치자로서의 하나님' 혹은 '하나님의 주권'에 대한 강조가 삼위일체 하나님 자체 내의 그리고 삼위일체 하나님과 창조 및 인류 사이의 관계를 오도할 수도 있다고 하는 사실을 지적하였다.[14]

라이저에 따르면, 복음서들은 아버지 하나님의 영이신 성령께서 성부의 아들이신 예수님의 위격과 모든 사역들에 선행(先行)하시고 사역하셨다(정교회의 '영 그리스도론')고 본다. 그래서 예수님은 세상에 대하여 묵시적 위협을 가하는 당대의 묵시운동과 메시아 운동과 세례자 요한의 하나님 나라와는 달리, 은혜와 자비가 충만한 아버지의 나라를 선포하셨다고 하는 것이다. 라이저는 몰트만의 글을 인용하였다.

> (중략) 바실레이아는 오직 하나님의 아버지 되심의 맥락 안에 실존한다. 이 나라에 있어서 하나님은 주님이 아니시다. 그는 자비로우신 아버지이시다. 이 나라에 있어선 종들이란 없다. 오직 하나님의 자녀들뿐이다. 이 나라에 있어서 요청되는 것은 순종과 복종이 아니라 사랑과 자유로운 참여이다(Moltmann, *Trinity and Kingdom*, 70).[15]

그런즉 라이저는 다음 인용에서 바울과 요한의 기독론적 성령과 복음서들에서 증언된 '영 그리스도론'을 하나로 통합하였다. 이는 정교회의 성령론과 서방교회의 그것의 조합일 것이다.

첫 제자들의 공동체는 예수님이 죽은 자들로부터 부활의 생명을

---

14) K. Raiser, *op. cit.*, 92-93.
15) K. Raiser, *op. cit.*, 94.

창조하시는, 곧 성령의 사역으로서 메시아적 시대의 돌입으로 경험한다. 그들은 성령을 부활·승천하신 그리스도의 선물이라고 증언하였고, 이 성령 안에서 그들은 예수님을 태초부터 하나님의 영이 그분 위에 거하시는 하나님의 아들이요 메시아로 인정한다. 이런 식으로 그리스도에 대한 공동체의 증언은 아버지께로부터 나오시고 또한 승천하신 주님의 선물이신 성령의 사역에 대한 증언과 불가분리하게 연계되어 있다. 그분은 성령에 의하여 지음 받으셨고 탄생하신 것이다(눅 1 : 35 ; 마 1 : 18ff.).

그리고 그분은 수세 시에 성령에 의하여 하나님의 아들로 선포되고 그의 메시아 직분(막 1 : 10ff.)을 갖게 된다. 그리고 향후 그는 성령의 능력으로 행동하시고(눅 4 : 16ff ; 마 12 : 28), 성령의 능력으로 부활하시며(롬 1 : 4 ; 8 : 11), 그분의 승천에서 그 자신이 하나의 생명을 살리는 영이 되신다(고전 15 : 45). ……이 영이 남녀 인간들을 하나님의 아들들과 딸들로, 예수 그리스도의 형제들과 자매들로 만드시며, 하나님을 '아바 아버지'라 부르게 하신다(1995).

그리고 이 맥락에서 라이저는 몰트만의 글을 인용하면서, 복음서의 예수님을 내재적 삼위일체론에 근거하여 읽어냈다.

성령 안에서 예수님은 새 창조의 실재이다. 성령 안에서 그는 하나님과 인류를 향해 개방된 새 아담이다. ……태초부터 그는 전적으로 성령으로 태어나신 분이다. 때문에(눅 1 : 35) 그는 태초부터 하나님의 아들이시다. 성령은 예수 그리스도 안에 계신다. 물론, 여기에서 이 예수 그리스도께서는 유일무이한 방법으로 하나님을 인류에게 그리고 인류를 하나님께 매개하시는 분이시지만 말이다.(*Ibid.*)

그리고 이상과 같은 주장을 강하게 뒷받침하는 문서로는 1991년 캔버라 WCC 총회 보고서, 1991년 「하나의 신앙을 고백하며 : … 」, 1990년 *The*

Baar Statement, 우리는 특히 이 시기의 삼위일체론에서 삼위일체론적 성령론을 발견하는 바, 정교회 전통의 '영 그리스도론'이 이미 1991년「하나의 신앙을 고백하며 : … 」에서 발견되고, 이것이 부산 총회에 제출될 2012년 '마닐라 CWME 확언'에서 전적으로 받아들여졌다.[16)]

이상과 같은 '삼위일체론적 보편주의'에서 우리는 '복음서들'과 '서신들'을 삼위일체론적으로 읽을 수 있다. 예수님은 그의 지상 사역에서 하나님의 아들로서 성령과 함께 그리고 성령을 통하여 하나님 나라를 선포하셨고 그것을 앞당겨 보여 주셨으며, 성령을 통하여 부활하신 후 아버지 우편으로 오르시어 또한 아버지께서 약속하신 성령을 이 땅 위로 보내 주셨다. 그는 아버지의 아들로서 아버지의 나라와 그의 뜻을 완성하시기 위하여 사역하셨다. 따라서 우리는 '그리스도 중심적 보편주의'를 폐기처분하지 않으면서 삼위일체론적 보편주의를 추구해야 할 것이다.

5) 미래 지향적이면서도 현재적인 '하나님 나라'

이 글은 이상과 같은 라이저의 패러다임 전환('그리스도 중심적 보편주의'로부터 '삼위일체론으로')에 더하여 미래 지향적 종말론도 새로운 패러다임의 에큐메니컬 신학의 틀이라고 본다. 따라서 우리는 1990년대의 신앙과 직제 문서들에서 교회론을 비롯한 다른 신학적인 주제들에 접근할 때에 한결같이 보편주의적 기독론과 삼위일체론과 종말론 그리고 이

---

16) 참고 : Juergen Moltmann, *The Spirit of Life*(London : SCM Press, 1992)(독일어 판, 1991).「하나의 신앙을 고백하며 : …」와 같은 연도에 출판된 본 저서는 '영 그리스도론'을 전적으로 수용하고 있고, 향후 그의 저서들에선 '영 그리스도론'에 따른 성령 이해를 하고 있다. 몰트만은 이미 1980년「삼위일체와 하나님 나라」에서 'filioque' 문제를 논하였고, 1985년「창조 안에 계신 하나님」에서 창조 세계 안에 내주하시는 '생명의 영'으로서 성령을 주장하였으며, 1990년「예수 그리스도의 길」에서도 '영 그리스도론'을 사용하고 있다. 보캠은 몰트만이 심지어 1975년「성령의 능력 안에 있는 교회」에서부터 정교회의 삼위일체론과 성령론을 수용하기 시작하였다고 한다(참조 : Richarrd Bauckham, *Moltmann : Messianic Theology in the Making*, Marshall Morgan and Scott, 1987, 122).

둘의 불가 분리한 관계에 주목해야 한다고 본다.

미래 지향적이면서도 현재적인 종말론은 이미 1948년 암스테르담 WCC 총회 보고서와 특히 "예수 그리스도-세상의 희망"을 총회 주제로 한 1954년 에번스턴 WCC 총회 보고서에서 발견되고, 1952년 빌링겐의 IMC 역시 삼위일체론적-종말론적으로 정향되어 있다. 하지만 이와 같은 종말론이 매우 강조되기 시작한 것은 교회론(신앙과 직제)과 사회윤리(삶과 봉사)를 하나로 묶는 「교회와 세상 : 교회의 일치와 인류 공동체의 갱신」(1990)이었다. 그리고 가장 큰 계기는 "성령이여 오소서! 전창조의 세계를 새롭게 하소서!"를 WCC 총회의 주제로 삼은 1991년 캔버라에서였다.

본 총회는 성령을 "생명의 부여자"(the Lord and Life-Giver)(니케아-콘스탄티노플 신조)로 보면서 성령의 성부 성자와의 관계적 독립성을 부가시킴으로써, 성령께서 아버지 하나님께도 그의 아들 예수 그리스도에게도 종속하지 않는다고 보았다. '창조주 아버지'와 '창조의 영'(Creator Spiritus)의 구별 그리고 '성자 예수 그리스도의 영'과 '생명의 부여자로서의 성령'의 구별, 그럼에도 불구하고 성부 성자 성령의 페리코레시스적 통일성 혹은 다양성 속에서의 코이노니아가 중요시되었다.

그리고 우리는 라이저의 본 저서보다 늦게 출판된 「하나의 신앙을 고백하며 : 니케아-콘스탄티노플 신조로 고백된 사도적 신앙에 대한 하나의 에큐메니컬 해설서」(1991)에서 삼위일체론과 미래 종말론적인 하나님 나라에 대하여 강한 주장을 발견한다. 첫째로 고백서의 첫 부분인 성부 하나님에 대한 고백에서 우리는 삼위일체론과 종말론을 볼 수 있다.

이 세상이 하나님으로부터 분리되었고, 소외된 것은 죄악의 결과인데, 이것이 신적인 경세 속에서 아들의 화해 사역과 성령의 변형시키시는 현존을 통해서 극복된다. 한 분 하나님은 이와 같은 신적 구원의 경세의 신비 속에서 자기 자신을 피조물들에게 나누어주시는 생명과 사랑으로 계시되신다. 아버지 하나님은 자신의 영원한 아들의 성육신, 교역 및 고난을 통해서 이 세상을 자기 자신에게 화해시키신다. 이 아들 안에서 하나님은 인류에게 죄 사함과 부활과 영생(요 3 : 16)을 주시기 위해서 죽음에 이르기까지 인간의 고뇌에 동참하신다. 그리하여 하나님께서는 성령을 통하여 십자가에 달리신 분을 새로운 삶과 불멸의 삶으로 부활시키셨으니, 하나님께서는 장차 성령을 통해서 종말론적 미래에 있어서 우리의 삶과 전 창조 세계의 종국적 변형과 영화롭게 됨을 가져 올 것이다.[17]

두 번째는 기독론 부분으로부터 가져온 인용문이다.

그분의 신적 선교에 대한 신실하심은 아버지의 뜻에 대한 모범적 실천이었다. 이 신실하심은 하나님으로부터 소외된 인류를 위해서 대리(代理)적이었다. 왜냐하면 예수님께서는 하나님의 의(義)에 자기 자신을 완전히 복종시키심으로써 그를 따르는 모든 사람들이 그분의 고난과 죽음을 통해서 하나님께 화해되는 것이기 때문이다. 이처럼 그리스도의 고난과 죽음은 그것이 성령님의 능력을 통하여 인류 역사 속에 새로운 삶과 소망을 개방시키기 때문에 만인을 위한 좋은 소식이다.[18]

우리는 그리스도 안에서 다가온 하나님의 나라와 그것의 마지막 완성 사이에 긴장을 인정한다. 그러나 우리는 또한 그리스도 안에서 시작된 새 창조가 그리스도 안에서 성취될 것을 믿는다. 우리는 이것이 모든 것을 포함하는 완성이라고 본다. 개인의 이신칭의와 성화는 우리가 고대하는 전(全) 창조 세계의 구속(救贖)의 일부에 불과하다.

---

17) 「하나의 신앙을 고백하며 : 니케아-콘스탄티노플 신조로 고백된 사도적 신앙에 대한 하나의 에큐메니컬 해설서」(1991), 이형기 옮김(서울 : 한국장로교출판사, 40.
18) *Ibid.*, 94-95.

그리하여 그리스도인들은 하나님께서 새 생명을 베풀어 주실 마지막 성취와 완성을 소망 가운데 열심히 기다리고 있다. 이것은 우리의 세상과 역사 속에서 그리스도의 부활, 곧 십자가에 달리신 주님 안에서 주어진다.[19]

끝으로 성령론 역시 삼위일체론적이고 종말론적으로 이해하였다. 특히 '영 그리스도론'(Spirit-Christology), '창조주 영'(Creator Spiritus), '계시(말씀)의 영', '교회 생명의 원천이 되시는 영' 그리고 '종말론적으로 전 창조 세계를 완성하실 영'과 같은 성령의 현존과 활동이 주목할 만한 부분이다.

초기 기독교 세대는 성령님을, 동정녀 마리아에게 그리스도를 잉태케 하여 탄생시키신 분으로(눅 1 : 35), 예수님에게 세례를 주어서 메시아로 세우신 분으로(마 5 : 16 ; 비교 : 막 1 : 10 ; 행 10 : 38), 그리스도의 전 교역을 통해서 그분 안에서 현존하시면서 일하신 분으로(마 12 : 28 ; 눅 4 : 14 ; 요 1 : 32이하) 그리고 예수님을 죽은 자들로부터 부활시키신 분(고전 15 : 45)으로 믿는다.[20]

초기 그리스도인들은 이 성령님께서 창조 시에 수면 위에 운행하신 바로 그 성령님이요(창 1 : 2), 예언자들을 통해서 말씀하신 분이요, 백성들의 왕들을 기름 부으신 분이요, 성도들로 기도하게 하신 분이라는 사실을 인정한다. 그들은 오순절 성령 강림을, 이미 예언자들을 통해서 말씀하신 바로 그 성령님으로 그리고 마지막 때의 선물로(행 2 : 1-21) 경험하였고 이해하였으며 선포하였다. 신약성경은 오순절 때에 주어진 성령님께서 교회의 생명의 원천이라는 사실을 보여 준다. 즉, 이 성령님께서 설교를 듣는 사람들에게 신앙을 불러

---

19) *Ibid.*, 105.
20) *Ibid.*, 111.

일으키고, 세례를 통하여 이들을 그리스도의 몸의 지체가 되게 하신다. 이 성령님은 신앙의 불을 붙이시고(고전 12 : 3), 믿는 개인의 삶과 공동체의 삶에 필요한 모든 은사들을 베풀어 주신다(고전 12 : 4-13 ; 14 : 1). 이 성령님은 또한 기도하게 하시고(롬 8 : 15-16), 하나님의 자녀들의 자유를 불러일으키신다(롬 8 : 12-16). 바로 이 성령님으로부터 마지막 부활이 일어난다(롬 8 : 12-16). 성령님께서는 다른 보혜사이시다(요 14 : 16). 시간의 끝에 가서, 전 창조 세계를 하나님의 영광 속에 있는 완성으로 부르시는 분은 다름 아닌 성령님이시다(계 22 : 17).[21]

5) '신앙과 직제', '삶과 봉사' 그리고 '세계 선교와 복음 전도'의 다양성 속의 통일성

1980년대(1982년 BEM Text)와는 달리 1990년대 접어들어 '신앙과 직제'와 '삶과 봉사'는 신학적으로 합류하기 시작하였다.[22] 예컨대 1993년 산티아고 데 콤포스텔라 제5차 신앙과 직제 세계 대회는 대회 총주제(Towards Koinonia in Faith, Life and Witness)에서 '사도적 신앙'(Confessing the One Faith : An Ecumencial Explication on the Apostolic Faith as it is Confessed in the Nicene- Constantino-politan Creed(381), 1991)을 고백하는 코이노니아, '세례 성만찬 직제'(1982년에 BEM Text가 출판)를 상호 인정하고, 이를 중심으로 하는 코이노니아 그리고 삶과 봉사 및 CWME 전통을 아우르는 '증언'을 통한 코이노니아를 다루었다.

여기에서 우리는 '신앙과 직제'와 '삶과 봉사' 그리고 '세계 선교와 전도'가 상호 교류하고 침투하며 상호 의존하고 상호 불가 분리한 관계임을 발견한다. 우리는 2012년 선교와 전도 신학 지침서에서 이와 같은 새로운

---

21) *Ibid.*, 111-112.
22) 참고 : 이형기, 「에큐메니컬 운동의 패러다임 전환」(서울 : 한들 출판사, 2011).

패러다임의 신학을 확인할 수 있다.

그리고 2005년 「교회의 본성과 선교/사명」 역시 교회의 본성 안에 '삶과 봉사' 및 'CWME 전통' 모두를 포함시켰다(참고 : *Ibid.*). 그리고 2005년 아테네 CWME 문서는 '신앙과 직제', '삶과 봉사', WCC의 종교간 대화 부서가 신학적으로 합류하는 내용을 보여 주고 있다. 그리고 1998년 하라레 WCC 이래로 로마 가톨릭교회의 대표들과 오순절 교회 대표들과 복음주의 교회 대표들을 참여시키는 'Global Christian Forum'이 열리고 있는 바, 아테네 CWME 대회와 마닐라 선언문에서도 역시 그러하였으니, '신앙과 직제'운동의 신학은 보다 '진정으로 보편적인 에큐메니즘'에 근접하고 있다 하겠다.[23]

1998년 하라레 WCC는 C.U.V(A Common Understanding and Vision Of the World Council of Churches)를 받아들여 로마 가톨릭교회, 오순절교회 그리고 복음주의 교회를 포용하는 하나의 에큐메니컬 운동 그리고 '신앙과 직제'와 '삶과 봉사'와 'CWME'가 '하나의 사명' 혹은 '하나의 선교'를 추구하는 하나의 에큐메니컬 운동을 선언하였으니, 예컨대 1990년대 'Costly Unity', 'Costly Commitment', 'Costly Obedience'에서 우리는 '신앙과 직제'와 '삶과 봉사'의 신학적인 합류를 발견하고, 2005년 아테네 CWME의 '성령이여 오소서! 치유하고 화해시키소서'에서 '치유와 화해'개념이 '삶과 봉사' 분야의 것과 중첩되고 있다고 하는 사실을 발견한다. '신앙과 직제'의 교회론('사도적 신앙', '세례 성만찬 직제' 등)과 교회 일치 추구는 '삶과 봉사' 및 CWME와 불가 분리한 관계 속에 있다.

---

23) 1968년 웁살라 WCC에서 제안되었고, 1975년 나이로비 WCC에서 이미 시작되었으며, 1998년 하라레 WCC에서 추진되기 시작한 'a genuinely universal ecumenical Council'은 보다 넓은 에큐메니컬 운동을 추구한다고 하는 의미를 갖는다.

3. 1991년 「하나의 신앙을 고백하며 : …」로부터 2012년 「일치 성명서 : 하나님의 창조와 우리의 일치」까지 '신앙과 직제' 운동이 추구해 온 일치 모델

아래에서 논하게 될 7가지 문서들은 'B. 과거 20년 동안 '신앙과 직제' 운동에 변화를 준 신학적 변수들'에서 제시한 6가지 요인들에 의하여 영향을 받았다. 하지만 지면 관계로 여기에서는 그와 같은 6가지 요인들이 '일치 성명 : …'에서 어떻게 작용하였는가만을 논할 것이다. 따라서 필자는 아래에서 지난 20년 동안 발표된 '신앙과 직제'의 글들 각각의 특징들을 소개해 보려고 한다.

1) 「교회와 세상 : 교회의 일치와 인류의 갱신」(1990)[24]

본 문서는 '신앙과 직제'와 '삶과 봉사'의 신학적인 합류를 시발시킨 매우 중요한 신학적인 구도를 보여 주고 있다. 이 문서는 '서울 JPIC'(1990)와 비슷한 시기에 작성된 것으로서, 종말론적 비전 아래에서 '신앙과 직제' 운동이 추구하는 '교회론'과 '삶과 봉사' 운동이 추구하는 세상에 대한 기독교적 '사회 윤리'를 긴밀하게 연결시켰다.

문서는 첫째로 교회를 하나님 나라에 대한 비전에서 본다. 즉, 예수 그리스도는 복음 곧 하나님 나라의 도래를 설교하셨고, 그의 삶과 십자가와 부활을 통하여 하나님 나라의 행동적인 현존을 실현시키셨고, 성령을 통해서 교회의 초석을 놓으셨다. 그래서 누구든지 이 하나님 나라의 복음을 성령의 역사로 믿고 세례를 받은 자들은 그리스도의 교회이다(III.2.6). 바로 이 교회는 하나님 나라의 신비, 징표, 미리 맛봄으로서 전 인류를 하나님과 화해시키시며 이 인류의 일치와 갱신을 위해서 부름 받은 에클레

---

24) 「신앙과 직제와 삶과 봉사의 합류」, 이형기·송인설 공역, NCCK 신앙과 직제 편(한국기독교교회협의회, 2009), 19쪽 이하. Faith and Order Paper No. 151.

시아인 것이다. 특히 교회는 성만찬을 통하여 이 하나님 나라를 미리 맛보면서 이 하나님 나라의 도래를 간절히 간구한다(마 6 : 10 ; 눅 11 : 2 ; 고전 16 : 22 ; 계 22 : 17)(III.2.7). 따라서 교회는 인류 공동체 속에서 인류의 갱신, 정의, 공동체성 및 구원을 향한 하나님의 뜻을 증거하는 공동체이다(III.2.8). 하나님께서 교회를 부르시어, 하나님의 백성, 종으로서의 백성, 성령의 살아 있는 전, 하나님의 아들인 예수 그리스도의 신부와 몸이 되게 하신 목적은, 교회로 하여금 전 인류의 구원과 갱신을 향한 삼위일체 하나님의 사역의 징표요 담지자가 되게 하기 위함이었다. 하나님께서는 이 목적 수행을 위해 교회가 가시적으로 하나가 되어 예배와 증거와 봉사의 공동체가 되기를 원하셨다(III.3.10).

둘째로 삼위일체 하나님께서는 '종말 이전 시기'(the pen-Ultimate period) 동안에 이 세상과 창조 세계 안에서 사역하신다고 한다. 삼위일체 하나님께서는 세상 속에서도 사역하시기 때문에 교회와 세상은 상호 도전적인 관계 속에 있다. 우리는 예수 그리스도 안에 나타난 하나님의 계시와 삼위일체 하나님의 총괄적인 구원 계획에 비추어 교회와 세상 속에 나타나는 표징들을 읽고 이해해야 할 것이다(III.5.33). 그렇기 때문에 교회는 예수 그리스도 안에 나타난 하나님의 심판과 구원을 가리키는 표징이 되어야 하는 소명에서, 하나님의 진리를 세상에 전해야 하고 하나님의 사랑을 세상과 나누어야 할 것이다(*Ibid.*). 교회는 보편적이고 종말론적인 복음 진리를 성령을 통해서 모든 문화와 민족들에게 전해야 하고(III.5.34-37), 예수 그리스도 안에 나타난 하나님의 고난 받는 사랑을 역사 속에서 실천해야 하며(III.5.38-40), 창조 세계의 보전과 갱신 그리고 인류의 일치와 갱신이 삼위일체 하나님에 의해 종말적인 하나님 나라에서 완성될 것이라고 증거해야 한다(III.5.41-42).

본 문서에 나타난 이상과 같은 신학적 구도(하나님 나라와 교회, 그리고 삼위일체 하나님의 선교)는 향후 다른 문서들에서도 발견된다.

2) 캔버라 WCC 총회(1991)[25]

우리는 본 총회의 특징을 2가지로 볼 수 있다. 하나는 총회의 전체 주제('성령이여 오소서, 당신의 창조를 지탱하소서!')가 말해 주듯이 '성령'에 대한 것이요, 다른 하나는 '코이노니아'에 대한 것이다.

첫째로 그동안 기독론을 WCC 총회의 전체 주제로 해왔으나, 본 총회는 처음으로 삼위 가운데 제3위에 초점을 두었다. "오셔서 성령이시여! 창조 세계 전체를 새롭게 하소서"가 총회 전체 주제였다. 본문은 3가지 관점에서 성령 초대의 기도를 올렸다고 본다. 하나는 서양 세계의 물질적 풍요가 충만한 생명을 구축하지 못하고, 둘은 "가난과 부정의와 전쟁과 오염에 의하여 창조 세계가 위협을 받고 있다"고 하는 것이고, 셋은 "잘못된 것들을 바로잡는 인간의 시도들이 허사다."(1. 5)라고 하는 사실 때문이다. 본 문서에서 우리는 성부와 성령으로부터 동떨어진 '그리스도 중심적 보편주의'를 발견할 수 없다.

제1분과("성령이여 오소서! 당신의 창조 세계 전체를 지탱하소서!")는 성령론, 그것도 '영 그리스도론' 차원의 하나님의 영으로서 성령론을 부각시키면서 삼위일체 하나님을 내세운다. 그리고 제2분과의 주제("진리의 영이시여! 우리를 자유케 하소서")에 와서 비로소 기독론적 성령에 해당하는 '복음 진리의 영'을 언급하면서 기독론을 부각시키고 있다. 즉, 본문은 우리를 자유케 하는 '복음 진리', 그리고 성령께서 이 진리로 인도하시는 "진리의 성령"이시라고 하는 말이다. 그런 의미에서 성령 초대의 기도이다. 본문은 "그리스도께서 우리를 자유롭게 하려고 자유를 주셨으니 …… 형제들아 너희가 자유를 위하여 부르심을 입었으나……"(갈 5 : 1, 13)라고 하는 기독론적인 복음의 자유를 우리는 "성령의 선물"로 누리고 있다고 한다(3.3. Ⅰ.1). 그리고 이 성령에 의하여 기독교인들과 교회들은 하나님 나라 구현에 참여한다고 한다. 그러니까 제2분과의 성령론은 제1분과

---

25) *Signs of the Spirit*, ed. by Michael Kinnamon(Geneva : WCC, 1991).

의 그것과 경세 차원에서 다르다. 전자는 '창조주 아버지 하나님의 영'이시고 후자는 '그리스도의 영'이시다.

제3분과의 주제("일치의 성령이시여! 당신의 백성을 화해시키소서!")는 "B. 성령의 능력 안에 있는 선교-화해와 나눔의 사역"에서 예수 그리스도를 통한 하나님의 화해 사역에 근거한 인류 공동체 및 창조 공동체의 화해와 나눔, 그리고 이 화해와 나눔에 있어서 요청되는 고난을 주장한다. 물론, 여기에서도 성령을 진술하는 맥락 속에서 기독론이 소개되고 있다.

> 우리가 추구하는 화해된 공동체는, 오직 자신의 친구들을 위하여 자기 생명을 주셨고 자신을 십자가에 못 박는 사람들을 용서하신 예수님을 통해서만 발견될 수 있다. 분열로 생긴 희생자들의 고통은 십자가와 불가분리하게 얽혀있다. 그리스도의 고통과 고난을 함께 나누는 사람들 입장에서는 고난에는 연대성이 있는 것이니, 이들은 그리스도의 고통과 고난을 통하여 모든 인류의 고통과 연합되어 있다. 십자가가 가져 온 화해는 교회 선교의 초석이다(3.4.B).

> 화해되고 갱신된 하나의 창조 세계는 교회 선교의 목표이다. 그리스도 안에서 만유를 연합시키시려는 하나님의 비전은 교회의 삶과 나눔의 추동력이다. 나눔이란 또한 우리가 경제적 불평등과 계층, 신분, 인종, 성 그리고 문화들 사이의 사회적 적대관계들을 극복하기 위하여 구체적으로 사역해야 하는 것을 뜻한다……(*Ibid.*).

이어서 본문에 따르면, 하나님께서는 온 인류와 온 창조를 구원하시기 위하여 이스라엘과 특별하신 은혜의 언약을 맺으셨고, 예수 그리스도를 통하여 그것을 확인하셨다. 그래서 "C. 일치의 성령 그리고 타 종교들 및 이념들과의 만남"은 아래의 글에서 타 종교들 및 이념들까지도 포용하는 은혜의 언약을 주장하는 것으로 보인다. 이는 적어도 기독교와 타 종교들 및 이념들과의 대화의 기독교적 근거를 말한다.

성경은 하나님을 모든 나라들과 민족들의 주권자로 증언한다. 그의 사랑과 긍휼은 모든 인류를 포함하고도 남음이 있다. 우리는 노아와의 언약에서 모든 창조 세계와의 언약을 발견한다. 그리고 우리는 하나님의 아브라함 및 이스라엘과의 언약을 인정한다. 이와 같은 언약의 역사 속에서 우리는 예수 그리스도를 통해서 하나님의 은혜로 하나님을 알게 되기에 이르는 것이다. 또한 우리는 다른 사람들 역시 다른 방법들을 통하여 하나님을 알고 있음을 증언하고 있음을 인정한다. 우리는 구원이 그리스도 안에 있고 또한 타 종교인들이 나름대로 경험하는 진리에 대한 증언에 열려 있다(3.4.C.2).

이상과 같은 그리고 아래에서 진술할 캔버라 WCC 총회 보고서는, 기독론에 대하여 기독론적 성령론 및 삼위일체 하나님과의 관계에서 논하고 있을 뿐, 1948~1968년 어간의 WCC 총회 보고서에서 발견되는 '그리스도 중심적 보편주의'에 대한 내용은 전혀 없는 것으로 확인되었다. 그리고 우리는 1990년대부터 발견되는 삼위일체로의 패러다임 전환이 보편주의적 기독론을 모두 폐기처분한 것이 아니라고 하는 것도 알 수 있다. 그도 그럴 것이 위의 진술에서처럼 화해론과 은혜의 언약 성취 사건과 같은 구속론적 기독론이 성령론 및 삼위일체론과 관련하여 발견되기 때문이다.

둘째로 문서는 '코이노니아' 개념으로써 교회 일치의 궁극적인 목적과 '종말 이전 시기' 동안의 교회의 사명을 잘 언급하였다. 즉, 진정한 코이노니아는 삼위일체 하나님과 인류 및 모든 나머지 피조물들이 함께 어우러지는 종말론적으로 완성될 코이노니아라고 하였다.

성경에 따른 하나님의 목적은 성령의 능력에 의하여 모든 피조물을 예수 그리스도의 주 되심 아래로 모으는 것이라고 확신한다. 이미 이 그리스도 예수 안에서 만유는 성령의 능력으로 하나님과의 코이노니아에 돌입하였다(엡 1). 교회는 이러한 하나님과의 코이노니아와 인간들 상호간의 코이노니에 대한 미리 맛봄이다. 우리 주 예수 그리스도의 은혜와 하나님의 사랑과 코이노니아는 하나의 교회로 하여금 하나님 나라(the reign of God)의 징표와 창조 세계 전체를 위하여 약속되고 준비된 하나님과의 화해의 종으로서 살 수 있게 한다. 교회의 목적은 성령의 능력으로 사람들을 그리스도와 연합시키고, 기도와 행동으로 코니노니아를 나타내며, 이런 식으로 하나님 나라의 영광 속에서 누릴 하나님과 인류와 창조 세계와의 충만한 코이노니아를 가리키는 것이다(1-1).

그리고 문서는 위와 같은 종말론적 비전을 가지고 교회의 사명을 이렇게 언급하였다. "교회의 소명은 화해를 선포하고 치유를 베풀며, 인종, 성, 아이, 피부색에 근거한 분열들을 극복하고, 모든 사람들을 하나님과의 코이노니아로 인도하는 것이다……"(1-2).

따라서 캔버라 보고서의 다음 같은 주장은 옳다.

> 캔버라 진술은 에큐메니컬 통찰들과 최근의 관심사들을 감안하여 무엇보다도 '우리가 추구하는 일치'를 종전의 진술들보다 넓은 틀 안에서 두었다. 그것은 교회가 섬기려는 세계와 교회론에 관한 것이다. 이 진술을 여는 첫 문장은 구속의 드라마가 성취되는 장(場)으로써 인류 역사와 창조 세계에 관계된 삼위일체 하나님의 구원 목적이라고 하는 넓은 맥락에서 유의하였으니, 하나님의 목적은 창조 세계 전체를 그리스도 예수의 주권 아래 모으는 것이요 이 그리스도 안에서 성령의 역사로 만유가 하나님과의 코이노니아로 돌입하게 되는 것이다(1.1).

바야흐로 1991년 캔버라 WCC 총회를 계기로 뉴델리적인 "유기체적 일치"는 더 이상 추진되지 않는 경향이고, 다양성 속의 코이노니아가 부각되었다. 우리가 살펴 본 캔버라(1991) 코이노니아에 대한 진술은 교파들과 '교파 별 세계 그리스도교 공동체들'의 정체성을 폐기시키지 않는 범위 안에서 이들 상호 간의 코이노니아 속의 일치를 추구하였다.

3) 「하나의 신앙을 고백하며 : …」(1991)[26]

10년의 연구결과물인 「하나의 신앙을 고백하며 : 니케아-콘스탄티노플 신조(381)로 고백된 사도적 신앙에 대한 하나의 에큐메니컬 해석」(1991)은 로마 가톨릭교회와 동방정교회를 아우를 수 있는 삼위일체 신앙을 더욱 공고히 하였다. 무엇보다도 이 문서는 앞에서 다룬 「교회와 세상 : …」과 특히 캔버라 WCC로부터 본격화된 '그리스도 중심적 보편주의'로부터 '삼위일체론적 보편주의'로의 패러다임 이동을 보여 주고 있다. 물론 이 문서에는 '영 그리스도론'와 정교회의 삼위일체론 그리고 미래지향적이면서도 현재적인 보편주의적 하나님 나라에 대한 주장이, 성부론, 성자론, 성령론, 교회론 그리고 종말론 모두에서 발견되고 있다.

4) 「신앙과 삶과 증언에 있어서 코이노니아를 향하여」(1993)[27]

'신앙과 직제 제5차 세계 대회'는 「신앙과 삶과 증거에 있어서 코이노니아」(*Towards Koinonia in Faith, Life, and Witness*)를 출판하여 사도적 신앙에 있어서 코이노니아, 세례·성만찬·직제를 중심으로 하는 기독교적 삶에 있어서 코이노니아, 그리고 복음 전도와 하나님의 선교에 있어서의 코이노니아를 그 대회의 전체 주제로 삼았으니, '신앙과 직제' 운동

---

26) *Confessing the One Faith : An Ecumenical Explication of the Apostolic Faith as it is Confessed in the Nicene-Constantinopolitan Creed*(381).
27) *On the Way to Fuller Koinonia*, Faith and Order Paper No. 166, ed. by Thomas F. Best and Guenther Gassmann(Geneva : WCC), 1994.

과 '삶과 봉사' 운동이 별거의 관계로부터 재연합의 관계로 돌입하였다. 이와 같은 재연합은 JPIC를 향후 한 세기 동안 세계 교회의 공통의 과제임을 선포한 1990년 WCC 서울 JPIC 대회를 계기로 강화되었다. 따라서 본 '신앙과 직제' 세계 대회는 에큐메니컬 운동의 세 흐름을 '코이노니아' (참고 : 캔버라의 "코이노니아로서 교회 : 은혜와 소명") 개념으로 통일시키고 있다.

5) 「값비싼 일치」(1993), 「값비싼 헌신」(1994), 그리고 「값비싼 순종」(1995)[28]

방금 위에서 논한 제5차 신앙과 직제 대회의 문서와 더불어 '신앙과 직제'와 '삶과 봉사'의 신학적인 합류를 극명하게 보여 주었다. 콘라드 라이저는, 1993년과 1996년 사이에 "교회론(신앙과 직제)과 윤리(삶과 봉사)"에 대한 WCC의 연구과정에서 핵심이 교회의 '도덕적 형성' 이슈였다며, 그 연구과정이 다음과 같이 시발되었음을 주장한다.

> 그와 같은 연구는 신앙과 직제의 「교회와 세상 : …」에 대한 교회론적이고 윤리적인 숙고들을 JPIC라고 하는 협의회적 과정과 좀 더 긴밀하게 연계시키기 위하여 시발된 것이다. 이들의 목적은 교회의 존재와 교회의 사명 사이의 연결을 탐구하는 것이었다. 문제의 핵심은 교회의 윤리적인 책임뿐만 아니라 교회의 존재까지도 JPIC 과정에 있어서 중요하다고 하는 것이었다.[29]

6) 「교회 : 하나의 공동 비전을 향하여」(2012)

본 문서의 직전 문서 *The Nature and Mission of the Church*(2006)

---

28) 「신앙과 직제와 삶과 봉사의 합류」, 183 이하.
29) Konrad Raiser, *For a Culture of Life : Transforming Globalization and Violence*(Geneva : WCC, 2002), 148.

의 저자 서론은 종전의 '신앙과 직제' 문서들이 본 문서에 기여했다며, 우리가 이이 논한 「코이노니아로서 교회 : 은혜와 과제」(1991), 「신앙과 삶과 증언에 있어서 코이노니아를 향하여」(1993), 「WCC에 대한 하나의 공동 이해와 공동 비전(CUV)」(1997) 이 외에도 BEM Text, 「하나의 신앙을 고백하며 : …」, 「교회와 세상 : …」과 같은 문서들로 크게 기여한 것으로 본다. 그 밖에도 「세례」, 「소수민족의 정체성」, 「인간론 그리고 「해석학」과 같은 자료들로 참고하였다.[30]

신앙과 직제 위원회가 본 텍스트를 작성하였다. 본 텍스트는 다자간 대화의 산물이다. 즉, 본 문서는 '교회의 본성과 사명/선교'에 대한 교회들의 논찬들, 2009년 크레타에서 모인 신앙과 직제 총회에서 제공된 제안들 그리고 2011년 키프로스 정교회 신학협의회의 공헌을 수용하였다. 그리고 여기에 더하여 본 텍스트는 근래의 교회 주제에 대하여 열린 양자간 대화들에서 얻어진 진전에 의존한다. 문서의 서론은 이 글의 구조를 4가지로 본다.

제1장의 전체 제목은 '하나님의 선교와 교회의 일치'이다. 그리고 첫 섹션은 '하나님의 계획 안에 있는 교회'를, 두 번째 섹션은 '역사 속에 있는 교회의 선교'를, 세 번째 섹션은 '일치의 중요성'을 논한다. 이 글은 단순한 '교회 대 세상'의 이원론이 아니라 삼위일체 하나님의 원대한 종말론적인 구원 계획 안에서 교회의 본질과 자리와 역할에 대하여 신학적으로 규명하고 있다.

> 교회와 그것의 사명에 대한 기독교적 이해는 창조 세계 전체를 위한 하나님의 원대한 계획(혹은 '경세')에 대한 비전에 뿌리를 내리고

---

30) "교회의 본질과 선교 – 공동선언문을 향한 기초 문서". 「신앙과 직제와 삶과 봉사의 합류」, 이형기·송인설 공역, 한국기독교협의회 신앙과 직제위원회 편(서울 : 한국기독교협의회, 2009), 344-345. 그리고 2012년의 「교회 : 하나의 공동 비전을 향하여」는 Document No. GEN 06로서, 중앙위원회에 의하여 2012년에 희랍의 Kolympari, Crete에서 통과되었다.

있다. 즉, 그것은 예수 그리스도에 의하여 약속되고 계시된 '하나님 나라'이다. 성경에 의하면, 남녀 인간은 하나님의 형상(창 1 : 26-27)으로 창조되어 하나님 및 인간들 상호간의 코이노니아를 향한 본유적인 능력을 지니고 있다. 창조에 있어서 하나님의 목적은 인간의 죄와 불순종(창 3-4 ; 롬 1 : 18-3 : 20)에 의하여 좌절되었다. 이로 인하여 하나님과 인간과 창조질서의 관계가 손상을 입었다. 하지만 예수 그리스도의 성육신과 유월절 신비 안에서 하나님의 코이노니아를 회복하시는 역동적인 역사는 돌이킬 수 없이 이룩되었다. 그리스도의 몸으로서 교회는 성령의 능력을 힘입어, 예언자적이고 긍휼을 베푸는 사역으로 생명을 살리는 그의 사명을 수행하고 깨진 세계를 치유하시는 하나님의 사역에 동참한다. 삼위일체 하나님의 생명 그 자체를 근원으로 하는 코이노니아는 교회를 살리는 은혜인 동시에 하나님께서 교회로 하여금 화해와 치유를 희망하는 가운데 상처입고 찢겨진 인류에게 제공하라고 요청하시는 은혜이다(Ⅰ.A.1.).

제2장의 전체 제목은 '삼위일체 하나님의 교회'이다. 그리고 첫 섹션은 성경과 전통에서 '교회를 향한 하나님의 뜻'을 제시하고, 두 번째 섹션은 '코이노니아로서 삼위일체 하나님의 교회'를 논하며, 세 번째 섹션은 '세상을 위한 하나님의 계획(혹은 경세)의 징표와 종으로서 교회'를 언급하고, 네 번째 섹션은 '일치와 다양성 속의 코이노니아'를 주장하며, 끝으로 '지역 교회들의 코이노니아'를 말한다. 이 중에서 이 글은 세 번째 섹션의 글을 인용한다.

인류와 전 창조 세계를 모아 그리스도의 주권 하에서 코이노니아를 누리도록 하는 것이 하나님의 계획(혹은 경세)이다. 삼위일체 하나님의 코이노니아의 반사체로서 교회는 이 목적을 섬기도록 의도되었고, 인간들에 대한 하나님의 자비를 나타내도록 부름을 받고 있다. ……교회의 사명은 그 성원들의 삶의 증언과 가능할 경우 예수 그리스도에 대한 복음에 대한 공개적인 선포를 통하여 성취된다. 교회의 사명은 이 목적을 섬기는 것이다. 하나님께서는 모든 인간들이 구원을 얻고 진리에 대한 앎에 이르기를 원하시기 때문에(딤전 2 : 4), 기독교인들은 하나님께서는 교회의 명시적인 성원들이 아닌 사람들에게 인간의 눈에 직접적으로 보이지 않는 방법으로 손을 뻗치신다고 하는 사실을 인정한다. 타 종교인들과 무종교인들 사이에 기존하고 있는 진리와 선의 요소들을 존중하면서 교회의 사명은 계속하여 그리스도 예수를 알고 사랑하기를 원하는 모든 남성들과 여성들을 증언(witness and testimony)을 통하여 초청하는 것으로 남아 있다. (Ⅱ.C.25)

제3장의 전체 제목은 '교회 : 코이노니아에 있어서 성장'이다. 그리고 첫 섹션은 '이미와 아직 아님'을 그리고 두 번째 섹션은 '에큐메니컬 코이노니아의 본질적인 요소들 : 신앙, 성례전들, 사역'에 대하여 논한다. 즉, 이것은 교회는 하나님 나라를 바라보고 삼위일체 하나님의 원대한 경세에 동참하는 바, '종말 이전 시기' 동안에 '사도적 신앙'(니케아-콘스탄티노플 신조)와 BEM을 통한 코이노니아가 성장해야 한다고 주장한다.

끝으로 제4장의 전체 제목은 '교회 : 세상 안에 그리고 세상을 위한'이다. 그리고 첫 섹션은 '창조 세계를 위한 하나님의 계획 : 하나님 나라'를, 두 번째 섹션은 '복음의 도덕적인 도전'을, 그리고 세 번째 섹션은 '사회 안에 있는 교회'를 논한다. 이 중에 첫 번째 섹션에서 우리는 나머지 모두의 초석을 발견한다.

예수님의 선교 이유는 "하나님이 세상을 이처럼 사랑하사 독생자를 주셨으니"(요 3 : 16)라고 하는 말씀으로 명쾌하게 표현되었다. 이런 식으로 하나님의 세상에 대한 첫째 되고 가장 우선되는 태도는, 끊임없이 인류 역사의 일부로 편입되는 여성들과 남성들 그리고 창조 세계 전체를 향한 사랑이다. 예수께서 비유들로써 하나님의 말씀을 계시하심으로 설교하셨고, 그의 놀라운 행동들, 특히 그분의 죽으심과 부활의 유월절 신비에 의하여 등장시키신 하나님 나라는 전 우주의 궁극적인 운명이다. 교회는 하나님에 의하여 그 자신을 위하여 살도록 의도된 것이 아니라 세상 변혁을 위한 하나님의 계획을 섬기기 위하여 의도된 것이다. 그런 식으로 디아코니아는 교회의 존재 그 자체에 속하는 것이다. 연구 문서인 「교회와 사회 : … 」는 그와 같은 섬김을 다음과 같이 묘사하고 있다. "교회는 그리스도의 몸으로서 신적인 신비에 동참하고 있다. 그것은 신비로서 복음을 선포하고 성례전들을 집례하며, 그분에 의하여 주어진 새로운 생명을 나타냄으로써 이미 그분 안에 현존하는 하나님 나라를 기대하면서 그리스도를 이 세상에 나타낸다"(Ⅳ.A. 58).

그리고 위와 같은 궁극적인 종말론적 비전을 가지고 '복음 전도'와 '종교 간 대화' 등을 주장하고, '복음의 도덕적 도전'과 '사회 안에 있는 교회'를 논한다. 끝으로 우리는 '사회 안에 있는 교회'가 무엇을 말하고 있는지를 알아보자.

'하나님께서 그렇게 사랑하신' 이 세상은, 기독교인들의 긍휼에 넘치는 참여를 절규하는 문제들과 비극들로 상처투성이다. 세상을 변혁시키는 기독교인들의 열정의 근원은 그들의 그리스도 안에서의 하나님과의 코이노니아에 있다. 기독교인들은 절대적인 사랑과 자비와 정의이신 하나님께서 성령의 능력 안에서 자신들을 통하여 사역하신다고 믿고 있다. 이들은, 시각장애인들과 지체장애인들과 한센 씨 병을 치유하시고 가난한 자들과 버림받은 자들을 환영하셨으며 인간의 존엄성 혹은 하나님의 뜻에 전혀 관심을 보이지 않았던 당국자들에게 도전을 감행했던 그분의 제자들로서 살고 있다.

교회(the Church)는 사회 속에서 권력을 소유하지 못한 자들의 목소리가 들리도록 도울 필요가 있고, 때로는 목소리를 내지 못하는 자들의 목소리가 되지 않으면 안 된다. 기독교 공동체들은 그들의 신앙 때문에 자신들의 동료 인간들에게 악영향을 주는 자연재해들과 에이즈와 같은 건강에 대한 위협들에 직면하여 방관할 수만은 없다.

또한 신앙은 저들로 하여금 어느 날 땅의 산물을 공평하게 나눌 수 있고 가난한 자들의 고통을 해소시키며 절대 빈곤을 제거할 수 있는, 좀 더 정의로운 사회 질서를 위하여 사역하도록 강권한다. 흔히 남반구로부터 글로벌 북 반구를 구별하는, 우리 시대의 사람들로서 인류가족을 괴롭히는 엄청난 경제 불평등이야말로 모든 교회들의 항구적인 관심사이다. 기독교인들은 '평화의 임금'을 따르는 사람들로서 특히 전쟁의 원인들(그중에도 주된 것은 부정의, 인종주의, 소수민족적이고 종교적인 증오, 과장된 민족주의, 다름을 해결하기 위한 억압과 폭력 사용)을 극복하려고 애씀으로써 평화를 옹호한다. 예수께서는 인류가 생명을 얻되 풍성이 얻게 하기 위하여 이 땅 위에 오셨다(요 10 : 10). 그를 따르는 사람들은 인간의 생명과 존엄을 변호해야 할 그들의 책임을 인정한다…….

7) 「하나의 교회가 되도록 부름 받음 : 교회론에 대한 문서」(2006)[31]

2006년 포르투 알레그레가 채택한 본 문서는, 그동안 신앙과 직제가 추구해 온 '사도적 신앙'(니케아-콘스탄티노플 신조로 표현된), '하나의 하나님의 말씀'(예수 그리스도), '하나의 세례' 그리고 '하나의 선교 및 증언'에 의한 가지적 일치를 다시 힘주어 촉구하였다.[32] 즉, 모든 교회들이 공유해야 할 '신앙과 직제'와 '삶과 봉사'와 'CWME'의 공통분모를 통일성으로 하는 교회 일치를 촉구한 것으로 이해된다.

---

31) 「신앙과 직제와 삶과 봉사의 합류」, 409 이하.
32) 참고 : 409 이하.

4. 「일치 성명 : 하나님의 창조와 우리의 일치」[33]에 대한 신학적인 숙고

우리는 이상과 같은 그동안의 '신앙과 직제' 운동의 일치 추구의 역사와 지난 20년 동안의 '신앙과 직제' 운동의 신학에 영향을 준 변수들을 염두에 두면서 우리에게 주어진 본문을 읽어야 한다. 다시 말하면, 우리는 다음과 같은 질문을 가지고 주어 진 본문을 읽을 것이다. 첫째로 본문은 '신자유주의 시장경제의 글로벌화'와 '창조 세계의 보전과 생명'의 문제와 같은 오늘의 글로벌 이슈를 충분히 감안하고 있고, 포스트모더니즘에 대한 대안으로서 공동체에 대한 의식을 확실히 하고 있는가? 둘째로 '그리스도 중심적 보편주의'로부터 '삼위일체론적 보편주의'로의 패러다임 이동을 보이고 있는가? 셋째로 '하나님 나라'에 대한 비전에서 보인 교회 그리고 역사와 창조 속에서의 '삼위일체 하나님의 선교'에 대한 주장이 본문에서도 이어지고 있는가? 넷째로 본문은 '신앙과 직제' 그리고 '삶과 봉사'의 신학적인 합류를 말하고 있는가?

1) 신학적인 평가

a. 1980년대까지만 해도 WCC는 '역사' 일변도로 달려 왔으나, 1990년 서울 JPIC를 계기로 '역사'에 더하여 '창조 세계'에 대하여 큰 관심을 보였다. 우리는 그것을 본 문서의 첫 단락에서 발견한다. 그런데 이 첫 단락에서 '창조'는 '하늘과 땅의 보이는 것과 보이지 않는 모든 것'(니케아–콘스탄티노플 신조)을 배경으로 하고 있기 때문에, '창조 세계의 생명과 그것의 다양성'(창 1) 그리고 '역사'뿐만 아니라 고전적으로는 천사들의 세계와 같은 영적인 피조 세계도 포함하고 있다 하겠다.

---

[33] *Unity Statement*, Document No. GEN 08, Central Committee, 28 Agust – 5September, Kolympari, Crete, Greece.

b. "우리의 경험": 이 부분에서는 현재 우리가 '역사' 속에서 경험하고 있는 절망에도 불구하고 "문화들의 다양성, 놀라운 지식과 발견, 공동체들의 재건, 원수들의 화해, 사람들의 치유와 세계 인구의 생계"와 같은 것을 예증으로 '역사' 속에서의 '희망'을 말한다. 본문은 '하나님의 섭리'와 같은 신학적인 언급이 없지만, 필경 그것은 '삼위일체 하나님'의 역사와 창조에 대한 경세 덕분일 것이다. 그리고 다음과 같은 주장에는 신자유주의 시장경제의 글로벌화와 생태계 파괴와 테러와 전쟁에 대한 경험이 녹아 있는 것으로 보인다.

> 사회적이고 경제적인 불의, 가난 그리고 기근이 우리의 세계를 황폐하게 만들었다. 폭력과 테러리즘, 핵전쟁과 모든 전쟁의 위협이 존재한다. 많은 사람들이 AIDS와 다른 전염병으로 고통받고 있으며, 자신들의 고향에서 쫓겨나고 땅을 박탈당했다. 우리 모두는 지구와 관계가 끊어지고 우리의 문화로부터 소외될 위험에 처해 있다. 창조 세계는 오용되어 왔으며 우리 모두는 생명의 균형에 대한 위협, 점증하는 생태적 위기 그리고 기후 변화의 영향이라는 위협에 직면해 있다. 이런 것들은 하나님과 창조 세계와의 관계가 혼란에 빠졌다는 표시들이며, 우리는 이 표시들이 생명이라는 선물을 모욕하는 것임을 고백한다.

나아가서 본문은 교회 역시 '역사'와 '창조'처럼 절망에도 불구하고 희망 속에 있다며, '역사'와 '창조'와 '교회'의 모든 절망적인 일들이 발생하는 원인은 "비록 우리들이 하나님의 거룩한 선물들을 감사히 받았지만…… 우리들이 우리의 생명의 원천이신 하나님을 항상 영예롭게 하지 않기 때문이다."라고 한다. 여기에서 '생명' 개념 역시 자연생태학적인 차원을 넘어서 '역사' 차원을 포함한다. 다음의 인용에서 "배제와 착취와 주변화"는 모름 직이 '신자유주의 시장경제의 글로벌화'를 배경으로 하고 있을 것이다.

> 생명을 학대하고 정의를 거절하며 평화 속에 살기를 주저하고 비척과 착취와 주변화를 일삼은 우리의 행동들은, 우리가 그리스도인들로서 하나님의 생명이라는 선물을 아직도 함께 온전히 받아들이지 않았음을 의미한다.

그리고 위와 같은 '창조'와 '역사' 차원의 '생명' 파괴의 문화 혹은 죽음의 문화는 비단 기독교에 대한 도전들일 뿐 아니라 모든 종교들 및 인류에 대한 도전들이기 때문에, 본문은 종교들의 공동 대응을 주장하고 있다.

> 점차 우리는 우리와 다른 신앙을 가진 사람들과 함께하고 그들에게서 배우며, 정의와 평화 그리고 하나님의 아름답지만 상처받은 창조 세계의 온전성의 보존을 위해 함께 일하도록 부르심 받았음을 깨닫는다. 이처럼 깊어지는 관계와 공동의 봉사를 향한 기회들은 기쁨과 새로운 도전을 제기하고 우리의 이해의 지평을 확장한다.

이상은 '하나님의 창조'에 대한 이야기이다. 본 문서의 제목(God's Creation and Our Unity)에 있어서 전반부에 대한 내용인데, 그것의 타락한 모습을 그리고 있다.

c. "우리가 공유하고 있는 성서적 비전": 이 부분은 성서를 통하여 "창조 세계 안에서 하나님의 백성 공동체인 교회의 자리"를 규명한다. 우선 본문은 창세기 1-2장의 창조 이야기에 근거하여 "인간이 하나님의 형상으로 지음을 받아 생명에 대한 청지기직 책임을 부여받았다며, 이 인간은 하나님께서 창조 세계 전체를 새롭게 하실 것을 애타게 기다리고 있다."고 하였다. 그러니까, 창조 이야기에서 재창조를 내다보고 있는 것이다. 그러나 타락에도 불구하고(비록 이 '타락'에 대한 이야기는 이미 '우리의

경험'에서 언급되었기 때문에 생략하고 있지만), 예수 그리스도의 보편적인 화해사역으로 모든 장벽들과 적대관계들이 무너지고 "예수 그리스도의 죽으심과 부활 그리고 성령의 능력을 통하여" 전혀 새로운 코이노니아의 세계가 우리에게 열렸다고 선언한다.

이와 같은 '그리스도 중심적 보편주의'(콘라드 라이저)는 성경의 기원과 중심을 '복음 전승'(the Gospel Tradition)으로 보는 1963년 몬트리올 제4차 신앙과 직제로부터 연유한 것으로서 1980년대까지 WCC의 성서관을 지배하였고, 1990년대부터는 이와 같은 '그리스도 중심적 보편주의'는 삼위일체론 안에 재편되었다(라이저). 우선 본문에서 우리는 성서의 기원과 중심인 '복음 전승'에 입각하여 다음의 글을 읽어야 한다.

> 하나님께서는 예수 그리스도를 보내셨고, 그는 십자가 위에서의 죽음을 통해 분리와 증오의 장벽을 허무셨으며, 자신의 몸 안에 참다운 일치와 화해를 이루셨다(엡 2 : 14-16). 그의 죽으심과 그의 부활에 의해 그리고 성령의 힘을 통해 우리 앞에는 하나님과 친교하며 사는 새로운 길, 그리고 하나님의 생명과 사랑 안에서 서로 친교하며 사는 새로운 길이 열렸다(요일 1 : 1-3).

그리고 위와 같은 '그리스도 중심적 보편주의'에 이어서 "그리스도의 몸으로서 교회는 십자가상에서 일어난, 예수님의 하나 되게 하시고 화해시키시며 자기를 희생하시는 사랑을 체현하고 있다."고 하면서, 교회의 사명에 대하여 다음과 같이 언급한다.

> 예수께서는 세상을 위해 그의 제자들의 하나가 되기를 기도하셨고, 지금 하나님의 나라가 임하시는 것과 앞으로 도래할 것을 가르치셨다(요 17 : 21). 그는 이러한 일치와 화해의 메시지와 사역을 그의 제자들에게 그리고 그 제자들을 통해 자신의 선교를 계속하도록 부

르심 받은 교회에 위임하셨다(고후 5 : 18-20). 처음부터 세례 받은 자들의 공동체는 함께 살았으며, 빵을 떼고 함께 기도하며 궁핍한 자들을 돌보면서, 하지만 분열과 불화와 싸우면서 사도적 가르침과 사귐에 헌신했다(행 2 : 34).

d. "우리들(교회들)이 함께 여행해 오면서 배운 것들": 본문은 여기에서 다름과 다양성과 타자의 타자성을 강조한 나머지 공동체성을 상실하고 있는 포스트모더니즘과 오늘날 '신자유주의 시장경제의 글로벌화'로 인하여 깨지고 있는 인류 공동체와 창조 공동체를 의식하면서, 종말론적으로는 기독교적 일치, 인류 공동체의 일치 그리고 전 창조 세계의 일치가 동일 귀속한다고 보았다. 이는 이미 본 문서의 첫 단락에서 인용한 에베소서 1장 10절에 근거하고 있다.

그리고 교회란 장차 도래할 보편주의적 하나님 나라의 "미리 맛봄이요, 징표요, 도구이다."라고 말한다. 다시 말하면, "교회란 새 창조의 미리 맛봄으로서 하나님께서 모두를 위해서 의도하신 생명의 세계 전체에 대한 징표로 부르심을 받았고, 정의와 평화와 사랑의 하나님 나라에 대한 복음을 확산시키는 도구로 부름을 받은 것이다."라고 하였다.

본문은 전적으로 '그리스도 중심적 보편주의'에 근거한 하나님 나라에 대한 희망으로부터 교회의 본질과 교회의 사명(what it is to be the Church와 what it is for the Church to do는 불가 분리하지만 말이다)을 이해하고 있다. 첫째로 '미리 맛봄'에 관하여는 「교회 : 하나의 공동 비전을 향하여」식으로 말한다면 '사도적 신앙'(니케아–콘스탄티노플 신조), 세례·성만찬·직제, 그리고 증언(선교)을 언급하고 있다. 둘째로 '예언자적 징표'에 관하여는 "교회의 소명은 하나님께서 창조 세계 전체를 위하여 뜻하시는 생명을 보여 주는 것이다."라고 한다. "하나님께서 모두를 위해서 의도하신 생명의 세계 전체에 대한 징표"란 "새 창조에 대한 미리 맛봄"(신앙, 세례·성만찬·직제 그리고 증언)에 근거한 "창조 세계 전체를 위하여 하나님께서 뜻하시는 생명"을 보여 주는 것이다. 특히, "교회가 하나의 신빙할 만한 징표가 되기 위하여 우리의 공유된 삶은 인내, 관대함, 주의 깊은 상호 경청, 상호 책임, 포용성, 함께하려는 의지 그리고 "내가 너를 쓸 데가 없다"(고전 12 : 21)라고 말하지 않는 자질들을 나타내야 한다."고 한다.

세 번째로 "교회는(하나님 나라 구현을 위한) 도구로서 예수 그리스도 안에 계시된 세상에 대한 하나님의 거룩하시고 생명 긍정의 계획을 실현하여 현재화시키도록 부름을 받았다." 이는 '역사' 차원에서 복음 전도와 선교가 그리스도의 방법으로 실현되어야 한다고 한다. 다음의 인용을 읽어 보자.

> 교회는 그리스도께서 하신 방법으로 섬기고 전도하고 선교하면서 하나님의 생명을 세계에 제공하는 데 참여하게 된다. 우리는 불의의 구조에 도전하고 폭력을 극복하고 평화를 증진시키기 위해 일해야 한다. 우리가 함께 억압 받는 곳에 서고, 폭력을 극복하기 위해 함께 행동하며, 정의로운 평화를 위해 일해 오면서 우리는 우리에게 맡기신 그리스도의 화해의 사역을 더 잘 이해해 왔다.

그러나 우리는 위와 같은 종말론적인 교회 이해에서 앞에서 논한 '보편주의적 기독론'과 '미래 지향적이면서도 현재적인 하나님 나라'와 '삼위일체 하나님의 선교'의 어떤 논리적인 연결고리를 발견할 수 없다. '그리스도 중심적 보편주의'를 부각시킨 것은 좋았으나, 글 전체적으로 삼위일체론이 매우 약한 것이 약점인 것 같다. 그리고 하나님 나라를 희망하는 '역사'와 '창조' 속에서의 교회의 사명들(미리 맛봄, 징표, 도구)에서 우리는 '신앙과 직제', '삶과 봉사' 그리고 '세계 선교와 복음 전도'가 신학적으로 합류하고 있음을 발견하였다.

e. "우리들 세대에 대한 하나님의 부르심": 이 부분은 이상과 같은 '하

나님의 창조 세계와 우리의 일치'에 대하여 마무리하는 글로 보인다. "우리의 교회의 사귐 안에서 우리는 교회의 가시적 일치, 인간 공동체의 일치 그리고 모든 창조 세계의 일치를 위해 기도하고 증거하며 함께 일하도록 부르심 받았음을 체득했다."라고 했기 때문이다. 그리고 이와 같이 기독론적이고 종말론적인 교회와 인간과 창조 세계의 "일치라고 하는 하나님의 선물을 받기 위해 우리는 우리의 마음의 문을 열어야 하고, 그것이 세상 안에서 가시화되기를 열망한다."고 한다. 그리하여 다시 정리하기를, "우리는 하나님의 창조하시고 재창조하시는 권능을 믿기 때문에, 교회야말로 진실로 하나님께서 세상을 위하여 공급하실 새로운 생명과 삶의 미리 맛봄이요 예언자적 징표요 효율적인 도구임을 신뢰한다."고 하였다.

그리고 본문은 4가지 물음을 제기함으로써 지금까지 진술한 모든 내용을 간추리고 있다.

우리는 서로 묻는다.
우리는 온 창조 세계가 지탱되고 존중받고 갱신되도록 함께 생명의 하나님을 증언할 것인가?
우리는 함께 정의와 평화와 화해를 위해 일할 것인가?
우리는 계속해서 함께 가능한 한 모든 곳에서 단호한 의지를 가지고 하나의, 거룩한, 보편적, 그리고 사도적 교회의 가시적 일치를 추구하며 그 일치를 현재로 살 것인가?
우리는 함께 생명의 하나님께서 우리를 정의와 평화로 이끄시도록 기도할 것인가?
교회 안에서, 모든 사람들 사이에서, 그리고 온 피조 된 지구 안에서 그리고 지구를 위해 계속 함께 기도할 것인가?

끝으로 본문은 2006년 제9차 포르투 알레그레 WCC 총회가 수정 보완한 WCC의 목적과 기능 중, 맨 앞부분의 내용을 인용함으로써 WCC가 추구해야 할 "하나님의 창조와 우리의 일치"를 끝맺음하는데, 결국 WCC의 목적과 기능은 교회의 '신앙과 직제', '삶과 봉사' 그리고 '세계 선교와 복음 전도'의 사명을 합체하고 있다 하겠다.

> WCC 안에서 교회들의 코이노니아의 주된 목적은 하나의 신앙과 하나의 성만찬적 친교에 있어서 가시적 일치에 이르도록 서로가 서로를 부르는 것이고, 이것을 그리스도 안에서의 예배와 공동의 삶으로, 나아가서 세상에 대한 증언과 섬김을 통하여 표현하게 해야 한다. 그리하여 우리는 세상이 믿음에 이르게 하기 위하여 그와 같은 일치를 향해 전진해야 한다.

2) 연속성과 불연속성

본 「일치 성명 : …」은 1990~2012년까지의 7개 문서들과 어떤 연속성과 불연속성을 가지고 있는가? 본 성명은 이 글이 이미 논한 7개의 '신앙과 직제' 문서들과 연속성 상에 있다. 즉, 「교회와 세상 : …」과 「교회 : …」가 확언하고 있는 하나님 나라에 대한 희망에서 보았던 교회론, 캔버라 WCC와 「교회 : …」가 주장하는 우주적인 '코이노니아' 개념, 그리고 「신앙과 삶과 증언에 있어서 코이노니아를 향하여」가 보여 주고 있는 세 에큐메니컬 운동의 신학적인 합류는 우리가 방금 논한 '일치 성명'에서도 발견된다. 하지만 「하나의 신앙을 고백하며 : …」와 「교회 : …」가 주장하는 삼위일체 하나님과 이 하나님의 선교 그리고 캔버라 WCC가 강조하는 '성령론'은 본 일치 성명에서 매우 약해 보인다. 이는 어느 정도의 불연속성에 해당하는 것이다.

3) 내용상의 특징

7개의 문서들 각각이 신학적인 특징들을 가지고 있고 각각 특별한 메시지를 주고 있다면, 본 문서의 그것은 무엇인가? 본 성명은 1927년부터 1982년까지의 '신앙과 직제' 문서들에 비추어 볼 때, 아주 새롭다. 이 시기 동안에 신학적으로 '그리스도 중심적 보편주의'로부터 '삼위일체론적 보편주의'로의 패러다임 이동뿐만이 아니라 교회 일치운동에 있어서도 패러다임 이동이 일어난 것으로 보인다. 그런즉, 우리는 본 성명을 1990년부터의 7개의 문서들과의 연속선상에서 읽어야 한다. 적어도 「교회와 세상 : …」과 서울 JPIC의 연계가 나머지 5개 문서 모두에서 영향을 준 바(콘라드 라이저), 이 두 문서는 교회 일치의 패러다임 이동에 큰 몫을 하였다.

그러면 본 문서의 특징은 무엇인가? 첫째로 신학적으로 '그리스도 중심적 보편주의'와 '하나님 나라를 바라보는 종말론적인 교회론'이 그 특징이라 할 수 있다. 하지만 라이저에 의하면, 1991년을 계기로 '그리스도 중심적 보편주의'를 버리지 않으면서 '삼위일체적 보편주의'로 신학적인 패러다임 이동이 일어났는데, 본 성명에는 삼위일체론과 삼위일체 하나님의 선교에 대한 언급이 매우 희박하고, '그리스도 중심적 보편주의'만이 부각된 것으로 보인다. 비록 성명을 끝맺음하는 부분에서 발견되는 기도문만이 삼위일체론의 틀을 가지고 있지만 말이다.

그럼에도 불구하고 본 성명서의 두 번째 특징은 '기독교적 일치, 인류 공동체의 일치 그리고 전 창조 세계의 일치'가 새 창조로서 하나님 나라에서 구현되기를 희망하는 것인데, 이는 모두 '다양성 속에서의 일치'를 의미한다. 그리고 셋째로 교회의 종말론적 본질과 사명과 관련하여 논하는, 새 창조에 대한 미리 맛봄(신앙, 세례 · 성만찬 · 직제 그리고 증언), 하나님께서 창조 세계 전체를 위하여 뜻하시는 생명을 보여 주어야 하는 '예언자적 징표' 그리고 예수 그리스도 안에 계시된 세상에 대한 하나님의 거룩하시고 생명 긍정의 계획을 실현하여 현재화시켜야 하는, 하나님 나라의 '도구'에 대한 진술들은 본 성명의 새로운 측면들일 것이다. 무엇보다도 에큐메니컬 운동의 세 흐름들이 이와 같은 교회의 종말론적 특징들에 있어서 신학적으로 합류하고 있는 것이 발견된다.

4) 제 언
a. 첫 단락의 끝 문장에 각주를 붙여서, '창조', '자연' 그리고 '세상' 각각에 대한 설명과 그것들 상호간의 차이들을 명시했으면 어떨까?
b. '생명'에 대한 정의 역시 각주로 처리했으면 한다.
c. 역시 각주에서 성서의 기원과 중심이 '복음 전승'이라 하는 몬트리올 제2분과(Scripture, Tradition, and traditions)를 전거로 한다고 하는 사실을 밝혔으면 어떨까? 그리고 본문 가운데 1990년대부터 크게 부각되어 오늘에 이르는 '삼위일체 하나님'에 대한 언급을 첨가하였으면 한다.
d. 이 부분에선 '성령론'(영 그리스도론+그리스도론적 성령론)과 '삼위일체 하나님의 선교'를 첨부했으면 한다. 그 이유는 '역사'와 '창조' 속에서 교회가 하나님 나라를 미리 맛보고, 그것의 징표를 보이며, 그것을 일구는 도구가 되어야 한다고 할 때, 성령을 통한 삼위일체 하나님의 선교가 매우 중요하기 때문이다. 우리는 이와 같은 것의 전거를 「교회와 세상 : …」 및 「교회 : 하나의 공동 비전을 향하여」에서 확인할 수 있고, WCC(2006년 포르투 알레그레)는 가입 신청 조건들 가운데 '복음'과 '세례'보다 삼위일체론을 앞에 놓고 있기 때문이다. 5가지 조건들 가운데 앞에 있는 3가지 조건만을 인용하면 아래와 같다.

1. 교회들은 삶과 증언에 있어서 성경에 따른 삼위일체 하나님에 대한 신앙을 공적으로 고백하고, 이 신앙이 니케아–콘스탄티노플 신조(381)에 반영되어 있다고 하는 사실을 인정한다.
2. 교회는 복음을 설교하고 복음의 가르침에 의하여 이해된 대로의 성례전들을 추구하는 사역(a ministry)을 유지한다.

3. 교회는 '성부·성자·성령' 한 하나님의 이름으로 세례를 주고 다른 교회들의 세례를 인정하는 방향으로 이동할 필요가 있다.

e. 이 부분의 끝에 적고 있는 기도문의 요지는, 생명의 하나님께서(성부) 당신 및 성령과 함께하시는 당신의 아들 예수 그리스도를 통하여 우리를 정의와 평화로 이끌어 달라고 하는 내용이다. 이는 아버지 하나님을 삼위일체의 근원과 통일성으로 하는 정교회 전통의 삼위일체론으로써 아버지께서 어느 정도로 아들 및 성령과 코이노니아 속에 있고, filioque가 아닌 성령론을 암시하고 있다. 그러나 본 기도문에서처럼 아버지의 근원성과 통일성을 유지하면서도, 이 아버지께서 아들 및 성령과의 페리코레시스적 코이노니아 속에 계심을 나타내는 내용이 본 기도문에 첨가되는 것이 어떨지?

2부

함께 생명을 향하여 :
기독교의 지형 변화 속에서
선교와 전도

Together Towards Life : Mission and Evangelism
in Changing Landscapes

번역

함께 생명을 향하여
: 기독교의 지형 변화 속에서 선교와 전도

정병준
서울장신대학교 교수

　세계 선교와전도위원회(CWME)는 2006년 포르투 알레그레 세계교회 협의회(WCC) 총회 이후 새로운 에큐메니컬 선교 확언을 채택하기 위해 수고하며 공헌하였다. 이 새로운 성명서는 2013년 한국 부산에서 개최되는 제10차 WCC총회에 제출될 것이다.

　1961년 뉴델리에서 국제선교협의회(IMC)와 WCC가 통합된 이래로 지금까지 WCC가 선교와 전도에 대해 표한 공식성명서는 1982년에 중앙위원회가 승인한 "선교와 전도 : 에큐메니컬 확언"(Mission and Evange-lism : An Ecumenical Affirmation)이 유일한 것이었다. 이번 새로운 선교 성명서는 2012년 9월 5일 그리스 크레타 섬에서 열린 WCC 중앙위원회에서 만장일치로 승인되었다. 이 성명서는 변화하는 지형 속에서 선교와 전도를 새롭게 이해하고 실천하기 위해 비전과 개념과 방향을 찾는 에큐메니컬 통찰을 목적으로 삼았다. 이 성명서는 WCC 회원 교회들과 그 협력 선교기구들을 초월해 더 광범위하게 호소한다. 그래서 우리가 생명의 하나님의 인도하심을 따라 만물을 위한 생명의 풍요를 향해 함께 헌신할 수 있기를 바란다.

1. 함께 생명을 향하여 : 주제 소개

1. 우리는 모든 생명의 창조자, 구속자, 양육자이신 삼위일체 하나님을 믿는다. 하나님께서는 온 세상(oikoumene)을 당신의 형상으로 창조하셨고, 세상에서 계속 일하시면서 생명을 유지시키신다.[1] 우리는 예수 그리스도를 세상의 생명이요, 세상을 사랑하시는 하나님의 사랑의 성육신(요 3 : 16)으로 믿는다. 생명을 충만하게 하는 것이 예수 그리스도의 궁극적 관심이며 선교이다(요 10 : 10).

우리는 생명의 시여자(施與者)이신 성령 하나님을 믿는다. 그분은 생명을 지탱시키고, 생명에 힘을 주시며, 온 창조물을 새롭게 하신다(창 2 : 7 ; 요 3 : 8). 생명을 부정하는 것은 생명의 하나님을 거절하는 것이다. 하나님께서는 우리를 삼위일체 하나님의 생명 살리기 선교로 초대하시고, 새 하늘과 새 땅에서 만물이 충만하게 생명을 누리는 비전을 증거하도록 권능을 주셨다. 오늘날 우리를 하나님 선교에 참여할 수 있게 하는 하나님의 생명 살리기 사역을, 우리는 어떻게 어디에서 분별할 수 있을까?

2. 선교는 삼위일체 하나님의 마음에서 시작된다. 그리고 거룩한 삼위를 하나로 묶는 그 사랑은 온 인류와 창조 세계로 넘쳐 흐른다. 아들을 세상에 파송하신 선교사 하나님은 모든 하나님의 백성을 불러(요 20 : 21) 희망의 공동체가 되도록 힘을 주신다. 교회는 성령의 능력 가운데서 생명을 축하하고 생명을 파괴하는 모든 세력에 대항하고, 그것을 변혁시키는 임무를 받았다. 다가오는 하나님 통치의 살아 있는 증인이 되기 위해 "성령을 받는 것"(요 20 : 22)이 얼마나 중요한 일인가! 성령의 선교에 대한 새로운 이해로부터, 우리는 오늘날 변화하는 다양한 세계 안에서 어떻게 하나님 선교에 대해 다시 비전을 가질 수 있을까?

---

1) 특별히 지적하지 않는 경우 성경 인용은 신정표준개정판(New Revised Standard Version)이다.

3. 성령 안에 있는 생명은 선교의 본질이며, 우리가 무엇을 왜 하는가, 어떻게 우리 삶을 살아갈 것인가 하는 물음의 핵심이다. 영성은 우리 삶에 가장 깊은 의미를 제공하며, 우리 행동에 동기를 부여한다. 그것은 창조주로부터 오는 거룩한 선물이며, 생명을 긍정하고 보살피는 에너지이다. 이러한 선교 영성은 하나님의 은혜 가운데 사람들의 영적 헌신을 통하여 세상을 변혁시킬 수 있는 변혁의 역동성을 갖는다. 우리는 어떻게 선교를 생명을 긍정하는 변혁적 영성으로서 다시 요구할 수 있을까?

4. 하나님께서는 인간의 구원만을 위해 아들을 보내신 것이 아니며, 또한 우리에게 부분적 구원을 주신 것도 아니다. 오히려 복음은 창조의 모든 영역과 우리의 삶과 사회의 모든 측면에 좋은 소식이다. 그러므로 하나님 선교를 우주적 차원에서 인식하는 것과 온 생명, 온 세상(oikoumene)이 하나님의 생명의 그물망 안에서 서로 연결되어 있는 것을 확언하는 것은 매우 중요하다. 지구의 미래에 대한 위협들이 명백한 이때에 우리가 하나님 선교에 참여한다는 것과 그것들은 무슨 관련이 있을까?

5. 기독교 선교 역사는 선교의 한 중심지로부터 "미전도 지역" 혹은 땅 끝까지 이르는 지리적 확장의 개념으로 간주되어 왔다. 그러나 오늘날 우리는 기독교인의 다수가 남반구와 동양에 살고 있거나 그곳에서 태생한 "세계 기독교"(World Christianity)라고 표현되는, 급속한 교회의 지형 변화에 직면하고 있다.[2] 이민은 기독교의 지형을 재형성하는, 전 세계적이고 다방향적인 현상이 되었다. 강력한 오순절 및 은사운동들이 다양한 지역에서 출현하는 것은 오늘날 가장 주목할 만한 세계 기독교의 특징들 가운데 하나이다. 이러한 "기독교의 무게 중심의 변화"가 선교와 전도의 신학과 의제와 실천에 어떤 통찰을 주고 있는가?

6. 선교는 중심으로부터 주변으로, 사회 특권층으로부터 소외계층으로 일어나는 운동이라고 이해되어 왔다. 그런데 이제는 주변화된 사람들

---

2) Cf. Todd M. Johnson, Kenneth R. Ross eds., *Atlas of Global Christianity*, Edinburgh, Edinburgh University Press, 2009.

이 자신들을 선교의 주된 역할을 하는 대리자로 인식하고 있으며, 선교는 변혁적임을 확언하고 있다. 선교를 바라보는 데 있어서 이러한 역할의 반전은 강한 성경적 토대를 가지고 있는데, 하나님께서는 가난한 사람, 어리석은 사람, 약한 사람들을 택하셔서(고전 1 : 18-31) 정의와 평화의 하나님 선교를 진전시키시고, 생명이 번성하도록 하시기 때문이다. 만일 "주변을 향한 선교"에서 "주변으로부터의 선교"로 선교 개념의 전환이 일어났다면, 그 주변 출신 사람들의 독특한 공헌은 무엇일까? 그리고 오늘날 선교와 전도를 재구상하는 데 있어서 그들의 경험과 비전이 결정적으로 중요한 이유는 무엇일까?

7. 우리는 돈(mammon)에 대한 숭배가 복음의 신뢰성을 위협하고 있는 세상에서 살고 있다. 시장 이념은 글로벌 시장이 무한대로 성장하면 세계를 구원할 수 있다는 선전을 퍼트리고 있다. 이러한 신화는 사람들의 경제적인 삶만이 아니라 영적인 삶까지, 인간성만이 아니라 온 창조 세계까지 위협하고 있다. 우리는 이러한 글로벌 시장 안에서 어떻게 복음과 하나님 나라의 가치를 선포하고 시장의 영을 이길 수 있을까? 글로벌 규모의 경제적, 생태적 부정의와 위기의 한가운데서 교회는 어떠한 선교적 행동을 취할 수 있을까?

8. 모든 기독교인들, 교회들 그리고 회중들은 구원의 좋은 소식인 예수 그리스도의 복음을 울려 퍼지게 하는 메신저로 부름 받았다. 전도는 담대하지만 겸손하게 우리의 신앙과 확신을 다른 사람들과 나누는 것이다. 그러한 나눔은 그리스도 안에 있는 하나님의 사랑과 은혜와 자비를 다른 사람들에게 전해 주는 선물이다. 그것은 당연한 참된 신앙의 열매이다. 그러므로 모든 세대 안에서 교회는 우리가 하나님의 사랑을 세상에 전하는 방법 가운데 필수적인 전도에 대해 새롭게 헌신해야 한다. 우리는 개인주의적이고 세속적이고 물질적인 세계 안에서 살아가는 세대를 향해 어떻게 하나님의 사랑과 정의를 선포할 수 있을까?

9. 교회는 다종교, 다문화 환경에서 살고 있으며, 새로운 통신기술의

발달도 세계인들이 서로의 정체성과 일상을 더 잘 이해하도록 이끌고 있다. 기독교인들은 지역적으로 또 세계적으로 다른 종교와 문화를 가진 사람들과 관계를 맺으면서 사랑, 평화, 정의가 있는 사회를 건설하는 데 종사한다. 다원성은 교회가 만나는 도전이고, 그러므로 종교 간의 대화와 문화 간의 소통에 대한 진지한 참여는 피할 수 없다. 다양한 종교와 문화가 있는 세계 안에서 생명 살리기 선교를 공동으로 증언하고 실천하기 위해서 우리는 어떠한 에큐메니컬 신념들을 가져야 하는가?

10. 교회는 하나님 나라를 향한 세상의 변혁을 위하여 이 세상에 주신 하나님의 선물이다. 교회의 선교는 새로운 생명을 가져오는 것이고, 우리의 세상 안에 계신 하나님의 사랑의 현존을 선포하는 것이다. 우리는 우리 사이에 있는 분열과 긴장들을 극복하면서 일치 가운데 하나님의 선교에 참여해야 하며, 그래야 세상 사람들이 믿고 하나가 될 것이다(요 17 : 21). 그리스도의 제자들의 커뮤니온(communion)으로서 교회는 포용적인 공동체가 되어야 하고, 이 세상에 치유와 화해를 가져오기 위해 존재한다. 교회는 어떻게 선교적 존재가 되도록 자신을 갱신하고 함께 생명의 충만함을 향하여 나아갈 수 있을까?

11. 이 선교 성명서는 세계 선교와 전도위원회의 활동을 통해 나타난 삼위일체 하나님 선교(mission Dei) 안에 성령의 선교를 이해함에 있어 몇 가지 중요한 발전을 강조한다. 이 성명서는 4가지 제목 아래 그 내용을 다루었다.

    선교의 성령 : 생명의 숨결
    해방의 성령 : 주변으로부터의 선교
    공동체의 성령 : 움직이는 교회
    오순절의 성령 : 모든 사람들과 만유를 위한 복음

이러한 관점들을 성찰하면서, 우리는 오늘날 변화하는 기독교 지형 속에서 역동성(dynamism), 정의, 다양성, 변혁을 선교의 중심 개념으로 포괄할 수 있다. 우리는 위에서 제기한 질문들에 대해 오늘날 선교와 전도에 대한 10가지 확언을 응답으로 제시하면서 마칠 것이다.

2. 선교의 성령 : 생명의 숨결

1) 성령의 선교

12. 하나님의 영(ru'ach)은 태초에 수면 위를 운행하셨고(창 1 : 2) 생명과 인간 숨결의 근원이 되셨다(창 2 : 7). 히브리어 성경에서 그 영은 ― 지혜(잠 8)와 예언의 능력을 주시고(사 61 : 1), 마른 뼈에서 생명을 일으키시고(겔 47), 꿈꾸게 하시고(욜 2), 성전에서 주님의 영광으로 개혁을 일으키시며(대하 7 : 1) ― 하나님의 백성들을 인도하였다.

13. 창조 때에 "수면 위를 운행했던" 동일한 하나님의 영은 마리아에게 임하여(눅 1 : 35) 예수를 낳으셨다. 세례 받으실 때에 예수에게 권능을 주시고(막1 : 10), 선교하도록 파송하신(눅 4 : 14, 18) 분은 성령이셨다. 하나님의 영이 충만한 예수 그리스도는 십자가에서 죽으셨다. 그분은 영혼을 포기하셨다(요 19 : 30). 그는 성령의 능력으로 죽음에서, 무덤의 냉기 가운데서 부활하셨고, 죽은 자들 가운데 첫 열매가 되셨다(롬 8 : 11).

14. 부활 후, 예수 그리스도는 그의 공동체에 나타나셨고, 그의 제자들을 선교로 파송하셨다. "아버지께서 나를 보내신 것같이 나도 너희를 보내노라"(요 20 : 21-22). "위로부터 오는 능력"인 성령의 은사에 의해 그들은 그리스도 안에 있는 희망에 대해 증거하는 새 공동체를 이루었다(눅 24 : 49 ; 행 1 : 8). 초대 교회는 일치의 영 안에 함께 살면서 성도들 사이에 소유를 나누었다(행 2 : 44-45).

15. 성령의 창조 세계 안에서 경륜의 보편성과 성령의 구속 사역의 특수성은 둘 다 하나님께서 마지막에 "만유 안에서 만유의 주"가 되실(고전

15 : 24-28) 새 하늘과 새 땅을 향한 성령의 선교로 함께 이해되어야 한다. 성령은 종종 우리의 상상을 넘어서 신비스럽고 알 수 없는 방법으로 세상에서 일하신다(눅 1 : 34-35 ; 요 3 : 8 ; 행 2 : 16-21).

16. 성경은 성령의 선교적 역할에 대해 다양한 이해가 있음을 증언한다. 그중에 한 견해는 성령이 그리스도에 완전히 의존적이고, 보혜사이며 오직 그리스도께서 아버지께로 가신 이후에 위로자와 변호자로서 오실 분이라고 강조한다. 성령은 선교 과제를 완수하기 위한 그리스도의 대리자로서 그리스도의 지속적인 현존이라고 이해된다. 이러한 이해는 파송과 확장을 강조하는 선교학을 낳는다. 그러므로 기독교 선교에 대해 성령론적으로 집중하면 선교는 본질적으로 기독론에 근거하며, 성령의 사역은 예수 그리스도를 통한 구원에 관련된다고 인정하게 된다.

17. 또 다른 견해는 성령은 우리를 "온전한 진리"(요 16 : 13)로 인도하는 "진리의 영"이며 어디든 원하는 곳으로 가시며(요 3 : 8), 온 우주를 끌어안는 것임을 강조하면서, 그러므로 성령을 그리스도의 근원(source)으로 교회를 하나님 나라 안에 하나님 백성들의 종말론적 모임(synaxis)으로 선포한다. 이러한 두 번째 견해는 성도들이 성만찬의 집회에서 하나님의 종말론적 나라를 감지하고 미리 맛보는 체험을 한 후에 평화롭게 (선교로) 나아가는 것을 이론화했다. 그래서 파송으로서 선교는 교회의 기원이라기보다는 결과이며, "예배 후에 예배"[3]라고 부른다.

18. 분명한 사실은 우리들이 성령에 의하여 삼위일체 하나님의 생명의 중심에 있는 사랑의 선교에 참여한다는 것이다. 그 결과 예수 그리스도를 통한 하나님의 구원 능력을 끊임없이 선포하고, 모든 창조 세계 안에 하나님의 역동적 참여를 항구적으로 확증하는 기독교적 증언이 나온

---

3) Cf. Ion Bria, The Liturgy after the Liturgy : *Mission and Witness from an Orthodox Perspective*, Geneva, WCC, 1996. 이 용어는 본래 대주교 아타스타시오스 얀노울라토스(Anastasios Yannoulatos)가 처음 사용했고 이온 브리아에 의해 대중화되었다.

다. 하나님의 흘러넘치는 사랑에 응답하는 모든 사람은 성령과 함께 하나님의 선교에 참여하도록 초대받고 있다.

2) 선교와 창조 세계의 번성

19. 선교는 삼위일체 하나님의 무한한 사랑의 흘러넘침이다. 하나님 선교는 창조 행동과 함께 시작되었다. 창조 세계의 생명과 하나님의 생명은 서로 엮여 있다. 하나님의 영의 선교는 항상 베풀어지는 하나님의 은혜 행동 안에 우리 모두를 포함한다. 그러므로 우리는 협소한 인간 중심적인 접근을 넘어서 모든 창조된 생명과 우리의 화해된 관계를 표현하는 선교 유형을 품어야 한다. 우리는 가난한 사람들의 울음소리를 듣는 것처럼 땅의 울음소리를 듣고 있으며, 우리는 처음부터 땅이 인간의 부정의에 대해 하나님께 호소하고 있음을 알고 있다(창 4 : 10).

20. 그 중심에 창조 세계를 두고 있는 선교는 생태 정의, 지속 가능한 삶의 방식 그리고 땅을 존중하는 영성들의 발전을 위한 캠페인들을 통해 우리 교회들 안에서 이미 긍정적인 운동이 되었다. 그러나 우리는 온 창조가 우리가 부름 받은 목적인 화해된 일치 안에 포함된다는 사실을 종종 잊고 있다(고후 5 : 18-19). 창조 세계는 버림받고 오직 영혼들만 구원을 받는다고 믿지 않는다. 땅과 우리의 몸은 모두 성령의 은혜로 변화된 것이 틀림없다. 이사야의 비전과 요한계시록이 증언하는 것처럼 하늘과 땅은 새로워질 것이다(사 11 : 1-9, 25 : 6-10, 66 : 22 ; 계 21 : 1-4).

21. 우리의 선교 참여, 창조 세계 안에 존재함, 성령의 삶의 실천은 상호 변혁적이기 때문에 함께 엮여 있어야 한다. 우리는 나머지 둘 없는 하나를 추구하지 말아야 한다. 만일 우리가 그렇게 하면, 이웃에 소속되지 않아도 하나님께 속할 수 있다고 잘못 믿는 개인주의적 영성으로 일탈하게 되고, 다른 창조물들이 아파하고 호소하는 동안에 단순히 자기의 기분을 달래주는 영성에 빠지게 될 것이다.

22. 우리는 하나님의 영의 선교와 관련해서 우리의 선교 안에 새로운

겸손을 요구하는 새로운 회개(metanoia)가 필요하다. 우리는 선교를 인간이 다른 대상들을 향해 행하는 것으로 이해하고 실천하는 경향이 있다. 그것이 아니라 인간들은 창조 세계의 모든 것과 하나가 되어서 창조주의 사역을 찬양하는 데 참여할 수 있다. 창조 세계는 여러 가지 방법으로 인간을 향한 임무를 수행한다. 예를 들면 자연 세계는 인간의 마음과 몸을 치유할 수 있는 능력이 있다. 지혜문서는 창조 세계가 그의 창조주를 찬양한다고 확언한다(시 19 : 1-4, 66 : 1, 96 : 11-13, 98 : 4, 100 : 1, 150 : 6). 창조 세계 안에서 창조주의 즐거움과 경이는 우리의 영성의 원천들 중에 하나가 된다(욥 38-39장).

23. 우리는 창조 세계와 우리들의 영적인 관계를 확언하고 싶지만, 현실은 지구가 오염되고 있으며 착취당하고 있다. 소비주의는 무한 성장이 아니라 끝없는 자연 자원의 착취를 촉발했다. 인간의 탐욕은 지구온난화와 다른 형태의 기후 변화의 원인이 되고 있다. 만일 이런 추세가 계속되고 땅이 치명적으로 손상되면, 우리는 어떤 구원이 있을 수 있다고 상상하겠는가? 다른 창조 세계가 멸망하는데 인간만 구원받을 수는 없다. 생태 정의는 구원과 분리될 수 없고, 땅 위의 모든 생명의 요구들을 존중하는 새로운 겸손이 없이 구원은 올 수 없다.

3) 영적 은사와 영 분별

24. 성령께서는 다른 사람들을 세워 주고(고전 12 : 7, 14 : 26) 온 창조 세계의 화해(롬 8 : 19-23)를 이루기 위해 나누어야 하는 은사들을 값없이 공평하게 주신다(고전 12 : 8-10, 롬 12 : 6-8, 엡 4 : 11). 성령의 은사들 가운데 하나는 영 분별이다(고전 12 : 10). 우리는 피억압자들의 해방, 깨어진 공동체들의 치유와 화해, 창조의 회복을 포함하는 모든 차원에서 생명의 충만이 긍정되는 곳에서 하나님의 영을 분별한다. 우리는 또한 죽음의 세력과 생명의 파괴가 만연한 곳에서 악령들을 분별한다.

25. 초대 기독교인들은 오늘날 많은 기독교인들처럼 많은 영들이 있

는 세계를 경험했다. 신약성경은 악령들, "섬기는 영들"(천사들, 히 1 : 14), "통치자들"과 "권세들"(엡 6 : 12), 짐승(계 13 : 1-7), 그리고 선하고 악한 다른 권세들을 포함한 다양한 영들에 대해 증언한다. 사도 바울은 또한 일부 영적 투쟁(엡 6 : 10-18 ; 고후 10 : 4-6)에 대해 진술하며 "악을 대적하라"(약 4 : 7 ; 벧전 5 : 8)고 명령한다. 교회들은 세상에 파송되어 생명을 살리는 성령의 사역을 분별하고, 성령과 함께 하나님의 정의의 통치를 실현하는 일에 참여하도록 부름 받았다(행 1 : 6-8). 우리가 성령의 임재를 분별할 때, 하나님의 영은 종종 전복시키고, 우리를 한계 밖으로 이끌어내시고, 우리를 놀라게 하신다는 사실을 인정하면서 우리는 응답을 요청받는다.

26. 삼위일체 하나님과 우리의 만남은 내적, 개인적, 공동체적이지만, 또한 선교적인 노력에 있어서 우리를 바깥으로 인도한다. 성령에 대한 전통적인 상징들과 명칭들(불, 빛, 이슬, 샘, 기름 부음, 치료, 녹이기, 따뜻하게 함, 위로, 위안, 힘, 휴식, 씻음, 비침)은 성령이 우리의 삶과 친숙한 것과 선교와 관계되는 관계성, 생명, 창조의 모든 영역과 연결된다는 사실을 보여 준다. 우리는 성령에 이끌리어 다양한 상황과 순간들, 다른 사람들과의 접촉점들, 만남의 공간 그리고 중요한 투쟁 장소로 인도함을 받는다.

27. 성령은 지혜의 영(사 11 : 3 ; 엡 1 : 17)이며, 모든 진리로 인도한다(요 16 : 13). 성령은 인간의 문화와 창의성을 고취시키고, 그래서 각자 문화와 상황(context) 안에 생명을 살리는 지혜들이 있음을 인정하고, 그것들을 존중하고 협력하는 것이 우리 선교의 부분이 된다. 우리는 식민지 건설과 연결된 선교 활동이 종종 지역 주민의 문화를 폄하하고 그들의 지혜를 인정하지 못한 것을 유감으로 여긴다. 생명을 긍정하는 지역의 지혜와 문화는 하나님의 영으로부터 오는 선물이다. 우리는 신학자들과 과학자들에 의해 멸시와 조롱을 받아온 전통들 속에 살아온 사람들의 진술을 높이 평가한다. 그들의 지혜는 창조 세계 안에서 성령의 생명과 우리를

다시 연결할 수 있고, 창조 세계 안에서 하나님이 계시되는 방법을 사고하도록 돕는 긴요하고 새로운 정위력(定位力)을 제공하기도 한다.

28. 성령이 우리와 함께하신다는 주장은 우리가 할 수 있는 것이 아니고, 우리의 삶을 보고 다른 사람들이 인정하는 것이다. 사도 바울은 사랑, 희락, 화평, 오래 참음, 자비, 양선, 충성, 온유, 절제를 포함하는 성령의 열매(갈 5 : 23)를 맺으라고 교회를 격려하면서 이 말을 하였다. 우리는 이러한 열매를 맺음으로써 다른 사람들이 성령의 사랑과 능력이 활동하는 것을 분별할 수 있기를 희망한다.

4) 변혁적 영성

29. 신빙성 있는 기독교적 증언은 선교에서 우리가 행동만이 아니라 선교적으로 사는 방식에도 나타난다. 교회는 오직 삼위일체 하나님의 사랑의 교제 안에 깊게 뿌리내린 영성들에 의해서만 유지될 수 있다. 영성들은 우리의 삶에 가장 깊은 의미를 제공한다. 그것은 삶의 여정을 자극하고 그것에 동기를 부여하고 역동성을 부여한다. 그것은 충만한 삶을 위한 에너지이며 생명을 부정하고 파괴하고 축소시키는 모든 세력들과 권세들과 체제들에 저항하는 헌신을 요청한다.

30. 선교 영성은 늘 변혁적이다. 선교 영성은 경제와 정치 안에 심지어 우리의 교회들 안에라도 생명을 파괴시키는 가치와 제도가 있다면 그 모든 것들에 저항하고 변혁을 추구한다. "하나님과 하나님의 값없는 생명의 선물에 대한 우리의 신뢰는 우상숭배 수준의 거만함, 불공평한 제도, 독재정치, 현 세계 경제질서 속에 있는 착취와 대결하도록 한다. 경제와 경제적 정의는 창조 세계를 위한 하나님의 뜻의 핵심에 닿아 있기 때문에 항상 신앙의 문제가 된다."[4]

선교 영성은 하나님의 생명의 경제에 기여하고 개인의 탐욕을 만족시

---

4) *Alternative Globalization Addressing Peoples and Earth(AGAPE)* : A Background Document, Geneva, WCC, 2005, p.13.

키기보다는 하나님의 식탁에서 생명을 나누고, 현상 유지를 원하는 권력자들의 자기 이익에 도전하면서, 더 나은 세상으로 변화를 추구하도록 우리에게 동기를 부여해 준다.

31. 예수께서는 "너희가 하나님과 재물을 겸하여 섬기지 못하느니라"(마 6 : 24)하고 말씀하셨다. 무한 성장 정책은 세계 자유시장을 통해 가난한 사람과 자연으로부터 끝없는 희생을 요구하면서 대안은 없다고 주장하는 이념이다. "그것은 생명에 대한 통치권을 주장하고, 우상숭배에 해당하는 완전한 충성을 요구하면서, 부와 번영을 창출해서 세상을 구할 수 있다는 거짓 약속을 한다."[5] 그것은 끝없는 착취를 통해 부유하고 힘 있는 사람들의 부(富)가 무제한 성장하도록 보호하는 돈의 글로벌 제도이다. 이러한 탐욕의 탑은 하나님의 온 가족을 위협하고 있다. 하나님의 통치는 돈의 제국에 직접적으로 대립된다.

32. 변혁은 파스카 신비의 빛 안에서 이해될 수 있다. "미쁘다 이 말이여 우리가 주와 함께 죽었으면 또한 함께 살 것이요. 참으면 또한 함께 왕 노릇 할 것이요"(딤후 2 : 11-12). 억압과 차별과 상해의 상황들에서 그리스도의 십자가는 하나님의 구원의 능력이다(고전 1 : 18). 심지어 우리 시대에도 일부 기독교인들은 그들의 신앙적 증언을 위해 생명을 지불함으로써 제자도의 모든 고통을 우리에게 상기시킨다. 성령은 기독교인들이 박해와 순교에 직면해서도 신념에 따라 살도록 용기를 준다.

33. 십자가는 선교와 교회 안에서의 잘못된 권력사용과 남용에 대해 회개를 요청한다. "교회와 세계 안에서 우리를 분열시키고 괴롭히는 힘의 불균형과 불안정으로 인해 혼란을 겪으면서, 우리는 회개하며, 권력 제도를 비판적으로 성찰하고, 권력 구조를 책임 있게 사용할 것을 요청받고 있다."[6] 성령은 약한 자에게 힘을 주시고, 약한 사람을 돕기 위하여 강한

---

5) *The Accra Confession, Covenanting for Justice : in the Economy and the Earth*, World Alliance of Reformed Churches, 2004, § 10.
6) Edinburgh 2010, Common Call, 2010, § 4.

자가 스스로 자기의 특권을 버리도록 도전하신다.

34. 성령 안에서의 생명경험은 생명을 충만하게 맛보는 것이다. 우리는 성령께서 있게 하신 만물을 축하하고, 절망과 염려(시 23편 ; 사 43 : 1-5)의 강을 건너기 위해 함께 행진하면서, 생명을 향한 운동을 증언 하도록 부름을 받고 있다. 선교는 성령께서 우리와 만나시고 삶의 모든 차원에서 도전하시며, 우리의 개인적이고 집단적인 여정들의 시·공간에 새로움과 변화를 주신다는 새로운 깨달음을 우리 안에 자극한다.

35. 성령은 동반자로서 우리와 함께 계시지만 결코 길들여지거나 "다룰 수 있는" 분이 아니다. 성령의 놀라운 활동들 가운데는 하나님께서 주변으로 여겨지는 장소들로부터 배척당한 것으로 보이는 사람들을 통해 일하시는 방법들이 있다.

3. 해방의 성령 : 주변으로부터의 선교

36. 세상을 향한 하나님의 목적은 또 다른 세상을 창조하는 것이 아니라 사랑과 지혜로 이미 창조하신 것을 재창조하는 것이다. 예수께서는 성령이 임하신 것은 억압된 자를 해방시키고, 눈먼 자를 다시 보게 하고, 하나님의 통치의 임재를 선포하기 위함(눅 4 : 16-18)이라고 선언하시며 사역을 시작하였다. 예수께서는 그 시대에 주변화된 사람들과 함께하시기로 선택하시고 그의 선교를 완수하시려 두루 다니셨는데, 그것은 온정주의적 자선에서 나온 것이 아니라 그들의 상황이 세상의 죄악을 입증했고, 그들의 생명을 향한 갈망이 하나님의 목적에 부합했기 때문이었다.

37. 예수 그리스도는 생명을 부정하는 모든 것들과 대결하시고, 그것들을 변혁하기 위해 사회에서 가장 소외된 사람들과 관계를 맺고 그들을 끌어안았다. 그것들은 빈곤, 차별, 비인간화를 초래하며 유지시키고, 사람과 땅을 착취하고 파괴하는 문화들과 제도들을 포함한다. 주변으로부터의 선교는 권력의 역학, 글로벌 제도들과 구조들 그리고 지역의 상황적

현실들의 복합성들을 이해할 것을 요청한다. 기독교 선교는 때때로 하나님께서 주변으로 계속 밀려나는 사람들과 연대하신다는 사실을 깨닫지 못했던 방법들을 통해 이해되고 실행되었다. 그러므로 주변으로부터의 선교는 만물들이 생명 충만을 누리는 세계를 만들기 위해 일하시는 하나님의 영으로부터 오는 사명으로, 선교를 재구상하도록 교회를 초대한다.

1) 왜 주변 사람이며 주변화인가?

38. 주변으로부터의 선교는 삶과 교회와 선교 안에 있는 부정의들과 대항할 것을 요구한다. 그것은 오직 힘 있는 자가 약한 자에게, 부자가 가난한 자에게, 특권 있는 자가 소외된 자에게 선교할 수 있다는 인식을 거부하고 대안적인 선교운동이 되려고 한다. 이러한 접근방법들은 억압과 주변화에 기여할 수 있기 때문이다. 주변으로부터의 선교는, 중심이 되는 것은 자기 권리와 자유와 개성이 긍정되고 존중받는 체제 안에 들어가는 것이고, 주변에 사는 것은 정의와 존엄에서 배제되는 것임을 깨닫고 있다. 그러나 주변에 사는 것은 자체 교훈을 만들어낼 수 있다. 주변부에 있는 사람들은 대리권을 가지고 있고 중심에서 볼 수 없는 것을 볼 수 있다. 연약한 지위들 가운데서 주변부에 있는 사람들은 종종 어떠한 배제 세력들이 그들의 생존을 위협하고 있는지 알고, 그들의 투쟁의 절박성을 가장 잘 분별할 수 있다. 특권층 사람들은 주변적 조건들에서 살아가는 사람들의 일상의 투쟁으로부터 배울 것이 많다.

39. 주변 사람들은 능력 개발이 박탈되고, 기회와 정의에 접근하는 것을 거부당했기 때문에 하나님이 주신 은사를 받았으나 충분히 사용하지 못한다. 대신 주변 사람들은 삶 속에서 생존을 위한 투쟁을 통해 적극적인 희망과 집단적 저항의 담지자들, 그리고 약속된 하나님의 통치를 신뢰하는데 필요한 인내의 담지자들이 된다.

40. 선교 활동의 현장(context)은 선교의 범위와 성격에 영향을 주기 때문에 모든 선교 사역자들의 사회적 위치는 신중하게 고려되어야 한다.

선교학적 성찰을 할 때 선교적 전망들을 형성하는 서로 다른 가치 정향들(value-orientations)이 있다는 것을 인정해야 한다. 선교의 목적은 사람들을 주변으로부터 권력의 중심으로 이동시키는 것이 아니라 그들을 계속 주변에 있게 함으로써 중심에 머물러 있는 사람들과 맞서는 것이다. 교회들은 오히려 권력 구조들을 변혁하라는 부름을 받았다.

41. 과거와 현재에 선교에 사용되고 있는 주요한 표현들은 주로 사회의 주변부 사람들을 향해 사용되었다. 그 표현들은 일반적으로 주변부 사람들을 선교 활동의 적극적 행위자가 아니라 수혜자로 보아왔다. 이런 방식으로 수행된 선교는 종종 억압적이고 생명을 죽이는 체제들과 연관되어 있었다. 그것은 일반적으로 특권층 주류와 제휴되어 있었고, 사람들을 소외시키는 경제적·문화적·정치적 제도들에 도전하는 데 실패했다. 주류에서 출발하는 선교는 온정주의적 태도와 우월의식이 동기로 작용했다. 역사적으로 이런 선교는 기독교와 서양 문화를 동일시했고, 그러한 주변화로 희생된 사람들의 온전한 인간성을 부정하는 등 부정적인 결과를 가져왔다.

42. 주변부 사람들은 사회들, 문화들, 문명들, 국가들 심지어 교회들까지도 모든 개인의 존엄과 가치를 존중하는 일에 실패하였다는 사실에 공동 관심을 가지고 있다. 주변화와 억압을 가져오는 불평등의 근거에는 부정의가 있다. 정의를 향한 하나님의 열망은 하나님의 본성과 주권과 분리되지 않는다. "너희의 하나님 여호와는 신 가운데 신이시며 주 가운데 주시요 ……고아와 과부를 위하여 정의를 행하시며 나그네를 사랑하여 그에게 떡과 옷을 주시나니"(신 10 : 17-18). 그러므로 모든 선교 활동은 각 인격적 존재와 땅의 성스러운 가치를 지키는 것이다(참조 사 58).

2) 투쟁과 저항으로서 선교

43. 하나님 선교(missio Dei)를 확언하는 것은, 하나님께서 역사와 창조 세계 안에 구체적인 실재와 상황들(context) 속에서 행동하시고 정의

와 평화와 화해를 통하여 온 땅의 생명 충만을 추구하는 분임을 믿는 것이다. 그러므로 우리가 성령을 통해 하나님의 지속되는 해방과 화해 사역에 참여하는 것은 착취하고 노예화하는 마귀들을 분별하고 가면을 벗기는 것을 포함한다. 예를 들면, 가부장적 이념들을 해체하고, 토착민들을 위한 자결권을 옹호하며, 인종주의와 카스트 제도의 사회적 뿌리에 도전하는 것을 수반한다.

44. 교회의 희망은 약속된 하나님 통치가 성취되는 것에 근거한다. 그것은 하나님과 인류와 모든 창조 세계 사이에 바른 관계 회복을 포함한다. 이러한 비전은 비록 종말론적 실재에 대해 말하는 것이지만, 종말 이전 시기 안에서 일어나는 현재 하나님의 구원 사역에 동참하도록 우리에게 깊은 활력과 정보를 준다.

45. 하나님 선교에 참여하는 것은, 섬김을 받기 위해서가 아니라 섬기기 위해 오셨고(막 10 : 45), 권세 있는 자를 내리치시고 비천한 자를 높이시고(눅 1 : 46-55), 상호관계와 상호성과 상호의존성에 의하여 특징 지워진 사랑을 실천하신 예수의 길을 따르는 것이다. 그러므로 그것은 만물을 위한 하나님의 뜻인 생명의 충만함을 방해하는 권력에 저항하고 투쟁할 것을 요구하고, 또한 정의, 인간 존엄, 생명의 대의를 지키는 운동에 참여하고 솔선하는 모든 사람들과 흔쾌히 함께 일할 것을 요구한다.

3) 정의와 포용성을 추구하는 선교

46. 하나님의 통치를 알리는 좋은 소식은 정의롭고 포용적인 세계가 실현된다는 약속과 관련된다. 포용성은 인류와 창조 세계의 공동체 안에서 인간과 창조 세계가 상호인정하고, 또한 각자의 성스러운 가치에 대해 상호존중하고 가치를 지탱하는 정의로운 관계를 양육시킨다. 그것은 또한 각 사람이 공동체의 삶 속에 온전하게 참여하도록 돕는다. 그리스도 안에서 세례 받는 것은 하나님의 주권 아래서 공동의 정체성을 찾기 위해 장벽들을 극복해냄으로써 이러한 희망의 근거를 제공하는 평생의 임무를

갖는 것이다(갈 3 : 27-28). 그러므로 인간을 해치는 어떤 종류의 차별도 하나님의 관점에서 용납될 수 없다.

47. 예수님은 나중 된 자가 먼저 될 것이라고 약속하였다(마 20 : 16). 교회가 사회에서 소외된 사람들에게 철저한 호의를 베푸는 만큼, 교회는 하나님 통치의 가치들을 구현하는 일에 헌신하는 것이다(사 58 : 6). 교회가 자기중심주의를 삶의 방법으로 택하는 것을 비판하는 만큼, 하나님 통치가 인간의 실존에 스며드는 공간을 확보하는 것이다. 교회가 사적인 상호작용은 물론 경제적 · 정치적 · 사회적 제도 안에서 신체적 · 심리적 · 영적 표명을 할 때 폭력을 포기하는 만큼, 이 세상에서 활동하는 하나님 통치를 증언하는 것이다.

48. 그러나 현실적으로 선교, 돈, 정치 권력은 전략적 동반자들이 되어 있다. 비록 우리의 신학적 · 선교학적 대화는 가난한 사람과 연대하는 교회의 선교에 대해 많은 말을 하고 있지만, 때때로 실천적으로 부자들과 밥을 먹으며, 교회 관료 제도를 유지하기 위한 재정 확보를 위해 로비하면서 권력의 중심부에 거하는 것에 많은 관심을 가지고 있다. 이러한 사실은 특별히 특권과 권력을 가진 사람들을 위한 복음은 무엇인지 성찰하도록 도전한다.

49. 교회는 예수 그리스도 안에서 계시된 세상을 위한 하나님의 거룩한 생명 긍정의 계획을 진술하도록 부름 받았다. 그것은 공동체를 파괴시키는 가치들과 관습들을 거절하는 것을 의미한다. 기독교인들은 모든 차별의 형태들 안에 있는 죄성을 인정하고 부정의한 구조들을 변혁할 것을 요구 받는다. 이러한 소명으로 인해 교회에 대해 확실한 기대가 생겨나게 된다. 교회는 그 서열구조 안에 억압적인 권력들이 머물지 않도록 해야 하며, 그 대신 대항문화 공동체(counter-cultural community)로서 활동해야 한다. 신구약성경 안에서 언약 공동체를 향한 명령은 "너희 중에서는 그렇지 않아야 한다"(마 20 : 16)는 언명으로 특징지어진다.

4) 치유 및 온전성으로서의 선교

50. 개인들과 공동체들의 치유와 삶의 온전성을 향한 행동들을 선교의 중요한 표현들이다. 치유는 예수님의 사역의 중심적 특징일 뿐만 아니라 그를 따르는 사람들에게 그 사역을 지속하라는 주님의 부르심의 특징이기도 하다(마 10 : 1). 치유는 또한 성령의 은사들 가운데 하나이다(고전 12 : 9 ; 행 3). 성령께서는 한편으로 기도, 목회적 돌봄, 전문적 보건을 포함하는, 다른 한편으로는 고난의 뿌리에 대한 예언자적 고발, 부정의를 일삼는 구조들의 변혁 및 과학적인 탐구를 포함하는 생명 양육의 선교를 위하여 교회에게 능력을 주신다.

51. 건강은 육체적, 정신적 복지 이상의 것이고, 치유는 본래 의학적인 것이 아니었다. 건강에 대한 이러한 이해는 교회의 성경적·신학적 전통과 일치하는데, 그것은 인간을 다차원적 통일체로 보고 몸·혼·정신을 상호 관련적, 상호의존적으로 본다. 그래서 이러한 건강 이해는 개성과 온전성이 지닌 사회적, 정치적, 생태학적 차원을 긍정한다. 건강은 온전성이라는 의미에서 현재에는 실질적 가능성이고, 종말적으로는 하나님의 약속과 관련된 조건이 된다.[7] 온전성은 정(靜)적인 조화의 균형이 아니라 하나님과 사람과 창조 세계가 함께 공동체적인 삶에 참여하는 것이다. 개인주의와 부정의는 공동체 건설을 방해하는 장벽들이고 그러므로 온전성에 대해서도 마찬가지이다. 에이즈와 면역결핍증을 포함하여 의학적 조건이나 장애를 근거로 한 차별은 예수 그리스도의 가르침에 거역하는 것이다. 방치되었던 우리의 개인적, 집단적 삶의 모든 부분들이 포용될 때 그리고 차별받고 소외되었던 사람들이 사랑으로 함께 모이는 곳에서 그러한 온전성이 경험될 수 있고, 우리는 이 땅 위에서 하나님 통치의 징표를 분별할 수 있게 된다.

52. 사회들은 장애나 질병을 죄의 결과나 혹은 해결되어야 할 의학적

---

7) *Healing and Wholeness :* The Churches' Role in Health, Geneva, WCC, 1990, p. 6.

문제로 보는 경향이 있다. 이러한 의학적 모델은 개인의 "결함"으로 여겨지는 것을 교정하거나 치료하라고 강조한다. 그러나 주변화된 많은 사람들은 자신들을 "부족"하거나 "병든" 존재로 보지 않는다. 성경은 많은 실례를 들어 설명하고 있는데, 예수님은 다양한 질병을 가진 사람들을 평등하고 중요한 존재로 여기며 치유하셨고, 공동체 구조 안에 그들의 정당한 자리를 회복시켜 주셨다. 치유는 결함으로 이해되는 그 어떤 것을 교정하는 것에 관한 것이기 보다는 온전성을 회복하는 것에 관한 것이다. 물론 온전해지기 위해서 손상된 부분들은 교정되어야 한다. 따라서 치료를 고정적으로 보는 것은 성경적 관점을 진척시키기 위해 극복되어야 하는 관점이다. 선교는 장애와 질병을 가진 사람들이 교회와 사회의 삶 속에 온전하게 참여하도록 촉진시켜야 한다.

53. 기독교 의료 선교는 전 세계의 모든 사람들이 질 높은 건강 관리를 받을 수 있도록 한다는 의미에서 만인 건강의 성취라는 목적이 있다. 종합적인 의미에서 볼 때, 교회는 건강과 치유에 참여할 수 있고 현재에도 참여하고 있는 많은 방법들이 있다. 교회는 진료소와 선교 병원들을 세우고 지원하며, 상담하고, 보살피는 단체들과 건강 프로그램을 제공한다. 지역 교회들은 병든 교우들을 방문하기 위한 모임을 조직할 수 있다. 치유과정들은 병자와 함께하는 기도 혹은 병자를 위한 기도, 고백과 용서, 안수, 기름 바르기, 카리스마적인 영적 은사를 사용하는 것(고전 12장)이 포함될 수 있다. 그러나 하나님을 이용하여 치유자가 영광을 누리거나 거짓 기대감을 고조시키는 승리주의적 치유 집회 등, 부적절한 예배 형태는 사람들에게 깊은 해악을 줄 수 있다는 것이 지적되어야 한다. 그러나 일부 경우처럼 하나님의 기적적인 개입으로 일어나는 치유를 부정하는 것은 아니다.

54. 불완전한 사람들의 공동체이며, 고통 속에 신음하며 구속을 바라는 창조 세계의 일부로서 기독교 공동체는 희망의 징표가 될 수 있고, 이 세상에서 하나님 나라의 한 표현이 될 수 있다(롬 8 : 22-24). 성령은 여

러 방법으로 정의와 치유를 위해 일하시며 그리스도의 선교를 구현하기 위해 부름 받은 특별한 공동체 안에 거주하시기를 기뻐하신다.

4. 공동체의 성령 : 움직이는 교회

1) 하나님의 선교와 교회의 생명

55. 교회의 생명은 삼위일체 하나님의 사랑으로부터 기원한다. "하나님은 사랑이시다"(요일 4 : 8). 선교란 창조 세계와 구속 안에서 보여 주신 하나님의 강권하시는 사랑에 대한 응답이다. "하나님의 사랑이 우리를 초대하신다"(Caritas Christi urget nos). 이러한 커뮤니온은 하나님의 사랑을 나누는 같은 운동을 하는 우리의 형제자매들을 향해 우리의 마음과 삶을 개방시킨다(고후 5 : 18-21). 그러한 하나님의 사랑 안에 살아가는 교회는 모든 사람들과 생명체를 위해 좋은 소식이 되도록 부름을 받았다. 삼위일체 하나님의 흘러넘치는 사랑의 나눔은 모든 선교와 전도의 원천이다.

56. 성령 안에 나타난 하나님의 사랑은 "모든 시대와 모든 장소"[8]에서 그리고 모든 문화들과 상황들을 위해 온 인류에게 주시는 영감적인(inspirational) 선물이다. 십자가에 달리셨다가 부활하신 주 예수 그리스도 안에 계시된 성령의 강력한 현존은 우리 각자에게 주시는 하나님의 선물인 생명 충만으로 우리를 인도하신다. 하나님께서는 성령 안에서 그리스도를 통하여 교회에 내주(內住) 하시면서, 세상을 향한 하나님의 목적을 계시하시고 그 성도들에게 그러한 목적 실현에 참여하도록 힘과 자격을 주신다.

57. 교회는 역사 안에서 항상 존재했던 것이 아니라, 신학적·경험적으로 선교를 위해 존재하게 되었다. 교회와 선교는 그 기원과 목적에 있

---

8) *Baptism, Eucharist and Ministry*, Faith and Oder Paper no.111, 1982, § 19.

어서 서로 분리할 수 없다. 하나님의 선교적 목적을 성취하는 것이 교회의 목적이다. 교회와 선교의 관계는 매우 친숙한데, 그것은 선교하는 교회에 힘을 주시는 그리스도의 영이 또한 교회의 생명이기 때문이다. 예수 그리스도께서는 교회를 세상에 파송하시는 것과 동시에 교회 안에 성령을 불어넣으셨다(요 20 : 19-23). 그러므로 마치 불이 타면서 존재하는 것처럼 교회는 선교함으로써 존재한다. 만일 교회가 선교하지 않으면 더 이상 교회가 아니다.

58. 하나님 선교에서 출발하는 것은 "아래로부터"(from below)의 교회론적 접근에 도달한다. 이런 관점에서 보면, 교회가 선교를 소유하는 것이 아니라 오히려 선교가 교회를 소유하는 것이다. 선교는 교회들을 확장하는 계획이 아니라, 이 세상에서 하나님의 구원을 구현하는 교회(the Church)의 계획이다. 이러한 이해로부터, 교회의 사도성에 대해 역동적인 이해가 나온다. 사도성은 이어지는 시대들을 통해 교회의 신앙을 보호하는 것일 뿐만이 아니라 사도직에 참여하는 것이기도 하다. 이처럼 교회들은 가장 우선적으로 선교적 교회들이 되어야 한다.

2) 하나님의 선교와 교회의 일치

59. 공동체 안에서 우리가 신앙생활을 하는 것은 선교에 참여하는 중요한 길이다. 우리는 세례를 통해 그리스도 안에서 함께 속한 형제와 자매가 된다(히 10 : 25). 교회는 모든 사람들을 환영하는 하나의 포용적인 공동체가 되도록 부름을 받았다. 교회는 말씀과 행동을 통해서 그리고 그 존재 안에서 장차 도래할 하나님 통치의 비전을 미리 맛보고 증언한다. 교회는 성도들의 함께 모이는 모임(coming together)이고 평화 가운데 나아감(going forth)이다.

60. 신학적으로 실천적으로 선교와 일치는 서로에게 속한다. 이런 관점에서 1961년 국제선교협의회(IMC)와 세계교회협의회(WCC)가 통합된 것은 중요한 발판이 되었다. 이러한 역사적인 경험은 선교와 교회가 함께

할 수 있다는 사실을 믿도록 용기를 준다. 그러나 이 목적이 아직 완전히 성취된 것은 아니다. 우리는 우리의 세기(世紀)에 교회가 진정 선교적이 되도록 하기 위해 신선한 시도들을 하면서 이 여정을 지속해 가야 한다.

61. 오늘날 교회들은 여러 면에서 자신들이 아직 하나님 선교의 적절한 구현체들이 아니라는 사실을 깨닫는다. 때로는 선교와 교회를 분리하는 의식이 여전히 우세하다. 선교 안에 온전하고 실질적인 일치가 부족해서 이 세상 안에 하나님 선교가 성취되는 것에 대해 신빙성과 신뢰성이 여전히 손상되고 있다. 주님은 "그들도 다 하나가 되어 … 세상으로 아버지께서 나를 보내신 것을 믿게 하옵소서" 기도하셨다(요 17 : 21). 이처럼 선교와 일치는 밀접하게 관련되어 있다. 결론적으로, 우리는 교회와 일치에 대한 우리의 성찰을 더 광범위한 일치 이해로, 즉 인류의 일치 및 더 나아가 하나님의 온 창조 세계의 우주적 일치로 개방해야 한다.

62. 자유시장경제의 대단히 경쟁적인 환경은 불행하게도 남을 이기고 "승리자"가 되려고 추구하도록 일부 교회들과 유사 교회(para-church) 운동들에게 영향을 끼쳤다. 이것은 심지어 한 교회에 소속된 기독교인들에게 그들의 교파 소속을 바꾸라고 설득하는 공격적인 전술을 채택하도록 할 수도 있다. 어떤 대가를 치르더라도 양적 성장을 이루겠다는 태도는 그리스도의 제자들에게 필요한 타인 존중의 태도와 공존할 수 없다. 예수께서는 권력과 돈이 아니라 자기 비움(kenosis)과 십자가의 죽음을 통해 우리의 그리스도가 되셨다. 선교에 대한 이러한 겸손한 이해는 우리의 선교 방법들을 형성할 뿐만 아니라 그리스도에 대한 우리의 신앙의 본성이며 본질이 된다. 교회는 하나님 선교의 종이고 주인이 아니다. 선교적 교회는 자기 비움의 사랑 안에서 하나님을 영화롭게 한다.

63. 다양성을 지닌 기독교 공동체들은 서로 존경하고 책임지는 복음전도 형태를 포함하는 동반자 관계와 협력정신을 가지고 공동 증언하는 방법을 확인하고 실천하도록 요구받고 있다. 공동 증언이란 "비록 분열되었지만 교회들이 특별한 공동 노력을 통하여, 이미 그들이 함께 나누고

경험한 하나님 주신 진리와 삶의 은사들을 나타내는 것이다."[9]

64. 교회의 선교적 본성은 또한 교회들과 유사 교회(para-church) 구조들이 더 가깝게 관계할 수 있는 길이 틀림없이 있다는 것을 의미한다. IMC와 WCC의 통합은 교회 일치와 선교에 대해 사고하는 새로운 틀을 제공했다. 일치에 대한 논의는 주로 제도적인 문제들과 관계되는 반면에, 선교 단체들은 선교에 있어서 유연성과 독자적 결정구조를 표현한다. 유사 교회 운동들은 교회의 중심 진리를 통해서 책임성과 방향성을 찾는 반면에, 유사 교회 구조들은 교회들에게 자신들의 역동적인 사도적 성격을 망각하지 않도록 도울 수 있다.

65. 협력과 일치에 솔선을 보였던 1910년 에든버러 선교대회의 직접적인 계승자인 세계 선교와전도위원회(CWME)는 교회와 선교 단체들이 선교 안에서 일치(unity in mission)를 표현하고 강화시키는 방법을 찾도록 하는 구조를 제공한다. WCC의 필수적인 부분이 된 CWME는 세계 도처의 가톨릭, 정교회, 성공회, 개신교, 복음주의, 오순절, 토착 교회들로부터 나오는 선교와 일치에 대한 새로운 이해들과 만날 수 있었다. 특별히 WCC의 상황은 로마 가톨릭교회와 가까운 실무관계들을 촉진시켰다. 복음주의자들과의 협력 증진, 특히 로잔 세계복음화운동(LMWE)과 세계복음주의연맹(WEA)과의 관계는 일치 안에 선교(mission in unity)라는 주제에 대해 에큐메니컬 신학적 성찰을 풍요롭게 하는 데 크게 기여하였다. 우리는 온 교회(the whole church)가 온 세계 안에(in the whole world) 온전한 복음(the whole gospel)을 증언해야 한다는 공동의 관심을 함께 가지고 있다.[10]

---

9) Thomas F. Best, Günther Gassmann eds., *On the Way to Fuller Koinonia : Official Report of the Fifth World Conference on Faith and Order, Santiago de Compostela 1993*, Faith and Order Paper no.166, Geneva, WCC, 1994, p. 254.

10) Cf. "The Whole Church Taking the Whole Gospel to the Whole World: Reflections of the Lausanne Theology Working Group," 2010.

66. 일치의 영이신 성령은 또한 다양성 속에 일치를 알리기 위해 주도적이고 건설적으로 사람들과 교회들을 연합시키신다. 성령은 포용적이고 상호책임적인 공동체로 성장하도록 하기 위해 안전하고 적극적인 육성 환경(nurturing environment)에서 서로의 차이들을 탐구하도록 사람들에게 필요한 역동적 상황과 자원을 제공하신다.

3) 하나님께서 선교하고 있는 교회에게 힘을 주신다

67. 하나님께서는 성령 안에서 그리스도를 통하여 교회에 내주하시면서 그 성도들에게 힘과 에너지를 주신다. 그래서 선교는 기독교인들에게 그리스도의 사랑의 깊은 요청에 근거한 긴급한 내적 충동이 되고(고전 9:16), 심지어 그리스도 안에서 신빙성 있는 삶을 평가하는 시험과 척도가 되기에, 예수께서 가져오신 생명 충만을 나누도록 다른 사람들을 초대하는 것이다. 그러므로 하나님 선교에 참여하는 일은 특별한 개인들이나 전문 단체들만의 일이 아니라 모든 기독교인들과 교회들에게 당연한 것이다.[11]

68. 인류와 모든 창조 세계를 위한 하나님의 풍부한 사랑을 전하는 기독교 메시지를 신뢰성 있게 만드는 것은 가능한 장소에서 한 목소리를 내고, 공동으로 증언하고, 우리 안에 있는 희망(벧전 3:15)의 이유를 설명하는 우리의 능력이다. 그래서 교회들은 풍요로운 공동선언들을 발표해 왔는데, 그 선언들의 일부는 연합 교회(uniting) 혹은 연합된 교회(united)들로부터, 또한 일부는 교회 간 대화 모임들을 통해 생산된 것이고, 하나의 살아 있는 치유와 화해의 조직체 안에서 모든 기독교인들의 일치 회복을 추구하였다. 성령의 사역을 치유와 화해 안에서 재발견하는 일은 오늘날 선교신학의 중심이 되었는데, 중요한 에큐메니컬의 의미를 지니고 있다.[12]

---

11) *Mission and Evangelism in Unity*, CWME Study Document, 2000, § 13.
12) Cf. *Mission as Ministry of Reconciliation*, in Jacques Matthey ed., *You*

69. 교회들 사이에 "가시적" 일치의 중요성을 인정해야 하지만, 그럼에도 불구하고 조직 구조 차원에서만 일치를 추구해서는 안 된다. 선교적 관점에서 볼 때 하나님 선교의 대의에 도움이 되는 것을 분별하는 것이 중요하다. 다시 말해 선교 안에서의 일치는 교회의 가시적 일치를 위한 바탕이 되며, 교회 직제를 위해서도 의미가 있다. 일치를 성취하려는 시도는 정의를 찾으라는 성경적 요구와 조화를 이루어야 한다. 정의를 실천해야 하는 우리의 소명은 때로는 침묵을 강요하고 억압하는 거짓된 일치를 타파하는데 관련된다. 진실한 일치는 항상 다른 사람에 대한 포용성과 존경을 수반한다.

70. 오늘날 광범위하고 세계적인 이민 상황은 교회들이 아주 실천적인 방법으로 일치에 헌신하도록 도전하고 있다. 우리는 "손님 대접하기를 잊지 말라 이로써 부지중에 천사들을 대접한 이들이 있었느니라"(히 13 : 2)는 말씀을 듣고 있다. 교회들은 이민 공동체들을 위한 피난처가 될 수 있고, 또한 문화 간의 교류를 위해 의도적인 중심지들이 될 수도 있다.[13] 교회들은 인종적이고 문화적인 장벽을 넘어서 하나님의 선교를 섬기기 위해 하나가 되도록 부름을 받았고, 다양성 안에서 공동증언의 표현으로서 다문화 목회와 선교를 창조해 내야 한다.

이것은 이민정책과 관련해서 정의를 옹호하고, 외국인 혐오증과 인종차별에 대해 저항하는 것들을 포함한다. 여성, 어린이, 미등록 노동자들은 모든 상황에 있는 이주민들 가운데 가장 위험에 노출되어 있다. 유감스럽게도 여성들은 또한 자주 새로운 이민정책의 첨단에 놓여있다.

71. 하나님의 환대는 문화적으로 우월한 집단들을 주인으로 이주민과 소수자들을 손님으로 보는 우리의 이층구조 개념을 극복하도록 요청한다.

Are the Light of the World : Statements on Mission by the World Council of Churches 1980~2005, Geneva, WCC, 2005, pp.90-162.

13) "Report of WCC Consultation on Mission and Ecclesiology of the Migrant Churches, Utrecht, the Netherlands, 16-21 November 2010," *International Review of Mission*, 100.1., 2011, pp. 104-107.

오히려 하나님의 환대 안에서 하나님께서 주인이고, 우리는 모두 겸손과 상호성을 가지고 하나님 선교에 참여하도록 성령에 의해 초대 받는다.

4) 지역 회중들 : 새로운 창의적 주도성

72. 하나의 교회(the one Church) 안에서 성령의 하나 되게 하심을 소중하게 여겨야 하지만, 각 지역 회중(local congregation)이 성도들의 상황적 실재들에 응답하기 위해 성령에 의해 인도되는 방법들을 존중하는 것도 중요하다. 오늘날 변화된 세계는 지역 회중들이 새로운 주도권을 발휘 하도록 요청하고 있다. 예를 들면, 세속화되고 있는 북반구에서 "신수도원주의"(new monasticism), "이머징 교회"(emerging church), "프레시 익스프레션"(fresh expression)과 같은 새로운 형태의 상황적 선교(contextual mission)가 교회들을 재정의하고 재활성화 하고 있다.

상황에 알맞게 교회가 존재하는 방식을 탐구하는 것은 특별히 젊은 사람들에게 적절하다. 북반구에 있는 일부 교회들은 대중 술집(pubs), 커피숍, 개조된 영화관에서 모이고 있다. 온라인을 교회의 삶에 끌어들이는 것은 비선형적(non-linear) · 시각적 · 실험적 방식으로 생각하는 젊은 사람들에게 매력적인 선택이 되고 있다.

73. 사도행전의 초대 교회 같이 지역 회중들은 부활하신 그리스도의 현존에 의해 나타나는 공동체를 조직할 특권을 가지고 있다. 많은 사람들이 교인이 되는 것을 수용하거나 거절하는 것은 지역 회중에 대한 그들의 긍정적이거나 부정적인 경험과 연관되어 있고, 그것은 걸림돌이 될 수도 있고 변혁의 동인(動因)이 될 수도 있다.[14] 그러므로 지역 회중들이 지속적으로 갱신되고 선교의 성령에 의해 감동을 받는 것은 대단히 중요하다. 지역 회중들은 선교의 전선들이며 주요 대리자들이다.

74. 예배와 성례전은 변혁적 영성과 선교를 교육하는 데 중요한 역할

---

14) Christopher Duraisingh ed., *Called to One Hope : The Gospel in Diverse Cultures*, Geneva, WCC, 1998, p.54.

을 한다. 또한 성경을 상황에 맞게 읽는 것은 지역 회중들이 하나님의 정의와 사랑을 전하는 메신저와 증인이 될 수 있게 하는 중요한 자원이다. 성전에서 드리는 예배는 우리가 일상의 삶 속에서 우리 공동체 안에서 하나님 선교를 삶으로 실천할 때에만 온전성을 지니게 된다. 그러므로 지역 회중들은 하나님의 선교를 위해서 자신들의 편안한 지대 밖으로 나가야 하고 경계선들을 넘어가야 한다.

75. 오늘날 지역 회중들은 과거 어느 때보다도 문화적 · 인종적 경계들을 넘어가도록 강조하고, 문화적 차이를 성령의 선물로 긍정하는 데 중요한 역할을 할 수 있다. 교회들은 이민을 하나의 문제로 인식하기보다는 오히려 자신들을 새롭게 재발견하기 위한 새로운 가능성들을 제공하는 것으로 이해할 수 있다. 이민은 지역 차원에서 문화 간 교회들(intercultural)과 다문화 교회들(multicultural)을 창립하는 기회들을 제공한다. 모든 교회들은 상이한 문화 공동체들이 함께 모이는 공간을 제공할 수 있고, 우리 시대에 상황에 알맞게 문화 간 선교를 표현할 수 있는 흥미로운 기회들을 포용할 수 있다.

76. 지역 회중들은 또한 과거에는 결코 불가능했던 글로벌 연결 관계를 발전시킬 수 있다. 지리적으로 서로 멀리 떨어져 있고 매우 다른 상황들에 놓여 있는 교회들 사이에 영감(靈感) 있고 변혁적인 연결들이 많이 이루어지고 있다. 이러한 현상들은 위험이 없지는 않지만 혁신적인 가능성을 제공한다. 점점 대중화되는 단기 "선교 여행"은 전 세계의 서로 다른 지역에 있는 교회들 사이에 동반자 관계를 발전시키는 데 도움을 줄 수 있으나 일부의 경우에 가난한 지역 교회들에게 지나친 부담을 주거나 현지 교회들을 전부 무시하는 경우가 발행하기도 한다. 그러한 여행들 도처에 위험과 염려가 있기만 다양한 문화적 · 사회경제적 상황에 노출되는 기회는 그 여행자가 자국 공동체로 돌아갔을 때 장기 사역을 결정하도록 인도할 수도 있다. 중요한 것은, 각각의 지체들 안에서 온 교회(the whole church)를 세우는 영적 은사들을 실행하는 방법들을 찾는 것이다

(고전 12-14).

77. 정의를 옹호하는 일은 국회들이나 중앙 관청들만의 특권이 아니라 지역 교회들의 참여를 요구해야 하는 증언의 한 형태이다. 예를 들면, WCC의 폭력 극복 10년(WCC Decade to Overcome Violence, 2001~2011)은 국제 에큐메니컬 평화 회담(International Ecumenical Peace Convocation)에서 "교회들은 인권, 성별 정의, 기후 정의, 일치와 평화를 해칠 수도 있고 진척시킬 수도 있는 일상의 선택들을 분별하는 데 도움을 주어야 한다."[15]는 탄원으로 결론을 맺었다. 지역 교회들이 일상의 삶 속에 뿌리를 내리는 것은 정의와 평화를 위해 투쟁하는 데 명분과 동기를 제공한다.

78. 교회는 각 지역의 정치적, 사회경제적 맥락 안에서 봉사(diakonia)하도록 부름을 받았다. 그것은 하나님께서 예수 그리스도 안에서 행하신 것을 증언하면서, 하나님 백성들의 공동체가 지닌 믿음과 희망을 삶으로 사는 것이다. 교회는 봉사를 통해 종 되신 주님의 길을 따르면서 봉사를 통해 하나님 선교에 참여한다. 교회는 봉사의 힘이 지배의 힘보다 우월함을 나타내고, 생명을 위한 가능성들을 육성하며, 하나님 통치의 약속을 설명하는 봉사 행동들을 통해 하나님의 변혁하는 은총을 증언하는 봉사 공동체가 되도록 부름을 받았다.[16]

79. 교회가 선교적 공동체로서의 자기 정체성을 더 깊게 발견할 때, 자신의 외적인 특성이 전도 안에 나타나게 된다.

---

15) *Glory to God and Peace on Earth : The Message of the International Ecumenical Peace Convocation*, WCC, Kingston, Jamaica, 17-25 May 2011, p. 2.
16) "Diakonia in the Twenty First Century : Theological Perspectives," WCC Conference on Theology of Diakonia in the 21st Century, Colombo, SriLanka, 2-6 June 2012, p.2.

5. 오순절의 성령 : 모든 사람을 위한 좋은 소식

1) 복음화로의 부름

80. 증언(martyria)은 전 세계 안에 있는 전 인류에게 전 복음을 전한다는 구체적인 전도 안에서 형태를 취한다.[17] 증언의 목적은 세상의 구원과 삼위일체 하나님의 영광이다. 전도는 하나님의 구속하시는 은총에 대한 한계를 설정하지 않으면서, 예수 그리스도의 성육신, 고난 그리고 부활의 중심성을 명확하게 전하는 선교 활동이다. 그것은 아직 복음을 듣지 못한 모든 사람들과 이 좋은 소식을 나누고, 그리스도 안에 있는 생명을 경험하도록 그들을 초대하는 것이다.

81. "전도는 하나님의 사랑으로 가득한 마음이 아직 하나님을 알지 못하는 사람들을 위하여 흘러넘치는 것이다."[18] 오순절에 제자들은 하나님의 전능하신 사역을 선포할 수밖에 없었다(행 2 : 4, 4 : 20). 전도는 선교의 서로 다른 차원들을 배제하지 않으면서 "그리스도 안에 있는 새로운 삶과 제자도를 향한 개인적 회심으로 초대"[19]하는 것을 포함하는 복음을 명확하고 의도적으로 표현하는 것이다. 성령은 어떤 사람들을 전도자로 부르시지만(엡 4 : 11), 우리 모두는 우리 안에 있는 희망을 설명하도록 부름 받았다(벧전 3 : 15). 개인들뿐만이 아니라 온 교회가 함께 전도하도록 부름 받았다(막 16 : 15 ; 벧전 2 : 9).

82. 오늘날 세계는 공동체들을 치유하고 양육하기보다는 하나님의 이름으로 파괴하고 잔인하게 대하는 종교적 정체성들과 신념들을 과도하게 주장하는 특징이 있다. 그런 맥락에서 개종(proselytism)이 전도를 실행하는 합법적인 방법이 아니라는 것을 인식하는 것은 중요하다.[20] 성령은

---

17) *Minutes and Reports of the Fourth Meeting of the Central Committee*, WCC, Rolle, Switzerland, 1951, p. 66.
18) The Lausanne Movement, *The Cape Town Commitment*, 2010, Part I, 7(b).
19) Cf. Congregation for the Doctrine of the Faith, *Doctrinal Note on Some Aspects of Evangelization*, No. 12, 2007, pp. 489-504.

사람들의 설교와 복음의 증언과 동역할 것을 선택하시지만(참조. 롬 10 : 14-15 ; 고후 4 : 2-6), 새 삶을 창조하고 거듭나게 하는 분은 오직 하나님의 영이다(요 3 : 5-8 ; 살전 1 : 4-6). 우리는 일부 기독교인들이 폭력적 수단이나 권력의 악용을 통해 "개종"을 강요했기 때문에 때때로 전도가 왜곡되었고 그 신뢰성을 상실하였다는 것을 알고 있다. 그러나 일부 상황들에서, 억압된 정체성을 가지고 비인간적 조건에서 살아가는 주변화 된 사람들을 그대로 유지시키려는 지배 집단들의 의도에 의해 강제 회심(conversions)에 대한 고발이 일어나기도 한다.

83. 전도는 우리의 믿음과 확신을 다른 사람들과 나누는 것이며, 그들이 자신들의 종교 전통을 고수하든 하지 않든 간에 그들을 제자의 길로 초대하는 것이다. 신뢰와 겸손을 가지고 할 때 그리고 세상을 향한 우리의 사랑을 고백하는 표현으로 할 때, 이러한 나눔은 일어나는 것이다. 만일 우리가 하나님과 이웃을 사랑한다고 주장하면서 끈기 있게 지속적으로 그들과 복음을 나누지 못한다면 우리는 하나님 혹은 사람을 향한 우리의 사랑의 정직성에 대해 자신을 속이는 것이다. 우리의 동료 인간들에게 그리스도 안에서 하나님의 사랑과 은혜와 자비에 대해 나누고 소개하는 것보다 우리가 줄 수 있는 더 큰 선물은 없다.

84. 전도는 회개, 믿음과 세례로 인도한다. 죄와 악과 대면하면서 진리를 듣는 것은 긍정적이든 부정적이든 반응을 요구한다(요 4 : 28-29, 참조. 막 10 : 22). 그것은 태도, 우선순위, 목표들의 변화를 수반하는 회심을 촉발한다. 그 결과 전도는 잃어버린 자들의 구원, 병든 자들의 치유, 억압당하는 자들과 온 창조 세계의 해방을 가져온다.

85. "전도"는 선교의 서로 다른 차원들을 배제하지 않으면서 "그리스도 안에 있는 새로운 삶과 제자도를 향한 개인적 회심으로 초대"[21]하는 것

---

20) *Towards Common Witness : A Call to Adopt Responsible Relationships in Mission and to Renounce Proselytism*, WCC Central Committee, 1997.
21) Cf. Congregation for the Doctrine of the Faith, Doctrinal Note on Some

을 포함하면서 복음을 명확하고 의도적으로 표현하는 것이다.[22] 서로 다른 교회들은 성령께서 어떻게 우리의 상황들 안에서 전도하도록 부르시는지에 대해 다른 이해들을 가지고 있다. 일부 사람들에게 전도란 근본적으로 예수 그리스도를 통해 개인적 회심으로 이끄는 것에 대한 것이다. 다른 사람들에게 전도는 억압받는 사람과 연대하고, 그들과 함께함으로 기독교적 증언을 하는 것에 대한 것이다. 또 다른 사람들은 전도를 하나님 선교의 한 구성요소로 생각한다. 서로 다른 기독교 전통들은 선교와 전도의 측면들을 서로 다른 방식으로 표현한다. 그러나 우리는 예배(leitourgia)가 증언(martyria), 봉사(diakonia), 코아노니아(koinonia)와 불가분리하게 연결되는 지역 교회의 삶 속에 근거를 둔 전도를 이해하도록 성령이 우리 모두를 부르신다고 여전히 확신한다.

2) 그리스도의 방법을 따르는 전도

86. 전도는 말과 행동으로 좋은 소식을 나누는 것이다. 언어적 선포 혹은 복음 설교(kerygma)를 통한 전도는 완전한 성경적 방법이다. 그러나 우리의 언행이 일치하지 않으면 우리의 전도는 신뢰할 수 없는 것이 된다. 말의 선포와 보이는 행동이 결합되어야 예수 그리스도 안에 나타난 하나님의 계시와 하나님의 목적들을 증언하게 된다. 전도는 일치와 긴밀하게 관련되어 있다. 즉 서로 사랑하는 것은 우리가 선포하는 복음을 증명하고(요 13:34-35), 반면 분열은 복음에 방해가 된다(고전 1장).

87. 생명의 충만함을 가져오기 위해 성령의 동역(同役)을 받아 자신의

Aspects of Evangelization, No. 12, 2007, pp. 489-504.
22) 모든 교회들이 위에서 표현한 대로 전도를 이해하는 것은 아니라는 점을 주목하는 것은 중요하다. 로마 가톨릭교회는 "evangelization"을 missio ad gentes [mission to the peoples]로 언급하는데, 그리스도를 알지 못하는 사람들에게 향하는 것을 뜻한다. 넓은 의미에서 그것은 일반적인 목회 활동을 설명하는 데 사용된다. 반면 "new evangelization"은 기독교 신앙을 전혀 갖고 있지 않은 사람들을 향한 목회적 전도를 뜻하는 것이다. Cf. Doctrinal Note on Some Aspects of Evangelization.

지역 현장에서 일하는 기독교인들의 충성되고 겸손한 봉사의 본보기들이 역사 속에 있고 현재에도 있다. 또한 자신의 문화적 맥락에서 멀리 떨어져 선교사로서 살며 사역했던 많은 기독교인들은 겸손과 상호성과 존경심을 가지고 일을 했다. 하나님의 영도 또한 변혁을 가져오기 위해 이러한 공동체들 안에서 활동하셨다.

88. 유감스럽게도 이따금 복음을 성육화하기보다 배반하는 방식들로 전도가 실천되어 왔다. 이러한 일이 일어날 때마다 회개가 있어야 한다. 그리스도의 방법을 따르는 선교란 다른 사람들의 존엄성과 권리에 대한 긍정을 포함한다. 우리는 그리스도께서 하신 것처럼 다른 사람들을 섬기도록 부름 받았고(참조. 막 10 : 45, 마 25 : 45) 착취나 어떤 형태의 미끼 사용도 없어야 한다.[23] 어떤 모습의 기독교인의 삶을 택할 것인지 자신이 결정하는 오늘의 개인주의화된 상황들 안에서 전도하는 것을 "상품"을 사고파는 것으로 혼동할 가능성이 있다. 그러나 성령께서는 만인을 위한 예수의 복음이 자본주의적 용어들 아래서 힘을 잃게 될 수도 있다는 생각을 거절하신다. 그리고 성령은 개인적 차원에서 우리에게 회심과 변혁을 일으키고 만인을 위한 생명의 충만함을 선포하도록 인도하신다.

89. 신빙성 있는 전도는 모든 사람에 대한 겸손과 존경심에 근거하고 있으며 대화의 맥락에서 잘 이루어진다. 전도는 말씀과 행위 속에서 복음의 메시지 및 치유와 화해의 메시지를 촉진시킨다. "연대 없는 전도는 없다. 도래하는 하나님의 통치의 메시지를 공유하지 않는 기독교 연대는 없다."[24] 그러므로 전도는 개인 간 관계성 및 공동체 관계성들을 건설하도록 고무시킨다. 그러한 신빙성 있는 관계성은 지역 신앙 공동체 안에서 가장 잘 육성되고, 지역의 문화적 맥락에 근거를 두어야 한다. 기독교인의 증언은

---

23) World Council of Churches, Pontifical Council for Interreligious Dialogue, World Evangelical Alliance, *Christian Witness in a Multi-Religious World : Recommendations for Conduct*, 2011.
24) *The San Antonio Report*, p.26; *Mission and Evangelism : An Ecumenical Affirmation*, § 34; Called to One Hope, p.38.

말뿐만이 아니라 현존에 의해서 이루어진다. 신앙을 공개적으로 진술하면 생명의 위협을 받는 상황에서는 단순하게 복음을 따라 사는 것이 아마도 효과적인 대안이 될 수 있을 것이다.

90. 서로 다른 종교 신념을 가진 사람들과 공동체들 사이에 그리고 기독교 증언에 관한 다른 해석들 사이에 긴장이 있다는 것을 인식하면서, 신빙성 있는 전도는 아래의 진술처럼 항상 생명을 긍정하는 가치에 의해 인도되어야 한다(세계교회협의회, 교황청종교간대화평의회, 세계복음주의연맹). 공동성명서 "다종교 세계 안에서 기독교적 증언 : 행동지침"(Christian Witness in a Multi-Religious World : Recommen-dations for Conduct) 의 진술은 아래와 같다.

> (1) 심리적 혹은 사회적인 권력 남용을 포함하는 종교적 권위와 세속적 권위에 의해 가해지는 모든 형태의 폭력과 차별과 억압을 거부한다.
> (2) 보복이나 협박에 대한 어떠한 두려움 없이 신앙을 준수하고 고백할 수 있는 종교의 자유를 인정한다. 정의와 평화와 모든 사람을 위한 공동의 선을 증진하는 일에 서로 존중하며 연대한다.
> (3) 모든 사람들과 모든 인류 문화들에 대해 존중한다. 반면, 우리 자신의 문화들 안에 가부장 제도, 인종차별 제도, 카스트 제도 등 복음에 의해 도전을 받아야 하는 요소들을 분별한다.
> (4) 거짓 증언을 포기하고 서로 존중하는 가운데 이해하기 위해 들어야 한다.
> (5) 개인들과 공동체들이 결심하는 과정에서 충분히 분별할 수 있는 자유를 보장한다.
> (6) 공동선을 위한 깊은 상호 이해, 화해와 협력을 증진하기 위해 다른 종교인들 혹은 종교가 없는 사람들과 관계를 정립한다.[25]

91. 우리는 하나님 나라의 가치들에 대해 도전하는 개인주의, 세속주의, 물질주의 그리고 다른 이념들에 의해 크게 영향을 받고 있는 세상에서 살고 있다. 복음은 궁극적으로 모든 사람들에게 좋은 소식이지만, 기만과 부정의와 억압을 일삼는 세력들에게는 나쁜 소식이다. 전도는 또한 그 영향력의 범위만큼, 희망과 사랑 안에서 권력을 향해 진리를 말하는 것을 포함하는 예언자적 소명이다(행 26 : 25, 골 1 : 5, 엡 4 : 15). 복음은 해방적이고 변혁적이다. 그것에 대한 선포는 정의롭고 포용적인 공동체들을 창조해 내려는 목적을 지닌 사회 변혁을 포함해야 한다.

92. 악과 부정의에 대항하고 예언자적 사명을 감당하는 것은 때때로 억압과 폭력과 만나게 되며, 그 결과 고난과 박해를 당하고, 심지어는 죽임을 당할 수도 있다. 신빙성 있는 전도는 십자가를 지고 자기를 비우신 (빌 2 : 5-11) 그리스도의 본을 따라 연약하게 되는 것을 포함한다. 로마의 박해 아래서 순교자의 피가 교회의 씨앗이 되었던 것처럼 오늘날 정의와 공의를 추구하는 것은 그리스도에 대한 강력한 증언이 된다. 예수는 그를 따르라는 부름과 영원한 구원을 그러한 자기 부인(self-denial)과 연결시키셨다(막 8 : 34-38).

3) 전도, 종교 간의 대화와 기독교인의 현존

93. 오늘날 우리는 세계의 다원성과 복잡함 가운데 상이한 많은 종교들, 이념들, 신념들을 가진 사람들을 만난다. 우리는 생명의 성령께서 기쁨과 생명의 충만함을 주신다는 것을 믿기 때문에 하나님의 영은 생명을 긍정하는 모든 문화들 안에서 발견될 수 있다고 믿는다. 성령은 신비로운 방법으로 일하시기에 우리는 다른 신앙전통들 안에서 성령의 활동들을 온전히 이해하지는 못한다. 우리는 생명을 살리는 다양한 영성들 안에 고유한 가치와 지혜가 있다는 것을 인정한다. 그러므로 신빙성 있는 선교는

---

25) *Christian Witness in a Multi-Religious World* : Recommendations for Conduct, 2011.

"다른 사람"을 선교의 "대상"으로 만들지 않고 선교의 동반자로 만든다.

94. 대화는 생명을 긍정하고 창조 세계를 보전하는 관점에서 우리의 공동의 삶과 목표들을 확인하는 하나의 방법이다. 종교적 차원에서 대화란 우리보다 앞서서 사람들의 구체적인 삶의 맥락 속에서 그들과 함께 현존하신 하나님을 만난다는 기대를 가지고 시작할 때만 가능하다.[26] 하나님은 우리 보다 앞서 그곳에 계시기에(행 17장), 우리의 과제는 하나님을 운반해 가는 것이 아니라 이미 선재(先在)하신 하나님에 대해 증언하는 것이다. 대화는 양편의 각자가 개방적이고, 참을성 있고, 존중하는 태도로 모든 것을 테이블로 가져 나올 수 있도록 진솔한 만남을 제공한다.

95. 전도와 대화는 차이가 있지만 서로 관련되어 있다. 기독교인들은 모든 사람들이 삼위일체 하나님에 대한 살아 있는 지식에 도달하기를 소망하고 기도하지만, 전도가 대화의 목적은 아니다. 그렇지만 대화는 "헌신자들의 상호 만남"이기 때문에, 예수 그리스도의 복음을 나누는 것은 대화 안에서 합당한 자리를 갖는다. 더 나아가 신빙성 있는 전도는 삶과 행동의 대화라는 맥락에서 그리고 "대화의 정신" 즉 "존중과 우정의 태도"[27] 안에서 일어난다. 전도는 우리의 가장 깊은 확신을 선언하는 것일 뿐만 아니라 다른 사람의 말을 듣는 것, 그리고 다른 사람에 의해 도전을 받고 경험을 넓히는 것을 포함한다(행 10장).

96. 특히 서로 다른 신앙을 가진 사람들 사이에 대화는 다종교적 상황 안에서 뿐만 아니라 특정 종교 인구가 대다수를 차지하는 지역에서도 동일하게 중요하다. 소수 종교 집단의 권리와 종교적 자유를 보호하고, 모든 사람들로 하여금 공동의 선에 기여할 수 있게 하는 것이 꼭 필요하다. 종교의 자유는 모든 인류가 하나님의 형상으로 창조되었다는 사실에 근거한(창 1:26) 인격의 존엄성으로부터 나오기 때문에 반드시 보장되어야 한다. 모든 종교와 신앙의 신봉자들은 평등한 권리와 책임을 갖는다.[28]

---

26) Cf. *Baar Statement : Theological Perspectives on Plurality*, WCC, 1990.
27) Vatican, *Dialogue and Proclamation*, 1991, § 9.

4) 전도와 문화

97. 복음은 특수한 문화적, 정치적, 종교적 실재들에 참여함을 통해 상이한 맥락들 속에 뿌리를 내린다. 복음이 그러한 다른 실재들 안에 뿌리를 내리려면, 그곳의 사람들과 그들의 문화적, 상징적 삶의 세계를 존중하는 것이 꼭 필요하다. 그래서 그리스도께서 이미 그곳에 어떻게 현존하시고 하나님의 영이 이미 활동하고 계시는 곳이 어디인지 분별하기 위해서 복음은 더 넓은 맥락에 참여하고 대화하면서 시작해야 한다.

98. 선교 역사에서 복음과 식민지 권력의 결합은 서구형 기독교를 표준으로 삼아서, 다른 사람들의 복음에 대한 충성을 판단해야 한다는 전제조건을 만들어 왔다. 경제적 힘이나 문화적 패권을 향유하는 사람들에 의한 전도는 복음을 왜곡시키는 위험이 있다. 그러므로 그들은 가난한 사람들, 소유를 빼앗긴 사람들, 소수자들과 동역관계를 추구해야 하며, 그 약자들의 신학적 자원과 비전들에 의해 모습을 갖추어야 한다.

99. 획일성을 강요하는 것은 하나님의 형상 안에서 창조된 개인의 유일성을 손상시킨다. 바벨은 획일성을 강요하려고 시도하였던 반면에 오순절 날에 제자들의 설교는 개인의 특수성과 공동체의 정체성이 손상되지 않고 존중되는 일치를 가져왔다. 그곳의 사람들은 각기 자신의 언어로 복음을 들었다.

100. 예수께서는 우리에게 더 큰 비전을 보여 주시고 "땅 끝까지" 가서 각자의 시대와 장소에서 하나님의 정의·자유·평화의 증인이 되라고 성령으로 힘을 주심으로, 우리 자신의 왕국, 우리 자신의 해방, 우리 자신의 독립(행 1 : 6)이라는 좁은 관심으로부터 우리를 불러내신다. 우리의 사명은 모든 사람들에게 우리 자신이나 우리의 제도를 알리는 것이 아니라 예수를 지시하는 것이고, 자신의 유익보다 다른 사람의 유익을 돌보는 것이다(참조. 빌 2 : 3-4). 우리는 하나의 지배문화의 관점을 통해 성경의 복

---

28) *Christian Witness in a Multi-Religious World : Recommendations for Conduct*, 2011.

잠성을 파악할 수 없다. 문화들의 다원성은 우리의 믿음과 상호이해를 더 깊게 하는 성령의 선물이다. 가령, 다문화 공동체들이 함께 예배드리는 문화 간(intercultural) 신앙 공동체들은 문화들이 신빙성 있게 서로 참여하는 하나의 방법이고, 문화가 복음을 풍부하게 만들 수 있는 공간이 된다. 동시에 복음은 문화 우월주의적 개념들을 비판한다. 그러므로 "복음은 많은 열매를 맺기 위하여 그 자체로 진실해야 하고 사람들의 문화 속에 성육화(成化)하거나 뿌리를 내려야 한다 …… 우리는 어떤 곳에서 복음이 문화에 도전을 주는지, 문화를 승인하는지, 문화를 변혁하는지 더 잘 분별하기 위해 지속적으로 성령의 통찰을 구해야 한다."[29] 생명을 위하여.

4. 생명의 잔치 : 결론적 확언

101. 우리는 모든 인류와 창조 세계에 특별히 생명의 충만함을 고대하는 억압받고 고난당하는 사람들에게 좋은 소식을 선포하는 사명을 주신 삼위일체 하나님의 종이다. 선교는 그리스도에 대한 공동증언으로서 "하나님 나라의 잔치"(눅 14 : 15)로 초대하는 것이다. 교회의 선교는 그 연회를 준비하고 모든 사람들을 생명의 잔치로 초대하는 것이다. 그 잔치는 풍요로운 생명의 근원이신 하나님의 사랑으로부터 흘러넘치는 창조와 풍작에 대한 경축이다. 그것은 선교의 목적인 온 창조 세계의 해방과 화해에 대한 징표이다. 우리는 하나님의 영의 선교에 대해 새로운 이해를 가지고 이 성명서의 처음에 제시했던 질문들에 대해 다음과 같이 확언한다.

102. 우리는 하나님 선교의 목적은 생명의 충만함(요 10 : 10)이며, 그것이 선교를 분별하는 기준임을 확언한다. 그러므로 우리는 생명의 충만함이 있는 곳에서, 특히 억압당하는 사람들의 해방, 깨진 공동체의 치유와 화해, 그리고 온 창조의 회복이 있는 곳에서 하나님의 영을 분별하도

---

29) *Called to One Hope*, pp. 21-22, 24.

록 부름 받는다. 우리는 상이한 문화들 안에서 생명을 긍정하는 영들을 식별하고 생명을 긍정하고 보존하는 선교에 참여하는 모든 사람들과 연대하도록 도전받고 있다. 우리는 또한 죽음의 세력들과 생명에 대한 거부가 경험되는 곳에서 악령들을 분별하고 대적한다.

103. 우리는 선교가 하나님의 창조 행위로부터 시작되고, 생명을 살리는 성령의 능력에 의해 재창조 가운데 지속됨을 확언한다. 오순절에 불의 혀와 같이 부어진 성령은 우리의 마음을 채워서 우리를 그리스도의 교회로 만드신다. 그리스도 예수 안에 계셨던 성령은 우리를 감동시켜 자기를 비우고 십자가를 지는 삶의 스타일로 이끄시며, 우리가 말씀과 행동으로 하나님의 사랑을 증언하려고 노력할 때 하나님의 사람들과 동행하신다. 진리의 성령은 우리를 모든 진리로 이끄시고 권능을 주사 귀신의 권세를 물리치고 사랑으로 진리를 말하게 하신다. 우리는 구속 받은 공동체로서 다른 사람들과 생명수를 나누며 온 창조를 치유하고, 화해시키고, 갱신하기 위하여 일치의 영을 찾는다.

104. 우리는 영성이 선교적 활동력의 근원이며 성령 안에서 선교는 변혁적임을 확언한다. 그래서 우리는 선교와 영성과 창조 사이에 우리의 관점을 재조정 하려고 노력한다. 예전과 예배로부터 흘러나오는 선교 영성은 우리와 다른 사람들 그리고 우리와 더 넓은 창조 세계를 재 연결 한다. 우리는 우리의 선교참여, 창조 세계 안에 존재함, 성령의 삶의 실천은 상호 변혁적이기 때문에 함께 엮여 있어야 한다고 이해한다. 창조와 함께 시작된 선교는 모든 차원에서 생명을 하나님의 선물로 경축하도록 우리를 초대한다.

105. 우리는 하나님의 영의 선교가 온 창조 세계를 새롭게 하는 것임을 확언한다. "땅과 거기에 충만한 것과 세계와 그 가운데에 사는 자들은 다 여호와의 것이로다"(시 24 : 1). 생명의 하나님께서는 자연을 보호하시고, 사랑하시고, 보살피신다. 인간은 땅의 주인이 아니라 창조 보전을 보살피는 책임이 있다. 지속되는 자연 파괴를 가져오는 과도한 탐욕과 무절

제한 소비는 중지되어야 한다. 하나님의 사랑은 온 창조 세계의 갱신에서 분리된 인간 구원을 선포하지 않는다. 우리는 인간중심적인 목적들을 넘어서 하나님 선교에 참여하도록 부름 받고 있다. 하나님 선교는 모든 생명을 향하고 있기에 우리는 그것을 인정하고 새로운 선교 방법으로 그것을 섬겨야 한다. 우리는 회개와 용서를 위해 기도하지만 또한 지금 행동을 요구한다. 선교는 창조 세계를 그 중심에 가지고 있다.

106. 우리는 오늘날 다방향적이고 많은 양상을 지닌 선교운동들이 남반구와 동양으로부터 출현하고 있음을 확언한다. 기독교의 무게 중심이 남반구와 동양으로 이동한다는 사실은, 우리로 하여금 이 지역의 상황, 문화, 영성에 근거한 선교학적 표현들을 탐구하도록 도전하고 있다. 우리는 상호 우애와 동반자 관계를 더 발전시켜야 하고, 선교와 에큐메니컬 운동 안에 상호의존성을 확언해야 한다. 우리의 선교적 실천은 고난 받는 사람들과의 연대 및 자연과의 조화를 보여 주어야 한다. 전도는 자기 비움의 겸손 가운데 다른 사람들에 대한 존중을 가지고, 또한 다른 문화들과 신앙들을 가진 사람들과 대화하는 가운데 이루어진다. 또한 전도는 이러한 지형 변화 속에서 하나님의 통치의 가치들에 모순되는 억압과 비인간화의 구조들과 문화들에 맞서야 한다.

107. 우리는 주변화된 사람들이 선교의 대리자들이며 생명의 충만함이 만유를 위한 것이라고 강조하는 예언자적 역할을 감당한다고 확언한다. 사회에서 주변화된 사람들은 하나님 선교의 주요 동역자들이다. 주변화 되고, 억압당하고, 고난 받는 사람들은 무엇이 그들에게 좋은 소식이고, 무엇이 그들의 위험해진 삶에 나쁜 소식인지를 구별하는 특별한 재능을 가지고 있다. 우리는 하나님의 생명 살리기 선교에 헌신하기 위해서, 생명을 긍정하는 것과 생명을 파괴하는 것이 무엇인지 주변으로부터 나오는 소리들을 들어야 한다. 우리는 주변화된 사람들이 취하는 행동을 향해 선교의 방향을 돌려야 한다. 정의와 연대와 포용성은 주변으로부터의 선교의 중요한 표현들이다.

108. 우리는 하나님의 경제는 모든 사람들을 위한 사랑과 정의의 가치들에 기초해 있으며, 변혁적 선교는 자유시장 경제 안에 있는 우상숭배에 저항해야 한다고 확언한다. 경제 지구화는 사실상 생명의 하나님을 자유시장 자본주의의 신, 맘몬으로 대체하였다. 그것은 부당한 부의 축적과 번영을 통해 세상을 구원하기 위한 능력을 가졌다고 주장한다. 이러한 맥락에서 선교는 그러한 우상숭배적인 비전들에 대해 대안들을 제시하는 대항 문화적이 될 필요가 있다. 왜냐하면 선교는 생명, 정의, 평화의 하나님께 속한 것이지 사람과 자연에게 불행과 고난을 가져오는 이러한 거짓 신에게 속한 것이 아니기 때문이다. 그래서 선교는 탐욕의 경제를 규탄하고 사랑과 나눔과 정의의 거룩한 경제에 참여하는 것이고 그것을 실행하는 것이다.

109. 우리는 예수 그리스도의 복음은 모든 시대와 장소에서 좋은 소식이고, 사랑과 겸손의 성령 안에서 선포되어야 한다고 확언한다. 우리는 우리의 메시지와 복음을 전하는 방법 안에 성육신, 십자가, 부활의 중심성이 있음을 확언한다. 그러므로 전도는 제도를 가리키기보다 항상 예수님과 하나님 나라를 가리키고 있고, 그것은 교회의 존재에 속한다. 교회의 예언자적 소리는 선포되도록 요청받는 그때에 침묵해서는 안 된다. 교회는 설득, 감동, 확신을 가지고 좋은 소식을 전하기 위해서 전도 방법을 갱신하도록 부름 받고 있다.

110. 우리는 생명을 위한 대화와 협력이 선교와 전도에서 필수적이라고 확언한다. 신빙성 있는 전도는 하나님의 형상인 모든 인류를 위하여 종교의 자유와 신앙의 자유를 존중함으로 이루어진다. 폭력적인 수단, 경제적인 이익 제공, 혹은 권력 남용을 통해 이루어진 개종은 복음의 메시지와 반대된다. 전도할 때에 서로 다른 신앙을 가진 사람들 사이에 존중과 신뢰 관계를 정립하는 것은 중요하다. 우리는 각각 혹은 모든(each and every) 문화의 가치를 존중하며, 복음은 특정 단체에 의해 소유될 수 없고 모든 사람들을 위한 것임을 인정한다. 우리의 임무는 선교지로 하나

님을 모셔가는 것이 아니라 이미 그곳에 계시는 하나님을 증언하는 것이다 (행 17 : 23-28). 성령과 연합한 우리는 생명을 향해 함께 일하기 위해서 문화적·종교적 장벽들을 극복할 수 있다.

 111. 우리는 하나님께서 선교하기 위해 교회를 움직이게 하며 권능을 주심을 확언한다. 교회는 하나님의 백성, 그리스도의 몸, 성령의 전으로서 하나님의 선교를 계속 수행할 때에 역동적인 존재가 되고, 변화가 가능하다. 이러한 사실은 세계 기독교의 다양성을 반영하는 다양한 형태들의 공동증언이 일어나게 했다. 그러므로 교회는 선교하면서 함께 여행하고, 사도들의 선교를 지속하면서, 움직여야 한다. 실천적으로, 이 사실은 교회와 선교가 일치해야 하며, 서로 다른 교회와 선교단체들은 생명을 위해 함께 일해야 함을 의미한다.

 112. 삼위일체 하나님께서는 "양으로 생명을 얻게 하고 더 풍성히 얻게 하려"(요 10 : 10) 오신 예수 그리스도를 통해, 그리고 "보라 내가 새 하늘과 새 땅을 창조하나니"(사 65 : 17)라고 하나님의 통치의 비전을 확증하시는 성령을 통해 온 창조물을 생명의 잔치로 초대하신다. 우리는 겸손과 소망 가운데 만물을 새롭게 창조하시고 화해시키는 하나님의 선교에 헌신한다. 그리고 우리는 기도한다. "생명의 하나님, 우리를 정의와 평화로 이끄소서!"

해 설

함께 생명을 향하여

김영동
장로회신학대학교 교수

1. 들어가는 말

선교는 변화하는 선교(Transforming Mission)이다. 이 말은 선교는 세상을 하나님이 기뻐하시고 사랑하시는 세상으로 변화시키는 하나님 나라 운동이요, 동시에 선교는 하나님의 선교에 참여하는 교회와 모든 그리스도인들을 회개하고 변혁하는 것이라는 의미이다.

2013년 부산에서 열릴 WCC 총회를 앞두고 국내 교회는 여전히 갈등과 분열의 카오스 상태에 빠져 있지만, 이 총회가 세계 기독교의 지형 변화는 물론 한국 교회의 갱신과 선교의 패러다임 전환을 가져오는 절호의 기회가 될 것으로 희망한다.

이번 총회가 여러 면에서 의미가 있겠지만 특히 선교에 대한 새로운 성명서가 채택되어 공포되는 것은 그 역사적 의의가 크다. 지난 30년 동안의 급격한 변화 가운데 이루어진 선교 지형의 변화에 대응하며, 미래의 세계 선교에 방향을 제시하는 이 문서에 대한 해설과 비평적 고찰과 한국 교회에 주는 도전과 의미를 찾아보고 연구하는 것은 꼭 필요하다고 생각한다. 이 성명서가 총회 석상에서 읽혀지거나 채택되어 언론에 보도된다고 하더라도, 소수의 에큐메니컬 운동가와 신학자들 손안에만 잡혀있고 풀뿌리 지역 교회의 일반적인 그리스도인들에게 소통되지 못한다면 무슨 그리 큰 의의를 가진다고 하겠는가? 따라서 이 '선교와 전도에 대한 새로운 확언'을 소개하고 해설하며 신학적 평가를 내리고 우리에게 주는 도전과 의의를 연구하는 것은, 한국 교회가 해야 할 중요한 과제라고 믿는다. 필자가 이 연구를 하는 필요성과 타당성은 이런 점에서 유래한다. 그렇다고 본 연구가 이 새로운 문서에 대한 완벽한 연구라거나 최종적인 평가라는 말은 아니다.

본 연구의 방법과 범위는 2012년 이 새로운 선교와 전도 문서의 초안을 토론하는 대 토론장(CWME Pre-Assembly Meeting, 22~27 March 2012, Manila, Philippines)에 참석했던 경험과 장로회신학대학교 선교학술대회(세계교회협의회 선교 문서가 한국 교회에 주는 의미) 자료를 바탕으로 이 문서의 작성 배경과 과정, 문서의 해설과 평가, 한국 교회를 향한 도전과 의의의 순서로 살펴본다. 연구의 목적은, WCC 총회를 주최하며 세계 교회 지도자들을 맞이하는 한국 교회의 일치와 협력 속의 선교와 전도를 진작하고, 풍성한 생명의 공동체를 이루는 선교신학적 기초를 알리고 소통함으로써 우리의 선교를 성숙하게 하며, 한국 교회가 성령의 인도로 경험한 영적·신학적·목회적 자원의 에큐메니컬 나눔을 도모하게 하는 데 있다.

본 연구는 'WCC 선교와 전도에 대한 새로운 확언'의 내용이 무엇이며, 이 내용을 한국 교회 성도들에게 알림으로써 21세기 삼위일체적 하나님의 선교에 동참하도록 하는 의의를 가진 탐구이다.

2. '선교와 전도에 대한 새로운 확언' 작성 배경과 과정[1]

---

1) "함께 생명을 향하여 : 기독교의 지형 변화 속에서 선교와 전도"(Together Towards Life : Mission and Evangelism in Changing Landscapes) – 'WCC

2천 년 기독교 역사에 인간의 과오와 약점에도 불구하고 삼위일체 하나님의 선교는 면면히 지속되어 왔다. 진보와 후퇴의 역동적인 움직임 속에서 굽이쳐 흘러온 선교운동사에서 세계교회협의회(WCC)의 설립은 개신교의 새로운 시대를 여는 쾌거였다. 교회의 일치와 협력은 선교의 목적을 위한 수단이라기보다는 교회의 거룩성과 사도성과 보편성과 일치성이라는 본질적 특성을 세상 속에서 드러내는 것이라고 할 때, WCC의 설립과 존재는 에큐메니컬 선교의 획기적 사건이다.

1961년 뉴델리 총회에서 국제선교협의회(IMC)와 WCC가 통합된 이후에 일치와 선교의 균형 있는 추진이 기대되었다. 하지만 동서 냉전의 도전과 신학적 갈등으로 기대한 만큼 선교와 일치가 조화있게 추진되지 못하였다. 선교의 실천 방법이 아니라 선교 그 자체가 문제가 되기 시작하고, 복음주의자들이 따로 독자적인 선교운동을 전개하면서 개신교의 일치와 선교는 불균형과 불협화음을 내기 시작하였다.

1982년에 WCC가 처음으로 선교 이해를 포괄적으로 정립하여 공포한 "선교와 전도 : 에큐메니컬 확언"(Mission and Evangelism : An Ecumenical Affirmation)은 이전의 양극화된 선교 이해의 가교를 놓은 통전적인 선교 이해를 천명하였다. 이로써 WCC와 IMC의 통합이 선교 속의 일치와 일치 속의 선교를 통합적으로 추진하는 데 기초를 놓았다고 본다. 1982년의 "선교와 전도 : 에큐메니컬 확언"는 WCC 안에서 IMC의 맥을 잇는 기구인 CWME의 세계선교와전도협의회의 문제 제기와 토론을 종합한 것이다(1963년 멕시코 CWME, 1973년의 방콕 CWM, 1980년 멜버른 CWME). 2013년 WCC 제10차 부산 총회에 상정될 새로운 에큐메니컬 선교 문서인 "함께 생명을 향하여 :

'선교와 전도에 대한 새로운 확언'은 아직 통일된 공식 호칭이 정해지지 않았기에 본 연구 논문의 본문에서는 '선교와 전도에 대한 새로운 확언', 'WCC 선교와 전도에 대한 새로운 확언', '새로운 에큐메니컬 선교 성명' 등으로 본문의 맥락에 맞게 혼용하여 지칭하며, 각주에서는 한글 번역본 "함께 생명을 향하여 : 기독교의 지형 변화 속에서 선교와 전도"와 그 단축형인 "함께 생명을 향하여"를 혼용하여 사용한다.

기독교의 지형 변화 속에서 선교와 전도"(Together Towards Life : Mission and Evangelism in Changing Landscapes)는 1982년 "선교와 전도 : 에큐메니컬 확언" 이후 지난 30여 년 간의 변화된 세계 선교 상황의 도전에 새롭게 응답하는 선교신학의 확언이다. 선교와 전도에 대한 새로운 확언은 1989년 샌 안토니오 CWME, 1996년 살바도르 CWME, 2005년 아테네 CWME의 선교와 전도 이해를 포괄적으로 수렴한 것으로 간주된다.

이 확언에서 언급하는 내용 중에서 CWME가 'WCC 선교와 전도에 대한 새로운 확언'을 정립할 수밖에 없었던 변화된 선교 지형을 추출하면 모두 7가지가 된다. 그것은 곧 영성의 요청, 생태학적 관심, 경제적 부정의, 개인주의화되고 세속화되며 물질주의화된 세상, 다 종교 다문화 상황, 세계 기독교, 주변부로부터의 선교이다.

'WCC 선교와 전도에 대한 새로운 확언'은 지난 1982년의 "선교와 전도 : 에큐메니컬 확언"을 보완하면서 변화된 선교 지형에 선교 이해를 정립하며, 부산 총회에 상정하여 10차 총회를 기해 "세계 기독교" 시대에 부응하는 삼위일체 하나님의 선교에 온 세상의 교회가 참여하도록 도전할 것이다.

'선교와 전도에 대한 새로운 확언' "함께 생명을 향하여 : 기독교의 지형 변화 속에서 선교와 전도"는 2012년 1월 22일 WCC 실행위원회(Executive Group)에서 승인되었으며, 2012년 3월 22~27일까지 필리핀 마닐라에서 그에 대한 집중적인 평가와 토론을 하는 협의회를 가졌고, 이때 6대륙의 참가자들이 제기한 문제와 의견을 수렴 보완하여 2012년 6월 15일 이사회에 의하여 만장일치로 통과되었으며, 이것을 그해 9월 5일 WCC 중앙위원회가 다시 약간의 손질을 하여 최종 승인한 것이다. 이제 11월 부산 총회에 상정되어 공포되면 'WCC 선교와 전도에 대한 새로운 확언'은 전 세계 교회에 새로운 도전과 활력을 줄 것으로 기대된다.

3. '선교와 전도에 대한 새로운 확언' 해설

1) 구조와 질문과 주제

'WCC 선교와 전도에 대한 새로운 확언'의 6가지 큰 틀과 세부 주제는 다음과 같다.

(1) 함께 생명을 향하여 : 주제 소개와 질문(제1-11항)
(2) 선교의 성령 : 생명의 숨결(제12-35항) – 성령의 선교(12-18항), 선교와 피조물(창조 세계)의 번성(19-23항), 영적인 은사와 영분별(24-28항), 변혁적 영성(29-35항)
(3) 해방의 성령 : 주변부로부터의 선교(제36-54항) – 주제 개관(36-37항), 왜 주변부 사람이며 주변화인가?(38-42항), 투쟁과 저항으로서 선교(43-45항), 정의와 포용성을 추구하는 선교(46-49항), 치유와 온전성으로서의 선교(50-54항)
(4) 공동체의 성령 : 살아 움직이는 교회(제55-79항) – 하나님 선교와 교회의 생명(55-58항), 하나님 선교와 교회 일치(59-66항), 교회에 선교하는 권능을 주시는 하나님(67-71항), 지역교회 : 새로운 주도자(72-79항)
(5) 오순절의 성령 : 만유를 위한 복음(제80-100항) – 전도의 소명(80-85항), 그리스도의 방법으로 전도하기(86-92항), 전도, 종교 간의 대화와 기독교인의 현존(93-96항), 전도와 문화(97-100항)
(6) 생명의 잔치 : 결론적 확언(제101-112항) – 결론적 개관(101항), 결론(102-111항), 최종 결론(112항)[2]

---

[2] 필자가 참석했던 마닐라 협의회에서 제시된 새로운 선교와 전도 확언은 총 132항목으로 최종 확언보다 20항목이 더 많았고, 그 내용 구성도 불, 물, 바람, 소금 등의 성령의 이미지로 단락을 나누어서 표현하였다. 참고로 이해를 돕기 위해 마닐라 초안을 소개하면, 첫째, 함께 생명을 향하여 : 주제 소개(제1-10항), 둘째, 불의 넓이 : 변혁적 영성(제11-39항), 셋째, 땅의 소금 : 주변부로부터의 선교(제

10가지 질문은 'WCC 선교와 전도에 대한 새로운 확언'의 전체 문제 제기이며 동시에 본론에서 다루어야 할 주제를 예시하고, 마지막 여섯째 결론 부분에 가서 그에 대한 응답으로 10가지 확언을 낳는 현대 선교의 논쟁점이다. 이 10가지 질문은 WCC CWME가 오늘날 가장 시급하고 중요하다고 생각하는 선교신학적 질문으로, 현재 WCC CWME 총무인 금주섭 목사가 작성한 것이다.[3] 10가지 질문의 핵심 내용은 다음과 같다 (1-10항).[4]

  (1) 오늘날 하나님의 선교에 참여할 수 있게 해 주는 하나님의 생명 살리기 선교를 어떻게 그리고 어디에서 분별할 수 있을까?
  (2) 성령의 선교에 대한 새로운 이해를 가지고 우리는 오늘날 변화하는 다양한 세계 안에서 하나님 선교를 어떻게 다시 계획할 수 있을까?
  (3) 우리는 어떻게 생명을 긍정하는 변혁적 영성으로서 선교를 회

40-61항), 넷째, 생명의 물 : 사랑 안에서 진리를 말함(제62-88항), 다섯째, 변화의 바람 : 움직이는 교회(제89-120항), 여섯째, 생명의 잔치 : 결론적 확언(제121-132항)이다. 마닐라 초안과 최종안은 전체 내용을 줄인 것 외에도 특히 교회와 선교 부분이 대폭 축소된 점이 눈에 띈다. 마닐라 초안의 이 부분에는 '세계기독교의 지형 변화'라는 제목의 10가지 항목이 포함되어 있다.

3) Jooseop Keum, "Dynamism and Diversity : Global Missiological Issues and Themes in Changing Landscapes," 3rd Kenosis Conference, Singapore Korean Church host, 3-6 Oct. 2012 Presentation Material. 9.

4) 이하에서 'WCC 선교와 전도에 대한 새로운 확언'의 내용은 정병준이 옮긴 한글 번역본에서 발췌 인용 혹은 참고한다. Byung Joon Chung(trans.), *Together Towards Life : Mission and Evangelism in Changing Landscapes - A new WCC Affirmation on Mission and Evangelism*, "함께 생명을 향하여 : 기독교의 지형 변화 속에서 선교와 전도 - 'WCC 선교와 전도에 대한 새로운 확언,'" PCTS CWM/Ecumenical Research Division, World Christianity Future Forum Co-host, Mission Symposium "Segyegyohoehyeopuihoe Seonkyomunseoga Hangukgyohoee Juneun Uimi," 20 Nov. 2012, Symposium Material : 65-89. 이 연구논문에서 인용되는 '선교와 전도에 대한 새로운 확언'은 이 자료집의 번역본을 말하며, 아직 단행본으로 출판되지 않았기에 이 자료집에 실려 있는 페이지를 제시한다.

복할 수 있을까?
(4) 지구의 미래에 대한 우려가 명백한 이때에 우리가 하나님 선교에 참여한다는 것이 그것과 무슨 관련이 있을까?
(5) "기독교의 무게 중심의 변화"가 선교와 전도의 신학과 의제와 실천에 어떤 통찰을 주고 있는가?
(6) 만일 "주변부를 향한 선교"에서 "주변부로부터의 선교"로 개념의 전환이 일어났다면, 그 주변부 출신 사람들의 독특한 공헌은 무엇일까? 그리고 오늘날 선교와 전도를 재구상하는 데 있어서 그들의 경험과 비전이 중요한 이유는 무엇일까?
(7) 글로벌 시장 안에서 어떻게 복음과 하나님 나라의 가치를 선포하고, 시장의 영을 이길 수 있을까? 전 지구적 차원의 경제적, 생태적 부정의와 위기 속에서 교회는 어떠한 선교적 행동을 취할 수 있을까?
(8) 개인주의적이고, 세속적이고, 물질적인 세계 안에서 살고 있는 세대를 향해 어떻게 하나님의 사랑과 정의를 선포할 수 있을까?
(9) 다양한 종교와 문화가 있는 세계 안에서 생명 살리기 선교를 공동으로 증언하고 실천하기 위해서 우리는 어떠한 에큐메니컬 신념들을 가져야 하는가?
(10) 교회는 선교하기 위해 어떻게 자신을 갱신하여 충만한 생명으로 함께 나아갈 수 있을까?

이상의 10가지 새롭게 변화하는 선교 지형의 도전에 부응하는 선교신학적 질문을 핵심 용어로 정리하면, missio Dei 활동 분별, missio Spiritus 이해에 기초한 선교 방향, 성령의 변혁적 선교 영성, 온 피조물의 에큐메니컬 선교 참여, "세계 기독교" 시대의 선교 의제와 실천, 주변부로터의 선교, 경제와 생태 위기와 불의 속에서 선교 행동, 이기적이고 세속적이며 물질만능의 세계에서 사랑과 정의의 선교, 다종교·다문화에서 생명 선교, 교회 개혁과 선교로 요약할 수 있다.

이러한 선교신학적 도전과 문제 제기에 대한 응답으로서의 결론을 소개하기 전에, 먼저 '선교와 전도에 대한 새로운 확언'의 내용을 구성에 따라 간략히 요약한다. 사실 다양한 신학 전통과 선교 이해를 종합한 새로운 선교 문서의 방대한 내용을 압축하여 제시하는 것이 간단한 문제는 아니지만 핵심 개념 중심으로 요약한다.[5]

(1) 제1-11항은 "함께 생명을 향하여"라는 새로운 확언의 주제 소개와 질문을 담고 있다. 이 영역에서 창조 세계 보전과 생명, 그리스도 중심적 보편주의로부터 삼위일체 중심적 보편주의로의 패러다임 전환을 볼 수 있다. 삼위일체 하나님, 삼위일체론적 성령이라는 핵심 개념을 토대로 생명, 변혁적 영성, 기독교 지형 변화, 주변과 중심, 시장경제, 종교와 문화, 교회 갱신 등의 선교신학적 문제를 제기한다.

(2) 제12-35항은 "선교의 성령 : 생명의 숨결"이란 본론의 첫 번째 부분으로 성령의 선교를 언급한다. 이 영역에서 창조 세계 보전과 생명, 그리스도 중심적 보편주의로부터 삼위일체 중심적 보편주의를 특징으로 한다. 성령 이해가 전통적인 서방교회의 이해를 넘어 동방교회의 성령론(Spirit Christology)을 포용한다. 이런 관점에서 성령은 "삼위일체론의 틀 안에서 창조의 영이시요 창조 보전과 지탱의 영이시요 생명을 부여(하)

---

5) 이형기는 1982년 '선교와 전도'와 2012년 '선교와 전도에 대한 새로운 확언'의 패러다임 전환을 7가지 변수를 중심으로 분석한다. 1982년 '선교와 전도' 이후의 변화된 선교 지형 속에서 발전된 선교와 전도신학을 개관하는 7가지 변수란 창조 세계 보전과 생명, '신자유주의 시장경제'의 글로벌화 : 글로벌화 과정 속에서 교회와 신학의 주변화, 포스트모더니즘과 다민족 다문화 다종교, 오순절주의를 비롯한 세계 기독교의 지형 변화, 그리스도 중심적 보편주의로부터 삼위일체 중심적 보편주의, 미래 지향적이면서도 현재적인 '하나님 나라', '신앙과 직제', '삶과 봉사' 그리고 '세계 선교와 복음 전도'의 다양성 속의 통일성이다. Hyung Gi Lee, "Segyegyohoehyeopuihoe Seonkyoihoewa Paereodaimui Byeonhwa," PCTS CWM/Ecumenical Research Division, World Christianity Future Forum Co-host, Mission Symposium "Segyegyohoehyeopuihoe Seonkyomunseoga Hangukgyohoee Juneun Uimi," 20 Nov. 2012, Symposium Material, 1-12.

시고 생명을 살리시는 '생명의 영'(the Lord and Life-Giver)"[6]이다. 따라서 하나님의 선교는 "피조물 가운데 성령의 경륜의 보편성과 성령의 구속 사역의 특수성은[7] 둘 다 최종적으로 하나님께서 '만유 안에서 만유의 주'가 되실 때(고전 15 : 24-28)인 새 하늘과 새 땅을 향한 성령의 선교로 이해되어야 한다."(15항) 전통적인 인간 구원 중심의 선교관을 넘어서 모든 피조물의 번성을 선교에 포함한다. "모든 피조 생명체와 우리들과의 화해된 관계성을 표현하는 선교 유형"(19항), "피조 세계와 우리의 몸은 둘 다 성령의 은혜로 변화될 것"(20항), "모든 피조물과 친교"(22항), "자연과 인간의 영적인 관계를 확언"(23항) 등의 표현은 인간 이외의 피조물이 멸망하는 생태 위기의 시대에 인간 구원이 생태 정의와 상호관련성이 있으며, 참된 인간 구원은 "땅위의 모든 생명의 필요를 존중하는 새로운 인간성"(23항) 형성에 따라 이루어진다고 한다.

영적인 은사는 "다른 사람들의 유익과 온 피조물의 화해"를 위해 주셨으며, 영 분별이란 억압된 사람들의 해방, 깨어진 공동체의 치유와 화해, 피조물의 회복을 도모하는 것이고, 모든 차원에서 생명의 충만함이 고양되는 곳에 성령이 임재한다(24항). 동시에 죽음의 세력과 생명 파괴는 악령의 일이다. 이와 같이 교회 밖에서 성령의 임재와 악령의 현존을 분별하는 영분별이 있어야 한다. 변혁적 영성은 교회와 기독교인들이 삼위일체 하나님과의 연합에서 자체 변혁과 선교적 존재로의 변혁을 일으킨다. 예수님의 십자가는 "힘의 오용과 부당한 권력 남용"의 회개를 요청하기에(33항), 개인 구원이나 성화의 차원만 아니라 정의 평화 화해 치유의 차원을 가짐을 말한다.

(3) 제36-54항은 "해방의 성령 : 주변부로부터의 선교"이다. 선교 행

---

6) Hyung Gi Lee, "Segyegyohoehyeopuihoe Seonkyoihoewa Paereodaimui Byeonhwa," 15.
7) 이형기는 이 부분을 좀 더 명확하게 "창조 세계 안에서의 성령 경세의 보편성과 성령의 구속사역의 특수성"으로 번역한다.

동은 "모든 인간과 땅의 신성한 가치를 보호해야 한다"는 논지에서 인간과 땅의 가치를 억압하고 파괴하는 존재가 '중심'이라 한다면 그들은 선교의 주체가 될 수가 없으며, 선교는 이러한 '중심'과 결별하고 '중심의 부정의'에 저항해야 한다. 동시에 주변부 사람들의 '중심'으로의 이동은 선교가 아니며 주변에 있으면서 '중심부' 사람들과 대변하여 그들과 그들이 지배하는 권력구조를 변혁시켜야 한다(40항).

이러한 차원에서 선교는 투쟁과 저항과 해방으로서의 선교로서 "착취하고 노예로 만드는 악령을 분별하고 정체를 폭로하는 것"이며, 이것은 "가부장적 이념을 해체하고, 원주민들의 자결권을 옹호하며, 인종 차별과 카스트 제도의 사회적 정착에 도전하는 것을 수반한다."(44항). 선교하는 교회는 '대항 문화 공동체'(counter-cultural community)로서 "정의롭고 포용적인 세계가 실현"되도록 헌신하며, "개인과 공동체의 삶의 치유와 온전성을 추구하는 행동"을 해야 한다(50항).

(4) 제55-79항은 "공동체의 성령 : 살아 움직이는 교회"라는 제하에 1952년 빌링겐 대회의 missio Dei와 1982년 "선교와 전도" 이래로 약화된 교회론의 선교적 재해석이 시도된다. 교회와 선교는 하나님의 흘러넘치는 사랑에서 기원한 점, 공동의 목적을 가진다는 점에서 상호 불가분리의 실재다. "하나님의 선교적 목적을 성취하는 것이 교회의 목적이다"(57항). 성령 안에서 교회의 다양성은 선교의 다양성과 연결되며, 동시에 한 하나님의 선교와 교회로서 통일성과 공동의 증언을 해야 한다(59-66항) 선교의 힘과 능력은 창조와 역사 속에 현존하고 역사하는 하나님이시다. 성령의 우산 아래 있는 다민족·다문화·다종교 상황에서 선교는 겸손과 상호성을 가지고(70-71항), 새로운 상황에 창조적으로 부응하는 교회 모델들을 개발하면서(72-79항) 하나님의 선교에 참여한다.

(5) 제80-100항은 "오순절의 성령 : 만유를 위한 복음"이란 제목으로 예배, 증언, 봉사, 친교, 전도의 통전적 선교라는 틀 안에서 "'그리스도 안에 있는 새 생명과 제자도를 향한 개인적 회심으로 초대'하는 것을 포함해

서 명백하고 의도적으로 복음을 표현하는 데 집중"하는 '전도'의 소명을 이야기한다(85항). 전도는 문화와 종교에 현존하는 성령의 인도 하에 "말과 행동으로 좋은 소식을 나누는 것"이요, 복음의 성육화요, 겸손과 존중과 대화, 공동선을 위한 협력, "악과 부정의에 대항하는 예언자적 사명"이다(86-92항). 문화에 대한 복음의 성육화는 복음의 문화에 대한 도전, 승인, 변혁이란 세 가지 대응 형태를 분별하며[8] 성령의 인도로 충만한 생명공동체를 실현해야 한다(97-100항).

(6) 제101-112항은 "생명의 잔치 : 결론적 확언"으로 결론적 개관(101항)을 하고, 본론에서 다룬 내용을 압축하여 서론에서 제기한 질문에 대한 응답의 형식으로 제시하는 결론(102-111항)을 도출하고, "종말론적인 목적을 향하여 만유를 초대하시는 삼위일체 하나님의 부르심에 대한 고백으로"[9] 최종 결론(112항)을 맺는다.

선교는 생명의 잔치요 생명의 춤이요 생명의 노래이며 생명의 살림이다. 이 잔치는 "풍요로운 생명의 근원이신 하나님의 사랑으로부터 흘러넘치는 창조와 풍작에 대한 축제"[10]이며, 이것은 하나님의 영의 선교로 실현된다고 한다.

2) 제기된 질문에 대한 선교신학적 응답과 새로운 패러다임

처음에 제기했던 질문에 대한 삼위일체 하나님의 선교, 특히 삼위일체론적 성령의 선교에 기초한 신학적 응답은 다음과 같다(102-111항).

(1) 우리는 하나님 선교의 목적은 생명의 충만함(요 10 : 10)이며

---

8) Christopher Duraisingh ed., *Called to One Hope : The Gospel in Diverse Cultures*(Geneva : WCC, 1998), 21-22, 24.
9) Hyung Gi Lee, "Segyegyohoehyeopuihoe Seonkyoihoewa Paereodaimui Byeonhwa," 26.
10) Together Towards Life : Mission and Evangelism in Changing Landscapes, 87.

그것이 선교를 분별하는 기준임을 확언한다.
(2) 우리는 선교가 하나님의 창조 행위로부터 시작되고 생명을 살리는 성령의 능력을 통한 재창조 가운데 지속됨을 확언한다.
(3) 우리는 영성이 선교적 활동력의 근원이며 성령 안에서 선교는 변혁적임을 확언한다.
(4) 우리는 하나님의 선교가 온 피조물을 새롭게 하는 것임을 확언한다.
(5) 우리는 오늘날 다방향적이고 다양한 양상을 지닌 선교운동이 남반구와 동양으로부터 출현하고 있음을 확언한다.
(6) 우리는 주변화된 사람들이 선교의 대리자이며, 선교를 만물의 생명의 충만함으로 이해하는 예언자적 역할을 감당한다고 확언한다.
(7) 우리는 하나님의 경제는 모든 사람들을 위해 사랑과 정의의 가치에 기초해 있으며, 변혁적 선교는 신자유주의 경제의 우상숭배에 저항해야 한다고 확언한다.
(8) 우리는 예수 그리스도의 복음은 모든 시대와 장소에서 좋은 소식이고, 사랑과 겸손의 성령 안에서 선포되어야 한다고 확언한다.
(9) 우리는 생명을 위한 대화와 협력이 선교와 전도에서 필수적이라고 확언한다.
(10) 우리는 하나님께서 선교를 위해 교회를 살아 움직이게 하며 권능을 주심을 확언한다.

이상의 내용을 요약하면, 2012년 '선교와 전도에 대한 새로운 확언'의 내용을 서론의 10가지 질문과 본론의 4가지 영역의 내용과 결론의 10가지 응답을 "성령의 선교에 대한 새로운 이해"(2항)라는 관점에서 정리할 수 있다. 새로운 선교 성명서가 제시하려는 선교의 개념과 비전과 방향을 과거의 선교 이해와 대비하면 다음과 같다.[11]

(1) 선교는 구속신학적 선교 이해에서 구속과 창조와 새 창조 신학의 선교 이해로 전환하고, "온 세상(oikoumene)을 당신의 형상 안에서 창조"하신 하나님 이해와 "생명을 충만하게", "생명을 살리는" 것이다(1항).
(2) 선교는 교회나 인간이 아니라 삼위일체 하나님의 사랑의 마음에서 온 인류와 피조물에게로 흘러넘치는 것이다(2항).
(3) "성령 속에 있는 생명"이 선교의 본질이며, 개인의 거룩과 성화 중심의 영성을 넘어 온 세상의 생명을 긍정하는 변혁적 선교 영성이어야 한다(3항).
(4) 인간 구원 중심의 선교가 모든 피조물이 상호 연결망을 가지는 우주적 차원의 선교이다(4항).
(5) "미전도 지역", 땅 끝까지 이르는 지리적 확장 선교 개념으로부터 세계 기독교의 일치와 협력 가운데 선교신학과 의제와 실천을 형성하는 방향으로 전환한다(5항).
(6) 힘을 가진 중심으로부터 주변부로 향하는 선교가 주변부로부터의 선교로 전환한다(6항).
(7) 성장, 업적, 승리의 시장경제적 세속적 가치에 편승하는 선교에서 경제와 생태 정의를 실현하는 대안적 선교로 나아간다(7항).
(8) 말과 행동의 불일치와 프로파간다 형의 선교를 극복하고 언행일치 속의 사랑과 정의 실현의 선교를 한다(8항).
(9) 배타적 자문화 중심적·승리주의적 선교에서 대화와 소통, 사랑과 평화와 정의가 살아 있는 세상 건설의 선교를 한다(9항).
(10) 모이는 교회 중심(coming together) 선교에서 이를 포함하여 교회 갱신과 세상 속의 새 생명 공동체 형성의(giong forth) 통전적 선교를 지향한다(10항).

---

11) Kirsten Kim, "PPT Presentation" CWME Pre-Assembly Meeting, 22-27 March 2012, Manila, Philippines.

이 확언에 담겨 있는 선교신학적 확신은 삼위일체 하나님의 선교는, "새 하늘과 새 땅"(사 65 : 17)의 비전에 따라 성령의 능력 안에서 만유의 생명을 살리며 새롭게 하고, 남반구와 동양의 교회, 주변부 사람들이 21세기 선교의 대리자로서 예언자적 사명을 감당하되 사랑과 정의, 대화와 협력, 나눔과 평화를 통해 세상을 변화시킴으로 샬롬의 생명 공동체를 건설하는 목표를 가지는 것이라고 한다.

'선교와 전도에 대한 새로운 확언'의 목적은 이 선언문의 전문에 나타난 바와 같이 "변화하는 지형 속에서 선교와 전도를 새롭게 이해하고 실천하기 위해 비전과 개념과 방향을 찾는 에큐메니컬 통찰"[12]을 주어, WCC 회원 교회들과 그 협력 선교기구들을 넘어 광범위하게 확산되어 생명의 풍요를 위해 연합하고 협력하여 함께 헌신하게 하는 것이다. '선교와 전도에 대한 새로운 확언'에 내재된 근본적인 선교신학적 확신은 다음과 같이 정리할 수 있다.

4. '선교와 전도에 대한 새로운 확언'에 대한 비평적 고찰

1) 내적 비평[13]

'WCC 선교와 전도에 대한 새로운 확언'은 마닐라 협의회(CWME Pre-Assembly Meeting)에 제출되었던 초안보다는 훨씬 더 내적 통일성과 구성과 논리 전개가 향상되었다. 앞에서도 잠시 언급했지만 마닐라 초안은 총 132항목으로 중앙위원회 승인을 받은 최종안보다 더 길었고, 특히 교회와 선교 부분 내용이 대폭 축소되었다. 마닐라 초안에는 '교회와 선교' 부분에 '세계 기독교의 지형 변화'의 내용을 10가지 항목으로 나누

---

12) Together Towards Life : Mission and Evangelism in Changing Landscapes, 65.
13) '내적 비평'이란 보통 '선교와 전도에 대한 새로운 확언'의 내적 통일성, 구성, 논리 전개를 평가하고, 결론의 타당성과 근거, 논리 전개 방식과 작성과 내용의 일치 정도를 평가하는 것을 말한다.

어 서술하고 있는데, 이것은 내용 구성이나 논리 전개면에서 조화롭지 못하다.

'선교와 전도에 대한 새로운 확언'은 missio Dei를 삼위일체 하나님의 선교로, 그중에서도 성령의 능력과 임재와 활동 안에서의 선교를 강조한다. 그래서 변화하는 기독교 지형 속에서 선교의 역동성, 정의, 다양성, 변혁성에 초점을 맞추어 내용을 전개한다. '선교와 전도에 대한 새로운 확언'은 성령을 선교의 영, 해방의 영, 공동체의 영, 오순절의 영으로 구분하며, 이에 따라 본론을 네 부분으로 나누고 있다. 한마디로 이 '선교와 전도에 대한 새로운 확언'은 성령의 선교를 말하고 있다고 해도 과언이 아니다. 이런 의미에서 이 선교 성명서는 성령의 선교라는 내적 통일성과 일관성 있는 구성을 가지고 있다고 볼 수 있다.

'선교와 전도에 대한 새로운 확언'에 나타난 만유의 생명을 충만케 하고(fullness), 풍성하게 하며(abundance), 온전하게 하고(wholeness), 경축하는(feast) 성령 선교(missio Spiritus)의 선교신학적인 패러다임은 다음과 같이 제시할 수 있다.

(1) Missio Dei, 삼위일체의 선교라는 틀 속에서 성령의 선교가 중심점이다(1-3, 12-18항).
(2) 만유의 생명을 살리고 충만하게 함이 선교의 목적이다(1-2항).
(3) 교회와 공동체와 개인의 선교 영성은 변혁적이며 예언자적인 영성이다(29-35항).
(4) 인간 구원과 아울러 모든 피조물과 지구의 풍성한 생명 구현을 선교의 목표로 한다. 구속신학과 창조신학을 통합한다(4, 19-23항).
(5) 다양한 기독교 전통과 복합적인 선교 상황(경제 세계화, 이민 등)을 고려하는 다원화된 선교 이해를 강조하는 에큐메니컬 선교 확언이다(5, 7항).
(6) 개인주의화, 세속화, 물질주의화 된 세상에서 복음 전도, 투쟁과

저항, 정의와 포용성 추구, 치유와 온전성에 대한 헌신, 대화와 문화간 소통을 강조하는 것이 선교의 이해와 실천 방향이다(6, 8-9, 43-54, 80-100항).
(7) Missio Dei와 교회 일치와 연합(59-66항), 특히 지역 교회의 선교적 사명과 주변부로부터의 선교를 강조한다(10, 36-42, 55-58, 72-79항).

이와 같이 '선교와 전도에 대한 새로운 확언'은 선교 이해와 개념 설정과 그에 따라 변화된 선교 지형(landscapes) 혹은 선교 상황(context)에서 선교 영성과 실천을 종합적으로 제시한다. 서론에서 제기한 10가지 문제 제기 혹은 질문과 결론에서 그에 상응하는 10가지 응답 혹은 확언이 내적 통일성과 내용의 일치 정도를 더 두드러지게 한다. 그리고 개인 회심과 성화라는 구원의 차원을 넓힌 점에서 선교 이해의 지평도 넓어졌다. 오랫동안 복음주의자와 에큐메니컬 진영의 갈등 요인이었던 선교와 전도의 관계성에 대한 명쾌한 통합과 '하나님의 선교'(missio trinitatis)와 '교회의 선교'(missio ecclesiae)의 융합을 시도하는 점에서 높이 살 만하다. '선교와 전도에 대한 새로운 확언'은 교회 일치, 삶과 봉사(인권, 성, 정의, 평화, 화해와 치유 등), 선교와 전도가 상호관계가 있음을 천명한다.

다만 '선교와 전도에 대한 새로운 확언'이 만유 혹은 온 피조물의 번성이 구체적으로 무엇을 의미하는지, 새롭게 부상하는 남반구와 동양으로부터의 선교가 어떤 특징과 한계점을 가지는지, 주변부로부터의 선교가 주변화시키는 사람들의 힘(power)과의 역동적 상관성이 어떠한지 등에 대한 좀 더 심도 있는 논의가 필요하다고 본다. 특히 중심과 주변의 문제가 신자유주의 시장경제의 글로벌화와 그로 인한 교회와 신학의 주변화 문제를 파생하는데 '선교와 전도에 대한 새로운 확언'은 사회경제적 역사적 요인을 배제하고 일반적인 '중심'과 '주변'을 언급하는 데 머물러 있다는 점을 지적할 수 있다. 하라레 총회(1998) 이래의 논점과 '아가페 문서'(2006)가 다룬 '신자유주의 경제의 역기능'에 관련된 '중심'과 '주변'의 문제를 보완하면 좋을 것이다.[14] '중심'-'주변'의 문제는 고정적인 실체라기보다 상황에 따라 가변적이라고 보아야 한다. 기독교의 영원한 중심도 없으며 영원한 주변도 없다는 말에 따르면, 잠재적 중심이며 잠재적 주변이 있음을 고려해야 한다.

내용의 불일치의 문제도 나타난다. 교회와 선교의 관계성에 대한 언급에서 17항에서는 "선교는 교회의 기원이라기보다는 결과이며 '예배 후에 예배'"라고 정교회 이해를 바탕으로 정의한 반면에 57항에서는 "교회는 …… 선교를 위해 탄생되었다. …… 만일 교회가 선교하지 않으면 더 이상 교회가 아니다."라고 하면서 선교가 교회의 기원인 것처럼 이야기하는 모순이 보인다. 선교와 교회의 불가분리의 관계를 강조하는 점에서 이해할 수 있으나 좀 더 엄밀한 내적 통일성이 요청되는 점이다. '삼위일체적 성령의 선교'가 구체적으로 무엇이고, 삼위일체 하나님의 선교와 성령의 선교가 상호 어떻게 연결되는지에 대한 보다 분명하고 엄밀한 신학적 정교화가 필요하다. 16항에서 서방교회의 삼위일체적 선교는 기독론적 구원이요, 17항에서 동방교회의 성령 의존적 선교 이해라고 소개하는데, 성령의 선교적 역할에 대한 서로 다른 견해를 소개하면서 어정쩡하게 18항에서 종합을 시도한다. 양자에 대한 비판적 성찰 없이 성급하게 종합을 내린 인상이다.[15] 물론 그렇다고 해서 종합의 시도 자체가 무의미하다거

---

14) Hyung Gi Lee, "Segyegyohoehyeopuihoe Seonkyoihoewa Paereodaimui Byeonhwa," 29.

15) 장윤재는 이러한 무비판적 종합의 원인을, 에큐메니컬 운동의 구조적 지형 변화에 따라 "삼위일체 하나님을 강조하는 동방정교회의 신학과 성령의 역사를 강조하는 오순절교회의 신학이 에큐메니컬 선교신학 안에 대폭 유입된 결과"로 본다. Jyun Jae Jang, "'Hamkke Saemyeodul Hyahayeo'e Daehan Han Sikhakjeok Dansang," PCTS CWM/Ecumenical Research Division, World Christianity Future Forum Co-hcst, Mission Symposium "Segyegyohoehyeopuihoe Seonkyomunseoga Hangukgyohoee Juneun Uimi," 20 Nov. 2012, Symposium Material, 62.

나 선교에 주는 통찰이 없다는 말은 아니다.

2) 외적 비평[16]

'선교와 전도에 대한 새로운 확언'은 1961년 IMC의 WCC 합병과 1982년의 "선교와 전도" 문서 다음에 나타나는 WCC 선교 이해의 획기적인 전환점을 이룬다. "선교와 전도"가 기독론 중심이었다면 'WCC 선교와 전도에 대한 새로운 확언'은 삼위일체 하나님의 틀 안에서 성령의 선교와 생명을 강조하는 점에서 차이를 드러낸다. "복음의 우주적 범위, 선교와 전도의 중심축의 이동, 신자유주의 맘몬 숭배에 대한 대응, 복음과 종교 간 대화의 문제"[17] 등은 1982년 "선교와 전도"에 찾아보기 힘들거나 미세한 내용들이다. 성령의 위격과 사역에 대한 강조는 1991년 캔버라 총회로부터 시작되었으며, 삼위일체론적 성령과 생명과 하나님 나라에 대한 희망은 "신앙과 직제"의 흐름과도 상응한다.[18] 이형기는 좀 더 신학적인 차원의 지형 변화를 강조하고 있다. 특히 WCC의 세 흐름(신앙과 직제, 삶

장윤재는 이 외에도 '선교와 전도에 대한 새로운 확언'의 약점을 지적한다. 1) 현대사회의 총체적 생명 위기상황과 문명의 몰락을 암시하는 시대의 징조에 대한 심층적 분석의 약화, 2) 생명 강조에 비해 생명의 개념 정의의 부재, 3) '주변부를 향한 선교'에서 '주변부로부터의 선교'로의 획기적 발상 전환을 시도했지만 여전히 중심-주변을 이분법적으로 전개하거나 주변부에 대한 구체적 호명의 부족, 4) 신자유주의 경제 우상숭배와 '돈의 제국'에 대한 대안으로 '하나님의 경제'를 언급하나 추상성을 면치 못함, 5) 생명의 강조에 비해 정의가 약화된 점과 생명, 정의, 평화가 구분되어 하나님의 속성 안에서 삼자를 상호유기체적으로 다루지 못한 점이다. 장윤재는 이 마지막 관점을 가장 우려한다고 하면서 서구의 이원론, 기계적, 개체적 사고의 틀을 벗어나지 못하였다고 지적한다. Jyun Jae Jang, "'Hamkke Saemyeodul Hyahayeo'e Daehan Han Sikhakjeok Dansang," 63.

16) '외적 비평'이란 같은 주제에 대한 다른 사람의 견해를 제시하고, 논쟁 혹은 이슈의 상호비교를 하는 것이다.

17) Hyung Gi Lee, "Segyegyohoehyeopuihoe Seonkyoihoewa Paereodaimui Byeonhwa," 14.

18) Hyung Gi Lee, "Segyegyohoehyeopuihoe Seonkyoihoewa Paereodaimui Byeonhwa."

과 봉사, 세계 선교와 복음 전도)을 강조하며 이 세 흐름의 수렴과 통합과 상호 관련성을 밝히는 것이 필요하다고 말한다.[19]

삼위일체 하나님의 틀 안에서의 성령의 선교 강조는 동방교회의 성령론(the Spirit Christology)을 토대로 하였고, 삼위일체론적 성령론과 생명과 하나님 나라에 대한 강조는 WCC 내의 JPSS와 JPIC의 전통과 연속성을 가진다.[20] 선교의 목적이 특수한 개인 구원이나 주변화된 사람들의 해방만이 아니라 모든 사람과 피조물의 구원과 해방을 주장하는 점에서 1981년의 멜버른 CWME의 해방신학적 경향을 재해석하였다.[21]

'선교와 전도에 대한 새로운 확언'의 "공동체의 영 : 살아 움직이는 교회(제55-79항)" 부분에서 "지역 교회 : 새로운 주도자(72-79항)"로 부각시킨 것은 로마 가톨릭교회와 정교회와 달리 개신교회의 특징을 감안한 것임을 알 수 있다. 물론 로마 가톨릭교회도 제2바티칸 공의회 이후에 지역 교회와 성직의 선교적 특성을 회복하지 않은 것은 아니지만, 새로운 선교 성명서의 이 부분은 개신교의 상황을 고려하고 있다.[22]

'선교와 전도에 대한 새로운 확언'이 복음주의 진영의 선교 이해와 소통하는 부분이 "오순절의 영 : 만유를 위한 복음(제80-100항)" 부분이다. 로잔언약이 복음 전도의 우선성(primacy)에서 궁극성(ultimacy)으로 전환하면서 WCC 선교신학의 도전을 상당 부분 수용하는 선교적 해석학을 모색하는 점에서 두 진영 간의 수렴을 보여 준다.[23] 하지만 '선교와 전도

---

19) Hyung Gi Lee, "Segyegyohoehyeopuihoe Seonkyoihoewa Paereodaimui Byeonhwa," 28-29.
20) Hyung Gi Lee, "Segyegyohoehyeopuihoe Seonkyoihoewa Paereodaimui Byeonhwa," 16.
21) Hyung Gi Lee, "Segyegyohoehyeopuihoe Seonkyoihoewa Paereodaimui Byeonhwa," 19.
22) Hyung Gi Lee, "Segyegyohoehyeopuihoe Seonkyoihoewa Paereodaimui Byeonhwa," 22.
23) Hyeon Geun Choe, "Rojaneundongaeseo Boneun 2012Yeon Seonkyoimunseoui Uimi," PCTS CWM/Ecumenical Research Division, World Christianity Future Forum Co-host, Mission Symposium "Segyegyohoehyeopuihoe Seonkyomunseoga

에 대한 새로운 확언'은 복음주의 진영의 전도 이해를 포용하면서도, 삼위일체 하나님이 예수 그리스도 복음 선포 이전에 역사와 창조 세계 안에 보편적으로 현존하시고 사역하셨다고 하는 전제 아래 타 종교 타문화와의 만남과 대화를 언급함으로써 차이점을 나타낸다. 대화가 "헌신들의 상호 해후"로서 직접적인 전도가 아니지만 복음에 대한 간접 증거가 될 수 있음을 암시한다. 문화와 종교의 다양성과 다원성을 고려하는 선교는 자문화중심주의와 문화제국주의를 거부한다.[24]

삼위일체적 성령의 선교는 삼위일체 하나님의 마음과 손안에서 하나님과 인간, 인간과 인간, 인간과 다른 피조물과의 "관계적 특성"(quality of relationality)을 고려하며, 모든 관계성의 원형이라 할 수 있는 "양극의 관계적 연합"(bipolar relational unity)을 이해의 기본적인 인식론으로 삼아야 할 것이다.[25] 선교는 서구의 이원론적이며 인과론적 폐쇄체계론적 이해를 포기하고 개방적인 "인격적 지식"(personal knowledge)과 "상호보완성"(complementarity)으로 이해하는 방향을 설정해야 한다.[26]

    Hangukgyohoee Juneun Uimi," 20 Nov. 2012, Symposium Material, 48-49. 최형근은 '선교와 전도에 대한 새로운 확언'이 성경과 복음에 대한 약화된 주장, 성령 안에서의 생명이 예수 그리스도의 구속의 은혜와 성령 안에서 새로워진 하나님과의 관계를 간과한 점, 그리스도인과 교회의 정체성을 가난한 자의 연대로 제한하고 죄를 불의와 구조적 차원으로 환원, 성령의 선교를 강조하면서 기독론 약화를 가져 온 경향에 대해 비판한다. Hyeon Geun Choe, "Rojaneundongaeseo Boneun 2012Yeon Seonkyoimunseoui Uimi," 55.
24) Hyung Gi Lee, "Segyegyohoehyeopuihoe Seonkyoihoewa Paereodaimui Byeonhwa," 25-26.
25) James E. Loder, W. Jim Neidhardt, *The Knight's Move : The Relational Logic of the Spirit in Theology and Science*, 「성령의 관계적 논리와 기독교교육 인식론-신학과 과학의 대화」(서울 : 대한기독교서회, 2009).
26) 상호보완성이란 서로 배타적인 것처럼 보이는 두 가지 개념 사이에 존재하는 논리적 관계성을 의미하는 것으로서, 하나의 관찰 대상에 대한 완전한 설명을 위해서는 이 두 개념을 함께 필요로 하는 그런 관계성을 뜻한다. Max Jammer, *The Conceptual Development of Quantum Mechanics*(New York : McGraw Hill, 1966), 181, James E. Loder, W. Jim Neidhardt, 「성령의 관계적 논리와 기독교교육 인식론」, 121쪽에서 재인용.

이러한 상보성의 원리로 볼 때 그동안 신학적 사고에서 모순으로 간주되던 대립적 개념, 즉 몸과 마음, 자연과 은총, 신앙과 이성, 과학과 신학, 남자와 여자, 자유의지와 결정론, 사랑과 정의 등은 양자가 동시에 존재의 이유를 가짐과 아울러 다른 하나 없이 존재할 수 없는 것임을 알 수 있다.[27]

'선교와 전도에 대한 새로운 확언'은 이러한 상호보완성과 "양극의 관계적 연합"의 인식론을 상당 부분 토대로 하고 있음을 엿볼 수 있다.[28] '동방교회의 성령론(성령기독론)과 서방교회의 성령론(기독론적 성령론), 창조 세계의 성령 경세의 보편성과 성령의 구속 사역의 특수성, 인간 영혼 구원과 여타의 창조 세계의 번성, 주변과 중심, 교회와 세상, 선교와 전도 등에 대해 과거의 이분법적 접근을 극복하려고 하는 점에서 시사하는 바가 크다.

5. '선교와 전도에 대한 새로운 확언'에 대한 한국 교회의 성찰과 의미

1) 한국교회에 주는 긍정적 도전과 시사점

세계 선교 역사상 독특한 점을 지닌 한국 교회는, 그야말로 짧은 시간

---

27) 하나의 실재를 설명하기 위해서 두 가지 상반되는 개념이 함께 강조되어야 하는 상보성 원리의 가장 뚜렷한 예는, 칼케돈 신조에 들어 있는 그리스도의 위격, 즉 "한 본질 속에 들어 있는 두 본성"(one hypostasis and two natures)이라고 본다. 그리스도의 위격에 대하여 상보성의 관점에서 풀이한 카이저의 "기독론과 상보성"이란 논문은 이러한 점에서 대단히 독특하며 시사하는 바가 크다고 본다. Christopher B. Kaiser, "Christology and Complementarity," *Religious Studies* 12(1976) : 37-48. James E. Loder, W. Jim Neidhardt, 「성령의 관계적 논리와 기독교교육 인식론」, 121.
28) 칼 바르트의 신학적 인식론과 존재론도 상호 상응의 관점에서 파악할 수 있다. 경륜적 삼위일체가 내재적 삼위일체에 존재론적으로 상응하고, 역으로 후자는 전자와 인식론적으로 상응한다고 한다. 이로써 양자의 내용적 동일성 혹은 일치성을 확보하고 동시에 형식면에서 차이성이 확보된다. Chung Hyeon Baek, "Naejaejeok Samwiilchewa Gyeongryunjeok Sanwieilchewaui Gyngyee Daehan Kar Barth ui Sanghosanguingui Ipjange Kwanhan Bipanjeok Gochal," 「Jangsinnondan」 Je37Jip(2010), 100-101.

에 급성장하면서 선교하는 교회로 알려져 왔다. 그러나 과연 한국 교회의 선교신학과 선교 이해는 어디에 처해 있는가를 묻지 않을 수 없다. 교회의 분열과 아울러 선교의 핵분열도 심각한 문제가 아닐 수 없다. 국내 교회의 역기능과 반선교적 단면들이 선교 현장에서도 재현되고 있다. 한국 교회와 선교는 1982년의 '선교와 전도' 수준에도 못 미치는 형편이 아닌가 하는 아쉬움이 든다. 한국 교회(목회)와 선교는 자기중심주의, 대결 구도에 의한 전투적·정복적 목회와 선교, 현지 교회와 타 교단 교파를 무시, 배제 혹은 분리하는 사역 행태, 성공지향적·경영중심적 사역, 다문화 다종교 상황에 창조적으로 대처하지 못하는 모습 등 심각한 문제를 안고 있다.

이러한 관점에서 볼 때, 비록 지난 30년간의 선교 지형의 변화와 그에 대한 에큐메니컬 토론과 선교운동에의 참여가 부족했다고 할지라도 한국 교회와 선교는 이 '선교와 전도에 대한 새로운 확언'을 통해 획기적인 상상력과 창조성을 견인하며 '변화하는 선교'(Transforming Mission)을 이루는 데 귀중한 도전이 될 것이다. 이러한 전제 하에 한국 교회에 주는 긍정적인 관점을 제시한다.

첫째로 선교 이해와 신학적 지평의 새로운 정립이다. 선언문은 "삼위일체와 삼위일체적 성령과 생명 중심과 하나님 나라의 소망"으로 선교를 이해한다. 이러한 차원에서 한국 교회는 '영혼 구원'이라는 좁은 구원관을 확대하여 전인적이며 포괄적인 구원이란 관점에서 선교에 임하도록 도전을 받게 될 것이다. 선교 활동은 인간 영혼 구원만 아니라 온전한 구원과 생명을 살리는 활동으로 실현되어야 하며, 전 피조물을 포함한 생명 그물망의 이해와 우주적 구원을 정립하고 구현할 실제적인 방법을 모색하도록 도전한다.

둘째로 선교가 구속신학과 아울러 하나님의 창조와 재창조 활동으로 계속되고 있다는 창조신학을 통합한다. 선교의 틀과 내용을 구성하는 본질적인 요소는 구속의 복음과 하나님의 창조와 재창조의 선교에 참여하는 것이다. 한국 교회는 전도와 교회 중시의 선교 강점을 살리되 창조 중심의 선교로 지평을 넓히는 과제를 풀어야 한다.

셋째로 과거의 선교가 "소외된 자들 속에서 혹은 그들을 향한(to or even at the margins) 선교"였다면 이제는 "소외된 자들이 주체적 참여자가 되는(from the margins) 선교"여야 한다는 것을 명확히 밝힌 "예언자적 선교신학"이라는 점이다. 21세기 선교는 더 이상 선교사 중심 선교와 역사 기록으로 현지 사역자와 동역자의 이름과 사역에 대해 침묵해서는 안 된다. 오래된 교회 전통이나 체계화된 신학이 미비하다 할지라도 주변인들이 예언자적 역할을 할 수 있고, 정의, 연대, 포용성의 선교에 도전한다.

한국 교회는 개 교회나 선교 단체의 이름과 업적을 하나님의 영광과 의식적 혹은 무의식적으로 동일시하는 관행을 깨어야 한다. 이제는 선교의 책무를 의식해야 한다. 가난한 지역 교회에 짐이 되거나 기존 교회를 무시하는 단기 '선교 여행'을 지양하고 교회간의 진정한 파트너십을 돕는 일치와 연합의 방향으로 전개되어야 한다. 단기 선교 여행에 참여하는 쪽에서의 유익만 고려한다면, 그것이 아무리 참여자와 소속 교회의 영적 각성을 가져온다 할지라도, 현지인의 관점과 하나님의 선교의 전체적인 방향성을 놓치기 쉬운 점을 유의해야 할 것이다.

넷째로 '선교와 전도에 대한 새로운 확언'은 선교에 영성을 중요한 본질적 차원으로 끌어올림으로써 한국 교회 선교와 세계 교회가 추구해야 할 "사랑 안에서 진리를 말하는" 참된 예수 그리스도의 선교로 거듭나는 데 강한 도전이 된다. "선교 영성은 생명을 파괴하는 모든 가치와 체계에 저항하며 변혁한다." 선교 영성은 창조와 구속과 새 창조라는 틀 안에서 이해되며, 단순히 개인의 경건이나 교회 안의 영적 고양만이 아니라 모든 피조물의 생명을 살리는 생태 정의(eco-justice)와 관계된다. 선교는 다양한 방향과 차원에서 일치와 협력 속에서 이루어지는 하나님의 통전적 선교이다. 그런 의미에서 한국 교회 선교가 개교회주의와 물량주의, 업적주의의 비본질적인 선교 행태에서 과감하게 탈피하는 데 도전을 받을 수 있다.

다섯째로 흔히 missio Dei(하나님의 선교)를 '하나님-교회-세상'이란 도식에서 '하나님-세상-교회'라는 도식으로의 전환을 통해 '기독교 왕국'적 교회와 역사의 과오를 짊어진 교회 전에, 교회 밖에 하나님이 선교하신다는 놀라운 통찰을 가져왔다. 하지만 그러한 도식의 지나친 강조로 그리스도의 몸이며 하나님의 백성인 교회의 존재 의의가 너무 축소되었다는 비판을 면하기 어렵다.

이번 새로운 선교와 전도 선언문은 "변화의 바람"으로서의 교회를 중요하게 다루었다는 점에서 균형을 찾았다고 생각한다. 교회는 숫자적 성장이나 권력 획득 기관이 아니고, 겸손과 존중과 환대 그리고 다문화-다종교 상황에서 다양성을 인정하면서 "생명을 살리고 풍성하게 하는" 복음의 '공동의 증언'을 하는 '선교하는 교회'이다.

여섯째로 교회론의 근원적인 이해를 모색한다. 교회는 '승자'나 '정복자'가 아니라 하나님의 선교의 참여자(partaker)다. 교회가 하나님의 선교에 참여할 때 가지는 원천과 힘과 출발점은 예배 예전이다. 예배와 기도 가운데 살아 있는 하나님과 만남으로서 선교하는 능력을 교회가 얻게 된다. 따라서 교회가 교회 자체 팽창이나 영광을 얻으려고 하지 않고 이 세상에서 하나님의 구원을 체현하는 것이 선교다. "교회가 선교를 가지는 것이 아니라 선교가 교회를 가진다." 이런 의미에서 한국 교회는 예배의 선교적 차원과 의미를 넓힐 수 있다. 예배를 폐쇄적 종교 의식이나 교회 내적 행사의 의례적 순서가 아니라 온 세상에서 활동하시는 하나님의 통치의 재현으로 이해할 수 있다.

일곱째로 새로운 선교와 전도 선언문은 정체 내지는 약화되는 기미를 보이는 서구 교회와 한국 교회, 그리고 소수자로서 핍박 가운데 있는 교회들을 향하여 복음 전도를 강조하고, 또한 복음 전도의 방향을 제시한 점이다. 성령의 바람에 따라 생명을 살리는 전도의 새로운 자세는 '양 훔

치기로서의 전도 활동'이 아니다. 참된 전도는 "권력과 부와 소비주의 그리고 이와 유사한 생명을 부정하는 세력들"을 대항하는 것이고, "사랑 안에서 진리를 말하는 예언자적 소명"이다.

2) 한국 교회의 관점에서 제기되는 문제

이러한 긍정적인 면의 도전과 의미를 생각할 수 있음에도 불구하고 아래와 같은 몇 가지 점에서 그 한계성과 의문점과 더 추구해야 할 관점을 제기한다.

첫째로 '선교와 전도에 대한 새로운 확언'은 누구를 위한 선교 성명서인가? 분량, 어휘, 신학적 주장은 과연 누구를 상호적 대화의 주체로 삼는가? 주변화된 그리스도인들인가, 신학자들인가? 타문화권 선교사들인가, 아니면 지역 교회 목회자들인가? 이것은 이 새로운 성명서가 한국 교회 풀뿌리 사람들에게 알려지고 삼위일체적 하나님의 선교에 참여하도록 하는데 반드시 짚고 넘어가야 할 질문들이다.

둘째로 1982년 '선교와 전도' 문서가 얼마나 한국 교회와 선교에 영향을 미쳤는가? 그 문서의 선교 이해에 과연 한국 교회는 도달했는가? 이런 점을 반성해야 한다. 이러한 반성과 성찰이 없다면 한국 교회는 여전히 과거의 신학과 선교 형태를 답습할 것이다. 그리고 과연 변화하는 선교 지형에 부응하기 위해 작성된 이 '선교와 전도에 대한 새로운 확언'은 지역 교회가 실현할 수 있는 실제적인 계획과 대안과 제안을 하고 있는가? 물어야 할 것이다.

셋째로 개인주의화, 세속화, 물질주의화를 현대사회와 현대인의 특성으로 규정했는데, 과연 이것으로 충분한가? 인간과 사회의 구조적인 악과 죄와 이기심에 대해 너무 낭만적으로 보지는 않는가? 삼위일체 하나님, 삼위일체적 성령을 강조하면서도 이 새로운 선교 성명서는 인간의 이성과 판단과 노력의 최고치를 강조하지는 않는가? 여전히 의문이 남는다.[29]

넷째로 새로운 확언은 네 개 영역의 내용이 중복되거나 서로 신학 방향이 일치하지 않는 듯한 인상을 주기도 하고, 미래 세계 생태계와 각종 생명을 위협하는 가공할 과학기술공학이나 원자력 무기, 사이버 테러 등 주제를 포괄하지 못한 점, 좀 더 실천적인 방향성이 미약한 것 등 보완되어야 할 점들이 있다. 이러한 약점들은 에큐메니컬 배움의 과정에서 보완될 것으로 믿는다.

6. 결 론

필자는 본 연구에서 2013년 부산 총회에서 공식 선포될 'WCC 선교와 전도에 대한 새로운 확언'을 작성 배경과 과정, 선교신학적 관점에서의 해설과 비평적 고찰 그리고 한국 교회에 주는 도전과 응답의 형식으로 살펴보았다. 이 새로운 선교 성명서는 세계 교회의 일치 속의 선교를 진일보시키는 21세기 세계 선교의 대헌장이 될 것으로 생각한다. 결론적으로 이 성명서가 제시하는 선교란 삼위일체적 성령의 선교로서, 생명을 살리며 생명 축하의 공동체 형성을 이루는 다양한 선교 실천을 제기한다. 한국 교회의 관점에서 볼 때, 본 성명서는 긍정적인 도전과 해결해야 할 부정적인 면도 있음을 알 수 있다.

더 나아가서 우리의 과제는 마닐라 협의회(Pre-Assembly)에서 첫날 기조 강연자로 나선 로더릭 휴잇(Roderick Hewitt)이 진단했듯이 "분열된 현대 문명의 위기 속에서 제도적 종교가 사람들이 체감하는 필요를 잘 느끼지 못하고 있고, 이로 인해 '생명 살림'이라는 새로운 영성의 세기로 엑서더스가 이뤄지고" 있는 변화된 선교 상황에서, 한국 교회 선교가 나아가야 할 방향이 어떠해야 하는지 더 기도하고 해결하는 것이다. 또한

---

29) 김은혜는 가속화되는 기후 생태계 변화에 대응하는 생명중심주의와 인간중심주의 간의 논쟁을 소개하면서 "일상생활 속에서 구체적으로 '다르게 살기'를 실현함으로 기독교생명문화형성"을 위한 실천적이며 신학적인 제언을 한다. Eun Hye Kim, "Gihobyeonwa Saengtaedwigie Daehan Sikhakjeok Seongchal : Saeroun Inganjuuileul Hyanghayeo,"「Jangsinnondan」Je36Jip(2009), 181.

교회가 진리와 정의와 사랑을 말하면서도 실제로는 돈과 권력을 좇아서 "권력의 중심에서 보다 안락함을 추구하고, 부자들과 어울려 먹고 마시면서, 낡아빠진 교회의 관료 제도를 유지하기 위해 돈 로비에 집중"하는 에큐메니컬 운동의 현실에서, 교회 일치와 선교 협력은 어떻게 재형성되어야 할지를 도전하는 그의 원색적인 문제 제기에 우리는 과연 어떻게 생각해야 할지 많은 고민이 된다. 특히 부산 총회를 앞둔 WCC와 한국 교회는 로더릭 휴잇의 말과 같이 "맘몬의 시대에 선교와 전도"를 어떻게 할 것인지 성령의 인도하심에 따라 정직하게 분별하고 회개하는 작업을 해야 하고, 또한 "기독교 자체에 실망을 느끼고 있는 사람들"을 향하여 "복음의 정체성을 다시 세우는 작업"을 진지하게 묻고 답해야 할 책무를 지닌다.[30]

삼위일체 하나님의 선교, 특히 따뜻하고 부드럽고 감싸 안는 성령의 선교는 복음의 정체성과 특수성을 견지하면서 "오직 성령 안에 있는 의와 평강과 희락"(롬 14 : 17)을 구현하여 오이코메네 축제가 있는 생명 공동체 형성을 도모하는 사명을 다해야 한다.

---

30) Roderick R Hewitt, "Re-articulating Christian Mission and Evangelism," CWME Pre-Assembly Meeting, 22-27 March 2012, Manila, Philippines, DOC-2EN.

참고문헌

Baek, Chung Hyeon, "Naejaejeok Samwiilchewa Gyeongryunjeok Sanwieilchewaui Gyngyee Daehan Kar Barth ui Sanghosanguingui Ipjange Kwanhan Bipanjeok Gochal," 「Jangsinnondan」 Je37Jip(2010) : 5-115.

Choe, Hyeon Geun, "Rojaneundongaeseo Boneun 2012Yeon Seonkyoimunseoui Uimi," PCTS CWM/Ecumenical Research Division, World Christianity Future Forum Co-host, Mission Symposium "Segyegyohoehyeopuihoe Seonkyomunseoga Hangukgyohoee Juneun Uimi," 20 Nov. 2012, Symposium Material : 5-56.

Duraisingh, Christopher, ed., *Called to One Hope : he Gospel in Diverse Cultures*, Geneva : CC, 1998

Jammer, Max, *The Conceptual Development of Quantum Mechanics*(New York : cGraw Hill, 1966

Jang, Jyun Jae, "'Hamkke Saemyeodul Hyahayeo'e Daehan Han Sikhakjeok Dansang," PCTS CWM/Ecumenical Research Division, World Christianity Future Forum Co-host, Mission Symposium "Segyegyohoehyeopuihoe Seonkyomunseoga Hangukgyohoee Juneun Uimi," 20 Nov. 2012, Symposium Material : 1-64.

Jeong, Byung Joon,(trans.), *Together Towards Life : fission and Evangelism in Changing Landscapes-A new WCC Affrimation on Mission and Evangelism*, "함께 생명을 향하여 : 독교의 지형 변화 속에서 선교와 전도 - 'WCC 선교와 전도에 대한 새로운 확언,'" PCTS CWM/Ecumenical Research Division, World Christianity Future Forum Co-host, Mission Symposium "Segyegyohoehyeopuihoe Seonkyomunseoga Hangukgyohoee Juneun Uimi," 20 Nov. 2012, Symposium Material : 5-89.

Hewitt, Roderick R., "Re-articulating Christian Mission and Evangelism," CWME Pre-Assembly Meeting, 22-27 March 2012, Manila, Philippines, DOC-2EN.

Kaiser, Christopher B., "Christology and Complementarity," *Religious Studies* 12(1976) : 7-48

Keum, Jooseop, "Dynamism and Diversity : lobal Missiological Issues and Themes in Changing Landscapes," 3rd Kenosis Conference, Singapore Korean Church host, 3-6 Oct. 2012 Presentation Material.

Kim, Eun Hye, "Gihobyeonwa Saengtaedwigie Daehan Sikhakjeok Seongchal : Saeroun Inganjuuileul Hyanghayeo," 「Jangsinnondan」 Je36Jip(2009)

Kim, Kirsten, "PPT Presentation" CWME Pre-Assembly Meeting, 22-27 March 2012, Manila, Philippines.Lee, Hyung Gi, "Segyegyohoehyeopuihoe Seonkyoihoewa Paereodaimui Byeonhwa," PCTS CWM/Ecumenical Research Division, World Christianity Future Forum Co-host, Mission Symposium "Segyegyohoehyeopuihoe Seonkyomunseoga Hangukgyohoee Juneun Uimi," 20 Nov. 2012, Symposium Material : -30.

Loder, James E., W. Jim Neidhardt, *The Knight's Move : he Relational Logic of the Spirit in Theology and Science*, 「성령의 관계적 논리와 기독교교육 인식론- 신학과 과학의 대화」, 서울 : |한기독교서회, 2009

PCTS CWM/Ecumenical Research Division, World Christianity Future Forum Co-host, Mission Symposium "Segyegyohoehyeopuihoe Seonkyomunseoga Hangukgyohoee Juneun Uimi," 20 Nov. 2012, Symposium Material.

3부

모두의 생명, 정의, 평화를 위한 경제
: 행동 촉구로의 부름

Economy of Life, Justice, and Peace for All
: A Call to Action

[번역]

모두의 생명, 정의, 평화를 위한 경제
: 행동 촉구로의 부름

박성원
영남신학대학교 교수, 전 WCC 중앙위원

세계교회협의회(WCC)는 2006년 포르투 알레그레에서 열린 세계교회협의회 제9차 총회에 보고된 아가페 부름(AGAPE Call)으로 마무리된 "인간과 생태를 중시하는 대안적 지구화(Alternative Globalization Addressing People and Earth" 즉, 아가페 과정(AGAPE process)의 후속으로 빈곤과 부와 생태(Poverty, Wealth and Ecology)가 서로 깊은 연관성을 가지고 있다는 인식하에 빈곤을 극복하고 부의 축재에도 전하여 생태적 온전성을 지키는 데 초점을 둔 프로그램을 시작했다. 빈곤, 부, 생태(PWE) 프로그램은 종교, 경제, 정치 지도자들 및 관계 기관과 지속적인 대화를 추진해 왔다. 전 세계의 에큐메니컬 지도자들, 교회 대표와 지도자들, 그리고 이웃 종교 지도자들, 정부 지도자들, 사회단체 등 세계의 여러 대륙과 나라들의 대표들이 이 대회 과정에 참여해 왔다.

대륙별 연구 모임과 협의회가 연이어 열렸는데, 2007년에는 다르에스살람(Dar es Salaam)에서 아프리카협의회, 2008년에는 과테말라 시(Guatemala city)에서 남미와 카리브해협의회, 2009년에는 치앙마이(Chiang Mai)에서 아시아태평양협의회, 2010년에는 부다페스트(Budapest)

에서 유럽협의회, 2011년에는 캘거리(Calgary)에서 북미협의회가 열렸다. 이 프로그램은 2012년 인도네시아 보고르(Bogor)에서 글로벌 포럼과 아가페 축연을 개최함으로써 그 대단원의 막을 내렸다. 여기 이제 제안하는 행동 촉구의 부름(Call to Action)은 빈곤과 부 그리고 생태를 연결하는 6년간의 지역협의회와 연구회의 결과물이다.

1. 서 언

1. 이 행동 촉구의 부름은 이런 부름의 필요가 절박한 때에 이루어지고 있다. 소수 사람들의 낭비적 부의 축재에 반해 다수 사람들은 구조적으로 가난해지는 데서 분명히 나타나듯이 경제적 불평등은 점점 심화되고, 세계적 금융 위기, 사회경제적 위기, 생태 위기, 기후 위기 등이 중첩되면서 인간과 생태는 심각한 위험 상태로 들어가고 있다.

대륙별로 개최된 협의회에 참가해 온 우리는 대화를 진행하는 동안 때로는 서로 상반된, 때로는 서로 대립적 시각을 나타내기도 했다. 그러나 만약 이기주의, 민감하지 못한 외면, 이 모든 위기의 뿌리에 자리잡고 있는 탐욕의 죄악을 우리가 차단하지 않으면 우리가 지금 알고 있는 이 지구 공동체의 삶은 그 종말을 고하게 될 것이라는 인식의 공감대가 우리 안에 서서히 형성되었다. 우리는 이런 긴박감 속에서 그동안 서로 나누어 온 의견들을 종합해 교회 앞에 행동 촉구의 부름으로 제안하는 것이다. 이 긴급성은 우리의 깊은 희망과 확신에서 나온다. 생명의 경제는 가능할 뿐만 아니라 지금 형성되고 있다. 그리고 바로 그 기반에 하나님의 정의가 자리하고 있다.

2. 생명의 신학적, 영적 확언

2. 우리의 성경적 신앙의 중심에는, 하나님께서 인간을 넓은 생명망의

일부분으로 창조하셨고 창조하신 모든 피조물을 하나님께서 보시기에 좋았다(창 1장)고 선언하셨다는 믿음이 자리하고 있다. 생육하고 번성하는 온 생명 공동체는 하나님의 생명 의지의 표현이며, 땅에서 생명을 가져오고 다시 땅으로 생명을 가져가기 위해 서로 협력하며 세대와 세대를 연결하고 하나님의 집(Oikos)의 풍성함과 다양함을 지속시킨다. 하나님의 집의경제는 모두를 위해 풍성한 생명을 베푸시는 하나님의 은혜로운 선물에서 시작한다. 우리는 인간과 자연의 생명은 상호의존적으로 서로 함께 짜여 있다고 인식하는 "땅은 생명이다"(Macliing Dulag)라는 원주민들의 생각에서 깊은 영감을 받았다. 그래서 우리는 "온 피조물의 생명과 하나님의 생명도 서로 연결되어 있다"(세계선교와전도협회)는 것과 하나님은 만유 안에 계신다(고전 15 : 28)는 우리의 믿음을 천명하는 것이다.

3. 기독교를 비롯한 여러 영적 교훈들은 "좋은 삶"이란 결코 소유를 위해 경쟁한다든가, 재산을 축적한다든가, 우리 자신만의 안전을 위한 시설이나 아성을 구축한다든가, 우리의 힘을 다른 사람을 지배하는 데 사용하는 것(약 3 : 13-18)에 있지 않다고 가르치고 있다. 우리는 "좋은 삶"(키추아〈Kichua〉어로 수막카우사이〈Sumak Kausay〉, 서 파푸아〈West Papua〉어로 와니암비아토바티엥그로스〈Waniambi a Tobati Engro〉라는 개념)이란 삼위일체의 공동체성에서 그 전형이 잘 나타나듯이 상호성, 서로 나누는 동반자 정신, 호혜성, 정의, 사랑의 친절임을 천명한다.

4. 피조물의 탄식과 가난한 자들의 애통함(렘 14 : 2-7)은 현재의 사회적, 정치적, 경제적, 생태적 긴급 상황이 풍성한 생명을 위한 하나님의 비전과는 얼마나 적대되는 방향으로 흐르고 있는지 경고하고 있다. 우리 중에 많은 사람들이 인간의 욕구가 하나님의 우주의 중심에 자리하고 있다고 너무나 쉽게 생각해버린다. 공동체는 해체되고 관계는 깨어지고 있다. 우리의 탐욕과 자기중심적 사고는 인간과 지구를 모두 위험하게 한다.

5. 우리는 이제 죽음을 야기하는 일에서 떠나 새로운 생명으로 변화시키는 일(metanoia)로 우리를 헌신하도록 부름 받고 있다. 예수께서는 인

간을 탐욕과 이기주의의 죄악으로부터 떠나 이웃과 온 피조물과의 관계를 새롭게 하시고, 하나님의 형상을 회복하고, 하나님의 생명 선교의 동반자로 새로운 생명의 길을 시작하도록 인간들을 부르신다. 예언자들의 부름은 우리의 현재의 경제구조에 의해 가난의 구렁텅이로 빠져 들어가고 기후 변화로부터 가장 심각하게 영향을 받는 사람들로부터 혹은 그들을 통하여 오늘에 새롭게 들리고 있다. '정의를 행하고 새 땅을 존재하게 하라!'

6. 정의를 향한 우리의 비전은 성전에서 환전하는 자들을 내쫓고(마 21 : 12), 약한 자는 강하게 하고 강한 자는 약하게 하시는(고전 1 : 25-28), 가난과 부에 대한 관점을 재규정하시는 예수 그리스도 안에 나타난 하나님의 자기 계시에 뿌리를 두고 있다. 예수는 주변부로 내몰리고 제외된 사람들과 자신을 동일화했다. 그 이유는 그들이 자비로부터 제외되었을 뿐 아니라 그들의 비참한 삶이 구조악을 그대로 증거하기 때문이다. 우리의 믿음은 정의를 추구하고 하나님이 살아 계심을 증언하고 여성이나 어린이, 도시와 농촌 어느 곳에서든지 가난 속에 사는 사람들, 원주민들, 인종 차별로 억압당하는 사람들, 장애우들, 불가촉천민(dalits), 강제 이민 노동자들, 난민들, 종교적 소수자들처럼 구조와 문화로 피폐되고 상처 받은 민중들의 삶과 투쟁에 우리가 함께하도록 부르고 있다. 예수께서는 "너희가 여기 내 형제 중에 지극히 작은 자 하나에게 한 것이 곧 내게 한 것이니라"라고 말씀하셨다(마 25 : 40)

7. 우리는 우리를 이웃과 다시 연결하고(우분투와 상생) 우리에게 공동선을 위해 봉사하도록 동기를 부여하고, 모든 형태의 주변화에 저항해 궐기하도록 용기를 부여하고, 전 지구를 구하기 위한 길을 추구하고, 생명 죽임의 가치에 저항하고 혁신적인 대안을 찾는 "변혁적 영성"(세계 선교전도위원회)을 구현해야 한다. 이 영성은 필요에 따라(행 4 : 35) 나누면서 그것으로 충분하다고 만족하게 생각하는 은총을 발견하는 방법을 제공한다.

8. 교회는 오늘 "때가 찼고 하나님의 나라가 가까이 왔으니 회개하고 복음을 믿으라"(막 1 : 15)고 부르시는 그리스도의 부름을 기억하고, 경청하고, 주목해야 한다. 우리는 변혁되도록 부름 받고 있으며, 그리스도의 치유와 화해의 사역을 계속해야 한다. 그리고 우리는 이 세상에 하나님의 백성이며 세상의 공동체가 되도록 부름 받고 있다(아프리카의 가난, 부, 생태). 그러므로 교회는 변혁을 위한 하나님의 대행자이다. 교회는 어떤 생명부정에도 항거하며 모두를 위한 풍성한 생명을 선언하는 예수 그리스도의 제자 공동체이다.

3. 중첩되고 긴박한 위기

9. 현재의 삭막한 지구 현실은 죽음과 파괴로 너무나도 무거워, 현재 세계를 지배하고 있는 개발 패러다임이 급진적으로 변혁되고 경제와 사회 그리고 생태를 위해 정의와 지속성이 견인차가 되지 않으면 우리가 미래를 이야기할 수 없게 될 것이다. 이제 시간이 없다.

10. 우리는 세계 도처에서 나타나고 있는 민중들의 고통과 그들의 삶을 위한 투쟁을 양산하고 있는 세계 금융 위기, 사회·경제적 위기, 기후 위기, 생태 위기들의 치명적으로 뒤얽히고 있는 상황을 목도하고 있다. 엄청난 시장자유화, 탈 규제화, 상품과 서비스업의 고삐 풀린 민영화들이 전 생태계를 착취하며, 사회 프로그램과 서비스를 해체하고, 경제의 국경을 열어 생산을 외형적으로 무제한 성장시킬 것이다. 규제되지 않는 금융자본의 유동은 전 세계적으로 많은 나라들의 경제를 불안정하게 할 것이다. 기후 위기, 생태 위기, 금융 위기, 외채 위기 등의 다양한 면들이 서로 결합되어 이 위기들을 더욱 위태롭게 할 것이다. 이 위기들은 더 이상 따로 떼어서 다룰 수 없다.

11. 기후 변화와 온 창조 세계의 보전에 대한 위협은 우리가 직면해야 할 여러 가지 위협에 중대한 도전이 되었다. 기후 변화는 사람들의 삶에

직접적인 영향을 끼치며, 작은 도서 국가들의 생존을 위협하고, 깨끗한 물의 이용성을 감소시키며, 지구의 생태 다양성을 격감시킬 것이다. 이것은 식량 안보, 사람들의 건강, 점점 증가하는 인구가 살 주거에 영향을 끼친다. 기후 변화 때문에 우리가 알고 있는 다양한 형태의 생명은 불과 수십 년이란 짧은 기간 내에 돌이킬 수 없을 정도로 변할 것이다. 미증유의 기후 변화의 도전은 자연 자원의 무제한적 착취와 함께 진행되게 되어 있고, 이는 지구의 파괴로 이어지며, 생태 환경의 근본적 변화로 이어질 것이다. 지구 온난화와 생태 파괴는 점점 생사의 문제가 되어가고 있다.

12. 우리의 세계는 오늘날보다 더 번영한 때가 없었으며, 동시에 오늘날 보다 더 불평등한 때도 없었다. 불평등은 우리가 더 이상 간과할 수 없는 정도에 도달해 있다. 사람들은 빈곤 속으로 몰리고, 감당할 수 없는 채무에 시달리도록 내몰리고, 변방화되고 삶의 터전을 빼앗기며 이전보다 훨씬 더 긴급하며 분명한 어조로 탄식한다. 부의 분배에 있어 전대 미문의 치명적인 불평등에 대하여 지구 공동체의 우리 모두가 손에 손을 잡고 정의를 행할 필요를 인식해야 한다.

13. 탐욕과 불의, 불로소득의 추구, 불의한 기득권, 장기적이고 지속 가능한 목적을 희생시키며 얻는 단기 수익의 혜택들이 중첩된 위기의 원인이며, 이제 이것들은 더 이상 간과될 수 없는 상황이다. 이 생명 죽임의 가치들이 슬며시 우리 속으로 스며 들어와 오늘의 구조를 지배하고, 지구상의 재생 가능한 한계와 인간과 모든 피조물의 생명권을 근원적으로 부정하는 삶의 양식으로 인도한다. 그러므로 위기들은 아주 심오한 도덕적·실존적 차원을 가지고 있다. 우리 앞에 닥친 도전은 더 이상 기술적이고 금융적 위기가 아닌, 윤리적 영적위기인 셈이다.

14. 시장 근본주의는 단순한 경제 유형을 넘어선 것으로 사회적 도덕적 철학의 문제이다. 지난 30여 년 동안 고삐 풀린 경쟁과 삶의 모든 면들을 계산화하고 가격화하는 데서 나타난 것처럼 신앙에 가까운 시장에 대한 믿음은 우리의 지식과 과학과 기술과 공적 의견과 언론, 심지어 교육

까지도 압도하게 되었다. 이 패권적 양태가 먼저 부를 이미 부를 가진 계층에게로 집중하게 하도록 했고, 그들의 재산 증식을 위하여 자연으로부터 자원을 엄청나게 약탈하도록 허용하였다. 신자유주의 경제 유형은 스스로 통제할 수 있는 장치가 없어서, 그것이 특히 이미 가난해지고 주변으로 밀려난 사람들에게 엄청나게 파장을 미치도록 양산하는 혼돈을 다룰 수 없다.

15. 이 이념은 모든 삶의 측면에 침투하여 가족의 삶이나 지역 공동체의 삶속으로 확산되어, 외적인 면에서 뿐만 아니라 내적인 면을 파괴하면서 자연환경과 전통적인 삶의 형태와 문화를 황폐화시키고 지구의 미래를 망쳐 놓는다. 이 패권적 지구 경제구조는 우리가 알듯이 이런 방식으로 생명과 그들의 평화적 공존의 조건 양쪽 모두에 종말을 고하도록 위협한다.

16. 사회적 공익은 국민총성장(GDP)을 높이면 자동적으로 따라온다는 일방적 신념은 오해이다. 통제 없는 경제 성장은 기후 변화, 벌목, 대양의 산성화, 생태 다양성 실종 등 우리의 생태 환경의 흐름을 교살한다. 생태계의 공적 할당은 군사 목적의 사용이나 정치, 경제 엘리트들의 (독점적) 사용으로 퇴화하고 도용되었다. 무방비 상태의 채무를 대가로 자행되는 과소비는 대량의 사회적·생태적 채무를 양산시키는데, 자연에게 지는 생태 채무가 미래 세대에게 엄청난 부담을 양산시키듯이 이 채무는 대부분 지구 북반부에 의해 지구 남반부로 부과된다. 땅과 거기 충만한 것이 다 주의 것(시 24 : 1 ; 고전 10 : 26)이라는 관념은 이제 사라지게 되었다.

4. 정의의 원천

17. 우리는 교회와 교인들이 지속 가능하지 않는 삶의 양식과 소비적 삶에 참여하고 탐욕의 경제에 얽히면 결국 불의한 구조에 관련된 공범자가 된다고 고백하지 않을 수 없다. 많은 교회들이 번영의 신학, 자기의,

지배, 개인주의, 편의성에 대해 계속 가르치고 있다. 어떤 교회는 가난한 자들을 위한 정의의 신학보다는 자선 신학을 지지한다. 또 다른 교회는 무한 성장이나 무한 축재에 대한 제도나 이념에 대해 문제를 삼지 못하거나 심지어 이를 정당화하기도 하고, 생태 파괴의 현실이나 세계화의 희생자들의 곤경을 외면하기도 한다. 어떤 교회나 교인은 근본적이고 질적인 변화를 희생시키고 단기적이고 양적인 결과에 집중하는 경우도 있다.

그러나 많은 교회들과 교인들이 자기 자신의 생산, 소비, 투기행위들을 돌아보고 변화시키는 데 실패하는 반면, 변혁이 가능하다는 믿음을 가지고 이를 위한 그들의 노력을 경주하는 교회와 교인들의 수도 세계 곳곳에서 점점 불어나고 있다는 사실을 잘 알고 있다.

18. 궁극적으로 우리의 소망은 그리스도의 부활과 모두를 위한 생명의 약속으로부터 나온다. 우리는 더 나은 세상 만들기에 헌신하는 교회들과 운동들에서 이런 부활 소망의 증거들을 본다. 그들은 세상의 빛이며 소금이다. 우리는 교회 가족 안에서 일어나는 수많은 변혁의 예들을 보면서 영감을 얻고, 생명 경제를 건설하고, 생태를 꽃 피우는 일을 촉진하는 여성운동, 가난 속에서 사는 민중들, 청년들, 장애우들의 운동이 점점 늘어나고 있는데 감명을 받고 있다.

19. 그리스도인이든 무슬림이든 필리핀의 토착 부족 지도자이든 상관없이 수많은 신앙인들이 자신의 삶을 바쳐 자신들이 속한 땅과 지속적으로 관련짓고 그 땅을 지속시키기 위해 노력하고 있다. 남미, 아프리카, 아시아의 교회들은 외채에 대한 감사를 수행하며, 광산업과 지하자원 채취 회사들에게 인권 침해와 환경 손실에 대해 책임지라고 도전하고 있다. 남미와 유럽의 교회들은 세계화의 서로 다른 경험들을 나누며, 함께 공동의 책임이면서도 또 각각의 책임이 무엇인지 분별하고 연대감을 높이고 전략적 동맹을 맺으며 함께 일하고 있다. 그리스도인들은 탐욕 지표를 설정하고 대 탐욕 투쟁에 공동 전선을 구축할 수 있는 불교인들이나 무슬림들과 국제적 대화를 진행하기도 한다. 시민사회와 함께 일하는 교회들은 생

명 농업을 촉진하고 연대 경제를 이룩하면서 새로운 국제금융, 경제기구의 기준에 대해 토론하는 일에 참여하기도 한다.

20. 여성들은 사회를 경제와 깊이 관련시키는 여성경제와 더불어 가부장적 지배제도에 도전하는 여성신학을 발전시켜 왔다. 청년들은 검소한 생활과 대안적 삶의 양식을 위한 캠페인의 선두에 서 있다. 원주민들은 사회, 생태 채무의 문제를 제기하기 위해 지구의 권리에 대한 인식과 통전적 채무 이행을 요구하고 있다.

5. 헌신과 부름

21. 세계교회협의회 제10차 총회는 하나님의 전 창조 세계의 역동적 생명력이 부의 창조를 위한 인간의 수단에 의해 소멸될 수도 있는 때에 열리게 된다. 하나님은 우리에게 철저한 변혁을 하도록 부르시고 계신다. 변혁은 희생과 위험 없이 이루어질 수 없다. 그러나 그리스도에 대한 우리의 믿음은 우리로 하여금 변혁적 교회가 되고 변혁적 교인이 되어 헌신하도록 요구한다.

우리는 정의와 지속성의 영성을 증언하는 데 필요한 도덕적 용기를 계발해야 하며, 모두를 위한 생명 경제를 위한 예언운동을 일으켜 나가야 한다. 이것은 사람들과 공동체를 동원하고 필요한 재원(기금, 시간, 능력 등)을 제공, 경제구조와 생산, 분배, 소비 형태, 문화 그리고 가치 등을 변혁하기 위해 한 단계 발전된 더욱 조직적이고 잘 조정된 프로그램의 개발 등을 필요로 한다.

22. 변혁의 과정은 인권과 인간의 존엄성 그리고 '하나님의 온 창조에 대한 인간의 책임'을 증진시켜야 한다. 우리는 개인과 국가 이익을 넘어서 미래 세대가 충분히 누릴 수 있도록 지속 가능한 구조를 만들 어떤 책임을 가지고 있다. 변혁은 가난 속에 있는 민중이나 여성, 원주민, 장애우들과 같이 구조적 소외로 인해 가장 고통을 당하고 있는 사람들을 포용해

야 한다. 우리는 우리 자신에게 도전하고 생명의 사회적 생태적 구조를 파괴시키는 지배 구조와 문화를 극복하여야 한다. 변혁은 전 피조물을 치유하고 갱신하는 선교의 일환으로 시도되어야 한다.

23. 그러므로 우리는 부산에서 열리는 제10차 총회로 하여금 모두를 위한 생명경제를 불러일으키기 위해 공동의 목소리를 내며, 에큐메니컬 협력을 강화하고, 더 큰 응집을 위해 교회를 불러 모으는 데에 WCC가 그 역할을 다하며 헌신하기를 촉구한다. 특별히 신 국제 금융 경제기구(정의로운 금융과 생명을 위한 경제에 관한 WCC 성명서) 창설과 부의 축적과 조직적 탐욕에 대해 도전하고(탐욕선연구회 보고서), 생태 채무를 교정하고 생태정의를 발전시키는(생태 정의와 생태 채무에 관한 WCC 성명서) 아주 중요한 일들이 우선 과제가 되어야 하고, 향후 더 심화되도록 해야 한다.

24. 우리는 더 나아가서 제10차 부산 총회가 지금부터 차기 총회까지의 기간을 따로 정하여 교회가 "〈모두의 정의와 평화를 위한〉 창조 세계에 대한 하나님의 정의의 삶을 사는-생명경제"(Economy of Life? Living for God's Justice in Creation)에 신앙적 헌신을 하는 데 집중하도록 독려하기를 요청한다. 이 과정은 교회들로 하여금 서로서로에게서 용기와 희망을 끌어내게 하고, 일치를 강화하고 우리의 믿음의 바로 핵심에 놓여 있는 아주 심각한 문제들에 대해 공동 증언을 하게 할 것이다.

25. "정의로운 금융과 생명경제"에 대한 성명서는 정직, 사회정의, 인간의 존엄성, 상호 책임, 생태의 지속성 등과 같은 공동 가치의 구조 속에 기초를 둔, 윤리적이고 정의롭고 민주적인 국제금융기구의 창립을 요청했다(정의로운 금융과 생명경제에 대한 WCC 성명서). 우리는 삶에 영향을 끼치고 정당한 삶과 가치를 통해 사람들이 필수적으로 필요로 하는 것들을 제공하고, 사회적 재생산과 여성에 의해 먼저 이루어지는 돌봄의 일을 지원하며, 생명을 지속시키는 데 필요한 공기, 물, 땅, 그리고 에너지 자원을 보존하는 모든 결정 과정에 모두의 참여를 증진시키는 생명경제

를 빚어 낼 수 있고, 또 그렇게 해야 한다(아시아 태평양에서의 빈곤 부 그리고 생태).

생명의 경제의 실현에는 꼭 여기에 한정되는 것은 아니지만, 비판적인 자기 성찰, 급진적인 영적 갱신, 권리에 근거한 접근 등이 필요하고. 변방으로 밀려난 사람들의 소리들이 가능한 한 많은 영역에서 들릴 수 있는 공간을 만들어내고 극대화하며, 지구 북반부와 지구 남반부 간, 교회와 시민사회, 국가 책임자, 각 분야와 세계 종교 인간의 대화의 장을 열어, 많은 사람들이 존엄성 속에 살 수 있는 삶을 부정하는 구조와 문화들에 대해 함께 힘을 모아 저항할 수 있는 협력 작용을 일으키며, 세무 정의를 세우고, 공동 증언과 변호를 위한 더 넓은 장을 조직하는 일들이 필요하다.

26. 이 과정은 어떻게 변혁적인 영성이 생명 파괴의 가치들과 마주하여 저항하며 탐욕의 경제 속에 있는 공모성을 극복할 수 있는 지교회들이 서로서로 그리고 다른 종교 전통에게서, 더 나아가서 사회운동에게서 서로 배울 수 있는 공간을 점점 키워나갈 때 그 가능성이 보일 것이다. 그것은 생명경제가 신학적으로, 구체적으로 무엇을 의미하는지 함께 성찰하고 다양한 상황 속에서 어떤 구체적인 변화가 필요한지 함께 생각을 나누는 공간이 될 것이다. 그것은 빈곤 극복과 부의 재분배, 친 생태적 생산과 소비, 분배, 건강하고 공정하고 후기 화석연료, 평화를 사랑하는 사회로 이끄는 정책과 구조적 변화를 일으킨다는 관점에서, 국가적, 대륙적, 지구적 차원에서 공동 캠페인과 옹호활동을 개발하는 공간이 될 것이다.

> 생명의 하나님이 우리를 정의와 평화로 부르신다.
> 하나님의 나눔의 식탁으로 오라!
> 하나님의 생명의 식탁으로 오라!
> 하나님의 사랑의 식탁으로 오라!

해설

모두의 생명과 정의와 평화를 위한 경제

강원돈
한신대학교 교수

1. 머리말

 오는 10월 30일에 개최되는 제10차 WCC 부산 총회를 앞두고 "WCC 경제신학 세미나"를 갖게 된 것은 뜻 깊은 일이다. 이 세미나의 기획자는 나에게 WCC 부산 총회에서 공식문서로 사용될 예정인「만물을 위한 생명과 정의와 평화 - 행동의 촉구」라는 문서(이하「문서」)[1]를 중심으로 해서 WCC와 한국교회의 경제정의 운동을 살펴줄 것을 요청하였다.
 이 요청을 쾌히 받아들인 나는 논제를 검토하자마자 해야 할 일이 너무 많아서 어떤 작업을 할 것인가를 나름대로 정할 필요가 있다고 생각하였다. WCC가 경제정의를 실현하기 위해 제안하고 행동을 촉구한 내용만

---

1) 이 문서의 공식명칭은 "Economy of Life, Justice, and Peace for All : A Call to Action" (adopted by the Central Commitee of the WCC on 19 July 2012)이다. 출처 : http://www.oikoumene.org/en/resources/documents/wcc-programmes /public-witness-addressing-power-affirming-peace/poverty-wealth-and- ecology/neoliberal-paradigm/agape-call-for-action-2012/economy-of-life -justice-and-peace-for-all.

해도 광범위한데다가 한국교회가 경제정의를 위해 구상하고 실천해 온 일도 엄청나기 때문이다. 이 방대한 내용을 분석하고 정리하기 위해서는 몇 권의 책을 집필하여야 할 것이고, 당연히 지면과 시간이 제약되어 있는 이 세미나의 주제 발표의 범위를 넘어서는 일일 것이다. 나는 세미나 기획자가「문서」를 중심으로 해서 WCC의 경제정의 운동을 분석하고 한국교회의 경제정의 운동을 살펴달라고 단서를 달아준 것을 매우 고맙게 생각한다.

이런 점을 감안하면서 이 주제 강연에서 나는 먼저「문서」의 형성과정과 내용을 분석하고 평가하면서 WCC의 경제정의 운동을 필요한 만큼 설명하고, 그 다음 한국교회의 경제정의 운동의 맥락에서「문서」의 내용에 첨언할 것이 무엇인가를 몇 가지 제안하고자 한다.

2. WCC 문서「만물을 위한 생명과 정의와 평화 - 행동의 촉구」의 분석과 평가

1)「문서」의 배경

「만물을 위한 생명과 정의와 평화 - 행동의 촉구」는 2012년 8월 28일부터 9월 5일까지 크레타 콜륌파리(Kolympari, Crete)에서 회집한 WCC 중앙위원회가 채택한 문서로서 2013년 10월 부산에서 열리는 제10회 WCC 총회의 공식문서들 가운데 하나로 쓰이게 될 예정이다. 이「문서」가 WCC 중앙위원회에 의해 공식문서로 채택되기까지는 오랜 논의 과정이 있었다.

이「문서」는 2006년 브라질 포르투 알레그레에서 열린 제9회 WCC 총회가 폐막하면서 AGAPE 과정의 후속작업을 계속하기로 결의한 데 그 뿌리를 두고 있다. AGAPE는 Alternative Globalization Addressing People and Earth("민중과 지구를 위한 대안적 지구화")의 약어이다. AGAPE 과정은 1998년 하라레 총회로부터 2006년 포르투 알레그레 총회에 이르기까지 WCC 중앙위원회의 지도 아래서 WCC 본부의 JPC (Justice, Peace and Creation) 국이 경제적 지구화에 대항하기 위해 주도했던 논의과정이었고, 그 결실이 AGAPE 문서이다. 2005년 9월 WCC 실행위원회는 포르투 알레그레 총회 기간에 열리는 경제정의에 관한 전체회의에서 AGAPE 문서의 최종판을 공식문서로 활용하는 것을 허락하였다. 2006년 포르투 알레그레 총회는 AGAPE 문서를 중심으로 지구 차원에서 경제정의를 실현하는 방안을 논의하면서 AGAPE 과정을 종결하지 말고 이를 계속할 것을 촉구하는 "AGAPE-A call to love and action"이라는 문서를 채택하였다. 이 문서에서 WCC 총대들은 빈곤 척결, 공정한 무역, 세계금융시장의 통제와 규율, 땅과 자연자원의 지속가능한 활용, 공공재와 공공서비스의 사유화에 대한 투쟁, 생명을 살리는 농업, 좋은 일자리, 해방된 노동, 민중의 생활안정, 제국의 권력에 대한 교회의 투쟁 등을 통하여 온 세상의 교회들과 종교 공동체들이 사랑을 실천하고 행동에 나설 것을 촉구하였다. 포르투 알레그레 총회가 폐막을 하면서 만장일치로 채택한「프로그램 지침위원회 보고서」제26항은 "다른 에큐메니칼 파트너들과 기관들과 협력하면서 AGAPE 과정의 후속작업을 진행하고 확대하여 (1) 이 이슈들에 대하여 우리의 신앙의 핵심으로부터 우러나오는 신학적 성찰을 수행하고, (2) 견고한 정치적, 경제적, 사회적 분석을 시도하고, (3) 종교적, 경제적, 정치적 활동가들과 지속적인 대화를 추구하고, (4) (이 이슈들을 해결하기 위한) 교회 측의 실제적이고 적극적인 노력들을 공유할 것"을 천명하였다.[2)]

이렇게 해서 추진되기 시작한 AGAPE 과정의 후속작업은 WCC가 주

---

2) "Report of the Programme Guidelines Committee"(as adopted on 23 February 2006), § 26.
http：//www.oikoumene.org/en/resources/documents/assembly/2006-porto-alegre/1-statements-documents-adopted/institutional-issues/report-of-the-programme-guidelines-committee/report-of-the-programme-guidelines-committee-as-adopted.

도한 PWE 프로그램의 틀에서 진행되었다. PWE 프로그램은 가난(poverty)과 부(wealth)와 생태계(ecology)가 서로 분리되지 않고 긴밀하게 결합되어 있다는 것을 포괄적으로 인식하여야 한다는 것을 촉구하면서 가난을 척결하고, 부의 축적에 도전하고, 생태계를 보전하는 방안을 제시하고자 하였다. PWE 프로그램은 종교, 정치, 경제, 사회 등 다양한 영역의 활동가들과 전문가들이 지속적인 대화를 진행하는 방식으로 기획되었고, 대륙별로 조직된 연구 모임과 협의회들을 통하여 전개되었다. 그리하여 2007년 탄자니아 다레쌀람에서 아프리카 협의회, 2008년 과테말라에서 라틴아메리카-카리브 협의회, 2009년 치앙마이에서 아시아 태평양 지역 협의회, 2011년 캘거리에서 북미 협의회가 순차적으로 열렸고, 2012년 인도네시아 보고르에서는 AGAPE 과정을 기리는 지구 포럼이 열려 PWE 프로그램의 하이라이트를 장식하였다.

「문서」는 이와 같은 과정을 거쳐 수렴된 의견들을 정리하여 2012년 크레타 중앙위원회에서 채택된 공식문서이다.

2) 「문서」의 핵심내용

「문서」는 크게 1) 서문(§ 1), 2) 생명을 살리는 일에 대한 신학적이고 영적인 이해(§ 2-8), 3) 경제적, 사회적, 정치적, 생태학적 위기의 긴급성과 상호간의 밀접한 연관관계에 대한 인식(§ 9-16), 4) 정의의 원천들에 대한 확인(§ 17-20), 5) 헌신과 행동의 촉구(§ 21-26) 등 다섯 부분으로 구성되어 있다.

(1) 서 문

「문서」는 지구적 차원에서 금융 위기와 사회경제적 위기, 생태학적 위기와 기후 위기 등이 서로 밀접하게 연관되어 민중과 지구에 파국적 재앙을 가져오고 있음을 지적하고, 이러한 위기의 뿌리에 도사리고 있는 이기주의, 노골적인 무시, 탐욕의 죄와 정면으로 대결하지 않는 한, 지구 공동체의 생명은 종말에 이르고 말 것이라고 경고한다.「문서」는 이에 대응하여 행동할 것을 촉구하면서 "생명을 위한 경제는 가능할 뿐만 아니라 형성되어 가고 있고, 하나님의 정의가 그 바탕을 이룬다."는 것을 믿고 희망을 갖자고 권유한다.(§ 1)

(2) 생명을 살리는 일에 대한 신학적이고 영적인 이해

「문서」는 생명을 살리는 일과 관련해서 일곱 가지 명제들을 제시하는데, 그 출발점은, 하나님이 창조한 만물이 상호연결망을 이루고 있고, 인간이 그 연결망의 한 부분을 구성하고 있으며, 이렇게 창조된 피조물의 세계가 선하다는 창세기 1장의 확언이다. 생명을 갖고 있는 유기체들이 온전한 공동체를 이루는 것이 하나님의 뜻이다. 이 공동체는 땅으로부터 생명을 취하고 땅에 생명을 부여하고, 한 세대와 다른 세대를 연결하고, 하나님이 꾸리는 살림의 풍요성과 다양성을 지속시킨다. 하나님의 살림에서 경제는 만물을 위해 풍요한 생명을 제공하는 하나님의 은혜에서 비롯된다.(요한 10 : 10)「문서」는 이와 같은 성서의 생명 이해가 세계 여러 지역 원주민들의 생명에 대한 지혜와 공통점을 갖고 있음을 확인한다.(§ 2)

「문서」는 "좋은 삶"이 상호성, 파트너관계, 호혜성, 정의, 사랑과 친절 등 삼위일체 하나님 안에서 이루어지는 사귐의 원리에 따르는 것이어야 하지, 경쟁적인 소유의 추구, 부의 축적, 안보를 위한 요새와 무기비축 등을 통해 이루어지지 않는다고 주장한 뒤에,(§ 3) 곧바로 피조물의 탄식과 가난한 민중의 외침에 귀를 기울일 것을 촉구한다. 오늘의 생태학적 위기와 사회경제적 위기와 정치적 위기는 풍요로운 생명을 보장하고자 하는 하나님의 비전과 정면으로 배치된다.「문서」는 이러한 사태가 인간의 욕망을 하나님이 창조한 우주의 핵심으로 보는 자기기만에서 비롯되었음을 지적하고, "우리의 탐욕과 자기중심성이 민중과 지구를 위협한다."고 진단한다.(§ 4)

「문서」는 우리에게 죽음을 가져오는 일에서 벗어나서 새로운 생명으로 변화될 것을 요구한다. 그러한 변혁의 핵심은 탐욕과 이기주의의 죄를 고백하고, 다른 사람들과 피조물에 대한 우리의 관계를 갱신하고, 하나님의 형상을 회복하고, 생명을 긍정하는 하나님의 선교의 파트너로서 새로운 길을 걷는 것이다. 오직 그럴 때에만 정의를 실천하고 생명을 촉진할 수 있다.(§ 5)

정의에 대한 우리의 비전은 예수 그리스도 안에서 나타난 하나님의 자기 계시에 뿌리를 두고 있다. 예수 그리스도는 주변화되고 배제된 사람들과 자신을 일치시켰다. 그것은 그의 긍휼 때문만이 아니라, 그 사람들의 삶이, 체제들과 구조들이 죄로 가득 차 있음을, 증언하기 때문이다. "너희들 가운데 가장 작은 사람들을 위해 한 일이 곧 나를 위해 한 일이다."(마태 25:40)는 말씀은 정의의 실천이 무엇인가를 가장 명료하게 가르쳐 준다.(§ 6)「문서」는 이와 같은 정의를 실천하는 영성을 "변혁적 영성"(transformative spirituality)이라고 지칭한다.(§ 7)

(3) 경제적, 사회적, 정치적, 생태학적 위기의 긴급성과 상호간의 밀접한 연관관계

「문서」는 지구적 차원에서 금융 위기와 사회경제적 위기, 기후 위기, 생태학적 위기가 서로 밀접하게 결합되어 있다고 인식한다. 이러한 위기들은 상호 의존관계를 맺고 있고 서로 서로를 강화하기 때문에 어느 하나를 따로 떼어놓고 다룰 수 없다. 광범위한 시장의 자유화, 규제철폐, 굴레 벗은 재화와 용역의 사유화는 피조물 전체를 착취하고, 사회 복지를 해체시키고, 국경을 마음대로 넘나들면서 끝없는 생산을 추구하게 만든다.(§ 10) 이러한 상호 연관되어 있는 위기들의 뿌리에는 "탐욕과 불의, 손쉬운 이윤의 추구, 불의한 특권, 장기적이고 지속가능한 목표를 무시한 단기적인 이익의 추구"(§ 13)가 도사려 있다. 이 모든 것을 가로지르고 있는 패러다임이 "시장 근본주의"이다. 그것은 "경제적 패러다임 이상의 것이며, 사회철학인 동시에 도덕철학"이다.(§ 14) "이 이데올로기는 삶의 모든 측면들에 침투하고, 삶을 그 안과 바깥으로부터 파괴하고, 가족과 지역 공동체의 생활에 스며들고 자연 환경과 전통적인 생활형식들과 문화들에 치명적인 재앙을 가져오고 지구의 미래를 해친다. 이런 식으로 지구적 경제 체제는 평화로운 공존의 조건들과 생명을 파괴할 위험이 있다."(§ 15)

(4) 정의의 원천들

「문서」는 이러한 위기의 상황 속에서 세상을 근본적으로 변혁(transformation)할 수 있다는 신념을 가질 것을 촉구한다.(§ 17) 그러한 신념은 그리스도의 부활과 만물을 위한 생명에 관한 그분의 약속에서 비롯되는 희망에 근거한다.(§ 18) 이러한 신념과 희망을 갖고서 세계 곳곳의 교회들은 지구화에 대한 각기 다른 경험을 함께 나누며 서로에게서 배우고, "각기 다르게 부담해야 할 공동의 책임들"(common but differentiated responsibilities)을 규정하기 위해 노력하고, 연대와 전략적 동맹을 형성하고 있다. 기독교인들은 탐욕의 지표를 설정하고, 탐욕에 대한 투쟁에서 공동지반을 찾고 있는 불교도들과 이슬람교도들과 대화를 나눈다. 시민사회와 파트너 관계를 맺고 있는 교회들은 새로운 국제 금융 체제와 경제 체제의 틀을 모색하고자 하며, 생명을 살리는 농업을 촉진하고 연대의 경제를 형성하기 위해 노력한다.(§ 19) 여성들은 가부장적인 지배 체제에 도전하면서 경제를 사회적 관점에서 형성하고 사회를 생태학적 관점에서 재형성하고자 하는 페미니스트 경제학을 발전시키고 있다. 청년들은 단순한 삶과 대안적인 삶의 스타일을 형성하기 위한 캠페인을 벌이고, 토착 원주민들은 삶의 모든 측면들을 통전적으로 회복할 것을 요구하고, 사회적 부채와 생태학적 부채의 책임 소재를 규명하기 위해 땅의 권리를 인정할 것을 요구하고 있다.(§ 20)

바로 이러한 움직임들에서 정의의 샘물이 솟구친다.

(5) 헌신과 행동의 촉구

「문서」는 하나님이 우리에게 근본적인 변혁에 나설 것을 촉구한다고 전제하고, 우리가 "정의와 지속가능성의 영성을 증언하는 데 필요한 도덕적 용기"를 갖고서 "만물을 위한 생명의 경제를 실현하기 위하여 예언자적 운동"을 전개할 것을 요청한다.(§ 21) 이러한 변혁의 과정은 인간의 권리와 인간의 존엄성을 보호하고, 하나님의 피조물에 대한 인간의 책임을 확실하게 하는 과정이다.(§ 22)

이와 관련해서 「문서」는, (1) 제10차 WCC 부산 총회에서 교회들을 모이게 하고, 공동의 목소리를 형성하고, 에큐메니칼 협력을 강화하고, 만물을 위한 생명의 경제를 실현하기 위해 더욱 더 견고한 일관성을 갖도록 WCC의 역할을 강화하는 데 헌신하자고 촉구한다. (2)「문서」는 특히 이번 부산 총회에서 새로운 국제 금융 체제와 경제 체제를 형성하고, 부의 축적과 총체적인 탐욕에 도전하고 탐욕에 대항하는 수단들을 강구하고, 생태학적 부채를 청산하고 생태학적 정의를 구현하기 위한 작업에 진전이 있어야 한다는 점을 강조한다.(§ 23) (3) 더 나아가 「문서」는 이번 부산 총회와 다음 WCC 총회 사이의 기간 동안에 "생명을 위한 경제 - 피조물 가운데서 하나님의 정의를 위해 살아가기(만물을 위한 정의와 평화)"위하여 신앙의 헌신을 하는 데 초점을 맞출 것을 제안한다.(§ 24) (4) 끝으로 「문서」는 「정의로운 금융과 생명의 경제에 관한 선언」이 "정직, 사회정의, 인간의 존엄성, 상호책임, 생태학적 지속가능성 등의 공동 가치들에 근거한" 윤리적이고 정의롭고 민주적인 국제 금융 체제를 촉구하고 있음[3]을 상기시키고, 중요한 결정이 내려지는 곳에 모든 사람들이 참여하는 생명을 위한 경제를 만들어야 한다는 것을 강조한다.(§ 25)

---

3) "Statement on just finance and the economy of life"(adopted on 2 September 2009), § 7.
http://www.oikoumene.org/en/resources/documents/central-committee/2009/report-on-public-issues/statement-on-just-finance-and-the-economy-of-life.

「문서」는 생명을 위한 경제가 초점을 맞추고 있는 구체적인 사안들에 대해 세밀한 목록을 제공하고 있는데,(§ 26) 여기서는 이에 대한 정리를 생략하기로 한다.

3) 「문서」에 대한 평가

「문서」를 평가하기에 앞서서 나는 다음과 같이 세 가지 초점을 설정하고 싶다. 하나는 사회경제적 위기와 생태학적 위기의 연관성이 제대로 인식되고 있는가를 검토하는 것이다. 또 다른 하나는 이러한 위기를 극복하고 대안을 구상하는 신학적 비전이 충실하게 제시되고 있는가를 살피고, 마지막 하나는 새로운 대안을 이끌어가는 정의의 원칙들이 명료하게 밝혀져 있는가를 분석하는 것이다.

(1) 사회경제적 위기와 생태학적 위기의 연관성

「문서」는 경제의 지구화가 급진전된 오늘의 세계에서 사회경제적 위기와 생태학적 위기가 불가분리적으로 결합되어 있다는 점을 강조하고 있다. 이 두 가지 위기들의 연관성에 대한 에큐메니칼 논의는 1975년 나이로비 총회를 준비하는 때로부터 오늘에 이르기까지 매우 오래 동안 진행되어 왔지만, 성공을 거둔 예는 별로 없다. 만일 「문서」가 이 두 가지 위기들의 상호연관성을 체계적으로 밝히고 있다면, 그것은 에큐메니칼 운동과 신학의 역사에서 획기적인 의의를 갖는다고 볼 수 있다.

돌이켜 보면, 에큐메니칼 운동에서 사회경제적 위기와 생태학적 위기의 연관을 의식하기 시작한 첫 흔적은 1972년 로마클럽이 발표한 「성장의 한계」에 대한 에큐메니칼 응답이었다. 1974년 베를린에서 열린 WCC 중앙위원회는 에큐메니칼 운동사에서 처음으로 인류의 생존능력을 절박한 의제로 설정하였으며, "정의롭고 참여적이고 지속가능한 사회"(JPSS)를 추구해야 한다는 점을 명료하게 부각시켰다.[4] JPSS에 대한 논의를 진행하는 일은 1975년 나이로비 총회가 채택한 프로그램 지침[5]에 수용되었고,

그 핵심 주제들은 1979년 JPSS 논의에 관한 자문위원회 제2차 보고서에서 비로소 명확하게 표명되었다.[6]

JPSS 논의에 관한 자문위원회의 제2차 보고서는 정의와 참여와 지속 가능성을 하나의 좌표에 통합하려고 시도했지만, 그 시도는 그다지 성공적이지 못했다. 사회적-정치적 문제와 생태학적 문제는 서로 연결되어 있는 것이 분명하지만, 이 두 가지 문제들은 각기 다른 성격을 갖고 있다. 그런데 자문위원회 보고서는 생태계 위기의 문제가 갖는 독특성을 충분히 인식하지 못했고, 생태학적 문제를 경향적으로 사회적-정치적 문제로 해소시켰다. 어떤 의미에서 생태계 위기의 문제는 자문위원회 보고서에서 제대로 다루어지지 않았다고까지 말할 수 있다.

JPIC(Justice, Peace and Integrity of Creation="정의와 평화와 피조물의 보전") 공의회 과정은 JPSS 논의가 갖는 한계를 극복하기 위해서 고안된 새로운 논의의 틀이었다. JPIC 공의회 과정[7]은 1983년 뱅쿠버에

---

4) 이 회의에서 세 개의 중요한 보고서들이 제출되었다. 1. 1974년 부카레스트 협의회 보고서, 2. 국제문제에 관한 교회위원회(CCIA)의 보고서("평화를 위협하는 경제"), 3. CCPD의 보고서("위협받는 인류의 생존기회")가 그것이다. Protokoll der 27. Tagung, Berlin(West) 11.-18. August 1974, hg. vom Zentralausschuss des OeRK (Genf : 1974), 43.
5) Bericht aus Nairobi 1975 : Offizieller Bericht der Fuenften Vollversammlung des OeRK, 23. November bis 10. Dezember 1975 in Nairobi, Kenia, hg. von Hanfried Krueger/Walter Mueller-Roemheld(Frankfurt am Main : 1975), 311 : "모든 프로그램들은 인권과 사회정의에 참여해야 한다는 기독교의 기본적인 주장이 표현되고 고수될 수 있도록, 그리고 교회의 모든 행위와 모든 노력이 성서에 바탕을 두도록 계획되고 추진되어야 한다. 이 프로그램들은 교회가 희망과 화해, 해방과 정의를 이루는 공동체가 되도록 도와야 한다. 그리스도 안에 사는 그리스도인들의 공동체는 피조물의 신음을 들어야 한다. … 그것은 무엇보다도 … 정의롭고 지속적인 사회를 끊임없이 추구해야 한다는 것을 의미한다. 이 때 반드시 고려되어야 할 것은 우리가 새로운 세계경제질서를 필요로 한다는 것과 제3세계의 국민들이 발전하기 위해서는 자립과 공동결정을 절실하게 필요로 한다는 것이다."(강조 필자).
6) Beratungsausschuss : "Grundlagen einer gerechten, partizipatorischen und verantwortbaren Gesellschaft : Bericht," epd-Dokumentation Nr. 7/79.
7) JPIC 공의회 과정에 대한 체계적이고 포괄적인 연구로는 M. Robra, Öku-

서 모인 제6회 WCC 총회에 의해 소집되었다. 총회는 "회원 교회들을 정의, 평화, 피조물의 보전을 위한 상호 책임(계약)을 향한 공의회 과정으로 초청"하였으며, 이를 WCC의 포괄적인 중점사업으로 명시하였다.[8] 그 당시 총회는 인류의 생존이 불의하고 모순적인 질서들과 환경파괴로 인해 위협받고 있다고 인식하였다. 생태계 파괴, 대량살상 무기의 확산, 군사주의, 계급차별과 가난, 인종차별, 성차별 등에 의해 세계는 죽음의 세력에 그대로 노출되어 있다고 본 것이다. WCC는 이러한 절박한 세계상황에 직면하여 죽음의 악마적인 세력에 맞서는 "예수 그리스도를 세상의 생명으로" 고백하였다.[9]

1987년 제네바에서 모인 WCC 중앙위원회는 "정의, 평화, 피조물의 보전의 세 영역에서 각각 나타나는 문제들이 서로 밀접한 관계가 있다."고 천명하고, "이 상호관계의 본질을 인식하고, 평화, 정의, 피조물의 보전에 관한 교회들의 범세계적인 공동 입장을 천명하되, 이를 교회의 신앙고백 및 교회의 행동과 연계시켜야 한다."는 결론을 내렸다.[10]

1987년 중앙위원회 이후에 JPIC를 위한 공의회 과정은 유럽과 북미,

---

menische Sozialethik : Mit einer Einführung von Konrad Raiser (Gütersloh : Gütersloher Verlagshaus, 1994), 123-171을 보라.

8) Bericht aus Vancouver 1983. Offizieller Bericht der Sechsten Vollver-sammlung des Ökumenischen Rates der Kirchen, hrsg. v. Walter Müller-Römheld(Frankfurt am Main : Lembeck, 1983), 116f.

9) 뱅쿠버 총회의 강령위원회 보고서는 예수 그리스도 안에 있는 생명의 현실과 죽음의 악마적인 세력 사이에는 화해할 수 없는 대립이 있다고 보고, 이에 대한 인식을 신앙고백적 수준(status cobfessionis)으로 격상하였다.

10) ÖRK-Zentralausschuss, Bericht des Ausschusses der Einheit II "Gerechtigkeit und Dienst," epd-Dokumentation Nr. 8/87, 17. 1988년 3월 이스탄불에서 모인 WCC 실행위원회는 JPIC를 위한 세계대회의 과제를 보다 명료하게 천명하였다. "세계대회는 정의와 평화와 피조물 보전에 관한 신학적 견해를 표명하고, 생명을 위한 이 세 영역들에서 나타나는 서로 밀접하게 결합된 위협들을 드러내는 것을 그 과제로 한다. 나아가 세계대회는 무엇보다도 상호 책임의 행위를 취함으로써 이 위협들에 대해 응답하고 교회들을 초청하여 그들의 모범을 따르도록 하여야 한다." ÖRK-Generalsekretariat - Vorbereitungsgruppe JPIC, "Gerechtigkeit, Frieden und Bewahrung der Schoepfung," epd-Dokumentation Nr. 38/88, 18.

라틴아메리카, 아프리카, 아시아 등지에서 진행되었으며, 1990년 서울에서 개최된 JPIC 세계대회에서 일단 그 정점에 달했다. 세계대회는 JPIC의 세 핵심개념들의 상호연관성을 명료하게 정식화시키고자 하였지만, 유감스럽게도 그 작업은 성공을 거두지 못했다. 무엇보다도 이 대회에 참가한 사람들은 세계상황에 대한 일치된 공동인식을 갖지 못했다. 에큐메니칼 사회사상의 역사와 패러다임의 전환을 연구한 마르틴 로브라는 서울 세계대회를 놓고 "난파"라는 표현을 쓰기까지 했다.[11] 어떤 사람들은 에큐메니칼 사회사상이 서울 대회에서 충분한 합의능력을 보여 주지 못했다고 비판하기도 했고, 또 어떤 사람들은 JPIC를 위한 토론이 여전히 해방신학적인 시각에서 벗어나지 못했다고 지적하기도 했다.[12] 이러한 비판에는 물론 경청할 만한 점이 있지만, 극단적으로 상이한 상황들에 처해

---

11) 1990년 서울 세계대회에 대한 다양한 반응들에 대해서는 M. Robra, 151-154를 보라.
12) 이에 대해서는 W. Lienemann, Gerechtigkeit(Göttingen : Vandenhoeck & Ruprecht, 1995), 187ff.을 보라. 내가 보기에, 서울 세계대회가 에큐메니칼 합의능력을 충분히 발휘하지 못한 까닭은 두 가지이다. 첫째, 서울 세계대회에 참가한 사람들은 정의, 평화, 피조물의 보전이라는 세 가지 주제들이 서로 연관되어 있다는 데 대해서는 거의 의심을 품지 않았지만, 이 주제들 가운데 무엇이 우선적인가를 놓고 벌인 논쟁이 에큐메니칼 담론의 지평을 좁혔고, 공통된 상황분석을 불가능하게 만들었다. 역사적으로 구체적인 상황들 속에서 서로 다른 경험을 갖는 사람들이 현실을 상이하게 인식하는 것은 너무나도 당연한 일이다. 예를 들면, 아시아에서는 JPIC를 위한 공의회 과정을 대체로 JPSS 논의의 연장으로 이해하는 경향이 있었다(epd-Dokumentation Nr. 38/88, 26). 이에 반해 유럽 교회들은 평화 문제에 관심을 집중하였고, 세계 대회에서 소수 원주민들의 입장을 대변한 사람들은 그들의 자연자원을 보전하는 일이 절박하다는 것을 부각시키는 데 관심이 있었다.
둘째, 복잡한 세계상황을 염두에 둘 때, 어떤 방법을 가지고 세 개의 포괄적인 주제들의 상호연관성을 구축할 수 있는가 하는 것은 좀 더 포괄적인 해석학적 고찰을 필요로 하는 물음이다. 이 물음에 제대로 답변하기 위해서는 해방신학의 행동-성찰-방법 이상의 고려가 필요한 것으로 보인다. 볼프강 후버는 "신앙고백의 닫힌 언어에서 벗어나서 경험의 개방성을 무릅쓰고, 합리적인 논거를 개방적으로 제시하고, 상이한 해법들을 거부하지 않는" 신학이 이 문제를 푸는 데 필요하다고 본다. 후버는 이러한 신학을 "의사소통적 신학"이라고 명명한다. Wolfgang Huber, "Mangel an Klarheit," epd-Dokumentation Nr. 35/90, 30.

있는 사람들이 세계상황을 공통된 시각에서 분석한다는 것은 애초부터 어려운 일이었다. 이러한 어려움 때문에 정의와 평화와 피조물의 보전 사이의 내적 연관을 찾는 것은 쉽지 않은 일이었고, 그러한 내적 연관의 신학적 근거를 명료하게 제시하는 일은 더더욱 힘든 일이었다.

사회경제적 위기와 생태학적 위기의 연관성을 총체적으로 인식하고자 하는 시도는 1991년 캔버라 제7회 WCC 총회에서도 계속되었다. 총회에 제출된 분과연구 I의 보고서를 준비하였던 1990년 쿠알라룸푸르 협의회는 "생존을 위한 정의 윤리"[13]의 구상을 제시하였고, 이 구상은 캔버라 총회 분과연구 I에서 "생태학적 경제윤리" 구상으로 가다듬어졌다. 이 구상은 다음과 같은 명제들로 요약된다. "우리는 만인을 위한 사회 정의와 모든 피조물을 위한 생태학적 정의가 동전의 양면이라는 점을 강조하고자 한다. 사회 정의는 건강한 환경과 무관하게 성립되지 않으며, 생명능력이 있고 안정된 환경은 보다 큰 사회 정의를 전제로 한다. … 성서적인 정의 개념은 전체로서의 피조물에 건강한 관계들이 있어야 한다는 것을 인정한다."[14] 그러나 이와 같은 생태학적 경제윤리 구상은 1998년 하라레 제8회 WCC 총회에 이르는 과정에서 제대로 관철되지 못했다. 하라레 총회는 신자유주의적 지구화에 대응하여 제3세계 국가들의 부채탕감을 핵심 이슈로 부각시켰고, 대안적 지구화를 추구하는 AGAPE 과정을 출범시키는 플랫폼의 역할을 하였을 뿐이다.

신자유주의적 지구화에 맞서서 "민중과 지구를 위한 대안적 지구화"를 추구하였던 AGAPE 과정은 "정의롭고, 공감적이고, 포괄적인 세계의 비전"을 추구하였고, "이 비전은 모든 수준에서 민주적 참여가 보장되는 가운데 경제정의와 생태학적 정의를 통전적으로 구현할 때에만 현실화될

---

13) "Giver of Life-Sustain your Creation!" Report of the Pre-Assembly Consultation on Sub-Thema 1, Kuala Lumpur, Malaysia, May 1990, 7f.
14) Im Zeichen des heiligen Geistes. Bericht aus Canberra 91. Offizieller Bericht. Oekumenischer Rat der Kirchen, hg. v. W. Muller-Roemheld(Frankfurt am Main : Lembeck, 1991), 61.

수 있다."¹⁵⁾는 분명한 인식을 갖고 있었다. 그러나 AGAPE 과정은 JPIC 패러다임보다는 JPSS 논의의 패러다임에 가까웠다. 2006년 포르투 알레그레 총회의 공식적인 배경문서로 채택된 AGAPE 문서는 대안적 지구화에 대항하는 "생명을 위한 경제"를 "하나님의 은혜로운 경제"로 성격화하면서 이 경제는 "생명의 풍부함을 정의롭고, 참여적이고, 지속가능한 방식으로 다룰 것을 요구한다."¹⁶⁾고 명시하고 있다. 그런데 여기서 한 가지 주목할 점이 있다. "정의롭고, 참여적이고, 지속가능한 방식"이라는 어구가 JPSS 논의의 핵심적인 슬로건을 연상시킨다는 것이 그것이다. AGAPE 문서는 경제정의와 생태학적 정의를 통전적으로 다루어야 한다는 원칙을 천명하기는 하였지만, 대안적 지구화를 추구하는 프로그램들의 방점은 공정한 무역과 공정한 금융에 찍혀 있었다. 생태학적 정의가 다루어지기는 했지만, 그 비중은 공정한 무역과 금융에 비해 상대적으로 적었을 뿐만 아니라, 제안된 프로그램도 매우 추상적이었다.

사회경제적 위기와 생태학적 위기의 상호연관성에 대한 인식의 진전은 AGAPE 과정의 후속작업에서 뚜렷하게 나타나기 시작했다. AGAPE 과정의 후속작업을 뒷받침한 PWE 자문그룹은 2007년 6월 모임을 갖고서 "WCC의 AGAPE 과정과 국제 에큐메니칼 평화 대회(IEPC)의 맥락에서 가난과 부와 생태계 위기의 연관성을 연구하기 위한 신학적 토대를 논의할 것"¹⁷⁾을 제안하였다. 자문그룹은 PWE 논의가 기본적으로 AGAPE 과정을 계승하지만, (1) "생태학적 부채"라는 개념에 초점을 맞추어 생태

---

15) Alternative Globalization Addressing Peoples and Earth (AGAPE) : A Background Document, ed. By Justice, Peace and Creation Team(Geneva : World Council of Churches, 2005), 2.
16) Alternative Globalization Addressing Peoples and Earth (AGAPE) : A Background Document, 4.
17) Reference Group on Poverty, Wealth and Ecology (PWE) : Impact of Economic Globalization (P306). Meeting of the World Council of Churches' (WCC) Alternative Globalisation Addressing People and Earth (AGAPE) (25-26 June 2007, Ecumenical Centre, Geneva, Switzerland), § 2.

학적 차원을 강력하게 부각시키고, (2) 가난의 문제만이 아니라 부의 창출 과정에 초점을 맞추어 탐욕의 문제를 전면화하고, (3) 가난과 부와 생태계 위기의 상호연관성을 명확하게 드러내는 에큐메니칼 보고서를 제시하는 것을 목표로 삼을 것을 주문하였다.[18]

PWE 논의의 틀에서 대륙별로 진행된 연구 모임들과 협의회들은 가난과 부와 생태계 위기의 상호연관성에 초점을 맞춘 논의의 결과를 보고서로 제출하였다. 2007년 다레쌀람 보고서로부터 2011년 북미협의회 보고서에 이르기까지 가난과 부와 생태계 위기의 상호연관성이 체계적으로 부각되었다는 인상을 준다. 특히 다레쌀람 보고서가 부각시킨 우분투 경제(ubuntu economy)는 경제와 생태계의 상호연관성에 대한 통찰에 근거하여 자족의 경제를 추구하는 아프리카인들의 지혜와 하나님의 경제에 대한 성서의 비전을 서로 결합시키고 있다.[19] 또한 PWE 유럽 협의회가 채택한 2010년 부다페스트 보고서는 "지속가능하지 않은 부의 창출 방법과 무제한한 성장에 대한 집착이 공동체를 가난하게 만들고 피조물 전체에 해를 끼친다."는 인식을 분명하게 천명하였다. 부다페스트 보고서는 "불의의 도전들과 기후 변화가 어떻게 연관되어 있는가?"를 분석한 뒤에 "사회 정의와 기후 정의가 상호 긴밀한 관계에 있다."는 것을 강조하였다.[20]

---

18) Reference Group on Poverty, Wealth and Ecology (PWE) : Impact of Economic Globalization (P306), § 8.
19) The Dar es Salaam Statement on Linking Poverty, Wealth and Ecology in Africa : Alternative Globalisation Addressing People and Earth (AGAPE) Consultation on Linking Poverty, Wealth and Ecology : Africa Ecumenical Perspectives, 07-09 November 2007, Dar es Salaam, Tanzania. http://www.oikoumene.org/en/resources/documents/wcc-programmes/public-witness-addressing-power-affirming-peace/poverty-wealth-and-ecology/neoliberal-paradigm/for-an-ubuntu-experience-in-global-economy.
20) Budapest Call for Climate Justice Addressing Poverty, Wealth and Ecology. AGAPE Consultation : Linking poverty, wealth and ecology : Ecumenical Perspectives in Europe (12.11.2010), Preamble.

「만물을 위한 생명과 정의와 평화의 경제 - 행동의 촉구」는 PWE 논의의 성과들을 수렴하면서 사회경제적 위기와 생태학적 위기의 상호 연관성을 그 어떤 에큐메니칼 문서들보다 더 명료하게 부각시키고자 했다. 그러나 아쉬운 점도 있다. 「문서」는 부산 총회에서 논의를 활성화하기 위해 준비된 문서로서는 상대적으로 부피가 작으며, 가난과 부와 생태계 위기가 어떻게 서로 맞물려 있는가에 대한 분석은 여전히 피상적이다. 탐욕의 경제가 사회복지를 해체시키고 생태계 위기를 가져온다는 인식은 문제의 정곡을 찌른 것이지만, 이러한 명제는 서술적인 수준에서 제시되고 있을 뿐, 역사적-분석적 설명의 수준에 이르고 있지는 못하다. 만일 경제계와 생태계의 관계를 에너지-물질 대사의 맥락에서 파악하고, 경제계에서 이루어지는 에너지-물질의 형태변화 과정과 소비 과정이 자본의 축적 과정을 매개로 해서 팽창적 성향을 갖게 된다는 점을 인식한다면, 가난의 확산과 부의 축적과 생태계 파국이 어떻게 서로 유기적으로 얽혀 있는가를 명석하게 밝힐 수 있을 것이다. 그렇다면 사회적 가난을 불러내는 바로 그것이 생태계 파국을 불러일으킨다고 말할 수 있게 되고, 사회적 가난과 생태계 위기를 동전의 양면처럼 결합시키는 바로 그 장본인이 자본의 축적과 팽창 메커니즘이라는 것을 분명하게 선언할 수 있을 것이다.[21]

2) 만물을 위한 생명과 정의와 평화의 경제의 신학적 비전

만물을 위한 생명과 정의와 평화의 경제의 신학적 비전은 「문서」에서 간략하기는 하지만 짜임새 있게 제시되었다. 생명이 관계의 현실성을 가리킨다는 「문서」의 통찰은 JPIC 공의회 과정을 거치면서 에큐메니칼 진영이 공유하게 된 신학적 인식이다. 「문서」는 이러한 통찰을 한편으로는

---

21) 이에 대해서는 강원돈, "자연과 인간의 생명을 위한 생태윤리," 「지구화 시대의 사회윤리」(서울 : 한울아카데미, 2005), 310-312를 보라. 에큐메니칼 문서들 가운데 이 점을 비교적 체계적으로 인식하고 있는 것은 Statement on just finance and the economy of life (adopted on the 2. September, 2009), § 7 이다.

삼위일체론적 정식을 통해 강화하고, 또 다른 한편으로는 종교간 대화와 토착 문화들과의 대화를 통해 다종교적이고 다문화적인 에큐메니칼 확언으로 가다듬고 있다. 하나님과 인간의 관계, 사람들 사이의 관계, 사람들과 피조물 전체의 관계를 생명의 연결망으로 보는 「문서」의 통찰은 에큐메니칼 생명신학이 도달한 정점이라고 볼 수 있다.

3) 정의의 개념

「문서」는 정의의 개념을 전면에 부각시키는 동시에 이를 분화시키고 있다. 「문서」가 전제하는 정의는 예수 그리스도 안에서 나타난 하나님의 자기 계시에 뿌리를 두고 있다. 예수 그리스도는 주변화되고 배제당하는 사람들과 자신을 일치시켰고, 지극히 작은 사람들의 기본 욕구를 우선적으로 충족시키는 일을 통하여 그가 추구하는 정의가 무엇인가를 분명하게 드러냈다. 이 점을 부각시키고 있는 「문서」는 가난한 사람들을 우선적으로 편드는 일과 정의가 불가분리의 관계에 있음을 천명하고 있는 셈이다. 그러나 이와 동시에 「문서」는 정의가 관계 개념이라는 점도 확실하게 부각시키고 있다. 정의는 깨어진 관계들을 회복하여 바른 관계를 형성하는 과정을 통하여 실현된다. 정의는 하나님과 인간, 인간과 인간, 인간과 피조물이 바른 관계에 있음을 가리킨다. 이러한 바른 관계들 속에서 생명이 누리는 충만한 상태가 곧 평화이다. 따라서 평화는 정의의 열매이다. 정의가 갖는 이 두 가지 측면을 동시에 부각시키고 있는 「문서」는 1975년 나이로비 총회에서 정식화된 메시아적 정의 개념과 1983년 뱅쿠버에서 정식화된 관계론적 정의 개념을 성공적으로 통합하고 있다고 평가할 수 있다.

메시아적 정의 개념과 관계론적 정의 개념은 그 동안 에큐메니칼 운동 진영을 양분해 왔던 것이 사실이다. 라틴아메리카, 아프리카, 아시아 등지의 에큐메니칼 지도자들은 가난의 문제를 해결하는 것이 급선무라는 해방신학적 시각을 강하게 견지하였고, 유럽과 북미 지역의 에큐메니칼 대변자들은 가난한 사람들을 위한 정의의 문제보다는 지구의 모든 사람들이 공동의 관심을 갖는 평화와 생태계 보전에 더 큰 주의를 기울여 왔다. 그러나 신자유주의적 지구화가 급속히 진전되면서 가난과 생태계 위기의 상호연관성이 조금 더 또렷하게 인식되기 시작하였고, 이와 같은 인식에 힘입어 「문서」는 신자유주의적 지구화로 인하여 희생당하는 사람들과 지구의 입장에서 정의의 문제를 새롭게 제기할 수 있게 되었다.

「문서」는 정의의 개념을 다양한 맥락에서 분화시키고 있다. 「문서」에서 정의가 상호성, 호혜성 등과 같은 개념들과 나란히 관계론적 개념으로 부각되고 있다는 것은 더 말할 필요조차 없을 것이다. 정의가 관계론적 개념이라면, 논리적으로 그 반대 개념은 자기중심성과 이기심과 탐욕일 수밖에 없다. 중요한 것은 「문서」가 AGAPE 과정에서 사용되기 시작한 생태학적 정의(eco-justice) 개념을 채택하여 생태학적 부채 문제의 해결 방안을 시사하고 있다는 것이다.[22] 또한 「문서」는, 그 소략한 분량으로 인하여 상세한 설명을 시도하지 않고 있지만, 생명의 경제가 정의로운 금융 체제와 경제 체제를 전제하고 있다는 것을 분명하게 밝히고 있다. 「문서」가 인용하고 있는 2009년의 에큐메니칼 문서 「정의로운 금융과 생명의 경제」는 "탐욕과 개인주의와 배제"에 근거한 신자유주의적 경제 체제에 대항하면서 "연대와 공공선과 포용"에 근거한 대안적인 경제 체제를 구축할 것을 제안한다.[23] 그것은 협동과 나눔과 사랑과 자연과의 역동적인 조화를 추구하는 경제이다. 그러한 경제는 "인간적인 욕구의 충족과 인간적이고 사회적인 자기계발과 민중의 복지와 행복을 위한 봉사"이며, "정직, 사회정의, 인간의 존엄성, 상호 책임, 생태학적 지속가능성" 같은 가치관 위에 굳건하게 세워진 "윤리적이고 정의롭고 민주적인 지구적 금융 체제"

---

22) Statement on eco-justice and ecological debt(adopted on 2 September 2009), § 6. http : //www.oikoumene.org/en/resources/documents/central-committee/2009/report-on-public-issues/statement-on-eco-justice-and-ecological-debt.
23) Statement on just finance and the economy of life, § 8.

를 필요로 한다.[24] 「정의로운 금융과 생명의 경제」가 에큐메니칼 공식문서로 채택된 이후에도 생명의 경제를 위한 국제적인 금융 체제의 변화를 모색하는 논의가 계속되었고, 이 논의는 2012년 10월 상파울루 선언에 수렴되었다. 상파울루 선언은 민중의 욕구를 충족시키고 경제적, 사회적, 문화적 권리들과 인간의 존엄성을 실현시키는 정의로운 국제 금융 체제를 건설하기 위해 반드시 고려해야 할 기준들을 제시하고 있다. 그 기준들은 (1) 탐욕의 극복, (2) 사회적 포용, (3) 젠더 정의와 생태학적 정의, (4) 신자유주의적 자본주의를 변혁할 수 있다는 희망, (5) 생명의 경제를 갈망하는 영성 등이다.[25] 이렇게 보면, 비록 「문서」가 명시적으로 언급하고 있지는 않지만, 사회정의, 경제정의, 생태학적 정의, 젠더 정의, 기후 정의 등과 같은 다양한 정의 개념들이 「문서」에 전제되어 있음을 알 수 있다.

그런데 「문서」는 AGAPE 과정에서 부각되었던 "변혁적 정의"(transformative justice)라는 개념을 더 이상 사용하지 않고 있다. 본래 "변혁적 정의" 개념은 인종차별 극복에 관한 WCC 연구에서 채용된 개념이었는데, 이 개념은 불평등과 배제를 가져오는 경제적, 정치적 체제를 변혁하여 정의롭고 참여적이고 지속가능한 공동체를 건설하는 과제를 강조하기 위해 사용되었다. "변혁적 정의" 개념의 핵심은 인정과 참여이다. "변혁적 정의"는 AGAPE 과정에서 진정한 포용과 참여를 보장하는 사회(정치적, 사회적, 문화적 정의), 권력의 잘못된 배분을 극복하고 가난한 사람들과 힘 있고 부유한 사람들 사이의 갭을 메우는 사회(경제정의), 자연에 대한 인간의 의존상태를 인정하고 지속가능한 발전을 도모하는 사회(생태학적 정의)를 이끌어가는 원칙을 가리켰다.[26] 한 마디로, 개념의

---

24) Statement on just finance and the economy of life, § 7.
25) The Sao Paulo Statement : International Financial Transformation for the Economy of Life (Global Ecumenical Conference on a New International Financial and Economic Architecture, 29 September – 5 October 2012, Guarulhos, Brazil), § § 21-27.
26) Alternative Globalization Addressing Peoples and Earth (AGAPE) : A

확장이 일어난 것이다. 「문서」가 이처럼 확장된 "변혁적 정의"라는 개념을 더 이상 사용하지 않는 이유를 분명히 알 수는 없다. 어쩌면 "변혁적 정의"라는 개념이 지나치게 포괄적인 내용을 갖게 되어 조금 더 분화된 정의 개념을 문맥에 따라서 사용할 필요가 있었는지도 모른다. "변혁적 정의"라는 개념을 사용하지 않았다고 해서 「문서」에서 변혁이 강조되지 않는 것은 아니다. 「문서」는 오늘의 금융 체제와 경제 체제를 "변혁"하여 생명을 살리고 영화롭게 만드는 경제를 건설하여야 한다는 것을 강력하게 요구하고 있다.

3. 경제정의 실현의 맥락에서 「문서」에 대한 한국 교회의 제언

「문서」에 대한 분석과 평가를 마치면서 나는 경제정의 실현을 위한 한국 교회의 경험에 근거해서 「문서」의 내용을 보완하기 위해 몇 가지 제안을 하고 싶다.

오늘의 한국 사회는 보다 정의롭고, 보다 민주주의적이고, 보다 지속 가능한 공동체를 형성하는 과정에서 매우 엄중하고 다양한 도전들에 직면하고 있지만, 그 가운데서도 가장 중요한 이슈는 경제민주화와 복지의 확대, 생태계 안정과 건강의 회복이 아닐까 한다.

먼저 경제 민주화에 대해서 말하자면, 우리 사회에서는 경제민주화가 대자본과 중소자본 사이의 억압적이고 수탈적인 갑을관계를 바로 잡는 일로 여겨지고 있지만, 본래적인 의미의 경제민주화가 자본주의 사회의 근본모순에서 비롯되는 자본과 노동의 경사진 권력관계를 역동적인 제도적 균형관계로 전환하는 일이라는 인식이 매우 희박하다. 독과점적인 시장권력의 형성과 전횡을 바로 잡아 큰 시장권력과 작은 시장권력 사이의 갑을관계를 정상화하는 데 필요한 법제는 경쟁법, 곧 공정거래법이겠지

Background Document, 14f.

만, 공정거래법을 갖고서 자본주의의 틀에서 서로 대립하고 갈등하는 사회세력들의 관계를 규율할 수는 없다. 제도적으로 대등한 권력을 갖춘 사회세력들 사이의 대립과 협력이 보장될 때 비로소 시장경제에서 더 많은 정의와 더 많은 민주주의를 실현할 수 있다. 산별교섭제도를 제도화하고, 노동과 자본의 공동결정을 법제화하고, 작업장의 민주화와 인간화를 정교하게 설계해 내고, 사회적 합의를 도출하기 위해 노사정위원회를 가동하고자 하는 노력이 선진적인 사회관계를 구축하고자 하는 나라들에서 실험되고 어느 정도 진전이 있었다는 것을 기억하여야 한다. 이러한 인식이 우리 사회에서 경제정의를 실현하기 위해 노력하는 시민·사회세력과 교회에 도전이 되어야 할 것이고, WCC「문서」에서도 시민권을 획득하여야 할 것이다. 한국 교회에서도 이러한 인식이 굳건하게 자리를 잡고 있지 못하지만, 「문서」에서도 이에 대한 명시적인 언급이 없다. 빈익빈 부익부의 문제를 포괄적으로 언급하는 것만으로는 부족하다. 그 문제를 사회세력들 사이의 권력관계에서 파악하는 인식구도가 분명해야 문제 해결의 방향을 제대로 잡을 수 있을 것이다.

둘째, 복지의 확대와 관련해서, 나는 우리 사회가 보편적이고, 전면적이고, 최대한의 복지를 구현하기 위해 급진적인 복지개혁에 나서야 한다고 생각한다. 우리 사회는 대체로 개발주의 국가복지 체제에서 빈약한 복지가 정상적인 것인 양 생각하다가 신자유주의적인 복지 체제로 전환된 이후에는 노동연계적인 선택적 복지가 당연한 것처럼 여기고 있다. 그러나 선진적인 시민사회와 교회 부문은 지구화 시대에 신자유주의적인 복지 침식에 맞서기 위해서는 보편적 복지를 전면적으로 최대한 구현하여야 한다고 이미 목소리를 높이고 있을 뿐만 아니라, 경제의 지구화 조건에 부응하게끔 유연한 시민권 인정에 근거한 기본소득 제도를 도입할 것을 촉구하기까지 한다. 기본소득 구상은 우리나라에서 뒤늦게 확장적으로 논의되고 있지만, 독일을 위시한 여러 나라들에서는 이미 오래 전부터 활발하게 논의되어 왔고, 중앙정치에 참여하는 정당들에서 강령으로 채택하고 있다. 지구적 시민권과 기본소득 보장은 지구화 시대에 문명의 과제가 된 것 같다. 나는 유연한 시민권 인정에 바탕을 둔 기본소득 제도의 도입을 한국 교회의 사회적 의제로 삼아야 한다고 생각하며, WCC도 이에 대한 논의를 시작해 지구적 차원에서 기본소득 담론을 형성하고 확산하는 데 주도적인 역할을 하여야 한다고 생각한다. 따라서 이번 부산 총회에서 이 의제를 논의하여 차후 총회까지의 과제를 규정하는 「프로그램 지침위원회 보고서」에 채택되도록 할 필요가 있다.

셋째, 생태계의 안정과 건강에 관한 「문서」의 선언과 제안은 매우 시사적이지만, 나는 앞에서 그 이론적 토대가 불분명하다는 것을 지적한 바 있다. 사회적 가난과 생태계 위기가 같은 동전의 양면처럼 결합되어 있고, 사회적 가난을 불러일으키는 요인이 생태계와 경제계의 에너지-물질 교환 관계를 극도로 교란한다는 것을 인식할 때 비로소 인류는 만물이 서로 바른 관계들을 맺는 가운데 생명의 충만함을 누릴 수 있는 길을 찾을 수 있을 것이다. 나는 PWE 논의에서 가난과 부와 생태계의 밀접한 관계를 인식하는 데 어느 정도 진전이 있었지만, 문제의 진상이 아직 명확하게 드러나지 않았다고 본다. 나는 경제정의를 실현하기 위해 투쟁하는 한국의 시민사회와 교회에서 점차 명료하게 파악되기 시작한 문제 인식의 구도가 제10차 WCC 부산 총회를 통하여 전 세계 교회들과 시민사회들에 공유되기를 희망한다.

해설

신자유주의 세계화에서의 경제 정의
: 여성 신학적 입장에서

김정숙
감리교신학대학교 교수

1. 세계화 시대의 여성 : 성, 몸, 노동

99% 대 1%의 극단적 빈부의 양극화라는 21세기의 세계 현실은 정치적으로는 민주주의를 표방하고 있지만 경제적으로는 그 옛날 왕정체제나 귀족체제에서와 같은 것을 연상시킨다. 소위 99%가 이루어 낸 노동의 성과물을 소위 1%가 독식하는 전 봉건주의적 체제처럼 오늘날 1%의 자본가가 99%의 자본을 전유하고 99%의 인구가 1%의 자원을 두고 투쟁해야 하는 자유 시장 경제 체제, 소위 기업주도형 지구화 경제 체제에서 살아가고 있다는 것을 의미한다. 냉전체제 이후 시작된, 미국의 패권주의적 신식민화 정책은 소위 신자유주의라는 경제 체제를 통해 경제대국들과 연대하여 전 세계를 경제적으로 식민화시키는 지구화의 전략을 통해 전 세계를 통제하고 있다. 소위 신자유주의라는 경제대국의 지배적 시스템은 초국가적 기업과 금융, 자본 제도의 주도적 역할을 통해 전 세계를 장악하고 전 세계민의 목줄을 죄고 있다.

초국가적 기업, 금융자본 주도형 신자유주의 세계화는 비록 이름은

"세계"화를 표명하고 있지만 내용에 있어 경제대국의 이익을 철저히 반영하기 위해 가난한 국가나 사람을 착취하는 구조로서 국수주의적인 제국주의 경제 식민화 체제라고 할 수 있다. 부익부 빈익빈 가난은 더 피폐한 가난을 부르고 자본은 더 큰 자본을 형성하고 축적하여 위계적 계층을 형성시키며 계층 간의 유동이 불가능한 새로운 계급과 계층을 국가 사이에 그리고 사람들 간에 형성시킨다.

로즈마리 류터에 따르면 바로 이 신자유주의적 세계화가 지구의 황폐화, 생태계의 파괴, 그리고 지구민의 빈곤화 그리고 이로 인한 유혈적 인종 충돌과 그 가운데 여성을 더욱 억압하고 고통하게 하는 심각한 위기의 원인이라고 지목한다.

인간의 가치보다 자본의 가치가, 인간의 자유보다 시장의 자유를 더 중요시하는 현 세계화는 인간을 생산성, 효율성, 소비성의 자본의 논리와 시장의 가치로 평가함으로 상대적으로 경쟁력이 약한 여성과 장애인 그리고 노인층을 주변화 시키고 배제시키는 데 있어 구조적이고 제도적인 차별화를 양상하고 있다. 또한 전 지구적 서구화, 특히 미국화를 꾀하는 동질화의 전략은 각 민족의 고유한 전통과 문화를 단절시키고 해체함으로 서구화된 젊은층, 청산해야 할 전근대적이며 구시대적 노인들의 전유물로서의 전통문화라는 지역적 세대적 이질감과 세대 간의 갈등을 조장하고 있다. 더욱이 자유시장경제의 세계화를 솔선수범하여 적극 추종해 오고 있는 한국정부는 국가의 자율적 권리와 자국민을 위한 정책의 자유를 박탈당한 무기력한 정부로 국민의 대다수를 특별히 여성들과 노인들, 장애인들을 집단적 극빈층으로 전락시키고 있다.

초국가적 기업과 금융자본을 통한 세계화의 영향권에서 벗어나지 못하는 한국을 비롯한 비서구 국가들은 구조조정의 압력으로 엄청난 실업자가 발생되고 있으며, 관세철폐의 압력으로 자국의 기관사업과 농수산업을 보호하지 못하고 시장을 개방하고 있는 약소국가의 국민은 오래 동안 생활을 이어오던 삶의 터전을 빼앗기고 있다. 자국을 위한 정책과 자국민의 이익과 복지를 위한 법률과 정책을 소신껏 펼치지 못하는 정부로 인해 최우선적으로 혜택을 받아야 할 대상들이 교육과 복지의 혜택에서 제외되고 있으며, 특히 연금과 의료의 혜택이 절실한 사회적 취약층, 노년층들이 극빈층으로 몰리고 있다.

더욱이 초국가적 자본의 유동은 노동력의 유동성으로 이어지고 또한 복지정책의 변화로 이어지고 있다. 생산의 글로벌화와 자본 유동성의 증대의 과정에서 기업들은 노동비용의 절감을 위해 제3세계 저임금, 유연 노동자를 활용하는데 적극적이다. 저임금, 유연 노동자로서 여성들은 노동시장으로 빠르게 흡수되는 반면, 노동조건의 하향평준화(저임금, 비정규직 일자리의 확대 등)가 이루어지고 있는 실정이다. 따라서 여성들이 노동에 참여하는 현실에서 여성의 정규직 노동, 전문직 노동은 별반 크게 증대되지 않고, 저임금을 특징으로 하는 '노동력의 여성화'의 과정 속에서 노동시장에 참여하고 있다. 노동력의 여성화란 여성들의 절대적인 경제 활동 참가율이 높아짐과 동시에 남성고용이 상대적으로 축소되었음을 의미하고, 한편으로는 사회 전체적으로 노동조건이 악화되는 노동시장의 하향평준화 과정 속에서 여성들의 노동 참여가 증가하는 현상을 의미한다. 이와 같은 현실은, 노동시장에서 일부의 여성이 전문직을 갖는 숫자가 일부 늘어나는 반면, 대부분의 여성들은 불안정고용과 저임금 노동으로 통합되어가는 현실로 대변될 수 있는 여성 노동의 양극화 현상을 드러낸다. 저임금 노동에 시달리고 동시에 사회적 보호에서 배제되는 비정규직이 계속 확대되고 비정규직과 정규직의 노동조건의 차이가 심각한 수준을 보이게 되는 한국 노동시장의 변화는 여성노동자들이 불안정 노동자로부터 '탈출'하는 것을 어렵게 하여 여성의 빈곤화로 이어져 지속적으로 여성들의 지위개선을 어렵게 하고 있다.

전 지구적으로 모든 영역을 휩쓸고 있는 이 같은 자본과 시장의 세계화의 거대한 물결은 인간이 태어나 겪는 인생의 경험을 생물학적이고 자연스러운 것으로 받아들이기 보다는 제도적이고 합리적이며, 때때로 과학적인 자료들을 통하여 사회적 의미와 상징가치를 보유한 육체자본으로 변형시킴으로 성(sexism)과 인종(racism)과 계급(classism)과 연령(ageism) 등의 다양하고 복합적인 양상으로 차별이 구체화 제도화 되고 있음을 볼 수 있다.

모든 것이 자본의 가치로 평가되는 신자유주의적 세계관에서 모든 것은 상품이 된다. 인간도 자본이며 인간의 몸도 시장의 세계에서 자본화할 수 있는 상품으로서의 자본이다. 때문에 모든 사람이 육체를 가지고 있지만 모든 사람의 육체에 똑같은 사회적 의미와 가치가 부여되는 것은 아니다. 세계화의 시장에서는 사회적으로 경제적 가치와 효과를 갖는 자본으로서의 몸에 의미와 가치를 부여하고 소비 시장에서 상품으로서의 중요성을 가진 몸을 양식화한다. 이렇게 세계화의 시장에서 양식화되고 자본화된 몸은 개인들의 직접적인 통제를 넘어선 공유된 몸으로 모든 사람들이 선망하는 표준적이고 이상적인 몸이 되어 상품화된다. 젊은이의 몸과 성은 자유 시장경제에서 훌륭한 상품이 되는 반면, 장애인, 노약자, 특히 여성 노인 등은 외적 자본의 가치 서열에서 밀려 정체성에 대한 내면적 가치의 비하와 더불어 주변으로 밀리게 된다.

세계화의 흐름을 주도하는 다국적 기업들은 사회집단들이 자신들의 성과 몸의 정체성의 가치를 상징화할 수 있는 차이를 생산해내는 차별의 문화를 조장함으로 빈부의 계급과 성구별의 차별화, 연령의 차별화를 극대화하고 있다. 초국가적 자본을 기초로 한 다국적 기업들은 사회적 계층을 형성하는 데 사용할 수 있는 의복 스타일과 소비상품, 그리고 기호양식과 생활양식을 빠른 속도로 국제화시키고 순환 유행시킴으로 사회적 신분의 차이를 생산해내어 빈부의 양극화를 공고히 하는 한편, 소외된 계층을 더욱 주변 화시키는 차별화의 주역이다. 세계화시대의 새로운 계급주의, 상류층과 하류층 계층의 차별화, 새로운 지배계급과 피지배계급, 더 나아가 각각의 세대에 따른 문화상품과 소비재에 대한 기호와 생활양식은 정반대로 구성되어있다는 차이의 논리에 따른 새로운 계급 차별을 형성하고 있다.

　세계화의 다국적 기업은 건강산업, 스포츠 산업, 다이어트 산업, 패션 사업, 화장품산업 등을 통하여 성차별화된 미적 이미지를 생산해냄으로 남성과 여성의 차별적 성과 성문화를 조성한다. 성이 자연적이고 궁극적 차원의 본질적 요소가 아니라 사회 문화적 산물로서 이해 될 때, 현재 사회적으로 인식되는 이상적 남성의 미와 여성의 미는 세계화의 가치를 반영하는 사회적 담론으로 생성된 산물이 된다. 다중적 가치를 담보하고 있는 육체자본은 다국적 기업들이 조성한 남녀의 구별 화된 이미지 속에서 여성보다 남성들에게 몸의 이미지가 보유한 자본을 다른 자본으로 전환할 수 있는 더 많은 기회를 제공한다. 건강하고 활동적인 육체를 자본화하여 주요한 상품으로 부상시킨 스포츠 산업은 특별히 남성의 육체를 스포츠 스타로서 활동에 참여할 수 있도록 함으로 사회 문화적 혹은 경제적 자본으로 바꿀 수 있는 기회를 여성보다는 남성에게 더 폭넓게 제공한다. 육체자본을 다른 자본으로 전환시키는 경우 여성들은 성의 대상으로 계발되도록 유도되는 반면, 남성들의 경우 여성보다 더욱 포괄적인 영역에서 주체적 능동적으로 전환할 수 있는 기회가 부여되는 것이다.

　이렇게 성별에 따라 육체자본의 형태가 다르게 작용됨으로서, 여성에게는 더 날씬한 몸, 섹슈얼리티를 자극하는 감각적 자극적인 외형적 몸이 상품적 가치로서 더 높은 육체 자본의 상징적 가치로 평가되고 있다. 다국적 기업의 광고는 젊음을 반영하는 특정한 연령대에 여성으로서의 최고의 가치인 아름다움의 이미지를 부과하는 반면, 다른 연령대에 있는 여성에 대하여는 상대적으로 부정적 이미지를 생산해낸다. 선호되는 여성의 육체 자본에 대한 이 같은 사회적 평가는 여성들이 건강하고 활동적인 몸을 보유하기 보다는 오히려 건강을 해치더라도 가시적으로 선호되는 감각적 몸의 가치를 따르도록 유도한다. 따라서 여성의 몸은 소비대상으로 제시하도록 유도된다. 여성의 육체자본을 성을 매개로한 성 상품화의 현상은 여성에 대한 성차별로 이어진다.

2. 세계화 시대의 한국교회 그리고 여성 신학적 원리

서구 역사 속에서 교회의 영향력을 빼고는 정치경제문화 그 어떤 것도 이야기할 수 없는 것처럼 한국 근대사에 있어서도 기독교를 빼고는 근대 한국의 총체적 역사를 논할 수 없다. 그렇다면 오늘날과 같은 극단적 양극화 체제가 형성되고 사회적 약자에 대한 차별을 고착화하는데 한국 교회는 어떤 역할을 해오고 있으며, 현재의 양극화 현상을 바로잡는 경제정의 실현을 위해 한국교회는 무엇을 할 수 있을까?

합병과 통합을 통해 거대한 공룡처럼 되어버린 초국가적 기업과 자본은 세계 모든 국가의 국경선을 자유자재로 넘나들며 자발적 추종자와 타의적 피해자를 양산하고 있으며, 이 같은 영향력은 한국 사회와 한국 교회도 예외가 아님을 경험한다. 한국교회 역시 세계화의 경제 체제 속에서 자의적 혹은 타의적으로 양극화의 구조에 포함되어 있음을 볼 수 있다. 1% 대 99%의 양극화 현상은 한국교회에서도 두드러지게 나타나고 있어 다국적 기업을 모방하듯 재산을 증식하고 교회 건물의 대형화에 집착하며 자체 몸집 불리기에 혈안이 되어 있는 1%의 대형교회들을 볼 수 있다. 반면에 1%의 대형교회가 되기를 열망하는 교회, 99%를 위한 교회가 되기보다는 1%를 지향하는 교회들을 많이 볼 수 있다. 교회를 통한 기독교적 가치가 사회적 가치나 정신을 인도하기보다는 오히려 신자유주의 체제가 표방하는 물질주의 가치와 성장 위주의 시장경제 가치를 대변하는 맘몬이즘을 그대로 답습하는 교회의 모습을 심심찮게 목격한다. 1%를 열망해서 99%를 외면하는 한국 교회는 정작 99%에 의해 버림받을 수 있다는 그래서 더 이상의 미래는 없을 것이라는 위기를 인식할 수 있어야 한다.

하나님의 뜻을 섬기며 교회 공동체의 신자들을 돌보는 목회자의 역할은 전통적으로 예배를 집전하는 제사장적 기능과 더불어 예언자적 기능을 갖는다. 이스라엘 역사에서도 하나님의 사람들은 예언자적 기능과 제사장적 기능을 동시적으로 가지고 있었던 것을 볼 수 있다. 이스라엘 민족이 하나님의 뜻에 반하는 불의와 부패에 빠져있을 때 혹은 민족이 위기에 처할 때마다 때로 권면으로 때로 심판의 경고로 하나님의 뜻을 분별할 수 있도록 예언자적 직무를 담당했다. 그들은 자신의 국가와 민족의 문제를 정확히 파악하고 있었으며, 문제의 원인을 분석하고 결과까지도 예측함으로 하나님의 정의를 민족 공동체에 전파하고 실현하고자 했음을 알 수 있다. 그러나 한국 개신교회는 바로 예언자적 의무와 기능을 상실함으로 교회 안과 밖의 문제에 대해 무관심하며 문제의 총체적 원인과 결과를 분석하고 예측하는 능력을 상실하고 말았다. 한국교회 특히 개신교회에의 강단에서 예언자적 하나님의 말씀을 선포하는 목소리는 더 이상 들리지 않는 듯하다. 한국 교회는 본연의 자세로 돌아가 잃어버린 예언자적 목소리와 기능을 회복하고 교회 자체 내의 문제와 더불어 나라와 민족 그리고 하나님의 피조물, 세계의 서주민의 현실에 대해 예언자의 시각과 목소리를 회복해야 한다.

교회의 예언자적 기능은 성서에서 증언하는 예언자적 원리에 따르는 것으로 기존의 체제를 옹호하고 유지하는 기능보다는 비판적이며 견제적 기능을 말한다. 소위 1%에 해당하는 부유하고 힘 있는 자들에 의해 조정되고 통제되는 사회적 부정의와 불의를 심판하는 역할, 하나님의 성육신적 계시의 빛에서 발견하는 새로운 대안적 질서를 제시하는 기능을 말한다. 이와 같은 예언자적 기능은 한국교회에서 크게 결여하고 있는 여성신학적 원리와 같은 것으로 기존 질서에서 소외된 여성과 노인, 어린이와 같은 약자들의 관점에서 정의롭고 평등한 질서를 제안하는 원리다. 그동안 한국 교회는 현 신자유주의적 세계화의 경제 질서에 대해 비판적이고 저항적인 예언자적 기능을 하기보다는 오히려 지구화의 전략에 충실함으로 기존 세계화 질서의 옹호자 역할을 하고 있다. 한국의 수많은 대형교회들은 인재를 키우고 인격을 성숙시키는 역할보다는 건물을 키우는데 더 열심이며, 수없이 많은 헌금 목록을 통해 가난한 자로부터 물질을 수거하여 자체 몸집을 불리는 역할에 충실해 왔다. 한국교회는 교회의 본래적 기능으로서 그동안 배제된 여성의 시각과 예언자적 역할을 회복함으로 끊임없는 자기비판과 더불어 신자유주의 세계화 가운데 가난과 주변적 존재로 전락하고 있는 가난한 여성들, 장애인들, 노인들의 천부적 인권을 옹호하고, 현 세계화의 전략에 대한 비판과 저항, 그리고 대안적 공동체의 모습을 교회를 통해 이루어가야 함을 제안한다.

4부

정의로운 평화를 향한 교회의 소명
An Ecumenical Call to Just Peace

[번역]

정의로운 평화를 향한 교회의 소명

안종희
기독교문서 전문 번역가

서 문

평화를 위하여 일하는 것은 전 세계 모든 그리스도교 형제자매들에게 우선적으로 주어진 그리스도교회의 일치된 요청입니다. 모든 그리스도인들은 나사렛 예수께서 보여주신 본을 따라 정의로운 평화를 위한 각자의 실천의 자리로 초대받은 사람들입니다. 모든 신앙 전통의 핵심 가치가 평화라는 것을 인식할 때, 이러한 요청은 각자의 신앙 전통과 헌신에 따라 평화를 추구하는 모든 사람들에게 주어진 것입니다. 세계교회협의회 중앙위원회는 이러한 요청을 보다 깊이 연구하고, 반응과 협력을 모색하도록 주문하였습니다. 이 요청은 2006년, 브라질 포르토 알레그레에서 열린 세계교회협의회의의 결의에 대한 응답으로 이루어졌고, "2001년부터 2010년까지 10년간의 폭력을 극복하기 위한, 화해와 평화를 향한 교회의 모색"(Decade to Overcome Violence, 2001-2010 : Churches Seeking Reconciliation and Peace)을 통하여 드러난 평화에 대한 입장을 기초로 하여 만들어졌습니다.

정의로운 평화는 여러 민족의 현실에서 근본적인 변화를 만들어내고 있습니다. 이는 현실적인 분석과 기준이 전혀 다른 틀을 갖는다는 의미입니다. 이러한 요청은 변화의 신호가 되고, 교회의 생활과 증언에서 몇 가지 중대한 의미를 보여주었습니다. 「정의로운 평화의 동반자」(Just Peace Companion) 문서는 성서적이고, 신학적이고, 인종적인 차원에서 보다 발전된 실천적 범례들과 제안들을 담고 있습니다. 2011년 5월, 자메이카 킹스턴에서 "하나님께 영광, 땅에는 평화"라는 주제로 열리는 국제 에큐메니칼 평화회의를 기점으로 새롭게 솟아오를 평화를 위한 헌신적인 노력들과 함께 앞으로 세계교회협의회 총회가 정의와 평화에 대한 새로운 일치에 도달하는 데 이 문서들이 일조하기를 소망합니다.

1. 평화를 담지한 정의 : 평화 없는 정의가 가능합니까? 정의 없는 평화가 가능합니까? 우리는 너무나 자주 평화를 희생하여 정의를 세우고, 정의를 대가로 평화를 누리고 있습니다. 평화를 정의와 별개의 문제로 다루는 것은 "의와 화평이 서로 입맞추었으며"(시 85 : 10) 하신 말씀을 변형시키는 것입니다. 정의와 평화가 결핍되거나 서로 상반된 문제로 여겨진다면, 우리의 생각을 바꾸어야 합니다. 우리는 함께 일어나 정의와 평화를 위하여 함께 일해야 합니다.

2. 사람들의 이야기 : 우리가 전해야 하는 않은 이야기들이 있습니다. 심각한 폭력과 인권유린, 그리고 창조질서의 파괴에 관한 이야기들입니다. 만일 모든 곳의 울음소리를 들을 수 있는 귀가 있다면 이 세계 안에 고요한 곳은 어디에도 없을 것입니다. 많은 사람들이 여전히 전쟁의 소문으로 동요하고 있으며, 민족적 종교적 적개심과 인종과 계급의 차별로 인하여 고통받고 있으며, 아직도 아물지 상처들이 남아 있습니다. 수천 명의 사람들이 살해당하고, 추방당하고, 집과 재산을 잃고, 자기 나라 안에서 난민으로 살아가고 있습니다. 여인들과 아이들은 이러한 갈등의 가장 큰 피해자들입니다. 많은 여인들이 성폭행과 인신매매를 당하고, 심지어 목숨을 잃었습니다. 아이들은 부모를 잃고 고아가 되고, 군인으로 끌려가 학대당하고 있습니다. 여러 나라에서 국민들은 군대와 민병대, 게릴라들,

범죄조직 혹은 정부군에 의한 폭력에 노출되어 있습니다. 그들은 국가안보와 군사력 증강을 최우선으로 하는 정부에 의하여 고통당하고 있습니다. 그러나 이들 정부는 해가 갈수록 진정한 국가안보를 이루는 일을 멀리하고 있습니다. 상대적으로 권력을 가진 소수의 이익을 위한 정치적, 경제적 결정을 내리는 한편에서 매일 수천 명의 어린이들이 영양실조로 사망하고 있습니다.

3. 성서의 가르침 : 성서는 정의와 평화가 서로 불가분의 관계에 있다고 가르치고 있습니다(사 32 : 17; 약 3 : 18). 이 두 가지는 인간 사회에 있어서 바르고 지속되어야 할 관계성과 우리가 지구와 맺고 있는 생생한 연결성, 그리고 창조세계의 "조화"와 보존을 가리키고 있습니다. 평화는 예수 그리스도가 지상에 계실 때, "평안을 너희에게 끼치노니 곧 나의 평안을 너희에게 주노라"(요 14 : 27) 하신 말씀처럼, 하나님께서 사랑하시지만 상처입은 오늘의 세계에 주시는 선물입니다. 예수 그리스도의 삶과 가르침, 죽음과 부활을 통하여 우리는 약속과 선물-내일의 소망이며 지금 여기에서 선물이 되는-평화를 발견할 수 있습니다.

4. 예수님은 원수를 사랑하고 우리를 박해하는 이들을 위하여 기도하고 무기를 사용하지 말라고 말씀하셨습니다. 예수님의 평화는 산상수훈의 팔복에 잘 나타나 있습니다(마 5 : 3-11). 박해에도 불구하고 예수님은 끝까지 비폭력을 실천하셨고, 끝내 죽음을 당하셨습니다. 정의를 위하여 생명까지 바친 헌신은 고문과 처형의 틀이었던 십자가에서 완성되었습니다. 예수의 부활과 함께 하나님은 그 진실한 사랑과 순종, 믿음을 확인하고 생명으로 인도하셨습니다. 이것은 또한 우리에게도 동일하게 일어날 것입니다.

5. 사람들의 삶 가운데 용서와 인권에 대한 존중, 자비와 약자에 대한 돌봄이 있는 곳이라면 어디서나 우리는, 정도의 차이를 불문하고, 평화의 선물을 감지할 수 있습니다. 그러므로 무력충돌과 폭력, 전쟁과 함께 불의와 빈곤, 질병이 인간 사회와 지구 위에 살아가는 사람들의 몸과 영혼

을 상하게 하는 곳에서는 평화를 누릴 수 없습니다.

6. 그러나 성서에는 하나님의 뜻이 폭력을 정당화하는 구절들도 있습니다. 이러한 구절들을 근거로 우리의 그리스도교 형제들 가운데 자신들과 다른 사람들의 폭력사용을 정당화했고, 아직도 정당화하는 사람들이 있습니다. 그러나 이제 우리는 더 이상 평화를 위한 하나님의 부르심에 바르게 응답하지 못하는 사람들의 모습을 외면하면서 이 본문들을 읽을 수 없습니다. 우리는 폭력과 증오, 편견을 말하거나 이방인들을 진멸하라는 하나님의 진노에 대한 본문들에 대하여 질문을 던져야 합니다. 우리는, 성서의 사람들과 같이, 우리의 목적과 계획과 증오, 열정과 습관이 하나님의 뜻보다 우리들의 욕망을 더 충실할 때, 이 구절들을 통하여 주시는 가르침이 무엇인지 분별할 수 있어야 합니다.

7. 교회의 증언 : 그리스도의 몸으로서 교회는 평화를 이루는 자리가 되는 소명을 갖고 있습니다. 특별히 다양한 방식의 성례전을 통하여 우리의 예전적인 전통들이 우리 안에서, 그리고 세상과 함께 하나님의 평화를 나누는 방식을 볼 수 있습니다. 그러나 많은 교회들이 그들의 사명대로 살아가지 못하고 있습니다. 그리스도교회의 분열은 여러 가지 측면에서 평화를 만드는 자로서의 교회에 대한 믿음을 손상시키는 동시에 우리의 마음과 생각이 끊임없이 새롭게 되어야 함을 알려줍니다. 오직 하나님의 평화를 기초로 삼을 때 모든 믿음의 공동체들은 "지구적 차원의 정치적, 사회적, 경제적 구조 속에서만 아니라 각자의 가정과 교회와 사회에서 화해와 평화의 일꾼"이 될 수 있습니다(1998년 세계교회협의회 총회). 평화를 살아내는 교회는 예수께서 말씀하신, 스스로를 모든 사람이 볼 수 있는 산 위에 세워진 동네(마 5 : 14)로 드러냅니다. 하나님께서 그리스도를 통하여 맡기신 화해의 사역을 실천하는 신앙인들은 교회의 경계를 넘어 이 세상에서 일하시는 하나님의 활동을 보여줍니다(참조. 고후 5 : 18).

정의로운 평화의 길

8. 폭력에 맞서 평화를 실천하는 다양한 방식이 있습니다. 평화의 상징이신 그리스도를 선포하는 교회의 일원으로, 우리는 폭력과 갈등이 일시적으로 지배하는 현장에 하나님의 평화의 선물을 전해야 하는 책임을 받았습니다. 그 때문에 우리는 우리의 목표를 향하여 계속 전진하고 그 과정에서 최선을 다하는 "정의로운 평화로 가는 길"에 동참해야 합니다. 우리는 이 여정의 목적을 바로 알고 공유하기 위하여 다양한 세계관과 신앙 전통을 가진 모든 사람들을 초대합니다. 정의로운 평화는 우리 모두에게 삶으로 증언할 것을 요청하고 있습니다. 평화를 성취하려면 우리는 반드시 인종과 계급, 성별과 문화, 종교적 차이에서 기인하는 폭력을 포함한 개인적이고 구조적이며 대중적인 폭력들을 방지하고 제거해야 합니다. 우리는 선조들의 지혜와 그리스도 안에서 살아간 성인들의 증언을 존중하는 삶을 통하여 앞서간 사람들의 삶을 따라야 합니다. 우리는 또한 미래를 살아갈 "내일의 주인공들"인 우리의 아이들에게 책임을 가지고 있습니다. 우리의 아이들은 보다 정의롭고 평화로운 세계를 물려받을 권리가 있습니다.

9. 정의로운 평화의 길에서 비폭력 저항은 중심적인 요소입니다. 잘 조직된 평화적인 저항은 정부의 억압과 학대, 혹은 취약한 사람들과 자연을 착취하는 경제활동에 대하여 적극적으로, 그리고 강력하고 효과적으로 대처합니다. 권력의 힘이 국민과 군대, 그리고 소비자들의 복종과 협조에 달려있다는 것을 인식하면, 시민 불복종과 비타협 운동은 비폭력 저항의 전략적인 방식이 될 수 있습니다.

10. 정의로운 평화의 길에서 무력 갈등과 전쟁을 정당화하는 것은 점점 더 이해하거나 받아들이기 어려운 일이 되었습니다. 교회는 지난 수십 년 동안 이 문제를 둘러싼 이견을 조정하기 위하여 노력해왔지만, 정의로운 평화의 길은 이제 우리에게 더욱 적극적으로 대처할 것을 요구합니다.

그러나 전쟁을 비난하는 것으로는 충분하지 않습니다. 우리는 모든 나라와 사람들 사이에서 정의와 평화로운 협력을 이끌어내기 위하여 할 수 있는 모든 일을 행해야 합니다. 정의로운 평화는 "정의로운 전쟁"과 근본적으로 다른 개념이며, 불의한 무력사용으로부터 사람들을 보호하는 것보다 더욱 적극적인 실천입니다. 침묵의 무기에 더하여 사회정의와 법치주의, 인권존중과 사회안전망의 확대를 적극적으로 포함합니다.

11. 언어와 지적인 능력의 한계 안에서, 우리는 인간 존재를 공포와 욕망에서 자유롭게 하고, 적대감과 차별, 억압을 해소하며, 가장 연약한 삶을 경험하고 창조세계의 온전성을 존중하는 정의로운 관계성을 이룩해가는 집단적이고 역동적인 과정으로서 정의로운 평화를 이해해주기를 제안합니다.

정의로운 평화의 여정을 살아가기

12. 정의로운 평화는 하나님께서 "우리 발을 평강의 길로 인도하실" (눅 1:79) 것을 믿으며 인류와 모든 창조 세계를 위한 하나님의 목적으로 들어가는 여정입니다.

13. 여정은 쉽지 않습니다. 우리는 이 길을 따라 진리를 대면해야 한다는 것을 알고 있습니다. 우리가 얼마나 자주 스스로를 기만하며 폭력에 대하여 방관적이었는지 알게 되었습니다. 우리는 더 이상 우리가 행한 일을 정당화하지 않고 정의를 실천하는 가운데 우리 자신을 단련시키는 방법을 배우고 있습니다. 이는 우리의 잘못된 행동을 고백하고, 서로 용서하며, 서로 화해하는 삶을 의미합니다.

14. 폭력과 전쟁의 죄는 공동체 안에 깊은 분열을 가져옵니다. 자신의 적을 정형화하고 악마시하는 사람들이 그들의 생활 속에서 다른 이들과 함께 일하고 치유되기 위해서는 장기간의 지원과 돌봄이 필요합니다. 대적들과 화해하고 깨어진 관계를 회복하는 것은 긴 시간이 필요한 과정이

면서 동시에 반드시 도달해야 할 목표입니다. 화해의 과정에 더 이상 기득권자와 무능력자, 우월한 이들과 열등한 이들, 그리고 권력자들과 천한 자들은 존재하지 않습니다. 피해자와 가해자들 모두 변화되었습니다.

15. 평화 협정들은 종종 깨지기 쉽고 임시적이며 불분명할 때가 있습니다. 평화가 선포된 곳에도 여전히 증오가 남아 있는 것을 볼 수 있습니다. 전쟁과 폭력의 피해를 회복하는 데에는 갈등이 발생하는 데 걸린 것보다 더 긴 시간이 필요할 수도 있습니다. 그러나 비록 불완전할지라도 이 여정에서 나타나는 평화는 장차 우리가 누릴 평화보다 큰 평화를 약속해 줍니다.

16. 함께 가는 여정 : 평화에 대하여 다른 의견을 주장하거나 혹은 갈등으로 분열되어 있는 교회들이 평화를 위하여 일하거나 증언하는 것은 큰 신뢰를 주지 못합니다. 평화를 위하여 일하고 증언하는 교회의 능력은 민족적·국가적 정체성의 차이와 심지어 교리와 교회 직제의 차이에도 불구하고 평화를 위하여 헌신하려는 공동의 목적을 발견하는 데서 오기 때문입니다. 우리는 원수에 대한 용서와 사랑, 적극적인 비폭력과 타인에 대한 존중, 온유함과 자비를 포함하는 평화의 윤리와 실천을 공유하며 여행하는 동반자들입니다. 우리는 이웃과 하나 되어 공동선을 이루기 위하여 우리의 삶을 바쳐 노력하고 있습니다. 우리는 하나님께 우리의 나갈 길을 분별할 수 있기를 구하며, 그 길에서 성령의 열매를 맺기를 기도하는 가운데 평화를 추구합니다.

17. 이 여정을 함께 가는 사랑이 넘치는 믿음의 공동체들 안에는 서로의 짐을 나누어지는 많은 손길들이 있습니다. 절망의 얼굴 속에서 소망을 증언하는 사람이 있으며, 도움을 필요로 하는 이들에게 인자한 사랑을 전하는 사람도 있습니다. 큰 고통을 당한 사람들은 그들의 비극과 상실에도 불구하고 계속하여 살아갈 용기를 찾아야 합니다. 복음의 능력이 전쟁과 폭력으로 인한, 상상할 수 없이 무거운 개인과 집단의 죄와 분노, 아픔과 증오의 무게를 이겨내게 합니다. 용서가 과거를 지울 수는 없지만, 지난

날을 돌아볼 때 우리는 고통스러운 기억이 치유되고, 무거운 짐을 벗어버리고, 하나님과 우리의 이웃들이 마음의 상처를 나눠 진 것을 분명하게 볼 것입니다. 우리는 이 여행을 계속할 수 있습니다.

18. 이 여정으로 초대합니다. 시간이 지나고 목적지에 가까워질수록 점점 더 많은 사람들이 평화를 만드는 일꾼이 되라는 소명을 듣습니다. 그들은 교회 안에 있는 여러 영역과 다른 신앙 전통들 안에서, 그리고 더 크게는 세상의 영역에서 나오고 있습니다. 그들은 인종과 종교, 국가와 계급의 분열을 치유하기 위하여 일하고, 가난한 이들과 연대하는 법을 배우고 있으며, 혹은 화해의 고된 사역에 자원하고 있습니다. 많은 사람들이 창조 세계에 대한 돌봄과 하나님의 놀라우신 작품들을 소중히 여기는 마음이 없이는 평화가 유지될 수 없다는 것은 깨닫고 있습니다.

이웃들과 함께 가는 길에서, 우리는 우리의 소유를 움켜쥐고 사는 방식에서 벗어나 보다 큰 관용과 개방의 삶으로 나아가는 법을 배우고 있습니다. 우리는 그동안 다른 방식으로 살아온 사람들을 발견하고 있습니다. 그들과 함께 일하면서, 우리는 서로에게 있는 약함을 보고 공통의 인성을 확인하면서 힘을 얻습니다. 이웃은 더 이상 수상한 사람이나 적이 아니라 우리의 여정과 길을 함께 해야 할 인간 동료입니다.

정의로운 평화의 길에 선 이정표들

21. 정의로운 평화와 갈등의 변화 : 갈등의 변화는 평화를 만드는 여정에서 근본적인 부분입니다. 변화의 과정은 가시적인 희생자들과 공동체들을 만들어내는 폭력의 정체를 드러내고 숨겨진 갈등을 폭로하는 일에서 출발합니다. 갈등의 변화는 대적하는 이들의 마음을 움직여 갈등의 증폭으로 향하는 관심을 공동의 선을 추구하는 방향으로 변화시키는 것을 목적으로 합니다. 이러한 과정에서 가식적인 평화를 거부하거나 구조적인 폭력을 폭로하거나, 아니면 보복이 없는 관계를 회복할 수 있는 방

법들을 찾아야 할 것입니다.

교회와 신앙 공동체들은 폭력의 희생자들의 친구가 되고, 그들의 대신하여 증언하는 사명을 가지고 있습니다. 이는 또한 갈등을 다루는 시민사회적인 방식을 강화하고, 공공기관과 다른 가해자들, 심지어 교회 공동체 안에서 발생하는 범죄자들을 억제하는 것을 포함합니다. "법치주의"는 이러한 모든 노력들을 효과적으로 만드는 중심적인 요소입니다.

22. 정의로운 평화와 무력 사용 : 정의로운 평화를 위한 우리의 노력이 위기에 처하는 경우가 자주 있지만, 원래 평화는 폭력이 난무하고 난폭한 갈등의 위협이 큰 곳에서 더욱 간절해집니다. 극단적인 상황 속에서 긴급하고 노골적인 위협에 노출된 연약한 이들을 보호하기 위하여, 최후의 수단이나 최악의 방법으로 무력을 사용해야 하는 경우가 있습니다. 그러나 심지어 그러한 경우에도, 우리는 갈등의 상황에서 무력을 사용하는 것은 심각한 실패의 신호이며 정의로운 평화의 길에 나타난 새로운 장애라는 것을 인식해야 합니다.

23. 우리는 국제연합이, 설립 정신과 헌장에 따라 세계 평화를 위협하는 움직임에 대하여 국제법의 한계 안에서 군사력의 사용까지 포함하여 대처할 수 있는 권위가 있다는 것을 인정하고 있지만, 다른 한편으로, 그리스도인으로서 한 걸음 더 나아가 군사력 사용에 대한 신학적이거나 다른 차원의 정당화에 대하여 물음을 던지고 "정당한 전쟁"의 개념과 심사숙고 없이 관습적으로 무력을 사용하는 경우에 대하여 진지하게 생각해야 할 책임을 느끼고 있습니다.

24. 우리는 이러한 확신들 속에 있는 본래적인 도덕적 딜레마를 인식하고 있습니다. 이 딜레마는 정당전쟁론을 발전시켜 온 기준이 무력의 합법적 사용을 윤리적으로 뒷받침할 때 일정 부분 해결됩니다. 예를 들어, 이러한 윤리는 "정의로운 경찰론"의 인정과 "자위권의 발동"을 둘러싼 국제법의 새로운 규범의 출현 그리고 국제연합 헌장에 중요하게 담긴 평화를 이루는 방식들에 대한 신뢰를 가능하게 합니다.

양심적인 병역 거부는 인권의 문제로 인식해야 합니다. 대량 살상 무기의 구입과 사용을 시작으로 하는, 평화에 반하고 국제법의 적용이 필요한 그 외의 부분들은 반드시 범주를 구분하고, 최종적으로 반대해야 합니다. 우리는 평화를 만들고 세워가는 사고와 행동 그리고 법적인 연합의 자리로 함께 나오라는 부름을 받고 있습니다. 그러므로 우리는 그리스도인으로서 비폭력적인 갈등의 변화를 실천하며, 평화의 과정으로 공동체를 인도하는 새로운 윤리적 담론을 수용해야 합니다.

25. 정의로운 평화와 인간의 존엄성 : 성경은 우리에게 인간이 하나님의 형상을 따라 지어졌으며, 존엄성과 권리를 은혜로 받았다고 가르쳐 줍니다. 이러한 존엄성과 권리를 인식하는 것은 정의로운 평화를 이해하는 중심적인 요소입니다. 우리는 법치주의의 목적이 인권을 보호하기 위한 법적인 구조를 마련하는 것이라고 확신하고 있습니다. 그러나 우리는 여러 나라에서 전시나 평시에 자행되는 극심한 인권 유린 사례들과 신변 보장이 필요한 사람들을 진지하게 관찰하고 있습니다. 인권을 옹호하고 무사안일을 거부하는 것은 보편적인 요청입니다. 우리는 다른 신앙을 가진 사람들을 포함하여 인권을 수호하고 국제적인 법치주의의 강화를 추구하는 모든 시민사회의 동지들과 우호와 협력 속에 연결되어야 합니다.

26. 정의로운 평화와 창조 세계의 돌봄 : 하나님은 만물을 선하게 창조하셨고, 인류에게 피조물들을 돌보는 책임을 위임하셨습니다(창 2 : 4b-9). 자연에 대한 착취와 유한한 천연자원의 남용은 소수의 유익을 위하여 다수를 희생시키는 폭력의 전형적인 모습을 보여 줍니다. 우리는 모든 피조물들이 자유를 갈망하고 있으며, 그중에서도 특히 사람들의 남용으로 인하여 탄식하는 것을 알고 있습니다(롬 8 : 22). 우리는 신앙인으로서 창조 세계와 모든 생태계에 대하여 직간접적으로 입힌 상처에 대하여 죄책감을 느끼고 있습니다.

정의로운 평화가 바라는 것은, 공동체 안에서 올바른 관계를 회복하는 차원을 넘어서는 것입니다. 우리는 사람들이 이 지구를 우리의 집처럼 보살필 것을 강력하게 요청합니다. 우리는 반드시 하나님의 약속을 신뢰하고, 지구의 자원들이 바르고 정의로운 방식으로 공유되도록 최선을 다해야 합니다.

27. 평화의 문화 만들기 : 우리는 다른 신앙 전통과 신념 그리고 세계관을 가진 이웃들과 협력하여 평화의 문화를 만드는 일에 최선을 다할 것을 약속합니다. 이러한 헌신 속에서 우리는 이웃을 사랑하고, 폭력을 거부하고, 가난하고 눌린 자들을 위하여 정의를 세우라 하신 복음의 명령에 응답하는 길을 찾고 있습니다(마 5 : 1-11 ; 눅 4 : 18). 남자와 여자, 젊은 이들과 노인들, 지도자들과 노동자들의 재능이 합력하여 이 일을 이루어 가고 있습니다.

우리는 평화를 만드는 여인들의 은사를 인정하며 높이 평가합니다. 우리는 종교 지도자들이 가진 특별한 역할과 그들이 사회에 미치는 영향력 그리고 평화와 인간의 존엄성을 고양하는 신앙적인 지혜와 통찰이 가지는 해방의 능력을 알고 있습니다. 동시에 우리는 종교 지도자들이 이기적인 목적으로 자신들의 능력을 사용하거나 문화적이고 종교적인 방식으로 폭력과 억압에 기여한 일들에 대하여 비통함을 느낍니다. 우리는 특별히 종교의 외피를 입고 대중매체의 위력을 통하여 증폭되는 호전적인 신앙적 표현과 가르침들을 염려하고 있습니다. 우리는 과거와 현재에 편견에 가담하고 적대감을 확대시키는 태도에 편승했던 그리스도교회의 공모를 인식하면서, 우리의 공동체들을 화해와 수용, 사랑의 공동체로 세우는 일에 헌신합니다.

28. 평화 교육 : 평화의 비전을 가진 교육은 평화를 만드는 방법을 소개하는 차원이 아닙니다. 가정과 교회, 사회에서 개인들의 영적인 성품을 근본적으로 변화시키는 것입니다. 평화 교육은 우리 안에 평화의 정신을 고양하고, 인권에 대한 존중을 함양하며, 폭력을 대치하는 길을 생각하고 받아들이게 합니다. 평화 교육은 상이한 여러 전통과 문화들 속에 있는 관습과 가치들을 변화시키는 특별한 동력으로서 적극적인 비폭력운동을

전개합니다. 인성과 양심에 대한 교육은 사람들이 평화를 추구하고 누릴 수 있도록 인도합니다.

정의로운 평화의 공동적 추구와 성취

평화를 향한 그리스도인들의 순례는 평화를 위하여 일하는 가시적이고 비가시적인 공동체들을 세우는 많은 기회들을 제시합니다. 어떤 교회가 평화를 위하여 기도하고, 사회를 위하여 봉사하며, 재물을 윤리적으로 사용하고, 환경을 돌보며, 이웃들과 좋은 관계를 이루고 있다면, 그 교회는 평화의 도구가 될 수 있습니다. 더 나아가 교회들이 연합하여 평화를 위하여 일할 때, 그들의 증언은 세상에서 보다 많은 믿음을 얻을 것입니다(요 17 : 21).

- 공동체의 평화를 위하여-그러므로 그들을 두렵게 할 자가 없으리니 (미 4 : 4)

"여호와께서 네게 구하시는 것은 오직 정의를 행하며 인자를 사랑하며 겸손하게 네 하나님과 함께 행하는 것이 아니냐?" "네 이웃을 네 자신같이 사랑하라." " 너희를 박해하는 자를 위하여 기도하라."(미 6 : 8 ; 눅 10 : 27 ; 마 5 : 44)

30. 지구적 도전들 : 너무나 많은 공동체들이 경제적 계급과 인종, 피부색과 신분, 종교와 성별로 인하여 분열되어 있습니다. 가정과 학교는 폭력과 학대로 얼룩져 있습니다. 여인들과 아이들은 신체적 · 심리적 · 문화적 학대에 시달리고 있습니다. 마약과 알코올의 남용과 자살은 넓은 의미에서 자기 파괴입니다. 직장과 교회에서 일어나는 공동체의 갈등으로 인하여 상처를 입고 있습니다.

편견과 인종 차별은 인간의 존엄성을 부정하는 행위입니다. 노동자들은 착취당하고, 산업은 환경을 오염시키고 있습니다. 많은 사람들이 의료보험의 혜택을 받지 못하고 있으며, 소수의 사람들만 그 혜택을 누릴 여유가 있습니다. 곳곳에서 빈부격차가 커지고 있습니다. 공동체를 하나로 연결하던 전통들이 상업주의와 외국의 영향을 받은 생활양식에 의하여 약화되었습니다. 대중매체와 게임, 연예 산업은 공동체의 가치를 왜곡하고 파괴적인 행동을 유발하는 폭력과 음란물을 계속하여 전하고 있습니다. 폭력이 사용될 때, 젊은 남자들은 일반적으로 가해자면서 피해자가 되고, 여인들과 아이들은 커다란 위험에 직면하게 됩니다.

31. 주요 지침 : 교회는 자신들이 약속하고 협력하며 서로에게 배운 평화의 문화를 만드는 주체가 되고 있습니다. 교인들과 가정들, 교구와 공동체가 모두 합력하게 될 것입니다. 갈등을 방지하고 변화시키는 방식을 배우는 것을 포함하여 다음과 같은 과제들이 있습니다. 곧 소외된 이들을 보호하고 변호하는 것, 갈등을 해결하고 평화를 세우는 여인들의 역할과 모든 분야에서 그들이 주도적인 능력을 인식하는 것, 정의와 인권을 위한 비폭력 운동을 지원하고 참여하는 것, 그리고 평화 교육을 위하여 교회와 학교 안에 적절한 장소를 제공하는 것입니다.

평화의 문화는 현대를 휩쓸고 있는 대중매체와 게임, 음악 등을 통하여 폭력적인 메시지가 전달되는 모든 곳에서 교회와 다른 신앙인들과 공동체들과 함께 저항하는 것입니다. 특별히 모든 여인들과 어린이들이 성폭력과 무력 갈등에서 안전하게 보호받고, 대량 살상 무기들이 금지되고 제거되며, 가정폭력이 이슈가 되고 사라질 때 평화의 문화가 인식됩니다.

32. 교회가 평화를 만드는 일꾼이 되려면, 그리스도인들은 먼저 평화를 위한 실천 안에서 하나가 되기 위하여 최선을 다해야 합니다. 신자들은 반드시 교회 생활 속에 있는 폭력에 대한 침묵의 문화를 깨트리는 일에 참여하고, 우리의 공동체들 안에 있는 폭력의 형태로 나타나는 습관화된 분열을 극복하는 일에 연합해야 합니다.

- **지구의 평화를 위하여–그러므로 생명이 유지되었더라**

　하나님께서 세상을 창조하시고 온전케 하셨으며, 인류의 자손들에게 생명으로 충만하게 하셨습니다. 그러나 죄로 인하여 창조 질서와 인간 사이의 관계가 깨졌습니다. 피조물들이 고대하는 바는 하나님의 아들들이 생명과 정의와 사랑의 청지기로 일하는 것입니다(창 2 : 1-3 ; 요 10 : 10 ; 롬 8 : 20-22).

　33. 지구적 도전들 : 인간은 피조물을 존중하고 보호해야 합니다. 그러나 중층적인 욕망과 자기중심주의, 그리고 무한한 성장에 대한 신념이 지구와 그 안에 있는 피조물들의 착취와 파괴를 불러왔습니다. 가난한 사람들과 약자들의 울음소리가 지구의 신음으로 울리고 있습니다. 유한한 화석 연료와 다른 자원들을 과잉으로 소비하는 것은 지구와 그 안에 살고 있는 사람들에게 폭력을 행사하는 것입니다. 인간의 생활방식의 결과로 나타난 기후 변화는 정의로운 평화에 대한 지구적인 위협이 되고 있습니다. 지구 온난화와 해수면 상승, 빈번해지는 극심한 가뭄과 홍수로 인하여, 특별히 이 세계에서 가장 취약한 이들이 심각한 영향을 받고 있습니다. 산호섬과 해안가의 가난한 마을에서 친환경적으로 살아가는 주민들의 삶이 그 대표적인 예입니다. 그들은 지구온난화에 가장 적게 기여하지만 가장 많은 고통을 당하는 사람들입니다.

　34. 주요 지침 : 하나님의 귀중한 선물인 창조 세계를 돌보고 생태계 정의를 위하여 노력하는 것은 정의로운 평화에서 가장 중요한 원칙입니다. 또한 창조 세계는 그리스도인들에게 천연자원의 낭비를 회개하고 날마다 회심하라는 복음의 명령을 보여 줍니다. 교회와 교인들은 반드시 지구의 자원들을 소중하게 여기고, 특별히 물의 소중함을 인식해야 합니다. 우리는 기후 변화의 영향을 가장 많이 받는 약자들을 보호하고 그들의 권리를 안전하게 보호해야 합니다.

35. 교회와 세계를 교구로 살아가는 교인들은 반드시 자기비판적인 입장에서 환경 문제를 생각해야 합니다. 그리스도인들은 개인적으로 그리고 공동체 안에서 전체로서, 지구의 올바른 지속을 지원하는 삶의 방식을 배워야 합니다. 보다 많은 "환경을 생각하는 교인들"과 "녹색" 교회들이 각자의 지역에 뿌리를 내려야 합니다. 그리고 우리 세대만이 아니라 모든 창조 세계와 다음 세대를 위한 보다 살 만한 지구 환경을 위하여 정부들과 산업체들 사이에 맺어진 국제적인 협정들과 조약들을 원만하게 이행할 것을, 교회들은 지구적인 차원에서 연합하여 촉구해야 합니다.

- **시장의 평화를 위하여–그러므로 모두가 존엄성을 가지고 살 것이다**

하나님은 놀랍게도 인류와 다른 생물들이 끝없이 생육하고 번성할 수 있을 만큼 풍부한 자원을 허락하시며 창조하시고, 그 안에서 모든 인간이 계급과 성별, 종교와 인종 혹은 국적에 관계없이 각자에게 주어진 존엄성을 가지고 살아갈 수 있는 생명의 풍성함을 분명하게 보여 주셨습니다(시 24 : 1 ; 145 : 15 ; 사 65 : 17-23).

36. 지구적 도전들 : 얼마 안 되는 세계적 부호들이 상상할 수 없을 정도의 부를 소유하고 있는 반면에 14억 명 이상의 인구는 극심한 빈곤에 빠져 겨우 생존하고 있습니다. 세계에서 가장 부유한 세 사람이 가지고 있는 부가 48개의 세계 최빈국들의 국민총생산량을 합친 것보다 많다는 것은 근본적으로 무엇인가 잘못되어 있다는 뜻입니다.

현실에서 작동하는 규정과 혁신적이지만 비도덕적인 금융 수단들, 기형적인 보수 체계와 다른 구조적인 요소들이 부유한 사람들의 욕망에 의하여 강화되면서 지구적인 금융위기를 불러왔고, 이로 인하여 수백만 명의 사람들이 일자리를 잃고 수천만 명의 사람들이 빈곤층으로 추락하였습니다. 국가 내적으로, 그리고 국가 간의 사회 경제적인 격차가 크게 벌어지면서, 모든 나라들이 추진하는 빈곤 퇴치와 성장지상주의를 추구하는 시장중심적 자유주의 경제정책의 실효성에 대한 심각한 의문이 제기되고 있습니다. 과잉 소비와 빈곤은 폭력의 다른 모습들입니다.

냉전 시대보다 더 높아진 지구적 차원의 군사비 지출은 국제적인 평화와 안전의 증대에 기여하는 바가 적으며, 오히려 위험에 빠트릴 가능성이 높습니다. 이러한 무기들은 인류에게 직접적인 위협을 가하지 않는다 하더라도 방대한 자원을 사용하고 있으며, 본래의 목적에 사용될 수도 있습니다. 그러한 불균형은 지구촌이 한가족이 된 오늘날 국제적인 정의와 사회 통합력 그리고 공동선의 추구에 근본적인 도전이 되고 있습니다.

37. 주요 지침 : 시장의 평화는 "생명의 경제"를 창조하는 것으로 이루어집니다. 적절한 경제사회적 관계들, 노동자의 권리에 대한 존중, 자원의 공정한 분배와 지속 가능한 사용, 모든 사람들을 위한 건강하고 충분한 식량, 그리고 경제정책 결정 과정에 다수의 사람들이 참여하는 것이 기본적인 토대입니다.

38. 교회는 뜻을 같이 하는 사회단체들과 함께 경제적, 사회적, 문화적 권리의 완전한 성취를 위하여 반드시 노력해야 합니다. 또한 친환경적인 생산과 소비, 성장의 재분배, 공정한 세금, 공정 무역, 그리고 지구적 차원에서의 깨끗한 물과 공기와 기타 공공재를 공급할 수 있는 대안을 추진해야 합니다. 이러한 조직과 정책에 투입되는 재정은 단순히 경제적 생산뿐 아니라 사람들의 필요와 생태계 보존과 연계되어야 합니다. 군사비의 과감한 삭감을 통하여 모든 사람들을 위한 식량과 주택, 교육과 의료 혜택을 안정적으로 공급하고, 기후 변화에 대한 대책을 마련할 수 있습니다. 인간 사회와 생태계의 보전은 경제적인 관점에서 국가안보보다 훨씬 앞서는 우선순위가 되어야 합니다.

- 인류의 평화를 위하여-그러므로 모든 사람이 보호되었더라

우리는 생명의 주시는 분의 형상대로 지음을 받았고, 생명을 취하는 것이 금지되었고, 원수를 사랑해야 할 책임을 가지고 있습니다. 의로우신 하나님께서 우리를 평등하게 판단하고, 나라들은 공공의 장에서 진리를 따라야 할 책임이 있으며, 무기를 쳐서 농기구를 만들고, 더 이상 전쟁하는 법을 배우지 말아야 합니다(출 20 : 17 ; 사 2 : 1-4 ; 마 5 : 44).

39. 지구적 도전들 : 인류의 역사는 용감하게 평화를 추구하고, 갈등을 변화시키며, 법과 새로운 규범들과 무력 사용을 통제하는 조약들을 통하여 발전해왔으며, 오늘날 한 나라의 국가 원수일지라도 무력의 사용을 쉽게 결정할 수 있는 법적인 장치들을 가지고 있습니다. 그러나 인류의 역사는 외국인 혐오와 민족 내 폭력, 증오범죄와 전쟁 범죄, 노예제와 대량 학살 등의 도덕과 정치적 규제에 반하는 악으로 얼룩져 왔습니다. 비록 폭력의 의존성과 논리가 인류의 정신에 깊이 뿌리내리고 있지만, 최근 들어 그러한 죄악의 결과들이 급격히 확산되면서 과학과 기술, 경제 분야에서도 폭력의 형태들이 뚜렷하게 나타나고 있습니다.

40. 그러한 위험들의 성격과 범주를 생각할 때 평화를 위한 새로운 에큐메니컬 운동의 논의가 그 어느 때보다 긴급하게 필요합니다. 우리는 생명과 그 기반이 되는 것들을 파괴할 수 있는 인간의 능력이 놀라울 정도로 신장된 현실을 목격하고 있습니다. 인류가 함께 감당할 수 있는 책임을 넘어서는 이렇게 높은 강도의 위협은 전례 없는 지구적 차원의 공동 대응을 요청하고 있습니다.

이러한 강도를 지닌 두 가지 위협, 즉 핵무기에 의한 대량 살상과 기후변화는 생태계의 많은 부분과 정의로운 평화운동의 모든 발전을 무너뜨릴 수 있습니다. 특별히 대량 살상 무기의 생산에서 군비 증강은 절정에 이릅니다. 또 다른 위협은 생태계의 멸종을 가져오는 생활방식이 널리 퍼지고 있다는 것입니다. 이러한 위협에 맞서는 국제적인 연대 투쟁은 아직 미미한 성과를 거두고 있습니다.

41. 주요 지침 : 생명의 신성함을 존중하고 민족 간의 평화를 이룩하기 위하여 교회는 국제 인권법과 갈등 해소를 위한 각국의 협조와 책임을 이끌어내는 조약과 법률들을 강화하는 방향으로 일해야 합니다. 극단적인 갈등과 대량 학살을 막기 위하여 반드시 치명적인 대량 상상 무기의 생산을 억제하고 폐기해야 합니다. 교회들은 또한 신앙 전통을 가진 공동체들과 다른 세계관을 가진 사람들과 신뢰와 협력을 이루고, 국가 간의 전쟁을 억제하고 인류와 지구를 전례 없는 위험에 빠트리는 무기들을 제거하고, 전쟁을 주장하는 세력들의 불법성을 드러나도록 해야 합니다.

42. 열망의 사람들 : 우리의 나라는 이전이나 장차 올 평화로운 나라가 아닙니다. 비록 하나님의 손에 있는 생명들이 자유를 누리지만, 아직 평화는 이루어지지 않았습니다. 구시대의 권력자들과 지배층은 여전히 승리를 즐기고 있으며, 우리는 평화의 날까지 끊임없이 상처 가운데 싸워야 합니다. 그러므로 우리의 평화는 선포와 세력화, 위로와 화해의 방식과 함께 비판과 고발, 주장과 저항의 형태로 전개될 필요가 있습니다. 평화를 만드는 사람들은 때로 저항하고 때로 순응하며, 때로 함께 울고 때로 격려하며, 때로 슬퍼하고 때로 기뻐하며, 때로 신음하며 때로 즐거워할 것입니다. 하나님 안에서 모든 만물이 온전케 되는 가운데 우리의 열망이 이루어지는 날까지 평화를 위한 우리의 노력은 은총의 확신 가운데 계속될 것입니다.

[해설]

WCC 평화신학과 실천
모든 지각에 뛰어난 하나님의 평강이(빌 4 : 7)

장윤재
이화여자대학교 교수

들어가는 말

위의 성경 구절(개역개정)을 공동번역은 "사람으로서는 감히 생각할 수도 없는 하느님의 평화"로, 새번역은 "사람의 헤아림을 뛰어 넘는 하나님의 평화"로 번역하고 있다. 과연 같은 구절의 번역일까 의아할 정도로 느낌이 확연히 다르다. 영어 번역 "And the peace of God, which surpasses all understanding"(NRSV)도 느낌이 확실히 온다.[1] '사람의 모든 견해를 초월하는' 그리고 '하나님의 평화' – 이 두 가지가 이 글에서 필자가 하고 싶은 이야기다.

이 발제는 평화에 대한 조직신학적 성찰도 아니고 평화학 이론도 아니

---

1) 번역본은 시편 85 : 10을 "의와 화평이 서로 입맞춘다"의 개역개정본으로 소개하고 있다. '정의'와 '평화'가 입맞춘다는 번역본을 사용했더라면 얼마나 더 좋았을까. 요한복음 14 : 27도 마찬가지다. "평안을 너희에게 끼치노니 곧 나의 평안을 너희에게 주노라." '평안'이나 '평강'이 아니라 '평화'였으면 좋겠다. 이외 다른 성경 구절 인용도 마찬가지다. 한글 성경이 '정의'뿐만 아니라 '평화'에 대해서도 너무나 인색하다는 점을 반성할 때, 다른 번역을 사용했더라면 하는 아쉬움이 더욱 커진다.

다. 어느새 코앞에 닥친 제10차 WCC 부산 총회를 앞두고, 한국의 기독 평화활동가들이 어떤 목표와 전략을 짤 것인가에 도움이 되고자 하는 매우 실제적인 글이다. 간디가 그랬던가. "기독교는 하나의 좋은 사상이다. 단 기독교인들이 그것을 실천한다면 말이다."

이 글은 두 가지 문서를 중심으로 하겠다. 하나는 〈정의로운 평화에 대한 에큐메니컬 선언〉(Ecumenical Call to Just Peace, 이하 '평화 선언')이고, 다른 하나는 「정의로운 평화 동행」(Just Peace Companion)으로 번역된 이 선언문의 안내서(이하 '안내서')이다. 이 안에 WCC의 평화 신학과 실천에 관한 모든 것이 다 있다.

본론으로 들어가기 전에 먼저 말하고 싶은 것이 있다. 이 두 문서에 한국 이야기가 없다는 사실이다. 우리말 '안내서'는 '평화 선언'에 대한 한국 오이코스 신학운동 회원들의 응답을 싣고 있지만, 원본에는 없다. 한국이라는 단어가 한 번도 안 나온다는 말은 아니다. 하지만 한반도와 동북아시아라는 콘텍스트에서 한국의 그리스도인들이 펼치는 평화 운동이 텍스트에 중요하게 반영되어 있지 않다.

1989년 모스크바에서 열린 WCC 중앙위원회는 한반도 평화에 대한 정책성명서를 발표한 적이 있다. "한반도의 분단은 세계의 분단이 상징적으로 축소된 것이다… 우리는 한민족의 십자가가 우리 모두의 부활로 이어질 수 있도록 기도한다." 세계 교회는 이 기도를 계속 드릴 수 있는가? 선언문이 발표된 지 25년이 되어가는 올해는 한반도 정전 협정이 맺어진 지 60주년이 되는 해이다. 냉전의 찌꺼기가 청산되지 않은 채 우리는 미중 신냉전 시대의 도래, 일본의 재무장화, 북한의 핵 실험, 핵 폭격기를 동원한 한미 군사 훈련 등을 목도하고 있다.

이 말을 한 것은, WCC 총회는 총회 이전까지 무엇을 했느냐보다 다음 총회까지 앞으로 무엇을 할 것이냐가 더욱 중요하다는 말을 하고 싶어서이다. 가장 큰 규모의 준비대회를 거쳐 중요한 선언문과 안내서까지 나왔고 '정의로운 평화'(just peace)라는 개념이 사람들 입에 많이 오르내리겠지만, 앞으로 8년 동안 WCC의 평화신학과 실천은 지금부터 우리가 어떤 총회 전략과 목표를 짜느냐에 따라 많이 바뀔 수 있다는 말이다.

사실 '평화 선언'은 이번 총회의 '공식 문서'도 아니고(유일한 공식 문서는 '일치 문서' 하나뿐이다). 7개의 '배경 문서'(교회, 선교, 정의, 평화, 다종교, 디아코니아, 신학 교육) 중 하나에 불과하다. 즉 이번 총회가 "정의와 평화에 대한 새로운 에큐메니컬 합의를 도출하는 데 도움이 되기를" 바라는 마음으로 준비한 것이다. 그러므로 문서 자체가 우리의 목적은 아니다. 우리는 그것을 이해하고 또 넘어서야 한다. 이 문서를 논의의 토대로 삼아 부산 총회 이후(post-Busan) 어떻게 세계 에큐메니컬 신학과 운동에서 평화를 추구해 나갈 것인지 결정해 나가야 한다.

본론으로 들어가기 전에 한 가지 더 이야기하고 싶다. 총회는 예상하지 못한 '돌발상황'에 따라 분위기와 흐름이 바뀔 수도 있다는 말이다. 예를 들어 1991년 캔버라 총회에서는 직전에 터진 걸프전쟁 때문에 반전이 주요한 이슈가 되었다. 지금 보아서는 시리아 문제가 급부상할 수도 있다(이번 총회가 부산으로 오지 않았으면 다마스코스로 갔을 것이라는 점을 기억할 필요가 있다). 성실하게 준비해 온 것도 중요하지만 갑자기 불어오는 성령의 바람을 막을 재간이 없다는 말이다. 거기에 열려 있어야 한다. 진실로 '하나님의 평화'는 '사람의 헤아림을 뛰어넘는 것'이다.

두 문서가 나오기까지

WCC는 태생적으로 평화를 지향한다. 제1, 2차 세계대전이라는 참화에 대한 반성으로 탄생한 것이 WCC다. 지난 20세기, 최소 1억 6천만 명이 군사적 분쟁으로 죽었다. 그래서 올라프 트베이트 현 WCC 총무의 말처럼, WCC는 교회를 '평화를 만드는 사람들의 공동체'로 이해한다. 그리고 에큐메니컬 운동을 이러한 '여러 평화운동을 연합하는 몸'으로 이해한다(Building Peace on Earth : Report of the IEPC 머리말에서).

1948년 암스테르담에서 열린 WCC 창립 총회는, "분쟁을 해결하는 수단으로써의 전쟁은 우리 주 예수 그리스도의 모범과 부합하지 않는다. 현재 우리의 국제화된 삶에서 전쟁의 역할을 하나님에 반하는 죄이며, 인간의 퇴보이다."라고 명쾌하게 선언했다. 여기서 교회가 평화를 이루기 위해 '책임사회'(responsible society) 건설을 위해 함께 일하자고 제안했다. 1954년 에번스턴에서 열린 제2차 총회는 UN 중심의 국제 규범 준수, 군축, 군비 통제와 같은 국제적 노력뿐만 아니라 사회적 정의를 이루기 위한 국내적 노력도 함께 추진되어야 한다고 강조했다. 미소 냉전이 가사회되는 것을 보면서 1961년 뉴델리에서 열린 제3차 총회는, 미소의 무기 개발 경쟁을 비판하고 양국의 핵 실험 중단을 촉구했다. 1968년 웁살라에서 열린 제4차 총회는 같은 해에 체결된 핵확산금지조약(NPT)을 환영하면서도 한 걸음 더 나아가 지하 핵 실험의 중지, 핵 선제 공격 전략의 폐지, 생화학 무기의 생산과 배치의 중지를 요구했다. 1975년 나이로비에서 열린 제5차 총회는 같은 해 체결된 헬싱키 협약(유럽 안보와 협력에 관한 협약)을 환영하면서도, 역시 한 걸음 더 나아가 진정한 평화는 구조적 폭력을 극복한 정의로운 사회에서 가능하다고 천명하면서 '정의롭고 참여적이며 지속 가능한 사회'(Just, Participatory, Sustainable Society – JPSS) 모델을 제시했다.

1983년 밴쿠버에서 열린 제6차 총회가 여러모로 중요하다. 이 총회는 "평화는 단순히 전쟁이 없는 상태가 아니다. 평화는 불의의 기초 위에 건설될 수 없다. 평화를 위해서는 모든 민족 간 그리고 모든 민족 내의 정의, 그리고 하나님께서 주신 모든 사람의 인간성과 존엄에 대한 존중에 토대를 둔 새로운 국제질서가 필요하다."고 잘라 말했다. 여기에 전쟁과 불의의 문제뿐만이 아니라 생태 문제가 부각되면서 JPSS는 '정의, 평화, 창조질서의 보전'(Justice, Peace, and Integrity of Creation, JPIC) 패러다임으로 발전되고, 이것이 1990년 서울 JPIC 대회와 1991년 캔버라의 제7차 총회로 이어진다.

동구 사회주의의 붕괴와 냉전의 종식으로 세계는 더 평화로워질 것이라는 기대와 달리 이후 발칸 반도와 아프리카에서 벌어진 대량 학살, 남미의 내전, 걸프전, 신자유주의 세계화와 지구온난화 등 좀처럼 멈추지 않는 폭력의 악순환 속에서, 1998년 하라레에서 열린 제8차 총회는 '폭력 극복 10년 운동'(Decade to Overcome Violence, DOV)을 결의하게 된다. 하지만 희망을 가지고 시작한 21세기마저 911과 '테러와의 전쟁'으로 얼룩지자, 2006년 포르투 알레그레에서 열린 제9차 총회는 '하나님의 은혜'로 세상을 변혁시켜 줄 것을 간구하게 되었고, DOV 10년을 마감하는 행사로 2011년 자메이카의 킹스턴에서 열린 국제 에큐메니컬평화회의(International Ecumenical Peace Convocation, IEPC)는 결국 우리가 논의하게 되는 〈정의로운 평화에 대한 에큐메니컬 선언〉이라는 '평화 선언'을 채택하고 이후 그 안내서 「정의로운 평화 동행」을 출간하기에 이른 것이다.

이제 이 문서를 '쟁점'을 중심으로 소개할 것인데, 그에 앞서 WCC의 문서를 읽을 때 알아 두어야 할 법칙 하나를 소개하겠다. WCC 문서의 특징은 '종합'이다. 주요한 입장이 '다' 반영되어 있다는 것이다. 음식에 비유하자면 뷔페와 같다. 그러므로 WCC 문서를 읽을 때에는 그 유명한 '니버 읽기 법칙 제1번'이 적용되어야 한다. 라인홀드 니부어(Reinhold Niebuhr)는 항상 "한편으로는"과 "다른 한편으로는"을 말하며 변증법적 통합을 꾀했다. 이때 주의할 것은, "한편으로는"으로 시작한 니부어의 글이 때로는 수십 페이지 지나서야 "다른 한편으로는"이라는 말이 나온다는 사실이다. 그러므로 자기가 읽고 싶은 부분만 읽지 말고 끝까지 다 읽어야 한다. WCC 문서의 특징이 '종합'인 것은, WCC가 '교리'(혹은 '진리')의 일치를 통해서가 아니라 예수 그리스도를 하나님과 구주로 고백하는 교회들의 '친교'를 통해 일치를 추구하는 에큐메니컬 운동 방법론과도 상통한다.

이 '평화 선언'의 한계를 미리 짚고 넘어가자. 초안이 나왔을 때 한국

기독교교회협의회(NCCK)가 보낸 응답 안에 '평화 선언'의 한계를 잘 지적하고 있다. 필자가 다시 정리하면 첫째, 평화 관련 문서로는 다소 빈약하다. 이 선언이 DOV 10년을 정리하는 문서임에도 불구하고 WCC가 기울인 노력의 성과가 잘 부각되지 않았다. 시대와 교회의 패러다임 변화도 잘 따라가지 못하고 있다. 둘째, 신학적 성찰이 부족하다. 폭력 극복은 '윤리적' 과제가 아니라 '교회론'의 핵심인데, 전반적으로 신학적 깊이와 통찰이 떨어진다. 셋째, 한반도 상황에 대해 지나치게 완곡한 표현으로 일관하고 있어 한반도의 문제가 한국 교회만의 과제가 아니라 세계 교회의 과제라고 하는 WCC의 입장이 크게 후퇴하고 있다. 넷째, 평화 문제의 긴박성이 부각되지 못했고, 특히 생존을 위협하는 제국의 폭력성에 대한 문제 제기가 결여되어 있다. 초강대국들의 '분열시키고 분단시키고 정복하는' 죄를 지적해야 한다. 정의로운 평화의 길은 갈등의 해결만이 아니라 폭력의 주체, 폭력의 뿌리에 대한 문제 제기가 필요하다. 이 선언에는 폭력의 피해자는 있으나 폭력의 가해자(제국주의, 신자유주의)에 대한 언급은 불명확하다. '시장에서의 평화'는 기존 시장체제를 인정하는 데서 출발한다는 문제점이 있다.[2] 다섯째, 교회와 그리스도인들이 폭력에 가담한 죄, 폭력의 가해자가 된 죄에 대한 죄책 고백이 약하다. 그래서 4개의 평화를 말할 때 하나 더 추가하여 "Peace in the Church"를 말해야 한다. 과연 교회가 평화 공동체인가라는 질문을 스스로 던져 철저한 자기 반성과 교회갱신을 이루어야 한다. 마지막 여섯째, '정의로운 평화'(just peace)라는 모호한 평화 개념을 가지고 왈가왈부하기보다 실질적으로 체

---

2) '평화 선언'이 말하는 네 가지의 평화에 대한 번역에도 문제가 있다. 번역본은 "Peace in the Community"를 '지역사회의 평화'라고 번역하였으나 '공동체 안에서의 평화'가 좋다. '지구와의 평화'(Peace with the Earth)는 잘 되었다. "Peace in the Marketplace"는 '시장의 평화'로 되어 있으나 글자 그대로 '시장 안의 평화'가 되어야 할 것이다. 시장 자체의 평화가 아니라 시장 안에서 정의를 말하려고 하기 때문이다. 마지막으로 '민족 간의 평화'(Peace among the Peoples)는 번역이 잘 되었다.

감하는 '폭력'의 구체적 사례들을 나누는 것이 평화를 구상하고 실천하는 데 더 필요하다.

쟁점 1) '정의로운 평화'(just peace)에 대하여

이번 총회는 "just peace"가 중심어가 될 가능성이 크다. 우리는 이를 '정의로운 평화'라고 번역하고 있지만, "just"는 '정당한' 혹은 '공정한'에 가깝지 '정의로운'과는 거리가 있다. 사실 그것이 '정의'(justice)를 강조하는 가난한 나라 교회들이 제기하는 논쟁점이기도 하다. "just peace"는 "justice-peace"(peace based on justice)와 다르다는 것이다. 이 점을 고려한다면 "just peace"를 '의로운 평화' 정도로 번역하면 어떨까 싶다. 필자는 장난삼아 "just peace"를 '제발 평화'라고 번역하자고 말하기도 한다. "just"에는 '오로지', '제발', '참으로'의 뜻도 있기 때문이다. 그렇다면 '닥평'은 어떤가. '닥치고 평화' 말이다. ,

이렇게 "just peace"라는 다소 모호한 개념이 나오기까지는 사연이 있다. 기독교 주류 전통에 강력히 살아 있는 "just war"(정당 전쟁) 이론 때문이다. "just peace" 논의를 주도한 WCC 전 총무 콘라드 라이저는 "just peace"를 "just war"의 반대 개념이 아니라 평화와 안보와 정의의 문제에 대한 에큐메니컬 접근 방법에 있어서 하나의 '패러다임 전환'으로 이해해 달라고 주문하지만, "just peace"는 "just war"를 깊이 의식한 결과다. 정말 새로운 패러다임의 평화를 이야기하려 했다면 "just peace"가 아닌 다른 이름을 제안했어야 했다고 필자는 믿는다.

'안내서'를 보면, 기독교에는 두 가지의 주요한 평화 전통이 있는데, 하나는 정당 전쟁론을 따르는 '역사적 주류 교회'의 입장이고, 다른 하나는 비폭력을 주장하는 '역사적 평화 교회'의 입장이다. 초기 기독교 공동체는 적극적인 비폭력 평화주의를 지향했고, 처음 3세기 동안 교회는 전쟁과 군 입대에 동의하지 않았다. 하지만 4세기부터 기독교의 정체성이 황제 권력과 조화를 이루는 방식으로 바뀌면서 중세 시대에는 십자가와 칼의 신학을 가진 기독교 국가 체제(Christendom)가 형성되었고, 여기서 정당전쟁론이 지배하게 된다. 현실적인 위험이 존재한 로마 시대와 중세 시대에 정당전쟁론의 역할은 단순히 전쟁에 정당성을 부여해 주는 것이 아니라 사회의 평화와 정의라는 궁극적 목표를 위해 전쟁에 신중하게 윤리적 제한을 가하려는 것이었다고 '안내서'는 주장한다. 사실 기독교적으로 정당화될 수 있는 전쟁의 기준은 너무도 까다로웠기 때문에 진정으로 정당한 전쟁이 될 수 있는 경우는 거의 없었다. 하지만 기독교는 정당전쟁론을 다른 인간에 대한 폭력을 인정하는 종교적 원리로 제공함으로써 권력구주의 강화에 기여했음을 '안내서'는 비판한다.

이와 달리 기독교 평화주의는 항상 소수집단의 입장이었다. 그것은 수도원에서 시작하여 중세 급진 개혁운동을 거쳐 아나뱁티스트와 같은 현대 역사적 평화 교회로 이어졌다. 하나의 대안적 공동체로서의 역사적 평화 교회는 언제나 국가 권력과 거리를 두려고 노력했으며, 그 운동은 양심적 병역 거부와 무기 소지 거부운동에서 가시적으로 드러났다.

'안내서'는 이 두 전통 모두가 비폭력적인 평화운동과 원수 사랑이라는 복음의 요청을 선호하며, 살상을 하나님의 뜻에 위배되는 것으로 간주하고 전쟁에서 폭력을 사용하는 것을 죄로 인식하는 공통점이 있다고 본다. 차이점은, 인간의 삶에 존재하는 폭력에 어떻게 대응하느냐이다. 정당전쟁 전통에서 폭력은 '최후의 수단'으로 사용될 수 있다. 기독교 평화주의는 '최후의 방편'으로만 무력을 사용한다는 주장이 실제로 대부분은 폭력의 악순환에 기여했음을 비판한다. '안내서'는 역사적으로 주류 교회가 십자군 운동, 스페인 국토 회복운동, 남미에 대한 침략, 그리고 16~17세기 유럽의 종교전쟁에 적극 가담함에 따라 정당전쟁 전통은 전쟁과 폭력에 신학적 정당성을 제공하는 이론으로 '잘못' 전달되었다고 주장한다. 기독교 평화주의 역시 무저항의 태도를 보임에 따라 악한 세상에서 정의의 요구를 충분히 해결하지 못하는 전통으로 '잘못' 비쳐졌다고 주장한다.

WCC는 창립할 때 기독교 평화주의의 입장에 서 있었다. 1948년 암스테르담에서 전쟁은 하나님의 뜻에 반대된다는 성명서를 발표하면서 이렇게 덧붙였다. "전쟁은 이제 전면적이며, 모든 남자와 여자가 동원된다. 게다가 공군력의 사용, 핵폭탄과 다른 새로운 무기의 발명을 통해 현대전에서는 과거 전쟁에서 경험하지 못한, 광범위하고 무차별적인 파괴를 가능하게 했다. 이런 여건 속에서 볼 때, 정당한 대의와 정당한 수단의 사용을 요구하는 정당전쟁의 전통은 지금 도전 받고 있다." 이후 "교회는 대량 살상 무기에 의한 보호 없이도 살 수 있다"고 선언한 1975년 나이로비 총회와 "핵무기의 생산과 배치와 사용은 인류에 대한 범죄"임을 선포한 1983년 밴쿠버 총회를 거쳐, 1990년 서울 JPIC 대회는 "적극적인 비폭력을 통해 정의를 세우고 평화를 이루며 갈등을 해결하겠다"고 선포했다.

'안내서'에 의하면 이렇게 전쟁과 평화, 폭력과 비폭력에 대한 에큐메니컬 이해가 서서히 바뀌어 가다가 1998년 하라레 총회 이후 WCC가 전개한 '폭력 극복 10년' 운동을 통해 에큐메니컬 공동체는 정당전쟁뿐만 아니라 평화주의도 버리고 "just peace"에 집중하기 시작했다고 설명한다. 새로운 시작은 1994년 중앙위원회가 "전쟁을 통해 평화로 이행하는 것이 아니라, 정의를 통해 평화로 이행한다"는 '새로운 신학적 방법론'을 천명하면서부터라고 설명한다. 과거 로마의 구호는 "si vis pacem, para bellum"(if you want peace, prepare for war)였는데, 이제는 "if you want peace, prepare for peace"(평화를 원한다면 [전쟁이 아니라] 평화를 준비하라)가 새로운 신학적 방법론이 되어야 한다는 것이다. 이 새로운 방법론의 결과, 오늘날 에큐메니컬에 속한 교회들은 전쟁이 더 이상 정의로운 행동이라 생각하지 않고, 군사력 사용에 대한 모든 신학적 정당화를 포기하며, 한 목소리로 핵무기를 포함한 모든 대량 살상 무기를 반대한다고 말한다. 나아가 그동안 공적인 책임을 방기하는 변명이 되기도 한 기독교 평화주의도 넘어서 정의의 실현과 실천을 강조한다고 말한다.

그렇게 "just peace"는 "just war"(정당전쟁)뿐만 아니라 "pacifism"

(평화주의) 둘 다를 넘어선 일종의 제3의 길이라는 것이다. 이 대안적 길은 평화로 가기 위해 전쟁으로부터 시작하는 것이 아니라 비폭력의 실천과 갈등의 평화적 해결에 초점을 맞춘, 일종의 변혁된 윤리적 담론(a transformed ethical discourse)이라는 것이다. 그래서 "just peace"는 윤리적 실천의 근본적 변화를 의미하며, 이것은 분석 방법과 행동 기준이 달라지는 것을 의미한다고 말한다. 이러한 "just peace"가 구체적으로 강조하는 것은, 첫째 무기 사용의 반대, 둘째 사회정의(social justice), 셋째 법의 지배(rule of law), 넷째 인권 존중, 그리고 다섯째 공동의 인간 안보(human security)이다.

이와 같은 '안내서'의 설명은 설득력이 있는가? 정말 "just peace"는 지난 2천 년 기독교에 있어왔던 두 가지 평화 전통을 극복하는 새로운 패러다임인가? 새로운 담론은 과연 진보에서 보수까지 다양한 스펙트럼을 가진 그리스도의 교회를 이끌 신학적 깊이와 통찰력을 가지고 있는가? 나아가 교회뿐만 아니라 평화를 위해 일하는 다른 많은 종교인들과 평화운동가들에게 새로운 상상력과 희망을 열어 주는가? 이런 질문들이 우리가 오늘 함께 묻고 생각을 나누어야 할 질문들이다.

필자가 보기에 "just peace"가 "just war"를 넘어선 것이라는 주장은 확실히 설득력이 있다. 정당전쟁에 대한 비판의 근거는 명확하다. '최후의 방법'으로 전쟁을 한다고 하지만 모든 전쟁이 쉽게 정당전쟁으로 합리화되곤 했다. 그리고 정당전쟁 이론을 곧이곧대로 적용한다면 정말이지 오늘의 대량 살상 무기가 존재하는 상황에서 그 어느 전쟁도 결코 정당하다고 말할 수 없다. 한마디로 정당전쟁론은 너무도 많은 전쟁을 장려하고 옹호하는 데 부당하게 사용되었기에, 이제 완전 폐기되어야 하는 것이다.

정당전쟁론에 대한 비판은 신학적으로도 잘 설명되어 있다. 박해받던 교회가 로마제국의 지배 종교가 되면서 오히려 박해의 대행자가 되고, 이에 따라 질서를 유지하기 위해 전쟁과 폭력을 정당화하는 논리가 시작되었지만, 이 뒤에는 세계와 인간을 선과 악, 친구와 적으로 구분하려는 이

분법적 시각이 깔려 있고, 이런 시각은 흔히 하나님의 통치와 어둠의 세력들 사이의 종말론적 투쟁에 관한 묵시론적 이해가 깔려 있다고 '안내서'는 지적한다.

그런데 기존의 기독교 평화주의가 "때로 공적인 책임을 방기하고 영적인 삶이라는 분파적 보호지대로 피하는 구실로 사용"되었다는 비판에 대해 역사적 평화 교회가 어떻게 평가하는지 필자는 궁금하다. 정당전쟁론과 평화주의 사이의 오랜 논쟁은 더 이상 깨어 있고 살아 있는 기독교적 상상력을 포착하지 못한다고 보고, "이제는 정당전쟁뿐만 아니라 평화주의라는 진부한 범주를 초월하는 새로운 길이 필요"하다는 주장에 대해 역사적 평화 교회가 어떻게 평가하는지 듣고 싶다.

'안내서'는 두 전통 모두 자신들의 원칙의 성공을 보장할 수 있는 현실적인 능력이 있는지를 겸손히 성찰할 것을 촉구하면서(그래서 자신의 입장을 '예언자적 현실주의'라고 명명하기도 한다), 두 전통이 평화를 추구하고 있긴 하지만 어느 쪽도 정의가 성취될 것을 보장할 수 없다고 단언하는데, 이에 대한 역사적 평화 교회의 응답을 듣고 싶다. '안내서'는 "just peace"가 단순히 "just war"의 반대 개념이 아니라 "pacifism"도 넘어서는 것으로 이해되어야 하는데, 그 이유는 "세상이 결정적인 시기를 맞이하고 있으며… 이는 [핵무기, 빈부격차, 식량 위기, 환경오염과 같은] 치명적인 위협들이 서로 연결되어 하나로 수렴되기 때문"이고, 따라서 "just peace"는 "하나님의 평화를 위한 포괄적이고 온전한 비전"을 담은 하나의 새로운 평화 방법론이라는 주장에 대해 역사적 평화 교회가 어떻게 평가하는지 알고 싶다(평화주의와 정당전쟁을 넘어선 "just peace"를 문서는 "God's peace"라고 종종 언급하는데, 이에 대한 적극적 신학화는 시도하지 않고 있다. 새로운 윤리적 방법론이라는 점만 강조하고 있어 신학적으로 빈약한 느낌이다.).

"just peace"가 정말로 "pacifism"의 한계를 넘어서는 것인지에 대한 필자의 판단은 잠시 유보하지만, 이 새로운 평화 방법론이 과연 '정의'를 실현하는 '예언자적 현실주의'로서의 면모를 갖추고 있느냐에 대해서는 확실히 아니라고 평가할 수 있다. 앞으로 살펴보겠지만 "just peace"는 평화의 문제를 비폭력의 문제로 축소하는 경향이 있다. 실제로 '안내서'는 "비폭력은 just peace의 길을 보여 주는 기본적인 특징"이라고 말한다. 또한 "just peace"는 평화의 문제를 갈등 전환의 문제로 축소하는 경향이 있다. "모든 갈등이 – 개인적 갈등이든 사회적 갈등이든 – 폭력적으로 변할 가능성이 잠재되어 있기 때문에" "just peace"의 비전을 따르는 일은 갈등전환의 형태로 나타난다고 말하는 것이다(여기서 갈등 전환이란 "모든 관련 당사자들의 합법적인 이해관계를 인정하고 그들의 관심을 공동체의 공동선으로 돌리게 하는 것"이다. 이러한 갈등 전환은 "피해자들이 보지 못하는 고착된 갈등을 덮고 있는 거짓 평화를 뒤흔들어 놓음으로써 시작되어야 한다"고 말한다.). 비판의 요지는, 정작 정당전쟁론과 평화주의를 비판하면서 스스로 강조한 '정의'가 어디 있느냐는 것이다. 이것은 필자의 비판이기도 하고, 앞서 언급한 것처럼 가난한 나라 교회들의 한결같은 비판이기도 하다.

"just peace"라는 개념이 처음 에큐메니컬 사고에 도입된 것은 미국의 그리스도교회(Church of Christ)에 의해서이고, 이 개념은 1994년 WCC 중앙위원회 성명서에서 처음으로 사용되었다. '안내서'에 의하면 이 개념은 샬롬(shalom)의 의미를 현대적 용어로 표현한 것이다. 잘 알다시피, 샬롬은 적극적 평화다. 갈등과 전쟁이 사라진 상태 이상을 의미한다. 그것의 핵심은 정의의 실천이다. 샬롬은 온전함, 즉 모든 관계가 올바르게 설정되는 행복하고 조화로운 상태를 의미한다. 과연 이런 의미의 샬롬을 현대적 용어로 표현한 것이 "just peace"라는 설명은 설득력이 있는가? 오히려 '평화 선언'은 "완전한 정의가 있기 전까지 평화는 있을 수 없다"는 주장을 반박하면서, 오히려 "집단적 폭력에 대한 거부로서의 평화는 언제나 미래의 세계를 위한 전제조건"이라고 강조한다. 전체적으로 "just peace"는 정당전쟁론과 평화주의와의 차별성으로 '정의'를 제안했지만 정작 자신이 말하는 정의가 어떤 정의인지 말하지 않았다. 말뿐인 정의라는 인상을 지울 수 없다.

그래서 필자는 아직도 "just peace"를 '정의로운 평화'라고 번역하지 않는다. 아니라고 강변하지만 "just peace"는 여전히 "just war"에 대한 반대 수준에서 벗어나지 못하고 있다는 느낌이다. 이번 총회에서는 "just peace" vs "justice-peace" 논쟁이 심심치 않게 들릴 것이다.

현 WCC 총무 올라프 트베이트도 이를 인지했다. 그는 "just peace"에 대한 확정된 개념이 부재한 상황에서, 정의와 평화가 어떻게 긴밀히 연결되어 있는가에 대한 다양한 의견들이 이번 총회에 제기되길 희망했다. 그는 "정당전쟁에 대항하는 개념을 발전시키기 위해 노력하는 것 이상의 것이 필요하다"고 말했다(그가 내 생각과 일치하는 점도 있다는 걸 이번에 처음 알았다.).

WCC의 총회기획위원회(APC) 역시 이러한 점을 인지했는지, 이번 총회에서 마지막에 배치된 '정의 전체 회의'(Justice Plenary)와 '평화 전체 회의'(Peace Plenary)를 두 다른 전체 회의로 보지 말고 서로 긴밀히 연결된 것으로 기획하라고 요청했다. 이 두 전체 회의에서 하나님의 창조 세계 전체의 생명과 평화를 위협하는 경제적·생태적·성적 그리고 인종적 불의(injustice)의 문제를 집중적으로 다룰 것을 요청했다. 부산 총회 이후(post-Busan) 다음 총회까지 '정의와 평화의 에큐메니컬 순례'(Ecumenical Pilgrimage of Justice and Peace)가 선포될 가능성이 크다. 총회가 8년 후에 열릴 예정이므로 "decade"라는 말을 쓸 수 없었지만 사실상 DOV와 같은 성격의 운동(initiative)이 될 것이다. "Ecumenical Pilgrimage of Just Peace"가 아니라는 점을 필자는 눈여겨보고 있다. 앞서 말했지만, 앞으로 8년 동안의 WCC 평화신학과 실천은 지금 우리가 어떻게 총회 전략과 목표를 짜느냐에 달렸다.

첫 번째 쟁점에 대한 논의를 마치기 전에 〈독일 에큐메니컬 네트워크 선언문〉을 소개하고 싶다. '평화 선언' 초안에 대한 응답으로 보낸 것인데, "just peace"가 정말로 평화주의도 넘어서는 '정의로운 평화'가 되려면 반드시 숙고해야 할 정의의 문제, 특히 경제정의의 문제를 매우 실질적으로 다루고 있어 퍽 인상적이다. 이 문서는 먼저 하나님이 누구신지를 고백하고, 그 신앙고백에 따라 무엇을 반대하는지 명시하며, 이어서 어떤 대안을 위해 헌신할 것인지를 밝히는 구조에 그 특징이 있다. 이 선언문에 의하면 지금 인간과 지구는 역사상 유례없는 위기를 맞고 있는데, 이 위기의 정체는 '폭력의 위기'이다. 뿌리는 '서양'에서 시작된, 생명 자체를 위협하는 지배 문명과 밀접한 관계가 있다. 하지만 ① 하나님은 전체 우주를 사랑으로 창조하신 분이다. 그러므로 우리는 하나님의 생명질서를 뒤집어엎는 신자유주의적 자본주의가 부여한 질서를 거부하고 대안을 창출하는 데 헌신해야 한다. ② 하나님이 모든 사람들을 위해 주신 선물을 힘으로 사유화해서는 안 된다. 모두를 위해 하나님께서 주신 선물, 예컨대 씨앗과 의약품과 유전자와 생물자원과 물과 같은 자연의 선물을 우리는 경제학적으로 집단재(collective goods) 혹은 공동재(common goods)라 부를 수 있는데, 이를 사유화하는 것이 바로 폭력의 근본적 원인이다. 그러므로 우리는 공공서비스나 사회보험제도의 민영화를 반대해야 한다. ③ 하나님 보시기에 좋다고 한 지구가 탐욕으로 파괴되어서는 안 된다. 산업국가의 그리스도인들은 지난 가난한 지역에 살아온 사람들에게 지난 500년 동안 엄청난 생태적 빚을 – 특히 기후 채무를 – 지고 있음을 깨닫고, 적어도 상징적인 보상금을 제공하고 온실가스 배출을 줄여야 한다. ④ 하나님은 폭력적 착취에서 노동자를 해방시키신다. 인간의 노동은 하나님의 창조 능력에 참여하는 것이다. 그러므로 우리는 폭력적인 노동에서 노동자를 자유케 하는 데 헌신해야 한다. 특히 여성들이 착취를 당하지 않도록 해야 하며, 사람들이 좋은 일자리를 찾고 사회적으로 보람 있는 일을 하며 살 수 있는 제도를 세우기 위해 노력해야 한다. ⑤ 하나님은 삶에 필요한 수준을 넘는 부의 축적을 원하지 않으신다. 탐욕을 부추기고 보상하는 경제질서는 돈과 자본을 상품으로 취급하고 그것의 증가 자체가 목적이기 때문에 자연을 파괴하고 사회적으로 적대관계를 만든다. 그러므로 돈의 폭력적인 힘, 특히 화폐의 투기적인 오용을 – 달리 말하면 금융 투기라는 대량 살상의 폭력을 – 극복하는 것이 매우 중요하다. ⑥ 하나님은 군사적 수단이 아니라 정의를 통해 인간 안보를 이루신다. 전쟁은 오늘날 무기 제조기술 하에서 어떠한 상황에서도 정당화될 수 없다. 매년 3천만 명 이상이 기아로 죽는 세계에서 미국이 1조 달러 이상을 군비로 쓰는 현실을 개탄하며, 제한이 없는 '테러와의 전쟁'이나 국제법을 어기고 진행되는 모든 제국주의적 전쟁 그리고 800개 이상의 미군 기지를 반대한다. 심각한 인권 침해가 발생하는 지역에는 민주적인 유엔의 감시 하에 경찰력이 투입되어야 한다. ⑦ 인간이 하나님의 형상으로 창조되었기 때문에 대량 살상 무기는 하나님의 신성에 대한 모독이다. 그러한 무기를 생산, 배치, 사용하는 것에 우리는 단호히 반대해야 하며, 그것의 완전한 폐기를 지지해야 한다. ⑧ 마지막으로 하나님은 모든 사람을 정의와 평화의 삶으로 초대하신다. 하나님과 그리스도의 이름을 권력을 획득하기 위한 수단으로 오용하는 것을 반대한다. 특히 번영신학, 근본주의의 십자군 신학 및 이데올로기를 거부한다. 이런 것들을 자유의 이름으로 자본가들의 부를 증식하고, 이를 위해 제국주의적 폭력을 사용하는 것을 지지하기 때문이다.

　이 문서에서 가장 인상적인 것은, 각 항의 마지막 단락이 "하나님의 성령의 능력은 (개인과 교회로서) 우리를 자유롭게 하여…"로 시작한다는 점이다. 우리의 위기의 본질에 다가갈수록 우리는 '인간의 불가능성'과 '하나님의 가능성'을 생각하게 된다. "사람으로서는 감히 생각할 수도 없는 하느님의 평화" 혹은 "사람의 헤아림을 뛰어넘는 하나님의 평화" 과연 그것은 무엇인가?

쟁점 2) '비폭력', '법의 지배', '보호 책임'에 관하여

"평화와 비폭력은 복음의 핵심이다." '안내서'에 의하면 평화와 비폭력은 거의 동의어이다. 온전히 한 장(章)을 비폭력 문제에 할애할 정도로 이 문제는 "just peace"에서 비중이 높은 쟁점이다. 사실 에큐메니컬 운동은 수십 년 동안 비폭력 문제에 관한 논쟁을 벌여왔는데, 이 논쟁은 정의와 해방의 투쟁 현장에서 벌어지는 폭력의 문제에 집중되었다(이에 관해서는 1973년 채택된 〈폭력, 비폭력, 사회정의를 위한 투쟁〉을 보라). 쟁점은 '정의를 위한 투쟁과정에서 폭력(즉 대항 폭력)을 사용하는 것이 신학적으로 정당한가'였다.

대체적으로 교회는 불가피한 경우를 제외하고는 화해를 염두에 둔 비폭력 투쟁을 선호했다고 할 수 있다. 비폭력의 문제가 다시 부상한 것은 1990년 서울 JPIC 대회로서, 여기서는 "적극적인 비폭력으로 갈등을 해결하라는 소명"을 강조했고, 이후 1994년 요하네스버그 중앙위원회는 폭력 극복을 위한 프로그램을 만들었으며, 1998년 하라레 총회는 '폭력 극복 10년 운동'을 요청했고, 이 운동의 중간에 열린 2006년 포르투 알레그레 총회는 모든 차원에서 이루어지는 폭력, 특히 여성과 어린이에 대한 폭력을 방지하기 위해 '법의 지배'를 확립하고 발전시키는 것이 중요함을 제안했다.

비폭력의 문제는 이렇게 '법의 지배'(rule of law)의 문제로 넘어갔다. '평화 선언'과 '안내서'가 특히 이것을 강조한다. '안내서'에 의하면, 성서에서 율법은 하나님께서 주신 선물로 그것은 "폭력을 줄이고 막는 일차적인 수단"이다. 그리고 "실제로 모든 문명에서 법은 갈등을 비폭력적으로 해결하는 핵심적 수단"이었다. 그러므로 '법의 지배'를 지원하고 강화하는 것이 기독교 공동체의 필수적인 윤리적 지침이 되어야 한다는 것이다.

여기서 말하는 법의 지배란 "독단적인 통치나 폭력으로부터 개인과 사회를 보호하고 존엄한 삶을 살 수 있게 하는 데 필수적인 원칙과 제도와 절차"를 말한다. 단, 법의 지배는 "합법적인 정부와 그것의 대리자"가 수행해야 하며 "공동체의 생명과 안전을 보호하기 위해서 힘을 사용할 수 있도록 엄격히 제한하는 공동체의 질서를 전제로" 한다. 그런데 '법의 지배'라는 이름으로 민주주의의 질식을 경험한 우리의 역사에서 그리고 다른 많은 약자들의 경험에서, 이 개념은 편하게 받아들일 수만은 없을 것 같다. 올라프 트베이트 총무도 언급했듯이, "국제법이라는 개념은 어느 면에서 강자들이 남의 땅을 통제하거나 식민지화할 때 그들의 '권리'로 주장한 것이기 때문에, 제국의 언어로 쉽게(그리고 잘못) 이해될 수 있는 새로운 개념의 사용을 피해야 한다."

'평화 선언'과 '안내서'가 법의 지배를 언급하는 것은, 의도적으로 평화를 파괴하는 사람들이 있을 경우 그들을 제재할 수 있는 수단, 필요한 경우에는 강제력의 사용이 현실적으로 불가피하지 않느냐는 인식 때문이다. 이 필요성에서 '법의 지배'가 나왔고 또한 '보호 책임'(responsibility to protect, R2P)이라는 개념도 나왔다. 동서 냉전이 끝나고 찾아온 새로운 상황, 즉 소말리아나 르완다, 전 유고슬라비아나, 코소보 등 일부 국가에서 벌어진 새로운 내부 갈등으로 인해 수많은 사람들의 인권과 안전이 심각하게 위협받는 상황이라는 배경에서 보호 책임이라는 말이 나왔다(사실 WCC가 DOV를 시작하게 된 배경에도 바로 이러한 경험들, 특히 코소보의 경험이 크게 작용했다).

이러한 상황에 대해 처음에는 '인도주의적 개입'(humanitarian intervention)이라는 개념이 제기되었다. 하지만 1994년에 열린 WCC의 중앙위원회가 〈무장 폭력 상황에서 위험에 처한 사람들의 보호 : 에큐메니컬 윤리적 접근〉이라는 보고서를 채택할 때 '인도주의적 개입'이라는 개념이 강하게 비판받았고, 그 대신 '위험에 처한 사람들의 보호'라는 개념이 그것을 대체하게 된 것이다(이 개념에 대해서는 노르웨이 교회, 독일 복음주의 교회[EKD] 그리고 역사적 평화 교회들만이 응답하였다).

개념은 '개입'(intervention)에서 '책임'(responsibility)으로, 그리고

예방'(prevention)으로 옮겨갔다. 실제로 WCC는 예방을 교회의 가장 중요한 도구이자 관심사로 강조했다. 하지만 예방이 실패하면 '보호 책임'을 다해야 한다. 그렇다면 쟁점은, 과연 약자들을 보호하기 위해 무력을 사용해도 되느냐가 되는 것이다. 메노나이트교회는 강력히 반대했다. 어떤 상황에서도 무력 사용을 거부하는 메노나이트는 초창기부터 폭력은 하나님의 뜻이 아니라고 강조했고, 하나님께서는 교회가 선으로 악을 이기도록 인도하시고 우리에게 정의를 행할 힘을 주신다고 고백한다. 그런 자신을 '평화 교회'로 이해한다. 교회를 제자들의 새로운 공동체로 이해하는 메노나이트는 화해, 비폭력 그리고 적극적인 평화 활동을 복음의 핵심이라고 믿으며, 이러한 복음을 위해 일하다가 당하는 고난은 죄악의 세상에서 원수를 사랑하기 위해 반드시 치러야 할 불가피한 대가로 인식한다.

'안내서'는 어떤 희생을 치르더라도 최후의 수단으로서의 무력 사용을 거부하고 비폭력적 개입을 강조하는 이러한 접근 방법 역시 실패할 수 있지만 "그들은 그리스도인의 책임을 증거한 것으로 존중되어야 한다"고 말한다. '평화 선언'과 '안내서'에는 이 메노나이트교회의 입장이 강하게 반영되어 있다. 그래서 폭력은 어떤 형태로든 정의와 함께 하는 항구적 평화를 가져올 수 없다고 잘라 말한다. 그리고 "극단적인 환경에서 마지막 수단이자 더 작은 필요악으로서, 합법적인 무력 사용은 임박한 치명적 위협에 노출된 취약한 사람들을 보호하기 위해 필요할 수도 있지만… 심지어 그런 때에도 우리는 갈등 상황 속에서 일어난 무력 사용을 심각한 실패의 표지이며, 정의로운 평화의 길에 대한 새로운 장애물로 인식한다"고 명확히 천명한다.

하지만 '평화 선언'은 "군사력 사용의 모든 신학적이거나 혹은 다른 종류의 정당화 논리에 문제를 제기" 하면서도 "이 확신 속에 내재된 도덕적 딜레마를 인정한다"고 밝히고 있다. 여기서 말하는 '도덕적 딜레마'란 무엇일까? 물론 모든 에큐메니컬 문서와 성명서는 평화를 지키는 데 비군사적 수단의 우선권을 강조하지만, 보호를 위한 군사력 사용에 대해서는 여전히 입장 차이가 존재한다고 말해야 할 것이다. 절대적 비폭력과 적극적인 비폭력에는 차이가 있는가? 적극적인 비폭력에는 정의로운 경찰의 활동을 수용할 수 있는가? 이런 딜레마 속에서 '군사적 폭력'과 '경찰의 보호'를 구분하려는 움직임이 있었다. 2009년 독일메노나이트교회는 "우리는 군사적 폭력과 경찰의 무력행동 및 보호를 구별한다"고 선언했다. 여기에서 '국제경찰' 혹은 '정의로운 경찰 활동'(just policing)과 같은 개념이 나왔으며, '안내서'는 전체적으로 '보호 책임'을 경찰의 책무로 보고 있다.

논의의 전개를 따라가다 보면 이렇게 귀결될 수밖에 없는 흐름을 이해하지만, '폭력 경찰'을 경험한 우리의 삶의 자리에서는 여전히 모든 것에 순순히 동의하기가 어렵다. 하지만 쟁점은 결국 그리스도의 보편적 몸으로서의 교회가 국가나 국제사회와 관련하여 스스로 어떤 역할을 정립할 것인가의 신학적 문제로 귀결될 것이다. '안내서'도 지적하는 것처럼, 그동안 그리스도의 교회와 학자들은 가이사와 협정을 맺고("Christians' pact with Caesar"), 하나의 정치 제도에 의해 임명된 파트너로서 공적 질서를 유지할 책임을 공유하는 존재로서 자신을 이해했다. 그런 '콘스탄티누스식 관념' 아래서 권력을 숭배하며 '황제의 적'을 죽이는 데 협조한 것이다. 결국 논쟁은 교회가 무엇이며 제자도가 무엇인지에 관한 논쟁으로 귀결될 것이다.

또한 쟁점은 교회가 유엔을 어떻게 볼 것인가로도 이어진다. 그동안 에큐메니컬 교회 공동체는 무력의 법이 횡행하는 상황에 맞서 국제적인 법의 지배를 표현하는 방법으로 유엔의 권위를 인정하고 옹호해 왔다. 실로 유엔에 대한 WCC의 지지는 확고하다. 이번 총회에 반기문 사무총장이 만사를 제쳐두고 부산에 와야 하는 이유는 그가 단지 한국인이기 때문이어서가 아닐 것이다. WCC는 유엔을 약화시키거나 파괴하려는 모든 공격에 맞서 적극 유엔을 옹호했다.

사실 현대 에큐메니컬 운동의 시작은 평화적인 국제질서 건설의 노력과 궤를 같이 해 왔다고 말할 수 있다. 처음에 에큐메니컬 운동은 제1차 대전으로 야기한 파괴에 대응하는 국제연합(LN)에 집중했고, 2차 대전 이후에 에큐메니컬 운동이 제시한 미래 세계에 대한 원칙은 이후 유엔 헌장과 세계인권선언의 기초가 되기도 했다. 유엔 헌장은 회원 국가가 무장 공격을 받을 경우 개별적으로나 집단적으로 자기 방어의 권리를 행사할 수 있도록 인정하고 있으며, 침략 행위나 평화에 대한 위협에 대응하기 위해 무력 사용을 포함한 적절한 방법을 결정할 수 있도록 안보리에 권한을 부여하고 있다. 이런 유엔과 파트너 관계를 유지하면서 에큐메니컬 교회 공동체는 '예방', '보호 책임' 그리고 '정의로운 경찰 활동'에 대해 이야기할 수 있을 것이다. 질문은 '하나님의 평화'가 유엔과 안보리의 틀 안에 다 담길 수 있는가 하는 것이다. '하나님의 평화'가 "사람으로서는 감히 생각할 수도 없는" 그리고 "사람의 헤아림을 뛰어넘는" 것이라면 그것은 유엔과 안보리를 넘어서는 것이어야 하지 않은가.

우리가 기억해야 할 것은, 지난 2006년 포르투 알레그레 총회가 〈유엔 개혁에 대한 성명서〉를 낸 이후 에큐메니컬 교회 공동체는 이제 유엔의 기구적 틀을 넘어 다자간 공동 정책의 원칙에 기초한 글로벌 통치구조 개선을 목표로 나아가고 있다는 점이다. 여기서 특별히 강조되는 것이 비정부기구의 역할이다. 이제 WCC는 국제기관에 집중하는 대신 정의와 평화를 위해 투쟁하면서 '지배의 세계'에서 '연대의 세계'로 옮겨가려는 비정부기구들과 시민사회의 새로운 역할에 큰 관심을 두고 있다. 교회들의 협의체(council of churches)인 WCC의 에큐메니컬 운동이 교단의 틀을 넘어설 수 있을지 지켜볼 일이다.

국제질서에 대한 에큐메니컬 이해가 바뀌었다. 기존의 국가 중심적 국제질서 이해, 즉 평화란 주권국가들 사이에 무장 갈등이 없는 상태라는 이해는 이미 깨졌다. '평화 선언'과 '안내서'가 주목하는 평화에 대한 위협은 더 이상 국가 간 잠재적 갈등에 국한되지 않는다. 동서 냉전 이후 발생한 국가 내 '새로운 전쟁'과 이를 주도하는 비정부 행위자들의 문제가 중요해진 것이다. 소말리아, 르완다, 코소보 이후 벌어진 '보호'에 대한 모든 논의는 바로 "냉전 이후 긴급하게 대두된 무장 갈등 상황"이라는 새로운 콘텍스트에 대한 대응이었다. 필자가 느끼는 문제는 이 콘텍스트가 '평화 선언'과 '안내서' 안에서 너무 큰 목소리를 낸다는 점이다. 국가 간의 갈등은 여전히 존재하고, 한반도는 아직도 구 냉전의 찌꺼기도 처리하지 못하고 있으며, 폭력은 국가 간과 국가 내를 넘어 그보다 더 깊은 문화와 정신 속으로 침투하고 있다.

실로 사회적 차원의 폭력은 흔히 일부 사람들의 기본적인 생존권을 제한하거나 부인하는 경제적·사회적·정치적 구조의 형태로 은폐되어 있다. 이러한 생존권에는 인간다운 노동, 충분한 음식, 기본적인 의료, 제대로 된 주택, 인간의 잠재력을 충분히 개발할 수 있는 교육의 권리가 포함된다. '안내서'는 그러한 권리가 바로 '인간 안보'(human security)라고 정의한다(하지만 이 안보 혹은 안전이라는 개념이 이미 공박되고 있음을 기억할 필요가 있다. 미국의 한 메노나이트 대학의 교수인 리사 셔크[Lisa Schirch]는 "예수께서는 안전이라는 단어를 사용하지 않았다. 그는 다른 사람을 섬기는 데 우리 생명을 주라고 말씀하셨다. 그렇다면 교회의 언어는 안전이 아니라 정의와 평화가 되어야 할 것이다"라고 말했다.). 한국의 일부 기독교인들은 이번 부산 총회가 북한의 '인권 문제'를 제기해야 한다고 주장한다. '인권'과 '인간안보'라는 개념….

두 번째 쟁점은 '비폭력'의 문제로 시작되었다. 그런데 필자는 왜 우리가 '강자들'에게 비폭력을 말하기보다 강자들의 폭력의 희생자가 된 '약자들'의 비폭력을 강조하는지 한 번은 되묻고 싶다. 지난 킹스턴 평화회의에서 인도의 불가촉천민 여성 아샤 카우탈(Asha Kowtal)이 강조한 것처럼, 우리는 폭력의 희생자들에게 평화와 용서를 설교하기 이전에 강자들에게 비폭력의 길을 가르치는 것을 먼저 찾아야 할 것이다.

나아가 우리는 이번 총회에서 '자연에 대한 인간의 폭력'의 문제를 좀 더 진지하게 성찰해야 할 것이다. 한 해에 500억 마리의 동물을 먹고 입고 신는 인간들이, 하나님의 같은 피조물인 '동물들에 대해 가하는 폭력'의 문제도 1천만 마리의 소, 돼지, 닭, 오리를 '살처분'한 경력을 가지고 있는 한국인들이 이번 총회에 겸허히 제기할 만한 문제일 것이다. '안내서'가 잘 지적하듯이 "하나님이 '심히 좋았더라'고 말씀하신 창조 세계에 [원래] 폭력은 없었다." 타락 이전의 창조 세계에 주신 음식 규정은 채식이다(창 1 : 29-30). 오직 노아의 홍수 이후 육식이 허용되었으나 그것도 피째 먹지 말라는 것이었다. 우리는 아직도 우리 자신과 에큐메니컬 교회 공동체가 한 번도 심각하게 제기하지 않은 또 하나의 거대한 폭력의 문제, 즉 '육식주의'(carnism)의 문제를 이번에 제기할 수 있는지 묻고 싶다. 원주민들이 '세계 공동체가 지구에 가한 폭력'을 인정하라고 강력히 도전하고 있다.

비폭력의 문제에 있어서 '평화 선언'과 '안내서'는 나름 자기 성찰을 수행하고 있으나 그것이 약하다는 점이 문제로 지적될 수 있을 것이다. '평화 선언'은 우리가 "폭력, 증오, 편견에 대해 말하거나 다른 민족을 멸망시키라는 하나님의 분노를 언급하는 성서 구절을 자세히 검토해야 한다"고 말한다. 하지만 '안내서'는 그것을 깊이 검토하고 있지 못하다(로즈마리 류터의 「신앙과 형제 살인」을 보라. 어떻게 사랑의 복음을 전하는 성서 안에 그런 증오의 메시지가 담겨 있는지 보라.). '평화 선언'은 "종교 지도자들이 이기적인 목적을 위해 힘을 남용하거나 문화적 · 종교적 유형의 폭력과 억압에 기여해온 사례에 대해 개탄"하고 "그리스도인이 증오를 불러일으키는 편견과 그 외의 태도를 드러내는 데 공모했음을 겸손히 인정"한다고 하지만 여전히 문구적 선언에 그치고 있다.

안내서에서 어떻게 종교와 폭력의 상관관계가 비판적으로 성찰되고 있는지 보자. '안내서'는 하나님을 전쟁과 폭력의 기원으로 제시하는 성서 구절, 특히 이스라엘이 약속의 땅으로 들어갈 때의 정복전쟁에 관한 내용이 그러하다며, 정복한 이방인을 멸절시키라는 내용이 바로 '거룩한 전쟁'의 전거로 거론됨을 잘 지적하고 있다. 하지만 성서에서 전쟁은 인간 정치의 합법적인 수단으로 간주되지 않으며, 전쟁은 하나님의 배타적인 통제 하에 있다고 잘 지적한다. 특히 시편에서 억압하는 적을 없애 달라고 하나님께 요청하는 부분에서 폭력적인 언어가 많이 나타나지만, 이는 폭력과 착취를 당한 경험을 폭로하는 것으로 읽어야 한다고 제안하며, 시편 기자들은 원수 갚은 것과 약자를 회복시키는 것이 하나님의 손에 달렸다는 신앙적 확신을 가지고 있었다고 단언한다.

그런데 종교와 폭력의 상관관계에 대한 기독교적 해석에서 최대의 난제는 예수 그리스도의 폭력적인 죽음과 그 의미임을 '안내서'는 잘 포착했다. 과연 예수의 십자가 죽음은 그의 사역에서 필수적인 부분이었는가? 그분의 폭력적인 죽음은 하나님의 계획 속에 준비된 것이었는가? '안내서'는 이 문제를 하나님이 폭력을 억제하고 피해자의 편에 서신다는 성서 전반의 이해로부터 접근하였다.

그리고 예수께서 폭력적인 수단으로 폭력에 대응하지 않고 사랑과 용서로 응답했다는 것을 강조하면서, 예수의 대속적 고난과 죽음은 오히려 폭력의 제의적 정당화를 폭로하면서 폭력과 죽음의 악순환을 종식시키려는 하나님의 방식으로 이해하고 있다. 거기서 종교와 폭력의 연결고리, 즉 폭력에 대한 종교적 정당화의 가능성이 무너진다. 그러면서 '안내서'는 "종교와 폭력의 거룩하지 못한 동맹(unholy alliance)은 모든 생명을 위해 깨뜨려야 한다"고 선언한다.

하지만 '안내서'가 WCC의 공식 문서가 아닌 것이 참 다행이다. '안내서'는 "평화와 비폭력이 복음의 핵심"이라고 말하면서 그 근거로 하나님은 "우리를 아버지의 집으로 다시 불러오기 위해 그의 아들 예수 그리스도를 부당한 고난을 당하게 내어주었기 때문"이고 예수께서는 "자신의 가르침, 삶의 모범, 자발적인 죽음을 통해… 초기 교회의 비폭력적 삶의 모델이 되었다"고 말하고 있다.

여러 사람이 쓴 문서에서 발생할 수 있는 실수로 보기에는 일관된 신학적 통찰이 빈약하다고밖에 말할 수 없다.

'기후정의'와 '핵 없는 세상을 향한 평화의 순례'

필자가 보기에 이번 부산 총회에서 정의와 평화에 대한 논의는 '평화선언' 제40항에 집중될 것이다. 중요한 부분이므로 필자가 이 부분을 다시 번역하면 이렇다.

> 오늘날 평화를 위한 새로운 에큐메니컬 의제가 하나 있는데, 그것이 다른 어느 것보다 훨씬 더 긴박한 이유는 그것이 지금 제기하고 있는 위험의 성격과 범위 때문이다. 우리는 생명과 생명의 기초를 파괴하는 인간의 능력이 거대하게 증가했음을 목격하고 있다. 위협의 규모, 그 이면에 있는 집단적인 인간의 힘, 그리고 지구적인 공동대응의 필요성은 전례가 없다 하겠다. 두 개의 엄청난 위협, 즉 핵 학살(nuclear holocaust)과 기후 변화(climate change)가 많은 생명과 "just peace"에 대한 모든 전망을 파괴할 수 있다. 두 위협 다 창조세계가 본래 가지고 있는 에너지를 폭력적으로 오용한 결과다. 한 재앙은 무기의 확산, 특히 '대량 살상 무기'(weapons of mass destruction)의 확산에서 기인한다. 다른 재앙은 '대량 멸종의 삶의 방식'(lifestyles of mass extinction)의 확산에서 기인하는 것이라고 이해되어야 할 것이다. 하지만 이 두 가지 위협을 통제하려는 국제사회의 노력은 거의 성과를 거두지 못하고 있다.

먼저 기후 변화부터 언급하자. 현재 기후 변화(climate change)는 변화를 넘어 기후 붕괴(climate collapse)로 치닫고 있다. WCC는 이 문제를 기후정의(climate justice)의 문제로 접근할 것이다. 이 문제는 이른바 '정의 문서', 즉 "만물을 위한 생명, 정의, 평화의 경제 : 행동에의 촉구"(Economy of Life, Justice, and Peace for All : A Call to Action)가 일차적으로 다루고 있다. 이 문서는 AGAPE(Alternative Globalization Addressing People and Earth) – PWE(Poverty, Wealth, and Ecology)

를 잇는 문서다. 경제정의와 생태정의, 즉 "eco-justice"의 바탕 위에 '생명의 경제'(Economy of Life)를 향해 나아갈 것을 촉구하는 문서다. 이 문서는 '평화 선언'이 말하는 네 가지의 평화 가운데 '시장 안에서의 평화'(Peace in the Market Place), 및 '지구와의 평화'(Peace with the Earth)와 긴밀하게 연동되어 있다. 불행히도 '정의 문서'는 경제정의와 생태정의에 대한 목소리가 약하다.

설상가상으로 우리의 평화 '안내서'에서는 "just peace"와 "oikos"(하나님의 집)의 관계에 대해 설명하고 있지만 역시 약하다. 그러나 부산 총회 이후 전개될 '정의와 평화의 에큐메니컬 순례'에서는 기후정의(climate justice)가 가장 중요한 우선순위의 하나가 될 것이다. 세계에서 탄소를 가장 적게 배출하지만 지구온난화라는 재앙 때문에 가장 큰 고통을 당하는 사람들, 특히 태평양과 카리브 해와 뱅골 만의 작은 섬 국가에 사는 '탄소 문명의 피해자들'이 우리 시대 '지극히 작은 자들'이 되고 있다. 이들이 요구하는 정의가 곧 평화의 요체다.

다음으로 향후 8년 부산 이후(post-Busan) 에큐메니컬 순례에서 또한 중요한 것은 '핵 없는 세상을 향한 평화의 순례'가 될 것이다. WCC는 1983년 밴쿠버 총회에서 "핵무기의 사용뿐만 아니라 생산과 배치가 인류에 대한 범죄"라고 선언한 이후(하나님에 대한 죄라고는 선언하지 않았다. 2009년 9월 그리스 레로스에서 열린 〈IEPC 준비를 위한 WCC 소속 정교회 합동 전문가 회의〉가 비로소 "핵전쟁은 인간에 대한 범죄이며 하나님에 대한 치명적인 죄"라고 선언했다.) 핵문제에 대한 새로운 선언과 정책이 없었다. 더욱이 핵에너지(nuclear energy) 문제에 대해서는 한 번도 결의한 바 없다. 이번 제10차 WCC 부산 총회는 핵무기뿐만 아니라 (핵무기와 실체를 같이 하는) 핵 발전 역시 기독교 신앙과 양립할 수 없음을 천명하고 지금의 핵 문명에서 '핵 없는 세상'(a world without nuclear weapons and power plants)으로의 출애굽 순례를 시작하는 역사적 분기점이 되어야 할 것이다(핵에 대한 신학적 논의는 필자의 졸고, "'핵 없는 세상을 위한 신학'을 향하여 : 고든 카우프만의 '핵 시대의 신학'을 넘어서," 「신학사상」 159호, 2012년 12월을 참조하라.)

지난 2012년 3월 1일 출범한 〈핵 없는 세상을 위한 한국 그리스도인 연대〉는 선언문에서, 핵에 대한 유혹과 환상 그리고 그것에 대한 집착과 탐욕에서 벗어나는 영적 대각성이 우리의 신앙적 과제임을 천명하고, 핵의 실상을 바로 알리고 피폭자의 고통을 위로하고 치유하는 일을 추진하겠다고 선언했다. 특히 한국의 그리스도인들이 '탈핵 에너지 전환운동'에 힘쓸 수 있도록 핵에너지에 의존하지 않는 교회론, 즉 '생명 평화 교회론'을 발전시켜나갈 것을 다짐했다. 그리고 이번 부산 총회가 세계에서 가장 위험한 핵 밀집 지역에서 열린다는 사실을 전 세계 그리스도인들에게 환기시키면서, 핵무기와 핵에너지 문제를 '생명', '정의', '평화'를 주제로 하는 WCC 제10차 부산 총회의 핵심의제로 다루어줄 것을 요구했었다.

잘 알다시피, 한반도와 동북아시아는 이 세계에서 핵 발전이 가장 밀집된 최고의 위험 지역이다. 게다가 한반도를 둘러싼 동북아시아에 신냉전 기류가 흐르면서 무한 핵 경쟁이 이루어질 조짐이다. 미국은 이미 어떤 전쟁에서도, 즉 예방 전쟁도 포함하여 핵무기를 사용할 것을 천명했다 (2012년 1월 미 국방부 보고서, "Sustaining Global Leadership : Priorities for Twenty First Century" 참조). 중국은 이미 핵무기를 보유하고 있고, 핵무기가 없으면서도 유일하게 핵재 처리 능력을 가지고 있는 일본은 언제라도 핵 무장이 가능하다. 일본이 현재 공식적으로 보유하고 있는 플루토늄이 약 30t으로 이는 핵폭탄 6천 기 이상 만들 수 있는 양이다. 설사 일본이 후쿠시마 이후 모든 핵발전소를 폐지하더라도 롯카쇼무라 재처리 시설과 같은 플루토늄 관련 시설은 결코 포기하지 않을 것이다.

만약 6자 회담이 북의 핵 개발을 막지 못하면 일본의 핵 무장은 불을 보듯 뻔한 일이다. 그리고 북한과 일본의 핵 개발을 저지하지 못하면 동북아시아에서 핵의 네 거리에 알몸으로 내몰린 무핵 (無核)국가는 한국밖에 없게 될 것이고, 한국 역시 강한 핵 무장 유혹에 시달릴 것이다. 세계 최고의 핵 발전 밀집지역에 핵무기 경쟁의 소용돌이에 빠져드는 위험천만한 상황인 것이다. 북한군의 대남 전쟁 시나리오에는 한국과 일본의 원자력발전소를 대상으로 한 자폭 테러도 포함돼 있다고, 일본 산케이 신문이 탈북자들의 증언을 인용해 보도한 바도 있었다. 이번 총회는 이런 지정학적 맥락에서 열린다. 이제 한국과 동북아시아의 평화는 글자 그대로 세계평화의 요체가 되었다.

'안내서'가 비판하듯이, 핵무기 보유주의는 힘 지상주의 이데올로기와 극도의 남성성에 의해 강화된 군사문화의 가장 극단적인 형태이다. 핵은 - 무기든 발전이든 - 결코 기독교 신앙과 양립할 수 없다. 기아, 질병, 가난, 과소비, 환경오염, 기후 변화로 고통받는 세계에서 치명적인 무기체계에 거대한 금융자본이 투자하는 핵무장의 경제학이 더 이상 작동되어서는 안 된다. 최근 아프리카가 핵무기 자유지대가 되었고, 현재 이런 자유지역이 지구의 절반 이상을 차지하고 있다. 핵무기뿐만 아니라 핵무기를 떠받치는 핵 발전이 없는, 그런 가나안 땅으로의 출애굽은 가능하다. 이번 부산 총회가 바로 그런 '핵 없는 세상을 향한 출애굽 순례'의 원년이 되어야 한다. 후쿠시마는 현재진행형이다. 히로시마-나가사키-합천-후쿠시마-대만 란위 섬을 잇는 피폭자(히바쿠샤)의 목소리가 들리게 해야 한다.

나아가며

'평화 선언'이 사용하고 있는 "just peace"라는 개념은 사실 부시나 오바마도 사용한 개념이다. 말하자면 그것은 제국의 어휘인 셈이다. '평화 선언'을 향한 비판이 끊이지 않았다.

거기에 평화주의자의 목소리는 있지만 예언자의 목소리는 없다고 했다. 정복당한 민족의 목소리는 아예 들리지도 않는다고 했다. 전 세계

137개국에 존재하는 820개의 미군기지가 '제국'의 증거임을 암시하긴 했지만, 오늘의 평화의 문제가 근본적으로 제국이라는 콘텍스트에서 사유되어야 함을 명시하진 않았다. 제국의 문제는 곧 하나님의 주권(divine sovereignty)의 문제이며, 그것이 곧 '하나님의 평화'의 요체라는 신학적 성찰은 전혀 이루어지지 않았다. 전쟁을 반대한다는 것은 곧 군산 복합체에 대한 모든 지지를 철회하고 그 시스템을 세상의 "옥좌에서 내려오도록"(dethroning) 해야 하는 것임에도 불구하고 전쟁 제조 메커니즘에 대해서는 심층적인 분석이 없다고 했다. '핵 학살'이라는 말은 나오지만 핵에 대한 구체적 입장은 찾아볼 수 없다고 했다. 평화가 깨져 세상이 신음하는데 문제의 긴박성이 전혀 느껴지지 않는다고 했다. 10년 동안의 DOV를 결산하고 새로운 운동의 시작을 알리겠다는 포부로 문을 연 문서가 펼쳐보니 DOV의 약점을 고스란히 반영하고 있다고 했다.

이 모든 비판이 다 일리가 있다. 그런데 이 모든 말은, 300년 만에 한 번 이 땅에서 열릴 확률을 가졌다는 WCC 총회의 주최국에서 평화를 만들기 위해 일하는 사람들의 강력한 헌신과 기여가 거의 절대적으로 필요하다는 말과 같은 말이라고 생각한다.

지금은 어느 때보다 평화를 만드는 변혁적 영성(a transformative spirituality of peace-making)이 필요하다고 믿는다. 에큐메니즘도 '변혁적 에큐메니즘'(transformative ecumenism)이라는 새로운 개념이 한창 논의되고 있는 중이다. 이러한 평화의 영성은, 시대의 징조를 분별하고 제국의 콘텍스트를 통찰하면서도 우리의 매일의 삶의 자리에서부터 평화를 만드는 영성일 것이다. 사랑으로 세계를 지으시고 다스리시는 하나님은 삶의 작은 부분도 세심히 돌보시는 하나님(God of the Details)이시라고 믿는다.

지난 킹스턴 평화회의에서 파트리샤 루이스(Patricia Lewis)는 "나는 여성들이 [이 세계 모든 지역의] 모든 갈등의 협상 테이블에 앉아 있는 것을 보고 싶습니다. 또한 여성들이 핵무기 협상 테이블에 앉아 있는 것을 보고 싶습니다"라고 말했다. 그는 여성과 평화의 관계에 대한 자신의 연구를 소개하면서, "갈등 지역에 가서 거기 사는 여성들에게 물어 보지 않으면 당신은 거기서 무슨 일이 일어나는지 아무것도 모른다"고 잘라 말했다. 이 대회에 참석했던 다른 참가자는 대회가 채택한 메시지에 코멘트하면서, 평화는 우리가 아이들을 다루는 방법부터 시작하지 않겠느냐고 반문했다. 아이들에 대한 체벌을 방관하면서 어떻게 비폭력 문화를 말할 수 있겠느냐는 것이었다.

또 다른 참가자는 '평화의 권리'(The Right to Peace)라는 개념을 제안하기도 했다. 우리가 이 땅에 사람으로 태어나 당연히 누려야 할 기본 권리 가운데 하나로 평화롭게 살 권리도 포함시켜야 하지 않겠느냐는 제안이었다. 생각이 바뀌고 습관이 바뀌고 문화가 바뀌어야 한다. 지금도 영국의 왕세자가 교회에서 결혼식을 할 때면 군복을 입는다고 한다. 교황이 다른 나라를 방문할 때면 착검한 군인들을 앞을 위풍당당하게 도열한다. 멀리 갈 것도 없이 요즘 한국에서는 군대를 배경으로 한 프로그램이 아주 인기다.

히틀러에 저항하다 순교한 디트리히 본회퍼는 Universal Christian Peace Council를 꿈꾸었다. 과연 WCC가 그 꿈의 실현일까? 우리에게는 '평화 교회'(메노나이트)도 있고 '평화를 만드는 교회'(가톨릭)도 있다. 어떤 이름이든 예수 그리스도의 교회는 세상이 다 아는 평화, 사람이 얼마든지 생각해낼 수 있는 평화가 아니라 "사람으로서는 감히 생각도 할 수 없는", "사람의 헤아림을 뛰어넘는", "사람의 견해를 초월하는" '하나님의 평화'를 예배와 교육과 선교와 매일의 삶에서 기도하고 꿈꾸고 바라보고 실천해야 하지 않겠는가.

"생명의 하나님, 우리를 당신의 정의와 평화로 이끄소서"(God of Life, lead us to Your Justice and Peace).

부록 : 평화를 의제화할 수 있는 WCC 부산 총회 활동 무대들

① '제리코리'(Jeri-Kori). 40일 금식기도(9.30.~11.8.), 탈핵 촛불기도회
② 사전대회(여성과 남성, 청년, 원주민, 장애인)
③ 모든 Prayer(worship) meetings
④ Opening Plenary, Theme Plenary, Asia Plenary
⑤ Ecumenical Conversations(10. 31. 목 / 11. 1. 금 / 11. 4. 월 / 11. 5. 화)
  EC 15 : The Way of Just Peace : Building Peace Together &
  EC 12 : The Earth Community Groans : A Call to Ecological Justice and Peace
  EC 14 : Human Security : Sustaining Peace with Justice and Human Rights
  EC 17 : The Korean Peninsula : Ecumenical Solidarity for Justice and Peace
  EC 18 : "Middle East" : Whose Justice, Whose Peace?
⑥ Ecumenical Pilgrimage for Peace with Korean Churches(11. 2. 토 ~ 11. 3. 일)
⑦ Madang Worships and Exhibitions
  (11. 4. 월)
  Spirituality of Resistance and Solidarity : A World without Empire
  Walking Together in Hope for Palestine and Israel
  Churches Response to Violence against Women
  (11. 5. 화)
  Just Peace and the Presponsibility to Prevent Violence

Just Peace in Burma
Nuclear Phaseout or a New Atomic Age?
Peace through Reconciliation
Life, Free of Nuclear Power
(11. 6. 수)
　Enhancing Peace with Justice : Lifegiving Agriculture
　Inter-Island Solidarity for Just Peace
(11. 7. 목)
　God of Life, maek Us Instruments of Justice and Peace
　Kairos Palestine
　Just Peace and the US Churches
　Women Religions Leaders as Peacemakers
　Article 9 of the Japanese Peace Constitution
　Dignity and Justice to the Victims of Military Sexual Slavery
　Religious Minority Struggles for Peace with Justice
⑧ Bible Studies(on Justice - 11. 6. / on Peace - 11. 7.)
⑨ Justice Plenary(11. 6. 수)
⑩ Peace Plenary(11. 7. 목)

[해 설]

WCC와 한국교회 정의 평화 논의와 실천

정주진
NCCK 정의평화위원회 위원, 평화학 박사

WCC 및 세계 교회의 정의 평화 논의

2011년 5월, 자메이카의 킹스턴에서 〈세계 에큐메니컬 평화대회/International Ecumenical Peace Convocation〉가 열렸다. 전 세계 교회에서 1천 명 정도가 참여했고 전 세계 평화와 폭력 현안이 논의됐다. 이 대회는 2001-2010년 WCC가 세계 교회와 함께 진행했던 '폭력 극복 10년 캠페인'을 마감하는 자리였다. 10년 동안 세계 곳곳에서 진행된 활동을 공유하고 성과를 축하하며, 여전히 남은 문제들을 같이 고민해 보는 자리였다. 현상적으로 보자면, 캠페인이 벌어진 10년 동안 세상의 폭력은 더 많아지고 뿌리도 깊어졌다. 그러나 한 가지 위안이자 희망이 되는 것은, 폭력의 심각성과 평화의 시급함을 고민하는 사람들이 늘어났다는 것이다. 그리고 그 증거로 세계 각지에서 온 1천여 명의 참석자들이 같은 언어로 평화의 시급함을 강조하고 폭력 제거의 어려움과 전략에 대해 고민했다는 점이다.

WCC가 세계 교회들과 함께 지난 10여 년 동안 특별히 '평화'를 핵심

주제로 삼아 논의와 실천을 확대해 온 것은 어쩌면 당연한 것이다. 20세기 말에 등장한 새로운 내전과 대량 학살, 21세기 다시 시작된 국가 간 전쟁들, 그리고 비뚤어진 국제사회의 구조에서 비롯된 폭력의 고착화와 희생자의 증가가 교회의 양심과 사회적 책임에 비춰볼 때 절대 외면할 수 없는 수준에 이르렀기 때문이다. 특별히 폭력 상황들의 상호작용에 의해 폭력이 확산되고, 그 결과 폭력의 희생자가 증가하며, 따라서 폭력의 근본 원인을 포괄적으로 제거하는 것이 불가피함을 인식했기 때문이다. 다른 한편으로는 교회가 지구 공동체의 구성주체 중 하나로 폭력 및 희생자의 증가를 외면하고, 더 나아가 폭력의 확산과 지속에 기여한 잘못을 회개해야 하는 기독교 윤리적 당위성을 인식했기 때문이다.

이런 인식의 연장선에서 부산에서 열리는 WCC 10차 총회의 주제는 '생명의 하나님, 우리를 정의와 평화로 이끄소서'이고, 그 자리에서도 폭력과 평화 현안에 대한 논의와 실천 고민은 이어질 것이다.

WCC와 WCC의 평화 논의에 동참하는 세계 교회들이 동의하는 평화는 전쟁의 부재와 신체적 해를 넘어서 인간의 존엄, 번영, 행복이 보장되고 결과적으로 인류 전체의 삶의 질의 향상되는 평화다. 그런데 WCC는 평화에 정의를 추가해 '정의 평화'를 말하고 있다. ⟨An Ecumenical Call to Just Peace⟩ 문서에서 언급하고 있는 것처럼 WCC는 '정의가 없는 평화, 평화가 없는 정의'가 아니라 정의와 평화가 함께 이뤄져야 함을 강조하고 있는 것이다. 이것은 "정의와 평화는 서로 입을 맞춘다"(시 85 : 10)는 성경 구절에 기초하고 있다. 이 문서는 "정의와 평화가 부족할 때, 또는 서로 반대 위치에 있을 때는 우리의 방식을 개혁해야 한다"면서 정의와 평화가 반드시 동시에 추구돼야 함을 강조하고 있다.[1]

WCC의 접근은 평화 연구의 기본적인 접근 방법과 크게 다르지 않다. 다만 WCC는 정의 평화를 병렬적으로 배치하고 정의를 앞에 두었다. 평화

---

1) WCC의 "An Ecumenical Call to Just Peace" p. 2 참조.

연구는 '평화'가 불가피하게 정의를 동반해야 함을 주장해 왔으며, 'just peace'라는 용어를 통해 정의의 달성을 동등하게 강조해 왔다. 이런 언어 배열의 차이는 위 문서의 제목에 포함된 'just peace'를 통해 의미적 차이가 아님이 드러난다. 결국 WCC와 세계 교회들이 논의하는 정의 평화와 평화 연구가 논의하는 평화는 근본적으로 맥을 같이 한다. 이것은 WCC의 평화 논의 및 실천에 신학자들뿐만 아니라 많은 평화 연구자들 및 현장 실천가들이 참여하고 있기 때문에 생긴 당연한 결과라고 볼 수 있다.

　WCC와 세계 교회들의 정의 평화 논의는 실천 영역에 있어서 특별히 공동체, 지구, 시장, 민족/국가의 4개 영역을 제시하고 있다. 공동체 안의 폭력과 평화 현안은 가정, 교회, 학교, 마을, 직장 내의 폭행, 차별, 억압, 착취, 불평등한 구조, 전쟁 및 소형 무기에 의한 희생 등이다. 지구에 대한 폭력과 평화 현안은 지구온난화와 기후 변화로 인한 자연재해와 식량난, 기후난민, 부국의 온실가스 배출과 빈국의 피해, 기후정의 등이다. 시장 안의 폭력과 평화 현안은 빈곤과 실업, 빈부 격차, 불공정한 구조, 부당한 부의 축적과 생계의 위협, 부국의 착취와 빈국의 희생 등이다. 민족/국가 사이 폭력과 평화 현안은 증오와 차별, 외국인 혐오, 힘에 의한 외교, 무기 경쟁, 전쟁 등이다.

　공동체, 지구, 시장, 민족 및 국가 영역은 전 세계 폭력 및 평화 현안을 모두 포함하고 있으며, 구분되지 않고 상호 연결되어 있다. 이것은 폭력의 복잡성을 드러내지만 동시에 평화의 확장 가능성을 나타내기도 한다. 다시 말해, 한 가지 폭력이 다른 영역의 근본 원인들과 연결돼 있어 해결하기가 복잡하지만 한 가지 폭력을 해결해 평화가 달성되면 그 영향이 자연스럽게 다른 영역으로 확장됨을 의미한다.

　WCC와 세계 교회들의 정의 평화 논의와 실천에서 가장 주목할 것은 상향식(bottom-up) 접근이다. 폭력과 평화의 현안 및 필요성은 당사자들의 삶의 이야기와 고백을 통해 확인되고 폭력의 극복과 평화의 성취 과정 및 방법 또한 당사자들에 의해 제안 및 합의되고 실천된다. 이것은 교회의 역할이 논의를 주도하고 해결책을 일방적으로 제시하는 것이 아니라 당사자들을 독려하고, 실질적으로 지원하며, 그들에게 논의와 실천의 장을 제공하는 것임을 강조하는 것이다.

한국 교회의 정의 평화 논의와 실천

한국 교회는(여기서는 특별히 에큐메니컬 운동 영역을 말한다) 한반도의 역사와 함께해 왔다. 왜곡되고 상처 많은 한반도 역사와 함께해 온 연유로 한국 교회 에큐메니컬 운동은 특별히 정의에 민감하고 정의의 달성에 집중해 왔다. 한국 교회가 정의에서 한 발 더 나아가 남북문제와 관련된 평화가 아닌 인류 보편적 평화에 관심을 두기 시작한 것은 오래되지 않은 일이다. 때문에 여전히 정의가 더 강조되고, 논의와 실천의 중심에 서 있다. 이것은 위에서 언급한 WCC와 세계 교회들의 정의 평화 논의 및 실천과 상당히 차이가 있음을 보여 준다. 그럼에도 불구하고 평화가 논의와 실천의 중요 주제로 조금씩 자리매김하고 있는 것은 상당히 고무적인 상황이라 할 수 있다.

한국 교회의 정의 평화 논의 및 실천은 WCC로 대변되는 세계 교회의 접근과 비교할 때 기본적인 한계를 가지고 있다. 세계 교회에서는 정의와 평화가 동시에 논의되고 있지만 한국 교회에서는 정의가 핵심을 차지하고 있고, 평화는 조건적으로 언급되거나 소비되고 있는 상황이다. 다시 말해 '평화 없는 정의'가 여전히 논의와 실천의 핵심으로 자리 잡고 있고, 평화는 필요할 때 조건적으로 추가되거나 오용되는 상황임을 말해 준다. 이것이 지금의 한국 교회가 폭력 현안을 다룸에 있어 서 있는 자연스런 자리임을 인정해야 한다. 다만 정의 평화 논의 및 실천에 있어서 세계 교회들과 발을 맞춘다면 그리고 발을 맞추기 원한다면, 극복해야 할 점들을 고민해 보는 것은 타당하며, 다른 한편으로 불가피한 절차다.

한국 교회가 극복해야 할 또 다른 과제는 민족적 현안의 집중과 지구적 현안의 외면이다. WCC와 세계 교회가 제안하고 있는 폭력과 평화의 과제는 공동체, 시장, 지구, 민족/국가 사이로 폭 넓게 규정돼 있다. 각 영역은 풀뿌리 차원부터 지역 사회와 국제사회까지, 그리고 개인으로부터 집단과 국가까지 모든 차원의 문제를 상호작용을 고려해 포괄적으로 분석하고 대응할 것을 요구한다. 그러나 한국 교회의 논의는 한편으로 남북관계와 평화통일, 한국 사회의 불의와 불공정에 집중되어 있고, 다른 한편으로 여전히 거시적 차원의 문제를 다루고 있다. 시급한 한반도와 한국 사회 현안을 포기해야 한다는 얘기는 아니다. 다만 민족적 현안과 동시에 지구적 현안들도 교회의 논의와 실천 영역에 적극 수용해야 한다는 것이다. 이런 변화는 결과적으로 한반도 및 한국 사회 현안에 대한 새로운 분석과 대응도 가능하게 한다.

한국 사회 및 지구 차원의 폭력 및 평화 현안 논의와 실천에 있어 한국 교회가 당면한 또 다른 과제는 타협적 접근의 극복이다. 이것은 동시에 원칙적 접근의 강조를 의미한다. 타협적 접근은 잠재적 참여자들을 독려함으로써 논의와 실천에 역동성을 제공해 줄 수 있다. 그러나 문제에 피상적, 선별적으로 접근함으로써 장기적인 건전성과 지속성은 담보해 주지 못한다. 공동체의 폭력 및 평화 현안에 있어서 교단 및 교회 내의 구조적 문제 배제, 지구 현안에 있어 한국 정부와 국민의 지구온난화 및 기후변화 기여와 기후정의 문제의 외면, 시장 현안에 있어 부의 축적과 빈곤과의 상관관계 외면 및 한국 사회의 대량 소비와 빈국의 착취 관계 외면 등이 원칙적 접근의 외면이다. 민족/국가 사이 문제에 있어서는 전쟁과 무기 문제, 군사주의에 대한 교회의 입장 수립 외면 등이 해당된다. 이런 문제들은 모두 복잡하고 심도 있는 논의와 합의가 필요한 문제들이다.

때문에 교회가 원칙적 접근을 논의하더라도 다양한 집단의 기독교인 및 일반 대중을 설득하고 참여시키기 위해 타협적 접근의 수준과 방식을 합의할 필요가 있을 것이다. 그러나 교회가 정의 평화 주제 자체를 다루는 한 외면할 수는 없는 원칙적 문제들이다.

한국 교회는 정의 평화 논의와 실천에 있어 여러 가지 한계와 과제를 안고 있지만, 그것들을 논의할 자리조차 제대로 만들지 못하고 있다. 이 문제와 관련해서는 여러 가지 이유를 고민해 볼 수 있다. 새로운 지도력의 부재, 목회자 및 신학자 위주의 에큐메니컬 운동, 평신도 참여 공간의 부족, 토론과 합의 문화의 부재, 평화성의 부족 등이 고민해 봐야 할 대표적 문제들이다. 이런 문제들은 정의 평화 논의 및 실천이 여러 가지 면에서 한계를 가질 수밖에 없는 내·외적 환경을 만드는 데 기여한다. 동시에 한계 극복을 위한 심도 있는 토론과 새로운 담론의 형성조차 힘들게 만든다.

새로운 지도력은 90도의 수직적 형태에서 벗어나 수평적 형태를 지향하는 것을 말한다. 이것은 결정권 행사로 대변되는 힘의 소수 집중이 아니라 다수 공유로의 변화를 의미한다. 그러나 한국 교회는 큰 그림을 봤을 때 아직도 90도 수직에서 거의 벗어나지 못하고 있다. 목회자 및 신학자 위주의 에큐메니컬 운동과 평신도 참여 공간의 부족은 상호 연관된 문제다. 에큐메니컬 운동 및 교단 활동은 다수의 평신도 참여가 배제된 채 여전히 목회자 및 신학자 위주로 이뤄지고 있다. 때문에 에큐메니컬 운동 및 교단 활동은 다수의 평신도와 제대로 공유되지 않으며, 제도적 교회 및 기독교 신앙의 질적 발전을 저해하고 있다. 토론과 합의 문화의 부재는 현안의 선정과 절차 모두에 치명적인 영향을 미치고 있다. 그 결과 한국 교회는 아직도 전쟁, 비폭력, 핵무기, 무기 생산 및 거래와 무기 경쟁, 군축, 인간 안보, 교회와 군대의 관계 설정, 인도적 개입 등 기본적 평화 현안에 대한 토론조차 제대로 하지 못하고 있다. 여전히 정의에만 집중되거나 평화가 동반되지 않는 정의가 강조되는 이유 또한 다양한 집단과 개인을 포함하는 열린 토론과 합의 문화가 부재하기 때문이다.

평화성의 부족은 평화적 시각에서 봤을 때 앞서 언급한 모든 문제들의 근본 원인이라고 볼 수 있다. 여기서 말하는 평화성은 평화의 핵심 요소인 관계성, 공동체성, 지속성을 모두 포함하는 것이다. 평화의 관계성은 모든 개인, 집단, 사회, 국가 사이에 힘이 아니라 수평적이고 상호 의존과 배려의 관계가 형성된 것을 말한다. 이런 관계에서는 누구도 힘에 의존한 폭력에 희생되지 않는다. 평화의 공동체성은 평화의 관계성이라는 토대 위에 형성되는 것으로, 독립적인 주체들이 힘의 압력을 받지 않고 평화롭게 공존하는 것을 말한다. 평화의 지속성은 일회성의 왜곡된 평화가 아니라 근본적인 문제의 해결을 통한 안정되고 평화적 문제 해결이 정착된 지속적인 평화를 말한다. 이런 지속성은 평화의 성취를 위해 선택되는 평화적 과정과 방법, 공정하고 공평한 참여, 정의를 담보하는 문제 해결 등을 통해 가능하다.[2]

평화성은 앞서 언급한 문제들이 해결될 때 성취될 수 있는 것이며, 앞서 언급한 문제들을 다룰 때 반드시 고려돼야 하는 점이기도 하다.

한국 교회 정의 평화와 평화 교육

정의 평화 현안의 논의 및 실천과 관련해 한국 교회가 당면한 현안은, 첫째로 WCC와 세계 교회들이 추구하는 지구적 접근을 수용할 것이냐는 것과, 둘째로 수용을 위해 한국 교회 내의 한계와 문제를 먼저 극복할 것이냐는 두 가지로 정리된다.

첫째 현안은 WCC 10차 총회까지 유치하는 한국 교회의 위상, 그리고 한국 사회가 세계의 정치, 경제, 문화에 끼치는 영향을 생각할 때 피하기 힘든 현안이다. 둘째 현안인 한국 교회 내의 한계와 문제의 극복은, 작은 목소리와 움직임이지만 이미 한국 교회 내에서 나타나고 있는 평화 논의와 담론의 등장을 고려할 때 피할 수 없는 시대적 과제이자 도전이다. 결국 두 가지 현안 모두 이 시대 한국 교회가 피해갈 수 없는 일이다. 이 두 가지 현안은 단계적이 아니라 동시적으로 다뤄질 수 있으며, 그 과정

---

2) 정주진, 「일상의 폭력과 녹색평화」, 「녹색평화란 무엇인가」(아카넷, 2013), pp. 228-231 참조.

에서 상호 영향을 끼치면서 시너지 효과를 낼 수 있다. 다시 말해 지구적 차원의 정의 평화 논의 및 실천은 결국 한국 교회 내 변화를 가져올 것이고, 한국 교회 내 한계 및 문제 극복 노력은 자연스럽게 지구적 차원의 문제에 눈을 돌리게 할 것이다. 그리고 이런 변화는 평화 교육을 통해 구체적, 단계적으로 가능해진다.

평화 교육은 가치, 태도, 행동의 변화를 목표로 삼는다. 가치의 변화는 폭력의 실행, 승인, 묵인과 힘에 의한 해결의 지지에서 벗어나 상호 존중과 배려, 대화, 협력에 기초한 평화적 공존을 가치로 삼는 것을 말한다. 태도의 변화는 타인에 대한 편견, 차별, 무시, 외면 등에 기초한 폭력적 대응을 존중과 포용에 기초한 평화적 대응으로 바꾸는 것을 말한다. 행동의 변화는 평화의 가치와 평화적 대응에 기초한 관계 맺기, 폭력 제거 노력, 평화적 공존 노력 등을 직접 실천하는 것을 말한다. 이런 가치, 태도, 행동의 변화는 개인, 사회, 국가, 지구촌 모든 영역의 폭력과 평화 문제에 대한 대응과 실천에 공통으로 적용된다. 평화 교육에서는 이 세 가지가 동등하게 강조되며, 특별히 행동의 변화가 없다면 평화 교육은 완전한 형태를 갖추지 못하게 된다.

교회 안에서 이뤄지는 평화 교육은 특별히 성서의 가르침에 근거해 기독교적 정체성과 윤리관을 세우는데 기여할 수 있다. 동시에 WCC와 세계 교회가 강조하는 영역별 폭력 및 평화 현안을 다루고, 정의가 동반된 평화와 평화가 동반된 정의를 강조하는 내용을 포함시킬 수 있다. 이런 교회 내 평화 교육은 한국 교회로 하여금 민족적 차원을 넘어 지구적 차원에서 보편적 폭력과 평화의 문제에 접근하고, 동시에 한반도 및 한국 사회의 문제에도 정의 평화의 포괄적 접근을 통해 진단하고 대응하게 해줄 것이다.

평화 교육은 한국 교회가 당면한 문제들, 다시 말해 앞서 언급한 새로운 지도력의 부재, 목회자 및 신학자 위주의 에큐메니컬 운동, 평신도 참여 공간의 부족, 토론과 합의 문화의 부재, 평화성의 부족 등 정의 평화 논의 및 실천을 저해하는 문제들을 극복하게 해줄 것이다. 평화 교육은 더욱 구체적이게는 기독교인들이 평화성에 기초한 언어, 가치, 과정을 공유하며, 정의 평화 논의 및 실천에 있어 평화적 과정을 수립하게 해주며, 소수의 결정과 다수의 소외를 가져오는 교회 내 비평화적 구조 및 문화의 극복에 기여할 것이다. 이것은 곧 교회 내 평화문화의 확산을 가져오며, 한반도와 한국 사회 그리고 궁극적으로 한반도가 속한 지구촌의 정의 평화에도 기여할 것이다.

WCC는 〈An Ecumenical Call to Just Peace〉 문서에서 평화 교육(Education for Peace)을 정의 평화를 향하는 '길잡이' 중 하나로 언급하고 있다. 평화 교육은 평화의 비전을 담으며, 여러 전통과 문화가 가치로 삼는 적극적 비폭력을 변화를 위한 방법으로 독려하고, 사람들로 하여금 평화를 추구하도록 한다고 명시하고 있다.[3] 정의 평화 논의 및 실천을 위한 전제로서 평화 교육이 불가피함을 강조하고 있는 것이다. 현실적으로도 평화는 배우지 않으면 이해할 수 없다. 또한 배우고 분석하지 않으면 평화의 필요성을 인식할 수 없으며, 궁극적으로 정의와 함께 이뤄지는 평화 성취를 위한 구체적 과정과 전략을 세울 수가 없다.

평화 교육은 한국 교회가 WCC와 세계 교회들의 정의 평화 논의와 실천에 동참하기 위해 불가피하게 선택해야 하는 일이다. 결국 정의 평화 논의 및 실천의 첫 걸음은 구체적, 단계적, 포괄적인 평화 교육의 시작이다.

---

3) WCC의 "An Ecumenical Call to Just Peace" p. 10 참조.

5부

생명, 정의, 생태 정의에 대한 신학과 에큐메니칼 운동

Theology and Ecumenical Movement
on Life, Justice and Ecology

해설 # WCC와 에큐메니컬 공동체의 생태정의신학과 행동

박성원
오이코스생명물결 대표

오늘의 생태 위기는 카이로스적이다. 즉각적 고백신앙적 결단(status confessionis)을 내려야 할 정도로 총체적이고 급박하고 치명적이라는 것이다. 이 글은, 넓게는 에큐메니컬 공동체가, 좁게는 세계교회협의회가 생태 문제에 대한 에큐메니컬 증언을 어떻게 해왔는지 그 역사적 여정을 살펴보고, 부산 총회가 어떤 예언적 헌신을 해야 하는지 성찰해 보기 위한 것이다. 이 글에는 오늘 지구가 당면하고 있는 경제 불의와 생태 파괴에 대한 심각한 상황 자체를 전제로 하고 있기 때문에 그 내용을 별도로 다루지 않는다. 이 글은 필자 자신도 경제·생태정의에 대한 에큐메니컬 여정(ecumenical journey)에 대해 깊이 관여해 왔기 때문에, 그 경험을 바탕으로 내러티브 형식으로 서술한다.

WCC가 밴쿠버 이전에 생태 문제를 다루어 온 여정

WCC가 생명과 생태 문제를 최초로 거론한 것은 1961년 뉴델리에서 열린 제3차 총회에서였다. 당시 기독교 신앙과 생태적 사고를 연결시킨

개척자인 미국의 루터교 신학자 조셉 시틀러(Joseph Sittler)가 골로새서 1장 15-20절을 성서적 근거로 하여 우주적 기독론에 근거한 창조 세계 보전에 대한 도전을 한 데서 이 문제가 대두되었다. 그러나 1960년대 세계역사의 격변에 직면하여 WCC가 "역사의 변혁"에 집중하면서 이 관심은 밀려나 있었다.

하지만 사회에서는 이미 생태 파괴의 위기를 보기 시작하는 분별이 일어나고 있었고 이탈리아 실업가 아울레리오 페체이(Aurelio Peccei)가 심각한 세계 문제를 인식하고 뜻을 같이 하는 유럽의 경제학자, 과학자, 실업가등 36명을 1970년 스위스에 모아 발족시킨 로마 클럽 Club of Rome이 1972년 이후 "성장의 한계"(Limits of Growth)란 보고서를 출판하면서 유명한 지속 가능성(sustainability) 담론이 나오기 시작했다. 이런 생태에 대한 관심을 국제사회가 채택하면서 1972년 스톡홀름 회의로 일컬어지는 유엔 인간환경회의(UN Conference on Human Environment)가 조직되는 등 사회는 서서히 이 방향으로 움직이기 시작했다.

WCC도 이 흐름을 중시하고 있었고, WCC 제5차 총회(나이로비, 1975)가 "정의롭고, 참여적이고, 지속 가능한 사회"(Just, Participatory and Sustainable Society)란 프로그램을 시작하도록 결정하면서 생태 문제를 중요한 에큐메니컬 과제로 다루기 시작했다. JPSS란 약자로 알려진 이 프로그램이 WCC가 지금까지 진행해 온 프로그램 중 가장 알찬 것이었다 해도 과언이 아니다.

밴쿠버 총회의 "정의, 평화, 창조의 보전"의 헌신

WCC가 생태 문제를 본격적으로 다루기 시작한 것은 제6차 총회(밴쿠버, 1983)에서였다. 밴쿠버 총회는 "정의, 평화, 창조의 보전"(Justice, Peace and the Integrity of Creation : JPIC) 프로그램을 시작하면서 세계 교회가 이 문제에 대한 신학적 성찰을 하고 정의, 평화, 창조 세계의 보전을 위한 상호 헌신을 하도록 촉구하였다.

밴쿠버 총회보다 1년 앞선 1982년, 오타와(Ottawa)에서 열린 세계개혁교회연맹 WCRC(당시는 WARC) 제21차 총회는 "정의와 평화"를 이 시대에 교회가 감당해야 할 가장 시급한 현안으로 설정하고, 이를 WCC에 제안한 바 있다. 1980년대는 전 세계가 인종 차별, 빈부 격차, 소외, 착취, 인권 유린, 전쟁과 군비 경쟁, 핵 경쟁 등의 격동적인 소용돌이 속에 있었고, 특히 남아공의 인종분리정책(Apartheid)이 에큐메니컬 공동체의 중심적 관심으로 올라와 있었던 관계로 세계개혁교회연맹은 "정의와 평화"보다 최대로 절실한 시대적 과제라고 보았다.

WCC 밴쿠버 총회는 이 권고에 응답하면서 여기에 창조의 보전 문제를 덧붙임으로써 생태 문제가 정의, 평화와 나란히 1980년대 이후 에큐메니컬 중심과제로 자리 잡게 되었다. 총회가 끝나자 WCC는 곧 JPIC 프로세스를 전개하며 각 나라별 혹은 각 대륙 별로 협의회를 개최하면서 세계 교회의 헌신을 묶어나갔다.

JPIC 프로세스와 관련하여 세 가지 중요한 쟁점이 있었다.

첫째는 신학적 쟁점이었다. 캔버라 총회의 결정은 세계교회협의회가 회원 교회로 하여금 정의, 평화, 창조의 보전에 상호 헌신(mutual commitment)을 하는 계약(covenant) 맺기 운동을 전개하는 것이었다. 그래서 프로세스를 진행하면서 계속 신앙고백적 행동의 일환으로 계약을 맺는 방안에 대해 논의했다. 여기에 대해 정교회 쪽은, 계약은 하나님께서 인간을 향하시어 맺는 것이지 인간은 계약 창시자가 될 수 없으며, 또한 계약은 그리스도께서 이미 맺으신 새 계약으로 완성된 것이므로 인간이 주도하는 또 하나의 계약이 있을 수 없다는 것이다. 그래서 계약이란 신학적 개념에 공감대가 형성되지 못했다.

둘째는 정의, 평화, 창조의 보전을 위한 교회 일치 과정에 대한 문제였다. 교회 일치는 여러 가지 차원에서 전개될 수 있는데 정의, 평화, 창조의 보전과 같은 공동 증언의 과제를 놓고 교회가 일치의 과정(conciliar process)를 전개할 수 있다고 보고, 이를 추진하려고 노력했다. 특히 아직도 정식으로 WCC 회원 교회가 아니긴 하지만 신앙과직제 위원회에는 정식 회원으로 참여하고 있는 로마 가톨릭교회가 JPIC 문제에 대해서는 교회적 일치를 이루며 헌신하는 방안이 가능하지 않는지를 줄곧 모색했다. 그러나 로마 가톨릭교회는, 포괄적 차원에서 교회적 일치를 이루지 못한 상황에서 비록 부분적 이슈에 대한 것이라 할지라도 아직 교회 일치적 접근을 할 수 없다는 입장이었다. WCC는 JPIC 대회에 로마 가톨릭교회가 교회적 차원에서 참여해 상호 헌신을 하리라는 기대를 하고 노력했으나 그 꿈은 실현될 수 없었다. 이로써 WCC 창설 당시부터 꾸준히 시도되어 온 로마 가톨릭교회와의 일치운동조차도 당분간 소강 상태가 되고 말았고, 이후로는 WCC가 가톨릭교회와의 일치문제는 더 깊이 있게 추진해 오지 못하고 있는 실정이다.

세 번째 문제는, 정의와 평화의 문제, 그리고 창조의 보전 사이에 우선순위의 문제(question of priority)였다. 정의와 평화가 절대 절명의 과제인 남반구 교회들은 JPIC의 핵심은 정의와 평화 문제에 있다는 입장을 견지한 반면 서구 교회는 창조의 보전에 방점을 두고 있었다. 서구 교회의 입장에 대한 남반구 교회의 저항이 심했다. 남반구는 아직도 식민주의, 제국주의, 정치적 억압, 독재정권의 전횡, 사회불의, 인종 차별, 계급 착취, 자원탈취, 외채, 난민 문제 등 수많은 불의와 구조적 폭력에 시달리고 있으며 이 때문에 정의와 평화가 급선무인데, 서구사회는 이제 먹고 살 만하니까 남반구가 직면하고 있는 문제를 건너뛰어 생태 문제를 전면에 내세우려 한다고 비판했다.

당시는 세계 교회가 2000년을 앞두고 희년운동(Jubilee Movement)을 대대적으로 전개하면서 외채 탕감 캠페인을 하고 있을 때였는데, 서구 교회가 환경 문제를 들고 나와 이를 희석시키려 하고 있다는 의심도 하고 있었다.

정의, 평화, 창조의 보전 세계 대회(서울, 1991)

마침내 WCC 제7차 총회(캔버라, 1991)를 1년 앞둔 1990년 서울에서 JPIC 세계 대회 World Convocation on Justice, Peace and the Integrity of Creation가 열렸다. 여기에서 흥미로운 것은 'Convocation'이란 용어인데, 이 말은 통상 '회의'로 번역되지만 '함께 헌신한다'는 의미도 내포하고 있다. 이 용어 사용에는 상호 계약을 하기가 힘듦으로 대신 함께 헌신한다는 의미를 대회 명칭에서 살리자는 의도가 내포되었던 것 같다.

"홍수와 무지개 사이"(Between the Flood and the Rainbow)란 주제로 열린 JPIC 세계 대회는 1989년 세계개혁교회연맹 제22차 총회에 이어 한국 교회가 유치한 대형 에큐메니컬 회의였다. JPIC 대회는 정의, 평화, 창조의 보전을 향한 세계 교회의 상호 헌신의 결의로 대회 말미에 "정의, 평화, 창조의 보전에 대한 열 가지 확언(Ten Affirmation on Justice, Peace and the Integrity of Creation)을 선언했다.

> 확언 1 : 우리는 모든 권력의 행사는 하나님의 책임 하에 있다고 확언한다.
> We affirm that all exercise of power is accountable to God.
> 확언 2 : 우리는 가난한 자를 위한 하나님의 편향적 선택을 확언한다.
> We affirm God's option for the poor.
> 확언 3 : 우리는 모든 인종과 인류의 동등한 가치를 확언한다.
> We affirm the equal value of all races and peoples
> 확언 4 : 우리는 남성과 여성이 모두 하나님의 형상으로 창조되었음을 확언한다.
> We affirm that male and female are created in the

image of God.

확언 5 : 우리는 진리는 자유로운 인간의 공동체에 기초함을 확언한다.

We affirm that truth is at the foundation of a community of free people.

확언 6 : 우리는 예수 그리스도의 평화를 확언한다.

We affirm the peace of Jesus Christ.

확언 7 : 우리는 창조 세계도 하나님의 사랑하시는 피조물임을 확언한다.

We affirm the creation as beloved of God

확언 8 : 우리는 생태는 하나님의 것임을 확언한다.

We affirm that the earth is the Lord's.

확언 9 : 우리는 젊은이들의 존엄과 헌신을 확언한다.

We affirm the dignity and commitment of the younger generation.

확언 10 : 우리는 인권은 하나님께서 주신 것임을 확언한다.

We affirm that human rights are given by God.

여기에서 보듯이, 이 확언에는 권력, 빈곤, 인종 차별, 남녀 평등, 균등 기회, 평화, 생태의 존엄성, 세상에 대한 하나님의 주권, 젊은 세대의 가치, 인권 등 당대의 정의, 평화, 창조의 보전에 관련된 10개의 주제가 다루어지고 있음을 알 수 있다. 하나님은 가난한 자에 대한 편향적 선택(God's preferential option of the poor)이라는 유명한 에큐메니컬 신조와도 같은 것도 포함되어 있다.

또 하나 특이한 점은, 이 선언이 에큐메니컬 운동의 신앙고백적 헌신에 자주 사용되는 형식을 띠고 있다는 점이다.

우리는 확언한다, We affirm that…

우리는 거부한다, We will resist.
우리는 헌신한다, We commit ourselves to…

'우리의 신앙적 입장은 … 이것이다. 따라서 이에 반하는 구조와 행위에 대해 우리는(단호히) 거부한다. 그리고 이의 변혁을 위해 우리는 …이렇게 하기로 헌신한다'는 에큐메니컬 헌신의 양식이 여기에 사용되었다. 바르멘(Barmen) 선언도 이와 비슷한 형식을 사용했으며, 2004년 세계개혁교회연맹이 채택한 아크라 신앙고백(The Accra Confession)은 정확하게 이 형식을 따르고 있다. 이 에큐메니컬 신앙 선언 양식은 우리의 신앙의 내용이 무엇이며, 신앙적 입장이 그렇다면 그와 모순된 체제와 현실에 대해 단호히 거부하고, 거부함으로써만 그치는 것이 아니라 그것을 변화시키기 위한 행동까지 행하는 것을 의미한다.

JPIC 대회에서는 몇몇 교회들이 정의, 평화, 창조의 보전을 위해 상호 헌신하는 계약을 맺기도 했다. 그러나 구체적으로 무엇을 할지에 대한 상세한 그림을 그리지 못한 채 JPIC 대회는 막을 내렸다. 그러나 이 헌신은 곧 따라온 후 냉전체제의 소용돌이로 인해 후속 작업으로 상세히 연결되지 못하였다. 정의와 평화, 그리고 창조의 보전의 과제는 교회와 에큐메니컬 운동의 지속적인 과제로 남게 되었다.

JPIC 대회와 캔버라 총회 이후 생명신학(Theology of Life)이 WCC의 중요한 신학운동 과제로 등장했다. 기후 변화에 대한 특별한 관심을 가지고 생태신학(Eco-Theology)에 대한 긴급성과 필요성도 제기되었다. 그러나 WCC는 이 과제에 대해 이렇다 할 만한 연구와 성찰의 결과물들을 내지 못했다. 이후 WCC는 물(Water) 문제를 중시하고, 에큐메니컬 물 네트워크(Ecumenical Water Network)를 결성하고, 사순절을 이용해 물에 대한 신학적, 영성적 성찰을 하는 등 시도해 나왔으나 이 문제도 충분히 집중적으로 다루지 못했다.

신자유주의 경제세계화에 대한 세계개혁교회연맹(WCRC)의 신앙고백 과정

JPIC 대회 이후 경제과 생태 문제에 대한 에큐메니컬 헌신과 증언에 본격적으로 불을 붙인 것은 세계개혁교회연맹(WCRC)이었다. 세계개혁교회연맹은 동서 냉전이 끝나던 20세기 말, 향후 세계의 갈등은 경제 불의를 축으로 하여 일어날 것을 예상하고 1997년 헝가리 데브레첸에서 개최된 23차 총회에서 "경제 불의와 생태계 파괴에 대한 신앙고백 과정"(A Committed Process of Recognition, Education, and Confession (processus confessionis) regarding Economic Injustice and Ecological Destruction)을 시작했다.

세계개혁교회연맹이 경제와 생태 위기에 대해 신앙고백적 접근을 하게 된 이유는 급박한 시대적 상황 때문이었다. 1990년대에 동구권이 무너지자 세계의 갈등구조가 정치적·이념적 차원에서 경제적 차원으로 바뀌었다. 사회주의권의 붕괴는 레이건-대처의 신자유주의 정책으로 무장한 자본주의 체제의 집요한 공격에 의해 이루어졌다.

계획경제(planned economy) 체제가 붕괴되자 자유시장(free market economy) 체제의 세계시장 지배가 가속화되었고, 이로 인한 사회적 폐해가 국내·국제적 차원에서 심각하게 나타나기 시작했다. 빈부의 격차가 점점 심화되고 환경이 파괴되고, 투기경제가 난무하며, 민주주의가 붕괴되고, 소비주의가 만연하게 되었다. 더 나아가서 가치관이 붕괴되고 공동체가 파괴되며, 심지어 엄청나게 자본을 축적한 개인의 재산이 국가의 재산보다도 더 많아지는 기현상이 일어났다. 세계 인구 중 1%의 연간 수입이 지구촌인구 57%의 연간 수입과 맞먹는 지구 경제 불의가 가속화되고 있었다.

신학적 입장에서 무엇보다도 심각한 현상은 맘모니즘이었다. 인간의 삶에 있어서 돈이 제일 중요하다는 생각에 의해 삶의 주권자가 하나님에게서 돈으로 바뀐 것이다. 이것은 "하나님과 재물을 동시에 섬기지 못한다"는 예수의 말씀에 정면으로 위배되는 것이다. 바로 이런 신앙의 본질을 흔드는 상황이 세계개혁교회연맹으로 하여금 경제 불의와 생태계 파괴를 조장하는 현실에 대해 신앙고백적으로 접근하지 않을 수 없게 하였다.

WCRC는 신앙과 경제의 문제를 심도 있게 성찰하기 위해 1993년 마닐라에서 열린 아시아 지역협의회를 시작으로 아프리카, 유럽, 남미 등에서 지역의 경제 현실을 분석하고 신학적 진단을 하기 위한 대륙별 신학협의회를 개최했다. 그중에서 1995년 잠비아 키트웨(Kitwe)에서 열린 협의회는, 하나님의 가족 중 다수의 삶의 권리를 배제하는 것은 바로 인종분리 정책과 같은 것이므로 세계개혁교회연맹이 세계 경제 불의에 대해 고백신앙(status confessionis)을 선언하도록 건의하였다.

WCRC 제23차 총회는 이러한 지역협의회의 결과, 특히 키트웨 협의회의 건의사항을 심각히 받아들여, 경제 불의와 생태계 파괴에 대한 신앙고백 과정(processus confessionis)을 시작하게 된 것이다. 세계개혁교회연맹은 신자유주의 경제세계화가 지구적 차원의 경제 아파르트헤이트(economic apartheid on global scale)로 인식하고, 자본이 있는 자가 자본이 없는 자를 배제하는 것은 하나님의 은총의 신학(Theology of God's Grace)에 위배된다고 보았다.

WCRC는 데브레첸 총회 이후 신앙고백 과정에 본격적인 시동을 걸었다. 경제학자, 사회학자, 정치학자, 신학자, 행동가 등으로 구성된 특임팀(Task Force)을 구성하고 WCC와 루터교 세계연맹, 지역협의회 등과 함께 신자유주의 경제세계화에 대한 에큐메니컬 대응 과정을 진행하면서, 회원 교회들에게 신앙고백 과정에 참여하도록 독려했다.

이 과정에서 북반구 교회와 남반구 교회 사이에 뚜렷한 입장 차이가 나타났다. 북반구 교회는 사회적 문제에 대해 '그 응답의 형태가 꼭 신앙고백의 형식을 띠어야 하는가, 선언적 차원에서 하면 충분하지 않는가'라는 입장이었고, 남반구 교회는 '이것은 경제적 아파르트헤이트이기 때문에 신앙 고백적으로 대응해야 한다'고 주장했다.

그러나 세계개혁교회연맹은 2003년 부에노스아이레스에서 남반구 교회들이 모여 총체적 위기에 대한 신앙적 입장을 천명하는 한편, 2004년 초에 런던 코니에서 남반구와 북반구의 교회가 모두 참여하는 최종 준비협의회를 통해 아크라 총회가 경제생태정의를 위한 신앙고백을 채택하도록 권고하는 결의를 하였다. 여기에서도 합의한 사항을 서구 교회가 계속 거부하는 우여곡절이 있었다.

마침내 2004년 가나 아크라에서 열린 WCRC 제24차 총회는 오늘의 지구 경제 불의의 씨앗과도 같은 노예무역이 행해지던 엘미나(Elmina) 노예성을 방문하면서, 역사적으로도 그랬지만 오늘의 신자유주의 경제세계화가 인간의 경제 생태계의 생명에 치명적 불의를 조장하고, 이러한 불의로 그리스도의 몸이 찢기며, 돈을 우상으로 삼으라는 맘몬사상의 강요 앞에 신앙과 구원이 불가능함을 인식하고, 이런 이념과 실행을 신앙고백으로 거부하는 아크라 신앙고백(Accra Confession)을 채택했다. 이 고백서는 지금까지 나온 에큐메니컬 문서 중에 가장 예언적인 문서로 기록되고 있다.

아크라 신앙고백의 핵심은 두 가지이다. 신자유주의 경제 세계화는 복음의 가르침과 결코 양립할 수 없다는 점과 하나님의 주권을 고백하는 우리의 신앙은 지금 온 세계를 그 휘하에 종속시키려는 지구적 제국(global empire)에 저항하도록 부른다는 점이다.

신자유주의에 대한 WCC를 비롯한 에큐메니컬 공동체의 여정

1998년 하라레에서 열린 WCC 제8차 총회도 "세계화의 상황에서 어떻게 우리의 신앙을 실천할 것인가?"에 대한 문제에 대해 WCC와 회원 교회가 응답하도록 결의하였다. WCC와 회원 교회가 신자유주의 경제세계화에 대한 예언적 입장을 취하도록 권고한 것이다. WCC 하라레 총회는

WCRC의 신앙고백 과정을 환영하고 회원 교회에게 이 신앙고백의 여정에도 참여하도록 독려하였다.

총회가 끝난 직후 세계개혁교회연맹, 세계교회협의회, 루터교 세계연맹(Lutheran World Federation)의 실무책임자들이 모여 JPIC 프로세스 때도 그렇게 갈망하던 정의, 평화, 생명의 문제에 대한 에큐메니컬 공동대응 여정을 전개하기로 합의하였다. 이의 일환으로 WCC, WCRC, LWF 등 세계 에큐메니컬 기구들은 아시아교회협의회, 유럽교회협의회, 라틴아메리카교회협의회, 태평양교회협의회, 아프리카교회협의회 등 지역 에큐메니컬 기구들과 협력하면서 서울/방콕(1999), 부다페스트(2001), 피지(2001), 소스테르베르그(2002), 부에노스아이레스(2003), 스토니 포인트(2004) 등지에서 지역협의회를 개최하는 경제생태정의를 위한 에큐메니컬 여정(ecumenical journey)을 진행하였다.

WCC는 하라레 총회의 결의를 실천하는 과정에서 신자유주의 경제세계화를 비판, 분석한 소책자 「우리를 시험에 들게 하지 말게 하소서」(*Lead Us Not Into Temptation*)를 발간했는데, 이를 우연히 읽게 된 IMF와 세계은행 측에서 자신들이 세계경제에 도움이 된다고 생각하고 추진하는 경제 세계화에 대해 교회가 정반대의 입장을 가지고 있다는 사실에 놀라 WCC에 대화를 제안했다. 이후 WCC와 세계은행/IMF는 수차례의 대화를 가졌다. 그러나 결국 대화는 세계은행/IMF등 국제금융기구들과 WCC가 추구하는 목표가 원천적으로 다름을 확인하고 헤어지는 결과만 남겼다.

WCC는 신자유주의 경제 세계화에 대한 에큐메니컬 대응이란 WCC 고유의 과정을 진행하고, 2006년 포르투 알레그레에서 열릴 WCC 제9차 총회에 건의한 경제생태정의 권고안을 준비하기 위한 첫 번째 회의를 2004년 6월 스위스 제네바에서 개최하였다. 필자도 주제 강사로 참여한 바 있는 이 회의는, 신자유주의 경제 세계화에 대한 에큐메니컬 대응으로 "인간과 생태를 중시하는 대안적 지구화"(Alternative Globalization

Addressing People and Earth : AGAPE)를 제안하기로 했다.

이렇게 시작된 아가페(AGAPE) 프로세스도 순탄치 않았다. 북반구 교회와 남반구 교회간에 선명한 입장 차이가 있었다. 북반구 교회들은 '경제적 불의의 현실에 대해서는 충분히 동의하지만 세계화 자체를 부정할 수는 없다. 세계화에는 좋은 면도 있으므로 나쁜 부분을 개선하는 방향으로 가야 한다"는 수정주의적 입장이었다. 그러나 남반구 교회들은 IMF와 세계은행이 1980년대부터 추진해 온 구조조정(structural adjustment) 정책 등 지금 세계경제를 지배하고 있는 신자유주의 경제 세계화는 빈부격차를 가속화시키고 신식민지화하고 있으며, 소비주의 조장, 생태계 피폐화 등으로 이어지고 있으므로 전면적 거부를 해야 한다는 입장이었다.

북반구 교회들은 WCRC 총회가 아크라 고백을 채택하지 못하도록 온갖 노력을 다 했지만 끝내 아크라 고백을 저지하지 못하자, 포르투 알레그레 총회를 위해서는 "Never Again Accra"란 생각을 가지고 준비했다. 따라서 WCC 실무진은 이 문제로 교회 간 대립이 심화될 것을 우려해 총회에서 토론을 하지 않고 교회가 "인간과 생태를 중시하는 대안적 지구화"에 참여하도록 부르는 '아가페 부름'(AGAPE Call)을 부드럽게 선언하는 선에서 이 정책을 채택하려고 하였다.

총회에서 토론 프로그램이 따로 마련되어 있지 않자, 북반구 교회 대표들은 점심시간에 따로 시간을 할애해 이 문제에 대한 논의를 하자고 제안했다. 막상 따로 시간이 마련되어 토론하였으나 전체의 참여가 어려웠고, 준비된 북반구 교회의 발언만 이어지는 일방통행식 토론이 되었다.

문제는 남반구 교회에도 있었다. 남반구 교회는 전혀 준비되지 있지 않았으며, 대립적 논쟁에 익숙하지 않는 남반구 특유의 문화적 이유 때문에 이런 논쟁에 제대로 응답하지 못하고 연합된 힘을 보여 주지도 못했다. 북반부 교회 대표들은 집요했다. 심지어 WCC 경제 문제를 담당하는 실무 책임자를 찾아와 WCC에서 쫓아내 버리겠다고 협박하기까지 했다. 정의의 길은 에큐메니컬 세계에서도 어렵고 험난한 것이다.

나는 개인적으로 WCC가 이 문제를 공론화하지 않는 방법이 좋은 방법이 아니었다고 생각한다. 첨예한 논쟁을 했어야 했다. 혼돈을 통한 창조를 도모했어야 했다.

WCC 포르투 알레그레 총회 이후의 '빈곤-부-생태' 프로그램

WCC는 제9차 총회에 보고된 아가페 부름(AGAPE Call)으로 마무리된 "인간과 생태를 중시하는 대안적 지구화"(Alternative Globalization Addressing People and Earth), 즉 아가페 과정의 후속으로 가난과 부의 축적과 생태 파괴가 서로 깊은 연관성을 가지고 있다는 인식했다. 이에 빈곤을 극복하고 부의 축재에 도전하여 생태적 온전성을 지키는 데 초점을 둔 "빈곤, 부 그리고 생태"(Poverty, Wealth and Ecology : PWE) 프로그램을 시작했다. 빈곤, 부, 생태 프로그램은 종교, 경제, 정치 지도자들 및 관계 기관과 지속적인 대화를 추진해 왔다. 또한 에큐메니컬 지도자들, 교회 대표와 지도자들, 그리고 이웃 종교 지도자들, 정부 지도자들, 사회단체 등 세계의 여러 대륙과 나라들의 대표들이 참여한 대륙별 연구 모임과 협의회가 연이어 열렸다. 2007년에는 다르에스살람에서 아프리카 협의회가, 2008년에는 과테말라 시에서 남미와 카리브해 협의회가, 2009년에는 치앙마이에서 아시아태평양협의회가, 2010년에는 부다페스트에서 유럽협의회가, 2011년에는 캘거리에서 북미협의회가 열렸다. 그리고 2012년 인도네시아 보고르에서 글로벌 포럼을 개최하고, 부산 총회의 토론을 위한 준비의 일환으로 빈곤과 부 그리고 생태의 연결고리에 대해 교회를 향한 "만물의 생명, 정의, 평화를 위한 경제 : 행동 촉구의 부름"(Economy for Life, Justice, and Peace for All : A Call to Action)을 발표하였다.

이 행동 촉구를 위한 부름은 지금이 이 부름을 선포해야 할 절박한 때라고 말함으로 시작한다. 부름은 하나님께서는 "인간을 넓은 생명 망의 일부분으로" 창조하셨다는 고백과, 그 생명망이 남미의 키추아(Kichua) 어로 "좋은 삶"이란 뜻인 '수막 카우사이'(Sumak Kawsay), 서파푸아어의 '와니암비 아 토바티 엥그로스'(Waniambi a Tobati Engro), 아프리카의 우분투(Ubuntu), 아시아의 상생(Sangsaeng) 등의 개념에서 보듯이, 모든 생명은 동반자정신, 호혜성을 가지고 있다는 신학적 영적 근거에서 출발한다.

부름은 오늘 세계의 경제·생태 위기를 중첩되고 긴박한 위기로 규정하고, 당장 변혁적 행동을 하지 않으면 더 이상 "미래를 이야기할 수 없는 정도"로 긴박한 상황임을 경고하고 있다. 세계 도처에서 일어나고 있는 경제 위기, 기후 변화와 창조 세계의 보전에 대한 위협, 번영한 시대 속에 극심한 불평등, 탐욕으로 얼룩진 영적 위기, 사회적 도덕적 철학의 문제들과 사회 공동체뿐만 아니라 가족, 심지어 내면까지 파괴하는 시장근본주의의 폐해, 생태 채무 등의 구체적인 위기상황들을 제시되고 있다.

부름은, 교회와 교인들이 지속 가능하지 않는 삶의 양식과 소비적 삶에 참여하고 탐욕의 경제에 얽히게 되면 결국 불의한 구조에 관련된 공범자가 된다고 고백하고, 세계 도처에는 이 총체적 위기에 맞서 변혁이 가능하다는 믿음으로 일관되게 행동하는 교회들과 단체와 개인들이 많음을 상기시키고, 부활신앙의 힘이 새로운 생명 세계의 건설에 큰 믿음의 뿌리가 됨을 확신하고, 같은 가치를 향해 함께 일하는 종교 간의 협력, 사회운동과의 협력, 특히 생명운동의 전면에 나서고 있는 여성들의 헌신 등에 용기를 가지며 응답하도록 독려하고 있다.

부름은 "WCC 제10차 총회가 하나님의 전 창조 세계의 역동적 생명력이 부의 창조를 위한 인간의 수단에 의해 소멸될 수도 있는 때"에 열리므로 우리에게 철저한 변혁을 하도록 부르신다고 전제하고, "하나님의 온 창조에 대한 인간의 책임감"을 증진시키며 다음과 같은 구체적인 일들을 향후 우선 과제로 삼아야 한다고 구체적으로 제시하고 있다.

- 신 국제 금융경제기구 창설(정의로운 금융과 생명을 위한 경제에 관한 WCC 성명서 참조)
- 부의 축적과 조직적 탐욕에 대한 도전(탐욕선[greed line] 연구회 보고서 참조)
- 생태정의의 수립(생태정의와 생태 채무에 관한 WCC 성명서 참고)

부름은 특히 제10차 부산 총회가 10차 총회부터 차기 총회까지의 기간을 따로 정하여 교회가 (만물의 정의와 평화를 위한) "창조 세계에 대한 하나님의 정의의 삶을 사는 - 생명경제"(Economy of Life – Living for God's Justice in Creation)에 신앙적 헌신을 하는 데 집중하도록 독려하기를 요청하고 있다. 이 과정은 교회들로 하여금 서로 서로에게서 용기와 희망을 끌어내게 하고 일치를 강화하여 우리 믿음의 핵심에 놓여 있는 아주 심각한 문제들에 대해 공동 증언을 하게 하기 위함이다.

뒷 이야기로, PWE 프로세스에 참여한 실무자들은 WCC 부산 총회가 생태정의 실현 10년 행동 선언(Decade for Eco-Justice)을 하기를 기대하며 준비해 왔다. 그러나 WCC 지도부는 이 문제에 그리 호의적인 반응을 보이지 않았다. 현재는 총회부터 총회까지 8년 동안, 헌신의 초점도 생태정의(Eco-Justice)란 구체적인 목표보다는 창조 세계에 대한 하나님의 정의의 삶을 사는 생명경제란 포괄적 개념으로 설정하여 토론하기로 한 상태이다.

중요한 것은 이 문제를 잊지 않고 포괄적 행동 속에 '생태정의'를 최우선과제로 뚜렷이 설정하여 이 주제가 미끄러져 나가지 않도록 잘 붙드는 것이다.

WCC 부산 총회와 이후의 과제

생태는 성경과 기독교 신앙의 중심 개념이었다. 성경은 최초에 하나님과 세계의 그림을 창조로 그리기 시작했다. 그러나 창조 직후, 인간의 타락, 갈등 등 인간의 모순이 주요 문제로 등장하면서 이 주제는 잠시 옆으로 밀린다. 그렇지만 생태는 홍수 뒤에 하나님께서 노아와 그 자손들과 그리고 그들과 함께 한 땅 위의 모든 생명체와 계약을 맺는 데서 다시 중심 개념으로 등장한다(창 9 : 10-11). 그 후 성경의 이야기는 또 다시 인간의 멸망과 모순에 관한 이야기로 이어진다. 그러다가 요한계시록 말미에 묘사된 우주의 회복에 가서 다시 중심 개념으로 등장한다.

성경의 주된 관심이 인간의 모순과 그에 대한 극복이지만 하나님의 역사의 최초는 생명 공동체의 조화와 정의 그리고 평화였으며, 역사의 종말도 결국 생태정의, 생태 평화, 생태 생명의 총체적 회복을 지향하고 있다.

그럼에도 불구하고 생태는 기독교 역사 속에서 줄곧 기독교 신학의 중심에서 밀려나 있었다. 리용의 주교 이레네우스(130~200 추정), 빙겐의 힐데가르트(1098~1183), 아시시의 성 프란시스(1181~1225)와 같은 우주 생명세계 전체에 대한 통전적 신학적 성찰을 한 초기 영성 지도자들이 있었으나, 생태는 죄-영혼 구원이라는 기독교 교리의 패러다임에 밀려 제자리를 찾지 못하고 있다가, 생태 위기가 위협적으로 다가오자 이 주제를 다시 생각하기 시작했다. 그러나 아직도 조직신학의 한 분야, 기독교윤리의 문제 내지는 교회의 사회적 관심 차원에서 접근하고 있지, 신앙고백의 중심에는 들어오지 못하고 있다.

생태에 대한 관심과 관련하여 최근 독일에서는 조용하지만 주목할 만한 움직임이 일어나고 있다. 독일지구변화자문위원회(German Advisory Council on Global Change / WBGU)가 2011년에 420쪽짜리의 긴 보고서를 내었는데 "과도기에 있는 세계 : 지속 가능성을 위한 사회계약"(World in Transition, A Social Contract for Sustainability) (Berlin, 2011)의 요약본에 보면 지식사회를 향한 혁명적 권고가 제안되어 있다. 현재의 지식체계로는 지속 가능한 미래에 대해 전혀 대응할 수 없기 때문에 현 지식체계를 완전히 넘어서는 변혁적 지식체계를 세워나가야 한다는 권고이다. 물론 이 권고도 충분히 변혁적이지 않다. 서구적 인식론을 벗어나려는 의도는 아직도 없고, 또한 현재 지구의 자원을 좀 더 오래 우려먹으려는 꼼수의 의도가 깔려 있는 것으로 보인다. 그럼에도 불구하고 이 움직임은 주목할 만한 시도이다.

지금까지의 기독교 신학 체계는 죄-구원 영성 패러다임에는 효과적으로 작동할 수 있었으나 오늘의 총체적 생태 위기에 직면한 세계에는 그 기독교적 응답과 증언에 한계를 노출하고 있다. 따라서 오늘의 생태 위기에 대해 응답할 수 있는 새로운 변혁적 생명신학 체계가 필요하며, 이를 위한 변혁적 신학 담론과 영성을 중심으로 예배, 선교, 봉사, 기독교교육 등 기독교 증언 행위의 일체가 재편되는 새로운 변혁적 시도가 필요한 상황이다.

삼위일체 담론에서도 2천년 교회신학이 성자에 집중되어 있는 반면 근자에 와서 성령에 대한 조명이 이루어지고 있다. 그러나 창조주 하나님 자체에 대해선 아직도 통전적 접근이 이루어지지 않고 있다. 이제 기독론, 성령론 일변도의 신학에서 포괄적 삼위일체 하나님에 대한 접근이 이루어져야 하며, 이런 신학적 성찰이 생태, 타 종교와의 대화 등 더 넓은 신학 주제에 대해 넓게 이야기할 수 있는 가능성을 여는 데 도움이 될 것이다.

지구 공동체 파괴의 중심에는 늘 인간이 있었다. 인간이 변하지 않고 인간의 변혁적 참회와 결단 없이는, 하나밖에 주어지지 않는 지구 생태공동체가 돌이킬 수 없는 재앙에 직면하게 될 것이다. 따라서 생태를 기독교신학의 중심에 가져오고 모든 기독교 담론과 인류문명 발전 자체를 생태를 중심으로 재구성하는 시도가 기독교 교회 안에 있어야 하며, 21세기 에큐메니컬 공동체의 첫 번째 도전적 과제는 바로 여기에 있다고 해도 과언이 아닐 것이다.

"생명의 하나님, 우리를 정의와 평화로 이끄소서"라는 부산 총회의 주제를 볼 때 정의, 평화, 생명이란 중심개념의 차원에서는 JPIC의 주제를 반복적으로 다루고 있지 않느냐 생각을 할 수도 있다. 그러나 JPIC의 정의, 평화, 창조의 보전이 인간중심적인 사고이라면 부산 총회의 생명, 정의, 평화는 온 생태계의 생명, 정의, 평화를 다룬다는 차원에서 확연히 다르다.

부산 총회는 생태 정의, 생태 평화, 생태 생명의 총회로 가야 하며, 이에 대한 인식과 고백과 응답을 제대로 하는 것이 이 시대에 하나님께서 교회를 향한 부르심에 대한 적절한 응답이 될 것이다. 이것을 놓치면 부산 총회는 시대적 사명의 핵심을 놓치게 된다.

[해 설]

창조 회복을 위한
성서의 해석

강성열
호남신학대학교 교수

오늘날 우리가 직면하고 있는 환경 파괴와 생태계의 위기가 인류 전체의 생존과 관련된 가장 중요한 쟁점임을 부정할 사람은 한 명도 없을 것이다. 아마도 그것은 21세기의 인류가 계속해서 해결해야 할 최대의 과제일 것이다. 그래서인지 우리는 최근 십수 년 사이에 환경 문제와 관련된 다양한 논의들과 정보들을 거의 매일같이 대하고 있다. 가장 비근한 예로, 자연 파괴의 주범으로 꼽히고 있는 4대강 사업의 폐단이나 환경 파괴를 넘어 인류 전체의 파멸을 초래할지도 모르는 핵 발전 문제, 그리고 이와 긴밀하게 관련되어 있는 밀양 송전탑 건설 문제 등이 그렇다.

신학적인 논의라고 예외일 수 없다. 신학 함이 본질적으로 신앙 공동체가 마주하는 온갖 문제들에 대한 해답을 주려는 작업일진대, 환경 문제에 대한 신학적인 논의는 지극히 당연한 것일 수밖에 없다. 아닌 게 아니라 세계 신학계는 1990년대 이후 "자연의 신학"(theology of nature) 또는 "생태신학"(ecotheology)이라는 이름으로 자연과 생태계 문제에 관한 폭넓은 논의를 전개해 왔다. 목회상담학이나 영성신학 분야에서조차 "생태요법"(ecotherapy) 내지는 생태 영성을 주창하고 있는 것을 보면, 그러한 논의가 얼마나 광범위하게 이루어지고 있는지를 피부로 느낄 수 있을 것이다. 국내의 성서신학 분야에서는 성서를 "녹색의 눈으로" 읽을 것을 제안하고 있기까지 하다. 성서신학이 이제는 "녹색신학"이 될 것을 요청하고 있는 셈이다.

이 점에서 본다면, 하나님의 아름다운 창조 세계를 보전하고 지키기 위해서 한국 교회가 가장 먼저 해야 할 일은, 환경 파괴와 생태계 위기의 실상과 그것이 가져올 미래의 대 파국을 바르게 인식하는 한편으로, 그러한 인식을 모든 사람들에게 최대한으로 널리 확산시키는 데에 있음이 분명해진다. 그러나 이에 못지않게 중요한 것은 생태계 위기의 원인을 신학적인 측면에서 올바로 통찰하는 일이다. 그러기 위해서는 무엇보다도 먼저 한국 교회가 성서를 해석함에 있어서 자연을 독립적인 피조물로 인식하지 못하고 착취와 파괴의 대상으로만 인식한 것에 대해서 신학적이고도 신앙적인 반성을 하지 않을 수가 없다.

더 나아가서 구약성서의 창조론에 대한 기존의 역사 중심적이고 인간 중심적인 해석을 벗어나, 이제는 구약성서의 창조론에 담겨 있는 생태학적인 의미를 새롭게 찾아내는 한편으로, 구약성서 안에 있는 이스라엘의 생태신학을 창조로부터 종말에 이르기까지 폭넓게 진술해야 할 필요도 있다. 달리 말해서 인간과 그의 역사에만 초점을 맞추던 전통적인 성서 읽기로부터 벗어나서, 하나님이 인간과 모든 생명체들을 포함한 우주 만물을 창조하신 분이요, 우주 만물로 하여금 서로 조화를 이루도록 창조하신 분이라는 인식에 기초하여, 성서 안에 묘사된 조화롭고 아름다운 창조 세계를 인간을 포함한 생태계 전체의 시각에서 볼 필요가 있다는 얘기다.

그러나 다행스럽게도 창조 세계의 회복을 이루기 위한 올바른 성서 해석의 노력은 이미 세계교회협의회(WCC)에 속한 교회들과 신학자들에 의하여 폭넓게 이루어져 왔다. 올해(2013년) 10월 말 부산 벡스코에서 "생명의 하나님, 정의와 평화로 우리를 이끄소서"(God of life, lead us to justice and peace)라는 주제로 열릴 예정인 WCC 제10차 총회도 마찬가지이다. 이 총회의 주제는 창조 세계의 회복을 중심으로 하는 생명과 정의, 그리고 평화 등의 세 가지 개념이야말로 인류와 세계가 직면하고 있는 가장 중요한 문제들이라는 공통된 인식에 기초하고 있다. 특히 이 주제는 생태계 회복의 문제를 단순히 자연에 대한 관심에만 초점을 맞추던 단계에서 벗어나, 그것을 인류 공동체의 영원한 숙제인 사회정의 문제와 관련시키고 있다는 점에서 상당히 진일보한 것이라 할 수 있다. 물론 이 주제는 그 나름의 전 역사를 가지고 있다. 이미 1990년대 이후로 WCC가 공식적으로 채택한 각종 문서들에 이 주제가 잘 반영되어 있다는 점이 그렇다.

이제는 이처럼 중요한 주제를 아직도 생태신학의 역사가 짧은 한국 교회의 상황에 어떻게 접목시키고 그것을 어떻게 지구촌 전역에 효율적으로 확산시킬 것이냐의 문제가 매우 중요한 과제로 떠오르고 있는 바, 본 발표자는 이번 WCC 총회의 세 가지 주요 개념들 중에서도 앞의 두 가지, 곧 생명과 정의가 어떻게 서로 긴밀하게 관련되는지의 문제를 구약성서의 생태신학에 비추어 살피되, 그것이 정의로운 창조 세계의 회복 및 그와 관련된 올바른 성서 해석에 깊은 관심을 기울여야 할 오늘의 한국 사회와 교회에 어떠한 의미를 던져주는지에 초점을 맞추어 논의를 진행하고자 한다. 이러한 논의는 빈곤과 부와 생태가 깊은 연관성을 가지고 있다는 WCC 문서들의 기본 인식과 궤를 같이하는 것이다.

1. 한국 교회와 정의, 그리고 생명

주지하는 바와 같이, 한국 사회는 1960년대에 들어서면서 근대화 작업의 본 궤도에 진입하였으나, 산업사회에 대한 역사적 경험이나 이론적인 준비가 덜 된 상태에서 그 일을 추진하다 보니, 1970년대 이후 많은 부작용과 시행착오를 겪지 않을 수 없었다. 그 와중에서 생겨난 것이 바로 자신의 고유한 전통과 문화를 무시당한 채 통치자와 지배자 중심의 역사 서술에서 소외당하고 억눌림 받아온 이름 없는 군중—무수한 도시 서민들과 저임금 노동자들 및 농어민—이다. 그리고 그 한복판에는 급성장을 거듭하던 한국 교회와 기독교가 있었다. 당시에 적지 않은 교회들과 기독교인들이 1970년대 이후 80년대에 이르기까지 근대화 과정의 그늘에서 고난 받으며 희생당하던 이들 이름 없는 군중에 대한 신학적인 반성에 기초하여, 이른바 사회정의의 실천에 깊은 관심을 기울였다.

그러다가 1980년대 말부터 시민의식의 성장과 사회정의 개념의 확산에 힘입어 서서히 민주화의 나무가 꽃을 피우기 시작하면서, 생명 문제, 곧 환경 파괴와 생태계 위기에 대한 새로운 관심이 교회와 기독교인들의 주목을 받게 되었다. 서양 선진국에서는 1970년대 이후 그러한 관심사가 교회와 사회의 큰 흐름을 차지하고 있었으나, 한국에서는 고도 경제 성장을 목표로 하는 급속한 산업화와 공업화—더 정확하게는 과학과 기술문명에 기초한 인간의 무분별한 자연 개발—를 거치면서 그 폐단을 피부로 느끼기 시작한 것이 1980년대 말부터였으니, 서양 나라들보다 20년 정도 늦게 생명 문제에 대한 인식이 대중화되기 시작했다고 보아야 할 것이다. 그 결과 1990년대 이후로 지금까지 한국의 많은 기독교인들이 생태계의 위기 속에서 하나님이 주신 소중한 생명을 지켜야 한다는 생명운동에 투신하기에 이르렀다.

1970~80년대와 1990년대 이후의 한국 교회 상황을 특징짓는 이러한 두 가지의 신학적인 흐름은, 비록 시대를 달리하고 있기는 해도, 한국 교회의 과거와 현재 및 미래를 가늠하게 해주는 귀한 잣대가 아닐 수 없다. 역사적인 정황과 삶의 자리의 상이성에 따라 교회의 실천 과제나 그 강조점이 조금씩 다르게 나타나는 것이야 피할 수 없는 일이라지만, 사실 따지고 보면 정의와 생명은 동전의 앞뒷면과도 같은 것이라고 보아야 옳다. 왜냐하면 생명 문제도 결국에는 힘없고 약한 자들의 몫을 찾아줘야만 하는 사회정의의 차원을 가질 수밖에 없기 때문이다. 환경 파괴에 가장 책임이 큰 개인과 집단이 환경 파괴의 직접적인 피해를 가장 적게 받는 반면

에, 환경 파괴에 가장 책임이 작은 개인과 집단이 환경 파괴의 직접적인 피해를 가장 크게 받는다는 아이러니한 현실이 이 점을 잘 보여 준다.

2. 정의와 생명을 포괄하는 하나님의 창조

정의와 생명의 양날을 직접 경험한 한국 교회의 지난 역사와 현실은 사실 성서의 기본 사상을 충실하게 반영하고 있는 것에 다름 아니다. 교회가 하나님의 성품과 활동을 그대로 반영하는 하나님의 작품일진대, 정의와 생명을 한 몸에 지니고 계시는 하나님의 모습을 교회가 닮는다는 것은 너무도 당연한 일이다. 이를 가장 잘 보여 주는 것이 바로 인간 창조에 관하여 서술하는 창세기 1장 후반부이다. 특히 인간이 하나님의 형상을 따라 창조되었다고 말하는 26~28절이 그렇다. 3절로 된 이 본문은 하나님의 형상이 다른 피조물을 다스리고 지배하는 것을 뜻한다고 본다. 이 점은 26절과 28절에 반복되어 나타나고 있다.

> [26] 하나님이 이르시되 "우리의 형상을 따라 우리의 모양대로 우리가 사람을 만들고 그들로 바다의 물고기와 하늘의 새와 가축과 온 땅과 땅에 기는 모든 것을 다스리게 하자" 하시고 [27] 하나님이 자기 형상 곧 하나님의 형상대로 사람을 창조하시되 남자와 여자를 창조하시고 [28] 하나님이 그들에게 복을 주시며 하나님이 그들에게 이르시되 "생육하고 번성하여 땅에 충만하라, 땅을 정복하라, 바다의 물고기와 하늘의 새와 땅에 움직이는 모든 생물을 다스리라" 하시니라.

요컨대 사람은 모두가 다 예외 없이 하나님의 형상을 가지고 있는데, 이는 사람이 다른 피조물을 다스리고 지배할 수 있는 왕적인 통치권을 가지고 있음을 뜻한다는 것이다(시 8 : 5-8).

> ⁵ 그를 하나님보다 조금 못하게 하시고 영화와 존귀로 관(冠)을 씌우셨나이다 ⁶ 주의 손으로 만드신 것을 다스리게 하시고 만물을 그의 발 아래 두셨으니 ⁷ 곧 모든 소와 양과 들짐승이며 ⁸ 공중의 새와 바다의 물고기와 바닷길에 다니는 것이니이다

여기서 우리는 정의와 생명에 관한 중요한 가르침이 본문 안에 숨어 있음을 발견할 수 있다. 먼저 정의의 경우를 보도록 하자. 이 본문에서 분명하게 드러나는 것은, 하나님께서 사람을 창조하실 때 그들 사이에 아무런 차별도 없게 하셨다는 사실이다. 달리 말해서 하나님의 창조 질서 안에는 신분이나 계급에 의한 차별 또는 성별에 따른 차별이 조금도 없었다는 것이다. 하나님의 형상은 어디까지나 사람이 다른 피조물에 대하여 갖는 통치권을 의미하는 것이지, 어떤 한 부류의 사람들이 다른 부류의 사람들에 대해서 갖는 통치권을 뜻하지 않기 때문이다. 따라서 사람이 하나님의 형상을 따라 만들어졌다는 것은, 그야말로 모든 인간이 하나님의 창조 질서 안에서는 평등하다는 얘기가 된다.

이러한 원리에 의한다면, 오늘날 사회 안에서 이루어지는 각종 억압과 착취(최근에는 한국에 거주하는 이주민들[이주노동자와 결혼 이주여성])는 하나님의 창조 질서를 파괴하는 것에 다름 아니다. 부자가 가난한 자를, 그리고 남자가 여자를 억압하고 짓밟는 것이 그러하다. 또한 힘 있고 권력 있는 자가 그렇지 못한 자를 억울하게 하는 것도 마찬가지이다.

정치권력이라는 것은 어디까지나 국민을 섬기라고 준 것이지 국민 위에 군림하면서 국민의 권리를 마음껏 유린하라고 준 것이 아니기 때문이다. 하나님은 어느 누구에게도 그러한 권한을 주신 적이 없다. 이는 하나님의 창조 질서-특히 인간 창조-가 모든 인간의 존엄성과 평등함을 전제하는 정의로운 공동체의 형성을 염두에 두고 있음을 분명하게 보여 준다.

그런가 하면 창세기 1 : 26~28은 생명에 관한 소중한 가르침을 아울러 주는 본문이기도 하다. 이 본문에 의하면, 인간은 모든 피조물들 중에

서 특별한 복을 받으며 다른 피조물들에 대한 지배권을 위임받는다. 그러나 인간이 창조의 정점에 속한 존재로 그리고 다른 모든 피조물들에 대한 왕적인 통치권을 위임받은 존재로 창조되었다는 것은, 결코 인간이 하나님의 창조 세계에 대해서 무제한의 지배권을 가지고 있음을 뜻하지는 않는다. 하나님께서 인간에게 주신 왕권은 파괴와 수탈을 정당화시켜 주는 통치가 아니라는 말이다. 만일 그럴 경우, 그것은 자기가 만든 피조물들을 보기에 "좋은" 것으로 여기시던 하나님의 평가를 완전히 뒤집어엎는 것이 될 뿐만 아니라, 자연을 정복하고 다스리라는 명령이 복(福)의 형태로 주어지고 있음을 정면에서 부정하는 것이 되기 때문이다.

그런데 불행하게도 인류 역사는 자연을 마음대로 착취하고 파괴하는 잘못을 저질러 왔다. 그 결과 인간의 삶을 생기 있게 해주어야 할 하나님의 아름답고 조화로운 창조 세계가 이제는 인간의 생명과 생존 자체를 무너뜨릴 수도 있는 가장 큰 위협으로 바뀌어 버린 것이다. 이것은 하나님의 창조 세계인 자연 안에 어떤 결함이 있어서가 결코 아니다. 도리어 그것은 인의 탐욕과 그로 인한 무분별한 자연 파괴 행위에서 비롯된 것이다. 이러한 생태계 위기와 생명 위협의 상황은 일반적으로 주체와 객체를 구분하고 정신과 물질을 구분하는 서구의 이원론적이고 분석적인 사고, 자연을 주인 없는 재화로 보게 하는 무관계성의 사유 내지는 기계론적인 지배의 인식, 힘의 획득과 확장을 끝없이 추구하는 강대국들의 경제적, 군사적, 정치적인 확장욕 그리고 성장과 소비를 지향하는 현대 사회의 그릇된 가치관 등이 한데 어울려 나타나는 현상이라고 할 수 있다.

요컨대 창세기 1 : 26~28은 사람들 사이에 이루어져야 하는 정의로운 공동체를 염두에 둔 말씀임과 동시에, 인간과 자연 사이의 바람직한 관계가 어떠해야 하는지를 가르치는 생명 보호의 대헌장이기도 하다. 대인(對人) 관계에 있어서는 정의를 요구하고, 대자연(對自然) 관계에서는 생명 존중을 요구하는 본문인 셈이다. 물론 하나님의 이러한 요구는 당연히 힘 있고 강한 자에게 주어지는 것이지, 힘 없고 약한 자에게 주어지는 것일 수가 없다. 따라서 이 본문은 결국 사회적인 강자가 다른 사람을 대함에 있어서 힘에 의한 차별이나 억압을 자행해서는 안 되며, 자연의 지배자인 인간이 하나님의 선하신 뜻을 따라 자연 질서를 유지하고 보존함으로서 생명을 지키는 생명의 파수꾼이 되어야 함을 강조하는 말씀이라 하겠다. 이것은 결국 정의와 생명이 한 분이신 창조주 하나님의 품성과 그의 창조 질서에서 하나로 묶인다는 사실을 우리에게 가르쳐 준다.

3. 정의를 이루고 생명을 지키는 출애굽 사건

출애굽 사건도 동일한 사실을 우리에게 가르쳐 준다. 무엇보다도 출애굽 사건은 이스라엘을 고통과 억압의 땅 이집트에서 해방시킨 정의로운 사건으로서, 전적으로 하나님의 구원 은총에 의해서 이루어진 것이었다. 이 점은 출애굽 본문들 속에서 하나님이 약하고 힘없는 자들의 탄식과 부르짖음을 들으시는 분이라는 사실로 구체화된다. 예로써 출애굽기 2:23~25나 3:7~9 또는 6:5를 보면 하나님께서 이스라엘 백성의 탄식과 부르짖음 소리를 들으시고 그들을 구원하기로 작정하셨다고 말한다. 하나님은 힘없고 약한 자들의 부르짖음을 들으시고 그들을 억압과 속박으로부터 건지시는 정의로우신 분이라는 사실이 여기서 드러난다:

> [23] 여러 해 후에 애굽 왕은 죽었고 이스라엘 자손은 고된 노동으로 말미암아 탄식하며 부르짖으니 그 고된 노동으로 말미암아 부르짖는 소리가 하나님께 상달된지라 [24] 하나님이 그들의 고통 소리를 들으시고 하나님이 아브라함과 이삭과 야곱에게 세운 그의 언약을 기억하사 [25] 하나님이 이스라엘 자손을 돌보셨고 하나님이 그들을 기억하셨더라(출 2:23-25).
>
> [7]…내가 애굽에 있는 내 백성의 고통을 분명히 보고 그들이 그들의

> 감독자로 말미암아 부르짖음을 듣고 그 근심을 알고 [8] 내가 내려가서 그들을 애굽인의 손에서 건져내고 그들을 그 땅에서 인도하여 아름답고 광대한 땅, 젖과 꿀이 흐르는 땅…에 데려가려 하노라 [9] 이제 가라 이스라엘 자손의 부르짖음이 내게 달하고 애굽 사람이 그들을 괴롭히는 학대도 내가 보았으니(출 3 : 7-9).
>
> 이제 애굽 사람이 종으로 삼은 이스라엘 자손의 신음 소리를 내가 듣고 나의 언약을 기억하노라(출 6 : 5).

이스라엘 민족의 시작과 관련된 출애굽 사건의 이러한 성격은, 오랫동안 그것을 억압당하는 민중의 해방과 관련된 사건으로 바라보게 했으며, 출애굽 사건 자체는 여러 종류의 억압 체제에 의해 희생된 자들을 돕기 위한 신학적인 움직임들의 기본 틀로 사용되어 왔다. 가깝게는 1960~80년대에 유행했던 미국의 흑인신학이나 남미의 해방신학, 우리나라의 민중신학 등이 그 대표적인 예에 속한다. 이 세 신학은 이스라엘을 이집트에서 해방시키신 하나님이 오늘날의 압제 상황 속에서도 변함없이 억압당하는 자들을 구원하시고 해방시키시는 분임을 강조했고, 해방과 구원을 위한 교회와 기독교인들의 역사 참여 내지는 사회 참여를 강조함과 아울러 하나님의 정의를 이루기 위해 직접 고난의 현장에 참여할 것을 촉구하기도 했다.

그러나 근래에 생태계의 위기 문제가 전 지구적인 관심사로 떠오르면서, 신구약성서의 주요 본문들을 창조신학의 시각에서 해석함으로써 창조 질서의 보존과 관련된 인류의 미래에 대하여 신학적인 해답을 주어야 할 당위성이 점차 강조되고 있는 바, 출애굽 사건도 이에서 벗어나지 않는다. 출애굽 사건은 가장 먼저 이스라엘 조상들에게 주어진 자손 번성의 약속(창 12 : 1-3, 13, 16, 15 : 5 등)이 이집트에서 성취되는 것과 더불어 시작한다(출 1 : 5-7).

⁵ 야곱의 허리에서 나온 사람이 모두 칠십이요 요셉은 애굽에 있었더라 ⁶ 요셉과 그의 모든 형제와 그 시대의 사람은 다 죽었고 ⁷이스라엘 자손은 생육하고 불어나 번성하고 매우 강하여 온 땅에 가득하게 되었더라.

이스라엘의 번성함을 가리키는 출애굽기 서두의 이러한 메시지는 창조와 복을 목적으로 하는 하나님의 계속적인 활동이 마침내는 압제 내지는 생명 파괴의 현실에 직면한 이스라엘 백성을 구원하기 위한 기본 전제가 되는 것임을 우리에게 가르쳐준다.

실제로 출애굽기 1 : 8~22에서 우리는 하나님의 복과 약속의 성취가 파라오의 압제적인 지배 체제가 대표하는 혼돈의 세력에 의해 위협받고 있음을 목격한다. 이 본문에 의하면, 이집트의 새 왕은 생명을 약화시키고 생명을 말살하는 정책을 통하여 하나님의 생명 창조 사역에 맞선다. 그의 압제 정책으로 인하여 생명을 지탱하고 번성케 하던 상황이 이제는 생명을 위협하고 파괴하는 것으로 바뀐다. 그의 생명 파괴 정책은 하나님의 창조를 무너뜨리려고 위협하는 것이나 다름이 없다. 뿐만 아니라 그는 창조주 하나님께서 이스라엘 백성에게 주신 생명의 복이 자기 나라의 안전을 크게 위협하는 요소가 되는 것으로 인식한다(1 : 9-10). 그의 이러한 두려움은 하나님의 생명 창조에 도전하는 억압 체제로 구체화되며, 그 결과 파라오에 의해 그의 백성과 동일한 백성으로 인정했던 이스라엘은 파라오와 이집트 백성에게 복종하는 노예 신분으로 전락함으로써 그들의 정체성을 상실하게 된다.

그러나 이스라엘의 이러한 노예 상황은 결코 하나님의 창조 목적에 부합되지 않는다. 그 까닭에 하나님은 그들의 노예 상태를 보시고서(2 : 25, 3 : 7), 그들을 구원하심으로써 그들로 하여금 하나님 자신을 섬기는 자들이 되게 하실 것이다. 그 구원은 일차적으로 파라오의 생명 파괴 정책에 맞서는 연약한 여인들-두 산파들과 모세의 어머니 요게벳, 모세의 누이

미리암, 이집트의 공주인 파라오의 딸과 시녀들-의 창조적인 저항에 의해 이루어진다. 생명 창조의 주체이기도 한 이들 여인들은 파라오의 반창조적인 생명 파괴 행위에 저항함으로써 하나님의 생명 창조 행위에 참여한다.

그런가 하면 하나님의 구원은 궁극적으로 출애굽의 지도자인 모세가 행하는 다양한 생태학적인 재앙들을 통해서 이루어진다. 이스라엘을 구원하기 위하여 하나님께서 이집트 땅에 내리시는 재앙들은 한결같이 자연계의 질서가 자신의 정상적인 궤도로부터 이탈하는 모습을 보인다. 이를테면 생명 부양의 가장 기초적인 재료인 물이 피로 변하여 모든 물고기가 죽고, 그 물에서는 악취가 나며, 사람들은 강물을 마시지 못하게 된다(7:20-21). 그런가 하면 개구리들이 침실과 부엌을 포함한 이집트 전역을 뒤덮고(8:2-6), 개구리의 시체로부터 생겨난 악취가 자연계의 질서에 좋지 않은 영향을 미친다(8:13-14). 또한 이나 파리, 메뚜기, 개구리 등이 이집트 전역에 몰려와서 땅과 그 안에 있는 사람과 짐승 및 초목 모두를 파멸 상태에 빠뜨리며, 악질과 독종 등의 무서운 질병과 우박 등이 사람과 짐승 모두에게 밀어닥쳐 많은 생명을 해친다.

그리하여 마침내 하나님께서 이집트에 내리신 재앙들은 창세기 1장의 첫날, 곧 창조 이전의 혼돈을 상징하는 어둠의 재앙에서 절정에 도달한다. 삼일 동안 쉬지 않고 계속된 어둠의 재앙은 빛이라고는 도무지 찾아볼 수 없는 상황을 초래한다. 그러나 이보다 더 무서운 재앙은 마지막 열 번째 재앙이다. 이 재앙 앞에서는 인간과 짐승을 포함한 모든 처음 난 것들, 곧 파라오의 장자로부터 맷돌 위에 있는 여종의 장자와 옥에 갇힌 사람의 장자 및 생축의 처음 난 것이 모두 생명을 잃는다(11:5, 12:29).

이렇듯이 파라오의 반창조적인 생명 파괴 행위에 대한 심판으로서의 열 가지 재앙들은 인간 이외의 피조물 모두에 파괴적인 영향을 미친다. 참으로 그 재앙들은 그 시기니 범위, 강도 등에 있어서 자연계의 기본 질서를 훨씬 넘어선다. 그 재앙들로 인하여 하나님의 창조 질서는 철저하게 자신의 정상적인 경계선으로부터 이탈하며, 심판의 도구가 된 자연계의 모든 요소들은 피조물로서 자신에게 부여된 한계를 깨뜨리고 있다. 그것은 마치 피조 세계가 광란에 사로잡힌 것과도 같은 그림을 보여 준다. 온 세상이 마치 노아 홍수 시대와 마찬가지로 혼돈의 상태로 되돌아가고 있기 때문이다.

상황이 이러한 까닭에 하나님께서 재앙들을 제거하시는 모습은 재창조(re-creation)라는 언어를 통해서 표현될 수밖에 없다. 하나님은 재앙으로 인하여 생겨난 혼돈을 극복하시고서 자연계의 질서에 속한 요소들을 맨 처음에 창조되던 때의 모습으로 되돌아가게 하신다. 여기서 재창조는 세상으로부터 악을 행하는 자들을 제거하는 일을 포함한다. 이집트 장자의 죽음이 그에 해당한다. 재앙들을 통하여 하나님은 올바른 창조 질서를 회복시키신다. 여기서 우리는 하나님이 재앙을 통하여 세계 질서 안에 정의와 생명을 재창조하기 위한 목적을 이루고자 하신다는 것을 알 수 있다. 바로 이 때문에 출애굽 사건은 정의와 생명이 서로 만나는 지점으로서 중요한 의미를 갖는다 하겠다.

4. 법과 제도를 통한 정의와 생명의 보호

정의와 생명은 이스라엘 계약 공동체를 신정 공동체로 규정하는 다양한 법과 제도들을 통하여 서로 만나기도 한다. 특히 오경 안에 있는 세 개의 법전들, 곧 출애굽기 20장 이하에 나오는 시내 산 계약법과 레위기 17~26장에 있는 성결 법전, 그리고 신명기 12~26장에 있는 신명기 법전 등이 그러하다. 그런데 이들 법전의 내용들 가운데 이스라엘 백성의 사회 생활에 대해서 규정하는 것들을 보면 이들이 사회적으로 약한 자들, 특히 고아와 과부와 나그네 및 종(노예) 등을 적극적으로 보호하는 것을 기본 정신으로 하고 있음을 알 수 있다. 계약 공동체의 구성원은 누구나 그 계약 앞에서 동등한 권리를 가지고 있는데, 약한 자일수록 그러한 권리를 마음껏 누리지 못할 가능성을 많이 가지고 있기 때문이다.

그래서 이들 법전들은 힘 있고 넉넉한 자들로 하여금 힘 없고 가난한 사람들을 괴롭히지 말고(출 22 : 21-27, 23 : 9) 도리어 그들을 도울 것을 명하고 있다. 그리고 그 근거로 한결같이 이스라엘 자신이 과거에 이집트에서 종살이하였음을 상기시킨다. 이스라엘 법전의 이러한 성격은 그것이 사회적인 약자들을 불쌍히 여기는 한편으로 강한 자들의 압제와 학대를 그냥 두지 않으시는 하나님의 긍휼하심과 정의로우심에서 비롯된 것임을 보여 준다. 아울러 그것은 이스라엘 백성으로 하여금 약한 자나 강한 자가 서로를 존중하고 소중히 여기는 사랑과 평화의 공동체, 그리고 생명을 서로 나누는 생명의 공동체를 이루게 하려는 목적을 가지고 있음이 분명하다.

요컨대 약자 보호법의 성격을 강하게 가지고 있는 이스라엘의 법전들은 출애굽의 하나님께서 경제적으로 고통당하는 약한 자들의 힘겨운 삶에 대단히 큰 관심을 가지고 계실 뿐만 아니라, 힘 있는 자들과 그렇지 못한 자들이 더불어 사는 정의로운 생명 공동체의 건설에 깊은 관심을 보이고 계심을 분명하게 보여 준다. 예수께서 자신을 세상의 가난한 자들, 곧 주리고 목마른 자, 나그네, 헐벗고 병든 자, 옥에 갇힌 자 등과 동일시하신 것 역시 같은 맥락에 속할 것이다(마 25 : 31-36).

그러나 무엇보다도 정의와 생명의 깊은 상관관계를 잘 드러내는 것은 토지(땅) 묵힘에 관한 규정이다. 이에는 안식년과 희년의 두 가지가 있다. 안식년은 본래 모든 땅이 하나님의 것이라는 기본 전제에서 출발한 것으로서, 땅을 묵히고(출 23 : 10) 채무를 면제하며(신 15 : 1-3) 종들을 해방시키는(출 21 : 2-6) 7년 주기의 국가적인 축제이다. 여기서 땅을 묵힌다는 것은, 인간의 무절제한 욕망을 억제하는 한편 땅의 생산력을 회복시킴으로써 인간의 보다 나은 생존을 보장하려는 의도를 포함하고 있다. 그리고 묵혀둔 땅으로부터 자연적으로 생겨나는 수확물은 가난한 사람들과 짐승들을 위해 내버려두어야만 한다(출 23 : 10-11 ; 레 25 : 2-7).

50년 주기의 희년 제도 역시 땅의 휴식에 대해서 규정하고 있는 바(레 25：11-12, 18-22), 이 규정의 일차적인 목적은 가난한 자들을 구제함으로써 정의로운 세상을 만들기 위한 것이지만, 토질을 보전하고 지력(地力)을 향상시킴으로써 인간과 자연이 똑같이 생존할 수 있는 생명 살림의 길을 찾고자 하는 이차적인 목적도 거기에 포함되어 있다. 이는 결국 인간의 과도한 수확 욕구에 지친 땅을 쉬게 함으로써 하나님의 소유물(레 25：23)인 땅에게 새로운 생명의 힘을 주고자 하는 의도에 다름 아니다. 그렇게 하지 않을 경우 지력의 감소는 결국 수확의 감소를 가져올 것이고, 수확의 감소는 마침내 인간의 생명을 약화시킬 것이기 때문이다.

일주일 간격으로 인간의 노동을 중단시킴과 아울러 자연의 일부인 짐승을 휴식하게 하는 안식일 계명(출 20：8-11；신 5：14)도 근본적으로는 정의와 생명을 지키기 위한 숭고한 목적을 가지고 있다. 신분 고하를 막론하고 가족 공동체의 모든 구성원들을 쉬게 하는 것이 정의의 원리에 기초한 것이라면, 짐승들까지 쉬게 하는 것은 생명의 원리에 기초한 것임이 분명하기 때문이다. 특히 고대 사회에서 인간의 노동은 보통 자연에 대한 직접적인 가공을 뜻했는데, 이러한 노동을 금하게 한 것은 결국 안식일 계명이 노동에 지친 인간을 회복시키는 치료적인 의미를 가질 뿐만 아니라 인간에 의하여 가공된 자연을 회복시키는 생태학적 의미까지도 가지고 있음을 보여 준다. 이로써 인간과 인간, 인간과 자연 사이의 창조적인 사귐이 회복되는 바, 안식일 계명은 창조 세계에 감추어진 이 중요한 의미를 사람들에게 정기적으로 상기시켜 주고 있는 셈이다.

> 일곱째 날은 네 하나님 여호와의 안식일인즉 너나 네 아들이나 네 딸이나 네 남종이나 네 여종이나 네 가축이나 네 문 안에 머무는 객이라도 아무 일도 하지 말라(출 20：10).

일곱째 날은 네 하나님 여호와의 안식일인즉 너나 네 아들이나 네

딸이나 네 남종이나 네 여종이나 네 소나 네 나귀나 네 모든 가축이나
네 문 안에 유하는 객이라도 아무 일도 하지 못하게 하고 네 남종이나
네 여종에게 너 같이 안식하게 할지니라(신 5 : 14).

5. 예언자들이 선포하는 정의와 생명의 공동체

정의와 생명이 한 분이신 하나님에게서 비롯되는 공통의 관심사라는
사실은 주전 8세기 이후에 활동한 이스라엘의 문서 예언자들에게서 가장
확실하게 드러난다. 예언자들이 역사의 무대에 등장하게 된 것은 하나님
의 왕권을 충실하게 대변하기보다는 지상의 왕권에 집착하는 왕정이 생
겨나면서부터였다. 잘 알려진 바와 같이, 왕정 치하에서 도시 문화가 점
차 발달하게 되면서 상업이 성행하게 되었고, 권력과 부의 집중이 이루어
지면서 사회 구조가 상류 계층과 그렇지 못한 계층으로 뚜렷하게 양분되
기에 이르렀다. 그 결과 힘없고 가난한 백성들은 권력과 부의 그늘에 가
려 고통스러운 삶을 살지 않으면 안 되었다.

예언자들의 활동은 이처럼 비뚤어진 현실에서 시작된다. 그들은 잘못
된 왕정 통치에 맞서서 하나님의 왕권을 대변하는 동시에 하나님의 법과
공의에 기초한 정의로운 통치가 이루어지게 하기 위해 누구보다도 힘쓴
자들이었다. 더 나아가서 그들은 사회경제적인 약자들이 사람대접을 받
지 못하고서 억압당하는 현실을 가장 통렬하게 비판한 사람들이었다. 그
들은 왕을 비롯한 지배 계층이 더욱 강화된 왕권을 이용하여 힘없고 약한
백성들을 괴롭히고 있는 현실을 고발하였으며, 권력층의 사치와 향락 풍
조를 비난하였다.

예언자들의 이러한 비판 메시지는 특히 사회정의의 왜곡과 빈곤화 현
상이 극에 달한 주전 8세기 이후에 두드러지게 나타난다. 거기에는 이유
가 있다. 주지하는 바와 같이, 주전 8세기에 등장한 문서 예언자들은 이
전의 예언자들이 주로 왕을 대상으로 하여 활동한 것과는 달리, 왕을 포

함한 이스라엘과 유다 백성 전체를 포함한 메시지를 선포하였다. 달리 말해서 그들의 메시지는 당시 세계의 역사적인 상황 안에서 이스라엘을 다루되 이스라엘 전체에게 미치는 포괄적인 메시지를 선포했다는 얘기다.

따라서 주전 8세기 이후에 활동하기 시작한 문서 예언자들의 메시지에는 당연히 당시 사람들의 일상적인 삶, 더 구체적으로는 왕족을 포함한 지배 계층에 의해 억압당하던 당시의 사회경제적인 약자들의 삶이 포함되어 있을 수밖에 없었던 것이다. 그 가장 대표적인 예언자가 바로 최초의 문서 예언자인 아모스였다(암 3 : 7-8, 7 : 14-15). 북왕국의 여로보암 2세 말기에 활동한 아모스는 이스라엘 공동체가 현저한 도덕성의 위기에 직면해 있는 것을 통찰하고서, 지배층의 착취와 억압(암 2 : 6-8, 3 : 9, 5 : 11, 8 : 4 등). 및 사치와 향락(암 3 : 15, 4 : 1, 5 : 11, 6 : 4-6 등)을 매우 강경한 어조로 비판하였다. 그는 또한 언론(암 2 : 12, 5 : 10,13)과 사법(암 5 : 12)까지도 왜곡시킴으로써 공법을 인진(쓴 풀)으로 만들고 정의를 땅에 던지는 자들의 악독함을 준열하게 고발하였다(암 5 : 7).

아모스의 이러한 메시지는 그보다 약간 늦게 남왕국에서 활동을 시작한 이사야(사 1 : 21-23, 3 : 14-26, 5 : 8-12, 22-23 등)나 미가(미 2 : 1-2, 8-9, 3 : 1-9, 6 : 10-11 등)의 경우에도 거의 똑같이 나타나고 있다. 남왕국 유다가 멸망하기 직전에 활동했던 스바냐(습 1 : 4-9,; 3 : 1-7), 하박국(합 1 : 2-3), 예레미야(렘 5 : 1, 26-28, 9 : 3-9, 13-14 등), 에스겔(겔 7 : 23, 8 : 17, 9 : 9, 22 : 6-12, 23-31) 등의 경우도 예외가 아니었다. 바벨론 포로기 이후에는 말라기가 제사장들의 신앙적인 탈선을 공개적으로 비난하면서(말 2 : 708), 많은 이스라엘 사람들이 품꾼의 노동력을 착취하여 그들을 억울하게 하였으며 과부와 고아를 압제하고 나그네를 억울하게 했음을 고발하였다(말 3 : 5).

그러나 예언자들은 이렇듯이 사회적인 약자들을 보호하고 강한 자들의 압제와 학대를 비판함으로써 정의로운 신정 공동체가 이루어지기를 바라는 메시지로 일관한 사람들이 아니었다. 그들은 하나님의 정의가 깨진 곳에서는 반드시 인간과 자연의 공존·상생 관계도 깨지고, 심지어는 자연계의 풍성한 생명까지도 사라진다는 심판의 메시지를 선포하기도 하였다. 예로써 주전 8세기의 문서 예언자인 호세아는 북왕국 이스라엘이 그들의 죄악으로 인하여 받을 심판을 생태학적인 차원에서 설명한다.

그러므로 이 땅이 슬퍼하며 거기 사는 자와 들짐승과 공중에 나는 새가 다 쇠잔할 것이요 바다의 고기도 없어지리라(호 4 : 3).

정도는 덜하지만 호세아보다 약간 앞서 활동을 시작한 아모스 역시 북왕국 이스라엘에 대한 하나님의 심판이 마치 출애굽 사건 때의 자연 재앙들과도 같은 결과를 초래할 것임을 강조한다(암 5 : 8-9, 8 : 8-10, 9 : 5-6). 그런가 하면 예레미야는 하나님의 심판을 받아 망하게 될 남왕국 유다의 모습을 창조 때의 혼돈과도 같은 자연의 대파국과 관련시킨다(렘 4 : 23-26). 이와 비슷한 차원의 자연 파괴 및 생명 붕괴 현상은 남왕국 유다를 향한 심판 예언인 예레미야(9 : 10-16), 이사야(2 : 12-17, 24 : 1-7, 17-23, 32 : 9-14) 등에서도 발견되며, 동일한 심판 예언에 속한 에스겔(38 : 19-23)에서는 하나님의 정의를 무시한 유다 백성의 죄악이 자연계의 질서에까지 영향을 미치는 생명 붕괴의 심판을 초래할 것임을 출애굽 사건의 재앙 이야기들과 비슷한 언어로 표현하고 있다.

예언자들에게서 발견되는 이러한 예언 메시지들은 인간과 자연 그리고 정의와 생명이 서로 나누어지는 것이 아님을 보여 주고 있다. 이 점은 하나님의 심판이 끝난 후에 인간의 죄와 그 결과로부터 완전히 자유롭게 된 새로운 창조 세계가 전개될 것임을 선포하는 예언자들의 종말론적인 메시지에서도 똑같이 확인된다.

다시 호세아를 보도록 하자. 그는 심판 후에 있을 하나님의 구원 은총에 대해 언급하면서, 하나님께서 이스라엘과의 관계를 회복하실 때, 홍수 후에 노아와 그의 가족을 포함한 모든 피조물과 우주적인 계약을 맺은 것처럼, 이스라엘을 위하여 자연계에 속한 모든 피조물과 우주적인 계약을 맺으실 것이라고 말한다(호 2 : 18). 아울러 호세아는 하나님께서 자연 질서의 회복과 풍요로운 농산물 수확으로 귀결되는 새로운 생명 창조의 복을 주실 것임을 강조한다(2 : 21-22).

> [18] 그날에는 내가 그들을 위하여 들짐승과 공중의 새와 땅의 곤충과 더불어 언약을 맺으며 또 이 땅에서 활과 칼을 꺾어 전쟁을 없이하고 그들로 평안히 눕게 하리라 [21] …그날에 내가 응답하리라 나는 하늘에 응답하고 하늘은 땅에 응답하고 [22] 땅은 곡식과 포도주와 기름에 응답하고 또 이것들은 이스르엘에 응답하리라.

생명 회복의 의미를 갖는 호세아의 이러한 구원 메시지는 이사야에게서도 똑같이 발견된다. 마지막 날에 있을 하나님의 나라에 대한 이사야의 묘사(사 11 : 1-9)는 태초에 있었던 하나님의 창조에 상응하는 것으로서, 하나님의 새 창조가 어떠한 모습을 가지고서 나타날 것인가에 대하여 상세하게 언급한다. 이 본문에서 이사야는 종말에 있을 하나님 나라를 하나님의 정의와 자비와 평화가 넘치는 나라로(11 : 1-5), 그리고 인간과 자연이 한 몸을 이룬 가운데서 모든 기쁨과 즐거움을 함께 나누는 생명의 세계로(11 : 6-9) 묘사한다(참조. 사 65 : 17, 25).

> [3] 그가 여호와를 경외함으로 즐거움을 삼을 것이며 그의 눈에 보이는 대로 심판하지 아니하며 그의 귀에 들리는 대로 판단하지 아니하며 [4] 공의로 가난한 자를 심판하며 정직으로 세상의 겸손한 자를 판단할 것이며 그의 입의 막대기로 세상을 치며 그의 입술의 기운으로 악인을 죽일 것이며 [5] 공의로 그의 허리띠를 삼으며 성실로 그의 몸의 띠를 삼으리라 [6] 그때에 이리가 어린 양과 함께 살며 표범이 어린 염소와 함께 누우며 송아지와 어린 사자와 살진 짐승이

함께 있어 어린 아기에게 끌리며 [7] 암소와 곰이 함께 먹으며 그것들의 새끼가 함께 엎드리며 사자가 소처럼 풀을 먹을 것이며 [8] 젖 먹는 아이가 독사의 구멍에서 장난하며 젖 뗀 어린 아이가 독사의 굴에 손을 넣을 것이라 [9] 내 거룩한 산 모든 곳에서 해됨도 없고 상함도 없을 것이니 이는 물이 바다를 덮음같이 여호와를 아는 지식이 세상에 충만할 것임이니라.

하나님의 정의가 회복되는 세계는 곧 자연의 생명이 회복되는 세계이기도 하다는 이사야의 메시지는 에스겔에게 그대로 계승된다. 그는 하나님께서 자기 백성을 향한 진노의 심판을 끝낸 후에 그들과 함께 평화의 계약을 맺을 것인 바, 그 계약이 맺어진 결과 악한 짐승이 땅에서 사라질 것이며 이스라엘은 빈들에 평안히 거하면서 수풀 가운데서 아무런 염려 없이 잠을 청할 수 있게 된다. 뿐만 아니라 하나님께서 자연 만물에 새로운 생명의 복을 주심으로써 넉넉한 비가 내릴 것이며 산과 땅의 온갖 식물들은 풍성한 열매를 맺게 될 것이다(겔 34 : 25-29, 36 : 8-11). 한 마디로 말해서, 하나님의 은혜로써 주어질 평화의 계약은 땅을 중심으로 하는 자연 만물이 마치 에덴 동산에서 보는 것과도 같은 하나님의 새로운 창조 세계로 바뀌는 것을 의미한다(36 : 35).

> 사람이 이르기를 이 땅이 황폐하더니 이제는 에덴 동산같이 되었고 황량하고 적막하고 무너진 성읍들에 성벽과 주민이 있다 하리니 (겔 36 : 35).

예언자들에게서 공통적으로 발견되는 이상의 종말론적인 구원 메시지들을 종합해 보면, 하나님께서 회복하실 새로운 구원의 세계는 인간과 자연이 서로를 인정하고 존중하는 정의롭고도 조화로운 상호 공존의 세계이며, 모든 피조물들 사이에 사랑의 사귐과 나눔이 있는 평화의 세계, 눈물과 고통과 죽음이 없는 생명의 세계가 될 것이다. 결과적으로 예언자들에게서 발견되는 비판과 고발의 메시지, 심판의 메시지, 그리고 마지막으로 종말론적인 구원의 메시지 등은 한결같이 정의와 생명이 서로 분리된 것이 아니라 심판과 구원을 이루시는 하나님 안에서 하나임을 증거하고 있다 하겠다.

6. 결국 정의와 생명은 하나다

위에서 살핀 바와 같이 이스라엘은 역사의 초기 단계부터 인간과 자연의 상생·공존에 기초한 공동체의 실현에 깊은 관심을 가지고 있었고, 그것을 관습법이나 성문 법전의 편찬을 통해서 전승해 오는 한편으로, 하나님의 정의와 생명에 기초한 이상적인 신정 공동체를 만들려고 꾸준히 노력해 왔다. 창조와 출애굽, 그리고 각종 법전 등에 그것이 잘 나타나 있다. 예언자들이 선포한 메시지에서도 정의와 생명의 밀접한 상관관계가 다양한 차원에서 그 모습을 드러내고 있다. 이것은 곧 정의와 생명이 한 분이신 하나님 안에서 하나임을 뜻한다. 그 까닭에 정의가 언급되는 곳에서는 항상 생명도 똑같이 언급된다. 창조로부터 종말에 이르기까지 정의는 항상 생명과 함께 움직인다. 본질적으로 둘은 한 분이신 하나님께로부터 비롯된 것이요, 따라서 하나님 안에서 하나이기 때문이다.

이제 한국 교회는 이 중요한 사실을 염두에 두고서, 한 분이신 하나님을 믿는 신앙고백 안에서 정의와 생명을 하나로 융합시킬 수 있는 화합과 연대의 새로운 미래를 열어가야 한다. 특히나 세계화와 지구화의 시대를 빙자한 초국적 기업들의 횡포와 부강한 나라들의 경제 침략에 의해 약소국가 국민들이 강대국의 경제적 속국으로 전락하는 현상이 빈발하고 있을 뿐만 아니라, 강대국 주도의 과학과 기술문명에 의하여 시작된 환경오염과 생태계 위기가 인간의 생명과 생존을 크게 위협하고 있는 오늘의 현실에서는 더욱 그렇다. 참으로 오늘의 교회는 하나님의 정의를 바로 세우기 위한 노력이 생명으로 충만한 세계를 회복하기 위한 노력과 밀접하게 관련되어 있다는 사실을 한시도 잊어서는 안 된다. 교회가 이러한 의식 속에서 정의를 위한 거룩한 투쟁과 생명을 회복시키기 위한 신성한 노력을 하나로 묶을 수만 있다면, 그동안 분산된 에너지로 할 수 없었던 더 큰 일들을 충분히 감당할 수 있을 것이다. 정의와 생명이 손을 잡는 그 날을 간절히 기대한다. 한 분이신 하나님 안에서.

6부

신학교육에 대한 에큐메니컬 서약문
: 변화하는 세계 기독교 지평에서의 리더십 형성

Ecumenical Covenant on Theological Educatiom

[번역]

신학 교육에 대한 에큐메니컬 서약문
변화하는 세계 기독교 지평에서의 리더십 형성

김은혜
장로회신학대학교 교수

아래의 공동 선언문은 2012년 3월 14~17일 보세이 에큐메니컬 연구소에서 열린 회의 중에 ETE 분과 Group에 의해 작성되었다. 이것은 2012년 8월 WCC회원 교회와의 대화와 연구를 위하여, 그리고 부산 총회 준비 과정에서 지역 신학교 연합과의 대화를 위하여 채택 그리고 추천되도록 WCC중앙위원회에 권하여진다. 이 선언문은 에큐메니컬 운동의 미래를 위한 에큐메니컬 형성과 신학 교육의 전략적 중요성을 강조하고, 그리고 21세기를 위한 새로운 도전의 맥락에서 교회의 책임을 교회에 상기시키는 데 그 목적이 있다.

1. 신학 교육을 위한 세계적인 노력의 유산

에큐메니컬 리더십 형성과 신학 교육에 대한 관심은 초기부터 에큐메니컬 운동의 절대적으로 필요한 부분이었고, 그리고 전 세계 기독교 교회의 선교 참여의 중요한 영역이 되어 왔다. 이른 초기부터 교육 향상에 대한 관심은 수 세기 동안 기독교 선교의 핵심 특징이었다. 북반구와 남반구에 있는 국가들의 많은 교육구조와 제도들은 기독교 선교사들과 교육자들의 선구적 작업이 있었기에 존재한다. 선교사 훈련과 신학교육을 확고하게 에큐메니컬 운동의 의제로 채택한 것은 바로 1910년 에딘버러 세계 선교 대회였다. 1910년 에딘버러는 이미 다음과 같은 사항을 강조하고 있다 :

- 과거와 미래에 기독교 선교의 필수 불가결한 요소로서 신학교육의 전략적 중요성
- 학문적 수준에서 철저하게 향상되어야 하고 아울러 이수해야 할 과목이 확대되어야 하는 선교사의 훈련에 있어 상당한 질적 향상의 요구
- 신학교육과 그리고 다른 교단과 선교 기관이 공동으로 지원하는 중심적인 선교 대학의 설립 추진에 있어서 교단 노선을 뛰어넘는 국제적인 이동의 요구
- 자국어로 하는 신학 및 기독교 교육으로 신중하게 나아가야 할 필요성

국제 선교 협의회(IMC)는 선교사 훈련기관과 목사 양성기관을 설립함으로써 새로운 문화적 상황에 맞추어 메시지를 번역하려는 정열과 열정이 에큐메니컬 운동에서 눈에 띄게 나타난 것은 국제선교협의회의 지속적인 헌신 때문이었다. WCC가 1948년에 설립되었을 때, 암스테르담 창립 메시지는 다음과 같다. "이곳 암스테르담에서 우리 자신들은 하나님 앞에서 우리 자신을 새롭게 하고 이 세계교회협의회를 설립하는 데 서로 헌신하기로 약속하였습니다. 우리는 함께하려고 합니다." 우리는 WCC 미래의 모든 것을 위한 이 서약문이 신학교육과 교회의 목회자 양성을 강화하기 위하여 상호연대와 협력을 심화하는 구속력 있는 의무를 포함한다고 단언한다. 네 개의 다른 기구들이 WCC 회원교회와 함께 교회 안에

서 야기되는 에큐메니컬 리더십 형성, 기독교 교육, 그리고 신학적 훈련의 필요에 부응하기 위해 만들어졌다 :

- 런던에 있는 IMC 신학교육기금(1958-1976)은 남반구 교회의 신학교육 역량을 높이고 강화하며 신학교육의 맥락화를 향상시키기 위한 공동행동을 위하여 전세계에서 100명 이상의 선교 동역자들을 불러모았다. 신학교육기금(TEF)은 남반구 신학교육 기관의 교과과정 혁신과 에큐메니컬 신학교육에 관한 프로그램 작업에 일조했던 PTE와 ETE의 후속 프로그램을 만들기 위해서 WCC에 통합되었고, 프로그램과 출판물, 프로젝트 보조금을 통하여 전세계 1,200개 이상의 신학교와 신학생들에게 지금까지 혜택을 주고 있다.
- 주일학교 운동과 학교들 안에서 기독교교육 프로그램의 개념 이해와 에큐메니컬 협동을 강화하기 위하여 1971년에 WCC에 통합된 세계기독교교육협의회(WCCE)의 모태인 세계주일학교협회(World Sunday School Association)
- 특별 허가된 에큐메니컬 대회와 연구센터로 봉사하기 위하여 1946년에 WCC보다 그 이전에 설립되어, 그 이후 3000여 명의 신학생들을 위한 에큐메니컬 형성 프로그램을 제공해오고 있는 보세이 에큐메니컬 연구소
- 60년 이상 동안 젊은 기독교 지도자를 위한 신학적, 비신학적 연구 프로그램 모두에 장학금을 제공하고 있는 WCC 장학금 프로그램

TEF와 WCCE의 전통과 정관 명령을 통합한 후에 WCC는 21세기의 새로운 상황과 도전에 맞는 새롭고 창의적인 방법을 추구해오면서 에큐메니컬 형성, 기독교 교육, 그리고 목회자 양성을 위한 그 작업 유산을 계속할 수 있는 도덕적 그리고 제도적 의무에 집중해왔다. WCC의 각 프로그

램은 에큐메니컬 형성을 위한 그 나름의 의미들을 가지고 있지만, 기독교 교육과 신학교육사는 교회들도 역시 공동 행동, 세계적인 일관성 그리고 이 분야에서의 국제적인 협력을 구체화하기 위해서는 WCC의 가시적인 독특한 프로그램 활동이 필요하다는 것을 보여주었다. 중요한 요소들 중 하나도 생략하거나 약화시키지 않고서 어떻게 이것이 제도적으로 성취되며 프로그램적으로 계속 될 수 있는지와 그리고 WCC의 이 일에 대한 적절한 협력과 후원을 어떻게 발견할 수 있는지가 부산 총회를 준비하는 과정에서 논의되어야 할 관심사다.

2. 세계 기독교의 미래에 대한 신학교육의 전략적 역할

2010년 에딘버러 대회 기간 중 기독교 선교 100주년 기념은 다시금 세계 기독교의 미래에 대한 신학 교육의 전략적 역할을 확인했다. 2010 에딘버러 신학 교육분과 토의를 위한 준비 연구모임은 다음과 같은 사항을 언급하였다 :

> 몇 가지 주요한 발전이 일부 지역에서 이루어졌는데, 남반구 교회들의 독자적인 신학교육 기관이 생긴 일과 다원화가 바로 그것이다. 또한 신학교육의 토착화와 맥락화 모델을 만들기 위하여 몇 가지 주요한 노력들을 기울여 왔다. 동시에 신학 교육의 영역에서 신구 도전들이 오늘날 기독교 선교를 위한 신학교육의 적절성 및 접근성을 계속 그리고 꾸준히 방해하는 것은 분명하다. 심지어 100년 전보다 더 극적인 것처럼 보이는 중요한 도전들도 더러 있다. 따라서 교회의 친교 속에서 신학 교육을 증진시키는 데 있어 국제적인 네트워크와 연대를 위한 공동의 노력을 증진시켜야 할 긴박함이 있다. 일부에서는 신학 교육의 새로운 글로벌 위기에 대해 이야기 하고 있는데, 이것은 점점 명확해지고 있으며 21세기의 다음 수십 년 동안 바로 세계 기독

교의 통일과 미래를 위태롭게 할 가능성을 가지고 있다.

따라서 "신학 교육의 진흥을 위한 관심은 세계 선교(그리고 에큐메니컬) 운동 안에서의 협력과 공동 증인의 최우선 영역이었고 최우선 영역으로 남아야만 한다. …기독교 교회의 세계적 친교를 위하여 접근이 용이하고 맥락적으로 적절한 신학 교육의 틀을 제공하는 과업은 결코 성취 되지 않는다. 그와 반대로, 21세기 초에 우리는 세계 기독교 전망의 급격한 변화에 의해 야기된 거대한 도전들, 위기 징후 그리고 신학 교육의 근본적인 변화에 따른 위기에 대처해야 하는 새로운 긴급성과 증가하는 요구에 직면하고 있다."는 것은 공동의 확신이 되어 왔다.

중앙위원회는 다음과 같이 WCC회원 교회에 상기시켰다. "교회는 가장 중요한 우선 순위 명령 및 의무의 하나로서 신학 교육을 지원 (석사 이상의 높은 학위뿐만 아니라 학부에 관하여) 해야 한다. 적합한 그리고 양질의 신학 교육 시스템이 없는 교회는 스스로 축소 되거나 기독교의 종교적 근본주의로 끝나버리는 경향이 있다. 제대로 개발된 신학 교육을 갖고 있는 교회는 전체적인 기독교 선교에 대한 깊은 헌신뿐만 아니라 사회의 다양한 수준과 도전들에 대한 더 높은 수준의 상호작용과 그리고 그것들을 능가하는데 적격이다. 그러기에 교회는 신학 교육을 지배하거나 축소하려는 함정에 빠지지 않고 신학 교육 기관에 대하여 명확한 소유의식을 갖고 있어야 한다."

중앙위원회는 다음과 같은 확신으로 신학 교육에 관한 세계 연구보고서를 마쳤다. "신학 교육은 교회의 갱신, 교회 사역과 선교 그리고, 오늘날의 세계에서 교회 일치를 위한 헌신의 모판이다. 만약 신학 교육 시스템이 무시되거나 교회 리더십, 신학적 반성 및 자금에 마땅한 중요성이 제공되지 않을 경우, 결과는 즉시 눈에 띄지는 않겠지만, 10~20년 후 매우 확실하게 교회 리더십, 교회 선교의 전체적 특성, 에큐메니컬 및 종교간 대화의 수용 그리고 교회와 사회의 대화 수용이라는 신학적 능력의 관점에서 드러나게 될 것이다. 미래 세대의 목회자와 교회 사역자에게 에큐메니컬 기억과 비전을 전승하는 일이 현재 그 연속성을 결코 확신하지 못하는 많은 WCC 회원 교회에 가장 우선하는 필요이다."

3. 신학 교육의 세계적인 형성에 관한 새로운 이해

WCC의 기초는 다음 사항을 확인한다 :

"세계 교회 협의회는 성경에 따라 주 예수 그리스도를 하나님과 구세주로 고백하는 교회의 친교 단체이며 따라서, 아버지, 아들, 그리고 성령 한 분 하나님의 영광으로의 공동의 부르심을 함께 추구한다." 그러므로 에큐메니컬 신학 교육의 관심은 WCC의 헌법에 높은 우선순위에 놓여 있다. "특정 문화적 맥락에 뿌리를 둔 공동체의 삶의 비전과 교육과정을 통하여 세계적인 의식의 성장을 고취시키는 것"(WCC 헌법 III)이 WCC의 주요 목적과 기능 중 하나로 정의된다. 처음부터 에큐메니컬 운동은 기독교 교육의 이해에 일반적으로 심오한 영향을 미쳤고, 특히 미래 목회자와 성직자를 위한 목회 양성에 지대한 영향을 미쳤다. 만일 에큐메니컬 운동이 일반적으로 교회의 하나됨과 여러 다른 교단의 교회들과 고백 전통 사이에서 새로운 형태의 가시적인 일치를 향상시키고 공동의 증언을 강화하는 것이라면, 그때는 여전히 불일치 속에 남아서 자신의 교육 자료와 발행물 안에서 자매교회에 대한 왜곡된 이미지를 사용하는 교회들의 스캔들은 신학교육과 목회자 양성분야에서 가장 우선 순위로 극복해야 할 문제이다. 따라서 신학교육에 있어서 교회 일치를 추구하고 강화하는 것이 본질에 있어서 "하나의, 거룩한, 보편적인 그리고 사도적인 교회"로서의 교회를 긍정하는 데 함께하는 모든 교회를 위한 복음의 명령이다(니케아 콘스탄티노포리탄 신조[381]).

21세기 기독교가 직면한 문제를 위하여 현재 에큐메니컬 교육의 배경과 필요성에 영향을 주는 여러 가지 변천 과정들에 주목하는 신학적 훈련과 기독교 교육의 에큐메니컬 형성에 대한 새로운 이해가 요구된다. 오늘날의 에큐메니컬 형성은 보다 광범위하고 포괄적인 형태의 문의를 받는다. 에큐메니컬 형성은 다음과 같은 사항을 포함한다 :

교단간 혹은 비교단 신학교육기관 및 신학교육 프로그램의 후원 (의도적으로 IMC의 신학교육기금 (TEF)에 의해 이미 후원 받고 있는)

각 지역 신학교나 교수진에게 에큐메니즘과 세계 기독교에 관한 독특한 강좌 및 커리큘럼 모델의 소개, 그리고 에큐메니즘과 교회 증인의 중요한 문제(예를 들어 HIV/AIDS, 장애 문제, 생태/정의, 디아코니아에 관한 교육 과정)에 대한 적절한 관련 교수자료의 개발

- 신학 교육 안에서의 종교간 학습(interfaith-learning)을 위한 자료의 포함
- 정의, 평화, 창조 보전의 공동 증인의 필요에 따른 신학 교육과정의 맥락화
- 신학 교육과목의 보강 및 여성, 어린이의 관점에서 본 문제의 적당한 포함

우리는 다급한 심정으로 다음과 같이 선언한다 :

WCC 회원교회의 공식 그리고 비공식 신학교육 프로그램 안에 에큐메니컬 형성 과정에 대한 헌신이 없다면 대체적으로 에큐메니컬 운동의 미래는 없다. 만약 신학교육이 이 인류 전체에 대한 선교와 봉사 안에서 갱신된 교회의 에큐메니컬 비전에 의해 인도받

지 못한다면, 에큐메니컬 비전과 헌신을 21세기로 전달할 신세대의 기독교 지도자, 목회자, 신학교사들이 심각하게 부족하게 될 것이며, 그리고 벌써 많은 회원 교회에서 관찰될 수 있는 에큐메니컬 운동과 에큐메니컬 신학적 담론에 관한 소수의 전문가들과 대다수 목회자 사이의 격차와 소외가 확대될 것이다.

신학 교육에 관하여 WCC가 이전의 경우에 언급한 내용은 현재까지 유효하다 :

…교회와 젊은 세대 앞에서 상호 대화와 상호 인정, 그리고 화해를 통한 교회 간의 분열을 치유할 필요성과 함께 하나님의 선교 그리고 정의와 평화의 추구를 공유하는 것을 연결하는 가시적 일치에 대한 관심을 계속 가질 필요가 있다. 신학 교육과 목회자 양성에 관련된 사람들은 교육 과정의 모든 부분에 에큐메니컬 차원을 제공하는 것을 통해서뿐만 아니라 자원의 공유, 에큐메니컬 대학, 연구소, 과정이나 연맹의 설립, 그리고 다른 전통의 학생과 교수의 교환을 통해서 에큐메니컬 원칙을 구현함으로써 중요한 역할을 한다.

21세기 초 지금 우리는 만일 에큐메니컬 운동이 세계 기독교의 갱신과 회심을 위한 중요한 세력으로 남으려면 에큐메니컬 교육과 에큐메니컬 형성을 위한 새롭고 중요한 헌신뿐만 아니라 에큐메니컬 비전에 관하여 새로운 설명을 필요로 하는 새로운 역사적 상황에 서 있다. 시장과 미디어, 테크놀로지가 급속하게 세계화 되어가는 오늘날의 상황에서 배타적이고 폐쇄적인 민족적, 인종적, 문화적 그리고 종교적 정체성을 확인하는 근본주의를 성장시켰다는 점에서 역 반응을 일으켜 왔다는 사실에 의해 특징 지워지는 상황에서, 우리는 대체로 에큐메니컬 운동과 에큐메니컬 증인의 지속성을 보장하는 하나의 우선순위로서 에큐메니컬 운동에 대한 우리의 헌신을 새롭게 하고 다시 생각해야만 한다. 에큐메니컬 형성은 단순히 "교회가 교회되는 구성적인 표시"(벤쿠버 1983)일 뿐만 아니라, 21세기 초에 가장 중요한 우선 해야 할 일이며 새로운 긴급한 사항이기도 하다.

4. 21세기 신학 교육의 주요한 도전들과 새로운 기회들

a) 북반구와 남반구, 그리고 몇몇 지역 사이의 신학 교육 자원의 이용가능성의 불균형
b) 일반적으로 남반구 지역의 고등교육 학생 수의 엄청난 증가, 특히 신학 연구 과정의 입학 지원자의 증가
c) 신학 교육 프로그램에 대한 오순절 교회의 관심 증가
d) 신학 교육, 신학적 리더십과 교회 사역의 많은 상황에서 여성들을 위한 더 많은 영역을 만들어야 할 긴급한 필요성
e) 서로 다른 컨텍스트와 교단 배경, 신학 방향을 가진 신학교 간의 상호 인식과 공동 자격 기준의 부족
f) 신학 교육 기관들의 국제적인 전망에 대한 교단적 분열
g) 신학 교육의 고등교육을 위해 사용할 수 있는 장학금 및 보조금의 심각한 부족과 신학교육 기관에 자금을 제공하는 교회의 재정적인 어려움 증가
h) 신학 교육의 구조적인 상황 변화 (교회와 관련된 신학교에서 국립 종교학과로의 이동)
i) 세계적인 이주 운동과 변화하는 그리고 점점 더 다양한 신학교육프로그램의 구매자들에 대한 근본적인 의미들

최근에 전세계적으로 실시된 신학 교육 프로젝트에 대한 설문 조사에 따르면 모든 응답자의 33%가 자신의 지역에 있는 신학교와 신학 교육 프로그램이 충분하지 않거나 너무 적다고 대답하였다.

또한 에딘버러 2010 보고서에는 다음과 같은 사항이 언급되어 있다 :

만일 우리가 신학 교육이 번창하지 않는 곳에서 기독교가 번창하는 것처럼 보이는 상황 그리고 그 반대의 경우도 똑같은 그런 상황을 넘어, 대신 남반구의 성장하는 카리스마적인 갱신 운동과 북반구의 갱신교회에 생명을 주는, 갱신하는, 참여적인 그리고 적절한 혁신적인 신학교육 형태로 나아가기만 한다면, 1세기 세계 기독교의 모든 다양한 흐름들의 본래의 모습과 진정성이 유지될 수 있고 강화될 수 있다. 21세기의 신학교육과 에큐메니컬 형성 발전에 기여하기 위해서 미래에 우리가 필요로 하는 것은 교회와 에큐메니컬 기관과의 보다 집중적인 협력과 강화된 기구들이다.

5. 고등 교육 기관에서 기독교 신학의 역할과 적절성

WCC는 기독교 신학의 역할에 영향을 미치는 관련 대학 정책과 고등 교육 기관의 영역의 어떤 동향과 변화에 대해 교회들에게 경고한다. 일반 대학 상황에서 '신학'(고백이 전제 되어야 하는 독특한 학문)이라는 그럴듯함과 합법성이 점점 여러 곳에서 의문시 되고 있다. 요즘은 점점 신학부에서 국립대학의 종교학과로 바뀌는 추세이다. 영국, 스칸디나비아와 독일에서 실시된 보고서에 따르면 신학적 연구 프로젝트와 교수 자리가 점점 줄어들고 대신 종교학 분야의 연구와 교수 자리가 늘고 있다. 매우 비슷한 변화와 동향이 아시아 국가들과 그리고 분명 미국 상황으로부터 뿐만 아니라 많은 아프리카 국가들로부터–미미한 확대–보고 된다.

따라서 교회는 대학 안에서의 신학교육의 미래를 위해 가능하면 정치적으로 정부와 관계해야 한다. 점점 교단 신학교부터 대학의 종교학부로 가서 공부하는 움직임이 있다. 이것은 많은 신학교가 문을 닫을 위험이 있고 목회자 양성 차원에서 그 기능이 약화됨을 의미한다. 이것은 또한 다양한 기독교 전통의 국제 친교에서 분리될 위험이 있다. 또한 어떤 상황에서 교파간 신학교들이 폐쇄 되어오거나 위협받아 오고 있다. 대학들이 점점 더 신학교육을 철학과와 종교학과 밑으로 통합하려는 경향이 증가됨에 따라 교회는 자신들의 교단에 맞는 훈련센터를 찾아야 하는 필요가 생기게 되었다.

따라서 중앙위원회는 대학 상황 안에서의 신학의 유용성과 중요성을 인식하도록 해명하고 성명서를 발표한 2010년 7월 오스트리아 그라츠에서 열린 제3차 유럽 신학교수 협의회의 주장에 동조한다.

"종교학으로의 이동은 부분적으로 학생 수 감소에 대한 반응이며, 부분적으로는 유럽의 종교 다원주의에 대한 관심의 반영이다. 하지만 피할 수 없는 결과는 전통적인 신학 과목의 교수의 감소다. 우리는 신학과 종교학이 대학교에서 서로 보완하는 과목이라는 것을 인식하고 있다." 또한 이것은 "유럽 대학교 안에서의 신학에 대한 중요성을 강화할 긴급한 필요"가 있음을 강조했다. 대학 교수, 교회 지도자 그리고 권위 있는 영향력 있는 기독교인들은 신학이 인문학 (그리고 심지어 과학) 안에서 차지하는 영향력을 알릴 필요가 있다. 현재에도 신학이 중요한 이유는 대학 설립 초부터 대학교 신학의 풍부한 역사, 유럽과 세계 정치에서의 확대되는 종교의 중요성, 그리고 하나의 궁극적으로 비고백적인 세계관에 대한 모든 주장에 대한 포스트모던 비평을 포함한다."

6. 양질의 신학 교육을 위한 필수 요소에 대한 일반적인 확신/신념

중앙위원회는 여기에 기반을 두고 발전되어온 신학적 관점과 신학 교육의 질에 관한 새로운 국제대화를 환영한다. 교회들에게 더 많은 일치와 공동 협력을 말하는 것이 WCC의 역할이다. 신학 교육의 영역에서 교단의 경계를 넘어서는 교회 일치에 대한 헌신과 공동의 자격기준에 대한 헌신은 필연적으로 상호 관련되어 있다. 점점 더 양질의 기준에 대한 지역 신학교 연합회의의 중요한 안건이 되어왔다. WCC-ETE에서 개발되어온 신학 교육의 질에 대한 공동헌장의 초안에는 회원 교회들의 대표들, 복음주의, 오순절 그리고 로마 카톨릭 파트너들과 함께 더 심도 있게 논의할 것을 권한다. 중앙위원회는 신학적 중요성을 가진 신학 교육의 양질 영역에서 공통된 수긍이 있어야만 한다고 확증한다. 그것은 일반적으로 다음과 같이 공동으로 수긍할 수 있다.

- 하나님의 말씀으로서 성서읽기와 공부는 미래 세대에 대한 하나님의 사랑과 희망의 메시지를 주어진 문화적 상황에서 번역하기 위한 지속적인 노력에 참여하는 모든 신학 교육의 논쟁의 여지가 없는 일차자료와 기초의 형식을 지녀야 한다. 따라서 성서의 상징들, 내러티브, 이미지들, 그리고 이야기들의 풍부한 보물에 자신을 내맡기는 것은 비판적 이성을 넘어서는 신학적 성찰 방법을 위한 하나의 영감으로서 그리고 다른 기독교 전통 사이에서 하나의 공동 기반으로서 도움을 받을 수 있다.
- 세계 기독교는 수없이 다른 맥락화된 신학교육의 형태를 필요로 하고, 그리고 자국 언어와 문화 안에서의 신학 교육을 위한 에딘버러 1910의 과제는 단지 점진적으로 그리고 매우 불완전하게 이루어지고 있다. 따라서 문화적으로 그리고 언어적으로 적합한 프로그램과 신학 교육의 자원들을 위한 시급한 요구가 도처에 남아있는 실정이다.
- 비록 여러 가지 사회적, 정치적 상황에 의해 조건 지어지지만, 교회, 기독교 선교 그리고 신학교육은 서로 불가분하게 연결되어 있고, 이 내부 연결은 교회와 관련된 신학교, 신학부 혹은 일반 대학교의 신학교 등 여러 다른 방법으로 표현 될 수도 있다. 기독교 선교와 신학 교육사이의 극히 중요한 상호관계성의 구체적인 실현은 메시지 번역이 근본적인 과제로 진지하게 고려되는 한 모든 교회와 신학교육기관의 지속적인 과제로 남게 될 것이다.

- 신학교육은 언제나 기독교회들에 비판적이며 선행하는 유대관계를 갖는다. 신학 교육 과정은 현행 교회와 교단의 현실과 정체성을 모두 재현하고 반영하지만, 또한 선지자적 역할 안에서 모든 창조물을 향한 하나님의 사랑과 하나님 나라의 관점으로부터 기존 교회와 세상의 패턴에도 도전해야 한다.
- 신학 교육은 본질적으로 모든 기독교 교회들을 하나로 묶어주는 에큐메니컬 과업이다. 다른 교단 전통의 광범위한 스펙트럼에 적절하게 주의를 기울이지 않고 그리고 에큐메니컬 정신으로 만들어지지 않은 신학 교육 커리큘럼은 그리스도의 몸의 일치를 위반하고, 그리고 그리스도의 몸의 교단적 분열을 장기화한다. 따라서 기독교안의 근본주의를 포함한 종교적 근본주의의 부상과 에큐메니컬 운동의 가치와 중요성에 대한 이해 부족은 기독교 증인, 봉사 그리고 일치에 대한 적절하고 통전적인 이해를 촉진시켜야 할 신학교육의 임무와 신학교육의 미래에 두 가지 가장 심각한 도전들을 나타낸다.
- 하나님의 모든 백성들을 교육하는 것은 기독교 선교의 핵심이며 기독교 선교는 신학 교육의 구성하는 초점과 평가기준이어야 한다. 그리스도의 선교는 어린이들을 향한 깊은 관심이었던 것처럼, 이 같은 사명을 지닌 21세기의 신학 교육은 오늘날 세계 기독교인의 30%를 나타내고 있지만, 여전히 신학 교육과정에서 소외되고 있다는 사실을 가시적으로 표현하기 위하여 아동 사역과 아동신학에 대하여 관심을 갖는 것이 필요하다. 우리는 신학적 형성은 매우 어린 시절에 시작되고 그리고 단지 학교나 교회에서만 일어나지 않기 때문에 신학교육의 확대된 정의에로 부름을 받는다. 우리들은 어린이들이 기독교 교육 프로그램과 신학적 형성에 있어서뿐만 아니라 교회생활 안에서도 중심에 있다고 보아야만 한다. 어린이들을 위한 대부분의 신학 교육이 여전히 여성에게 남겨져 있기 때문에, 신학 교육 기관들은 좀 더 두 남

녀의 신학적으로 건전한 양성의 역할 모델을 지원하기 위해 노력해야 한다.

7. 에큐메니컬 형성과 신학 교육에서의 WCC 참여의 미래

WCC에 있는 각기 다른 프로그램 구성 요소의 에큐메니컬 형성과 신학 교육 업무의 미래를 위해 우리는 다음과 같은 우선 순위 제안들을 확인한다 :

- 에큐메니컬 형성과 신학 교육 영역은 부산총회 이후의 WCC의 미래 작업 일정과 구조에서 가시적인, 독특한 그리고 강력한 역할을 받아야 한다.
- WCC는 복음주의, 로마 카톨릭, 오순절 같은 WCC의 비회원 교회에서뿐만 아니라 WCC의 지역구로부터 주요 선수들을 함께 모을 적절하고 높은 수준의 국제적인 에큐메니컬 형성 및 신학 교육에 관한 특별 조사 위원회를 필요로 한다.
- 모든 교파적 배경으로부터 교회와 신학 교육의 네트워크를 하나로 하는데 중요한 역할을 한 아프리카, 라틴 아메리카, 그리고 아시아에 있는 지역신학교 연합 포럼의 형성과 활동은 미래에 계속 되어야 하며, 동반되어야 하고, 그리고 더 강화 되어야 한다.
- WCC의 보다 가시적인 헌신이 역사적으로 수십 년 동안 WCC의 핵심 명령에 속해 왔던 기독교 교육 영역에서 요구되어진다.
- WCC는 교회가 세계 기독교의 미래를 위한 에큐메니컬 형성 개념에 관한 새로운 국제 대화에 참여할 수 있도록 격려해야 한다. 현재 에큐메니컬 형성에 대한 우리의 일반적 이해는 무엇인가? 우리는 변화하는 교회의 전망 안에서 교회들의 요구에 상응하는 분명한 목표들을 가지고 있는가? 교리와 교단 차원에서, 생태와

종교간 관련 문제와 주제들로 이동한 에큐메니컬 형성의 개념과 이해에 있어서 강조점의 이동이 있을 수 있는가? 오늘날 에큐메니컬 형성에 있어서 가장 중요한 변화의 동인과 전략적 파트너는 누구인가?

- 현재에 더 적절한 목회자 양성 형태를 찾을 뿐만 아니라 여러 지역에서 신학생들의 등록 감소로, 신학 교육 기관의 재정적 수단의 감소뿐만 아니라 운영비 증가로 교회들이 지속적으로 어려움을 겪고 있기 때문에, 필요한 모든 분야에서 신학 교육의 발전을 위한 하나의 공동의 정보 및 행동의 틀을 개발하기 위하여 세계적 그리고 지역적 파트너를 함께 불러 모으는 것이 WCC의 역할이 되어야만 한다. 우리는 변화하는 교회 전망이 실제로 미래의 신학 교육에 무엇을 의미하고 함의하는지 충분히 명확하게 이해하고 있는가?
- 신학교 연합 대표자들뿐만 아니라 교회 대표들과의 대화를 통해 WCC는 신학 교육 기관의 인정, 품질보증 및 인가에 관하여 현재 진행되고 있는 과정을 면밀하게 모니터링 해야만 한다. 오늘날의 컨텍스트에서 교회는 몇몇 신학교에 위협이 될 수 있는 신학교에 대한 국가 인증을 점점 요구하는 것에 투쟁하고 대처해야만 한다(인도네시아).
- WCC는 여러 다른 지역들의 에큐메니컬 가족의 신학 교육 기관들 간의 네트워크에 투자함으로써 신학 교육의 국제화를 개발하기 위해 지속적으로 노력하는 교회를 지원해야 한다.
- 현재 정치적, 경제적인 요인으로 그 지속성이 위협받고 있는 곳에 교회는 건전하고 성경적인 목회자 양성과 신학교육을 위해 예언자적 목소리를 높여 싸워야만 한다.
- 교회는 신학 교육에 있어서 공동의 종교간 구성 요소들에 더 많이 투자해야 한다.
- 교회는 신학 교수 교환에 투자해야만 하고 그래서 신학 교육 기

관 사이의 상호 학습을 더 용이하게 해야만 한다.
- WCC는 에큐메니컬 형성과 보세이 에큐메니컬 연구소와 ETE 프로그램과 안의 신학 교육과 에큐메니컬 형성을 위한 기관으로 자신의 역할을 수행하기 위해서 회원교회들의 더 많은 지원을 필요로 한다. 전문지식, 협력 그리고 공동 프로젝트 지원뿐만 아니라 직원의 임시파견, 직접적인 재정 지원 모두는 미래에 이 일을 지속하는데 도움이 될 것이다.

이 ETE Accompaniment Group의 선언문은 2012년 8월 28일부터 9월 5일까지 그리스의 크레타에서 있었던 WCC중앙위원회 회의에서 받아들여졌고, 교회들과 신학 교육 기관 사이의 지속적인 대화와 관계에 도움이 되기 위해 지역 신학 교육기관 연합뿐만 아니라 모든 WCC회원교회와 의사소통되도록 승인되었다.

해설

신학 교육에 관한 에큐메니컬 서약문
변화하는 세계 기독교 지평에서의 리더십 형성

김성은
서울신학대학 교수

    그리스도 안에서 전 세계 110개국 349 교회들이 하나 됨을 추구하는 세계교회협의회(WCC)가 제10차 총회를 "생명의 하나님, 우리를 정의와 평화로 이끄소서"(God of Life, Lead Us to Justice and Peace)라는 주제로 열리게 되었다. 오늘도 남북과 주변 국가들의 구조적 비평화와 핵전쟁직전의 위협 속에 정전 60주년이 되는 한반도에서 열리게 된 것이다. 북한과 남한, 미국과 일본의 한계 모를 극단적 무력 대결 상황은, 이번 총회의 주제인 생명, 정의, 평화가 진정 이 땅에서 이루어지길 간절히 기도해야만 할 것이다.

    하나님께서 주시는 생명이 68년이란 긴 세월 한반도의 허리를 가른 분단의 사슬을 풀고 정의와 평화가 충만하게 세워지기를 기도해야만 할 것이다.

1. 신학 교육에 대한 에큐메니컬 공동선언문 작성 목적

2012년 3월 14~17일 보세이 에큐메니컬 연구소에서 열린 회의 중에 신학 교육(Ecumenical Theology Education ; ETE) 분과 그룹에 의해 작성된 것을 2012년 8월 28일부터 9월 5일까지 그리스 크레타에서 있었던 세계교회협 중앙위원회의에서 승인된 문서이다. 교회들과 신학 교육의 지속적인 대화와 연구에 도움이 되기 위해 지역 신학 교육기관 연합뿐만 아니라 모든 WCC 회원 교회와 의사소통되도록 승인되었다.

또한 부산 총회 준비과정에서 지역 신학교 연합과의 대화를 위하여 채택되고 추천된 문서이다. 이 선언문은 에큐메니컬 운동의 미래를 위해 에큐메니컬 형성과 신학 교육의 전략적 중요성을 강조하며, 21세기를 위한 새로운 도전의 맥락에서 교회의 책임을 상기시키는 데 그 목적이 있다.

2. 급격한 세계 변화와 에큐메니컬 신학 교육의 위기

세계교회협의회는 초기부터 에큐메니컬 리더십 형성과 신학 교육에 관심을 가지고 에큐메니컬 교육기관 보세이(Bossey)와 다양한 장학 프로그램을 통하여 수많은 지도자 양성과 교육 연구자료를 개발하고 서적을 출판하는 등, 기독교교육 이해와 선교와 목회에 교회가 하나 됨과 공동의 증언(하나의, 거룩한, 보편적인 그리고 사도적인 교회)을 강화하는 데 중요한 역할을 했다. 다른 에큐메니컬 기구들과 함께 교회들의 연합과 일치를 향한 에큐메니컬 비전을 제시하고 평신도, 여성, 청년들의 적극적인 참여와 지도력 개발과 이를 위한 신학 연구를 끊임없이 발전시켰으며, 2001년부터 폭력 극복 10년 운동을 범세계적으로 전개하기도 하였다.

그럼에도 불구하고 21세기 새로운 사회적 상황과 도전들은 지구 곳곳에서 불의와 폭력, 테러와 전쟁, 빈부격차의 양극화, 환경 파괴, 핵무기, 늘어나는 살인과 자살, 금융위기 등으로 생명, 정의와 평화 에큐메니컬 비전 형성을 위한 신학 교육의 역할은 더욱 어렵게 되었다.

2010년 에든버러 신학 교육 분과 토의 준비 연구모임에서는 세계 기독교의 미래에 대한 신학 교육 전략적 역할의 변화를 논의하였다.

중앙위원회는 급격한 변화에 따른 도전들, 위기 징후 그리고 기독교선교의 변화에 따라, 신학 교육은 새로운 긴급성과 지역 특성에 접근이 용이(accessibility)하고 맥락적으로 적절한(relevance) 것이기 위해 국제적 네트워크와 연대를 위한 공동의 노력을 증진시켜야 할 긴박성이 있음과 양질의 신학 교육 시스템이 없는 교회는 스스로 축소되거나 종교적 근본주의로 끝나는 경향이 있으며, 전체적인 성교에 대한 헌신, 사회의 다양한 수준과 도전들에 대한 더 높은 수준의 상호작용과 교회가 가장 중요한 순위 명령과 의무의 하나로서 제대로 된 신학 교육을 지원하고 명확한 소유의식을 가질 것을 상기시켰다.

또한 중앙위원회는 보고서에서 "신학 교육은 교회의 갱신, 사역과 선교, 교회 일치를 위한 모판이다. 만약 신학 교육시스템이 무시되거나 교회리더십, 신학적 반성 및 자금에 마땅한 중요성이 제공되지 않을 경우, 결과는 즉시 눈에 띄지는 않겠지만 10~20년 후 교회 리더십, 교회 선교의 전체적 특성, 종교 간, 사회와의 대화 수용이라는 신학적 능력의 관점에서 명확히 드러날 것이다. 미래 세대의 목회자와 교회 사역자에게 에큐메니컬 기억과 비전을 전승하는 일이, 현재 그 연속성을 확신하지 못하는 WCC교회에 최우선 과제"라고 했다.

3. 에큐메니컬 신학 교육의 새로운 이해

21세기 기독교가 당면한 문제를 위하여, 현재 에큐메니컬 교육의 배경과 필요성에 영향을 주는 변천 과정에 주목하는 신학적 훈련과 보다 광범위하고 포괄적 이해가 필요하다.

- 교단 간 · 비교단 신학 교육기관 및 신학 교육프로그램의 후원
- 각 지역 신학교 교수진에게 에큐메니즘 관련 교수자료 개발, 종교 간 학습(interfaith-learning) 자료 포함

- 정의, 평화 창조 보존의 공동 증인의 필요에 따른 신학 교육과정의 맥락화
- 신학 교육 과목 보강, 여성, 어린이 관점
- 남반구-북반구교회의 보완적
- 고등 교육기관에서 신학의 역할과 적절성, 신학부 → 종교학과, 철학과로 포함 추세
- 양질의 신학 교육을 위한 필수요소들, 신학 교육의 질에 관한 교단 간, 국제 새로운 대화, 각 지역 문화적 언어적으로 적절한 프로그램과 신학 교육 -사회·정치적 상황 관계
- 선지자적 역할
- 신학 교육은 언제나 교회와 세상의 패턴에 대한 비판적이며 도전적 기능, 어린이, 여성, 생태 문제 사역

기독교교육은 선교의 핵심이며 기독교선교는 신학 교육을 구성하는 초점과 평가 기준이어야 한다.

4. 한국 교회의 신학 교육 성찰

한반도의 전쟁 대결 상태에도 불구하고 평화적 경제 협력의 충격 흡수 장치 성공지대였던 개성공단이 닫혔다. 한반도 평화는 동북아의 평화뿐 아니라 세계평화 정착에도 중요한 시사점을 줄 것이다.

짧은 선교 역사를 가진 한국 교회가 세계 교회를 한반도로 초청하여 전 세계 교회의 눈과 귀가 한반도 부산으로 모이는 이번 총회가 기독교인은 물론 국가적으로 축하해야 될 엄청난 축제라고도 하나, 지금 여기 한반도라는 시간과 공간의 현실을 고려해 볼 때, 기독교 축제나 거대한 글로벌 행사라기보다는 가슴을 찢는 회개의 기도와 극단적 대결 상황의 평화적 해결책을 위한 강력한 WCC 기독교적 연대 행동 참여를 반드시 천명

해야만 할 것이다.

　핵보유국이 된 북한과 미국의 최신예 무기 판매 전략의 위기상황에서도 공산권 치하의 기독교인들과의 대화를 했던 WCC의 경험을 무시한 채, 공산주의 타파와 공격적 개종주의를 천명하고, 타 종교와의 대화라는 가치 다원주의를 배격하는 성명을 내는 한국개신교 지도자들을 묵인한 것은, WCC의 에큐메니컬 비전 형성과는 전혀 다른 신학 교육을 하고 있는 셈이다.

　본 에큐메니컬 형성과 신학 교육 공동 선언문은 "교단의 경계를 넘어서는 교회의 일치와 에큐메니컬 정신으로 만들어지지 않은 신학 교육은 그리스도 몸의 일치에 위반되는 것이다. 에큐메니컬 운동의 가치와 중요성에 대한 이해부족은 종교의 근본주의, 기독인의 근본주의의 부상으로 기독교의 고백적 증인, 봉사, 일치에 대한 적절하고도 통전적인 이해를 촉진시켜야 신학 교육의 임무이다."라고 밝히고 있다.

　이미 결정된 부산 총회 찬성·반대운동으로 개신교인들의 분열을 가중시키고 있는 에큐메니컬 비전과 가치에 대한 몰이해는 한국 신학 교육의 미래에 심각한 도전으로 남아 있다.

　오늘의 한국 개신 교회 소수 지도자들은 예수가 우리에게 명하신 이웃 사랑의 사회정의와 평화를 만들기보다는 권력 다툼과 이기적인 기복신앙에 빠지거나 정치 경제적 권력집단에 기대어 성서무오설이 바로 성직자 무오설인 양 행동하므로, 사회로부터 기독교가 오만하고 배타적인 종교집단이란 비난을 받고 있는 현실이다.

　그 사이 치러진 여러 차례의 선거에서 후보들이 보수주의를 내세운 낡은 틀의 반공주의, 근본주의 신앙관과 역사의식을 강조하는 한기총과 대형 교회 중심의 기독교 지도자들을 만남으로써 지지를 받으려 하는 편향된 신앙과 시국관에 큰 우려를 하지 않을 수 없다.

　신학 교육도 개 교단 교회 지도자 양성을 위한 신학 교육에 필요한 경비 마련 때문에, 새로운 가치관이나 사회관을 표명하기보다는 낡은 틀의 보수적이고 반공주의, 근본주의적인 대형 교회 중심의 신앙관을 재생산하는 도구로 활용되고 있다.

변화하는 세계에서 통합적인 학문적 고찰이나 올바른 비판적 연구방법의 틀에서 올바른 역사인식과 사회관을 가져야 할 것이다.

경제 성장 개발 논리가 곧 교회성장론으로 유행하면서 신학자나 목회자들이 기업의 CEO 식의 사고를 가지고 있던 낡은 틀에서 벗어나, 이제는 약자와 작은 자를 중히 여기던 예수의 가르침대로 살기를 증언할 수 있는 신학생들과 교인들이 바로 에큐메니컬 형성의 변화 에이전트라는 관점에서 전면 재검토해야 할 것이다.

대통령과 정부도 종교를 권력 쟁취에 이용하려는 생각을 버리고 사회의 경제적·교육적 양극화 문제에 보다 철저한 관심을 갖고 소외계층의 문제들을 해결해 나가야 할 것이다.

한국의 대형 교회와 보수교단들은 교회 권력을 획득하기 위해 정치에 대한 잘못된 판단을 할 경우 기독교 교회가 당한 피해가 얼마나 컸는지를 심각하게 성찰하여, 맹목적인 행동을 자제해야 할 것이다.

신학 교육은 교회 지도자들이나 선교사들 양성 프로그램에 비합리적이고 맹목적인 충동과 고정적 경향성을 가지는 습관을 통제하는 능력인 합리적 사고력, 통합적 통찰력을 기를 수 있도록 교육 과정을 계획하여야 할 것이다. 합리적 비판적 사고력은 인간의 삶에 대한 민감성, 배우고자 하는 개방된 학습의지는 물론, 변화하는 기독교미래지평에 새로운 에큐메니컬 형성에 배운 것을 재구성하는 용기와 지혜를 줄 수 있을 것이다.

7부

21세기의 디아코니아에 관한 신학적인 전망들

Theological Perspective on Diakonia in 21st Century

| 번 역 | # 21세기의 디아코니아에 관한 신학적인 전망들 |

강성열
호남신학대학교 교수

이 문서는 2012년 스리랑카의 콜롬보에서 열렸던 WCC의 "정의와 디아코니아, 정의와 포괄적공동체 프로그램과 그리고 선교와 전도 프로그램"과 공동 개최했던 협의회에서 논의되고 2012년 WCC 중앙위원회에 보고된 보고서이다.

이 신학적인 묵상 자료는 구체적 상황과 경험에 기초한 귀납법적인 추론을 의도하고 있다. 25여 개국에서 다양한 디아코니아 사업들에 열중하고 있는 50명의 참여자들은 변두리 사람들의 삶에 참여하는 중에 생겨난 새로운 가능성들에 관한 통찰들을 제공해 주었지만, 몇몇 난처한 질문들을 던지기도 했다. 그들은 21세기의 디아코니아에 관하여 공부하려면 바로 이어서 언급할 몇 가지 도전적인 과제들을 염두에 둘 필요가 있다고 보았다. 그것들은 다음과 같다 : 특히 신자유주의 경제 세계화라는 오늘날의 지배 체제에서 비롯되는 불의의 제도화, 기후 변화의 현실과 그 영향력 ; 온갖 전쟁과 갈등 및 이로부터 비롯되는 파괴와 정신적 외상, 그리고 깨뜨려진 관계들 ; 여러 종교들과 민족들의 공격적인 주장에 기인한 공동체 붕괴 ; 취약 계층을 향한 탈취 행위와 추방 ; 사회의 여러 구성원들, 특히 여성과 아이들 및 장애인들과 노년층을 향한 폭력 ; 영양 부족과 질병 및 면역 결핍 바이러스와 후천성 면역 결핍증(Aids) ; 인종적/종교적 소수자들과 토착민들, 아프리카 출신 공동체들, 남아시아의 천민들, 다양한 이유들로 차별을 겪는 다른 많은 사람들이 소외당하는 현실.

오랜 전쟁과 갈등으로 페허가 된 스리랑카는 치유와 희망의 가능성을 찾으려고 애쓰는 나라로서, 이번 회의의 중요한 배경을 제공하고 있다. 이번 회의는 교회들의 증거를 대표하고 있는 스리랑카 교회협의회가 주도하는 것이다. 그곳의 교회들은 제한된 공간으로 인하여 공적인 참여를 충분히 감당할 수 없는 변두리 소규모 집단의 성격을 가지고 있고, 제각기 분명한 정체성을 가지고 있으면서도 치유와 화해를 향한 증거에 있어서 하나 되는 모습을 보이고 있다. 따라서 이 회의는 디아코니아를 아래에 상술하는 세 가지의 구체적인 장점들을 통해서 바라보고자 하였다.

첫째로, 이 회의는 디아코니아를 계속적인 하나님의 선교에 참여하는 교회들의 첫째가는 과제로 이해하고자 하였다. 이것은 교회들이 배타적이거나 내향적인 신앙 공동체가 되어서는 안 되며, 도리어 세상에 참여해야 하는 소명을 가지고 있음을 주장하기 위하여 선택된 것이었다. 이 회의는 또한 디아코니아를 제도적인 형식들 안에서 바라보고 추구하려는 일반적인 경향에 응답함과 아울러, 그러한 형식들이 허용하는 도전들에만 응답하려는 것이기도 했다.

둘째로, 이 회의는 디아코니아를 (많은 경우들에 있어서) 전통적으로 교회의 디아코니아 수혜자들이나 대상들-취약한 변두리 공동체들-로 간주되던 자들의 시점에서 새롭게 생각해보려고 시도하였다. 이러한 선택은 신학적인 이유들에서뿐만 아니라, 자원에 초점을 맞춘 디아코니아의 형식들보다는 사람들에 기초한 디아코니아의 형식들-그들의 열망에서 비롯된-을 더 찾아내려는 의도에서 이루어진 것이었다. 그렇게 함으로써 디아코니아를 오늘의 세계에서 재규정할 때 그들의 참여를 확보하기 위해서 말이다. 이번 회의는 또한 생색내는 간섭으로부터 촉매적인 동반으로의 가능한 변화를 암시하려는 목표도 가지고 있었다.

그리고 셋째로, 현재의 많은 디아코니아 모델들이 지정학적인 측면에서 볼 때 북반구에 자리한 교회들의 견해와 선호도에 의하여 만들어졌다는 사실을 알고 있는 이번 회의는 삶의 양식이 현저하게 다른 지구촌 남반구의 시각에서 볼 때 디아코니아가 어떠한 모습일지를 탐구하고 싶어 했다. 첨언하자면, 북반구보다는 남반구에 더 많은 기독교인들이 살고 있다. 그들은 대부분이 소수 공동체들로 나누어져 있으며, 종종 적대적인 분위기 속에서 살고 있다. 그들은 사회적으로나 경제적으로 변두리 속해 있는 사람들로서, 심각한 생존경쟁의 한가운데 놓여 있다. 이러한 남반구 선호 경향은 지구촌 북반구가 이와 동일한 도전들이나 가능성들을 가지고 있지 않음을 뜻하지는 않는다. 또한 그것은 디아코니아와 그것의 반향에 있어서 북반구 교회들이 공헌한 바를 무시하고자 하려는 것도 아니다. 남반구 교회들을 향한 이러한 선택은 심사숙고 끝에 내려진 것이다. 남반구 교회들이 제공하는 다양한 삶의 표현들과 기독교적인 표현들을 염두에 두고서 말이다. 그리고 곤경에 처한 인간과 지구의 운명, 그리고 지구의 미래 등과 관련하여 그곳에서 생겨나는 복잡한 질문들 중의 일부에 답하려는 노력에서 말이다.

아래의 내용들은 위에서 언급한 시각에서 살펴본 주제에 관한 생각들을 요약한 것이다.

1. 교회와 선교, 그리고 디아코니아

아버지께서 나를 보내신 것 같이 나도 너희를 보내노라(요 20 : 21).

1. 하나님의 선교는 세계를 향한 하나님의 비전을 성취하는 것과 관련

되어 있다. 그 세계에서 "하나님은 기뻐하신다. 왜냐하면 그곳에서는 더 이상 우는 소리나 부르짖는 소리가 들리지 않을 것이요, 사람들이 젊어서 죽지 않을 것이기 때문이다. 그곳에서 사람들은 집을 짓고 그 안에서 살 것이요, 수고의 열매를 즐길 것이다. 그곳에서 사람들은 재난으로 죽지 않을 것이요, 모든 이들이 평화롭게 살 수 있도록 맹수들이 변할 것이다" (사 65 : 17-25). "새 하늘과 새 땅"(계 21 : 1)을 향한 이러한 종말론적인 희망은 수동적인 것이 아니다. 도리어 그것은 끊임없이 현재의 삶으로 뚫고 들어오며, 지금 모든 곳에서 그러한 희망을 성취함으로써 하나님의 동역자가 되도록 사람들을 초청한다. 이러한 하나님의 선교는 역동적인 것이요, 하나님이 창조하신 세계의 거룩함과 순전함을 지탱하는 사람들과 힘들을 포괄하는 것이기도 하다.

2. 세례를 통하여 부름 받고 성령의 인도하심을 받는 공동체인 교회는 자신의 존재 자체와 선포와 봉사를 통하여 이러한 선교에 참여한다. 일반적으로 봉사로 이해되는 디아코니아는 공동체로서의 신앙과 희망을 실천하는 한 가지 방식에 해당한다. 하나님이 예수 그리스도 안에서 행하신 일에 대해서 증거하면서 말이다.

3. 자신의 디아코니아를 통하여 교회는 예수 그리스도 안에 있는 하나님의 목적에 대해서 증거한다. 자신의 디아코니아 안에서 교회는 자신이 섬기려고 왔지 섬김을 받으려고 온 것이 아니라고 주장하셨던 주님-스스로 종이 되어 오신-의 길(막 10 : 45)을 따른다. 그리스도 안에서 교회는 지배 권력에 맞서 봉사의 힘을 드러내는 일에 부름 받은 존재이다. 그럼으로써 모든 사람들에게 충만한 생명이 가능해지도록 말이다. 따라서 교회는 하나님의 다가올 통치의 한 표지로 자신을 드러낼 뿐만 아니라, 그러한 통치에로 이끄는 길, 곧 그리스도의 길의 한 표지로 자신을 드러내기도 한다.

4. 교회는 디아코니아 공동체로서 자신이 속한 지역과 그보다 더 넓은

지역 모두를 포괄하는, 그리고 개인적인 차원과 공동체적인 차원 모두를 포함하는 기독교적인 증거를 실천하도록 부름 받은 존재이다. 이 점은 교회의 본질에 관한 다양한 모든 표현들에 잘 반영되어 있다 : 예배와 선포, 환대와 고난의 실천(히 13 : 1-3), 공적인 증거와 주장. "예전 후의 예전"에 해당하는 것으로서, 믿음이 경축하는 것에 의하여 힘을 얻게 되는 디아코니아는 보살핌과 구제와 봉사 등을 포함하지만, 더 나아가서 압제적인 체제들과 구조들에 담겨 있는 불의의 근원들에 대해서 관심을 갖기까지 한다. 생명의 하나님을 향한 우리의 믿음과 충성심이야말로 정의를 위한 지속적인 행동을 가능하게 만들어준다. 죽음을 초래하는 제국의 권력에 맞서서 말이다.

5. 온갖 지정학적이고 사회경제적인 상황 속에 있는 모든 기독교 공동체는 디아코니아 공동체가 되도록 부름 받은 존재로서, 변화를 가능케 하는 하나님의 은총에 대해서 증거하되 하나님 통치의 약속을 드러내는 봉사의 실천을 통하여 그렇게 하는 존재이다. 그것은 모든 관계들을 치유하며, 하나님의 선한 창조를 위한 동역자 의식을 고양시켜 준다. 삶과 정의와 평화 등의 온갖 쟁점들을 중심으로 하여 사람들과 공동체들을 하나로 묶어주는 디아코니아는 일치의 중요한 명분으로 작용하며, 그 자체로서 일치를 위한 도구로 이해될 필요도 있다. 세상을 향한 하나님의 선교에 참여하는 행동을 가리키는 한 가지 표현으로서의 디아코니아는 온갖 지엽적인 관심사들과 종교적인 증식의 차원을 넘어선다.

6. 디아코니아의 보다 확대된 제도적인 표현들 중의 일부는 위기 상황들에서 인간의 필요성을 충족시키는 자원 개발을 가능케 하는 역할을 위하여, 그리고 취약민들의 정의와 경제 발전의 명분을 증진시키기 위하여 확증되지 않으면 안 된다. 이러한 디아코니아의 형식들이나 다른 전통적인 형식들 중의 일부가 하부 구조와 제도들, 전문 기술, 자원 등에 의존하는 경향을 가지고 있기에, 많은 기독교 공동체들은 자신을 디아코니아의 후원자나 수익자로, 그리고 드물게는 디아코니아에 참여하는 자들로 자

신을 인식하게 된다. 이처럼 전문화된 사역들이 모든 기독교 공동체의 과제를 디아코니아적인 것으로 대체해주는 것은 아니다.

7. 하나님의 다가올 통치의 희망에 대한 믿음의 응답으로서 디아코니아는 역동적이고 상황적이며 다원적인 것이다. 그것의 표지들은 혼란 중에 겪는 모든 희망의 경험들에서, 사람들과 관계들을 치유하고 고양시켜주는 행동들에서, 그리고 정의를 추구하고 진리를 확증하고자 하는 노력들에서 발견된다. 디아코니아는 지구적인 차원에서 또는 보다 큰 교회 구조들의 차원에서, 그리고 회중들과 특별한 사역들 및 지방과 지역과 국가의 차원에서 정의와 평화와 인간 존엄성 등의 가치들에 헌신하는 사람들의 그물망 속에서 동역자 의식을 불러일으키지 않으면 안 된다.

2. 변두리 사람들을 위한 디아코니아

건축자가 버린 돌이……(시 118 : 22 ; 행 4 : 11)

8. 많은 사람들에게 있어서 디아코니아는 궁핍과 위기 상황에 처한 사람들에 대한 기독교적 응답으로 이해되며, 자원들과 하부 구조를 가진 힘과 특권의 자리를 떠나 그들에게 이르는 행동들로 규정된다. 이러한 이해는 종종 궁핍에 처한 사람들을 디아코니아의 대상이나 수령인으로 간주하는 결과를 초래하였으며, 많은 박애주의적이고 인도주의적인 솔선 행동들의 길잡이 역할을 수행하기도 했다. 이러한 이해는 변두리 사람들의 디아코니아를 인식하는 데 실패했을 뿐만 아니라, 그들을 단순히 디아코니아의 대상이나 수령인으로만 취급하였다. 디아코니아의 일부 형식들은 존중히 여기는 태도나 잠재력에 대한 인식 또는 지역 공동체들과의 협력 의식 등이 없이 추구되기도 하였다.

9. 약한 자들과 취약민들을 섬기려는 의도로 시작된 일부 디아코니아

사업들은 수년 동안 사회의 특권층과 부유층에게 봉사의 도구들로 여겨졌다. 불행하게도 가난한 자들을 섬기는 일은 오늘날 세계의 많은 부분들에서 일부 기독교 교육 시설들과 보건 시설들의 활동 목표가 된 적이 거의 없다. 뿐만 아니라 이윤 추구와 소비주의에 초점을 맞춘 거대한 세계화의 물결 역시 전통적인 섬김의 구조들이 경제적인 활동과 이익의 필요성을 충족시키는 방향으로 나아가게 함으로써, 섬김에 대하여 새로운 의미를 부여하기에 이르렀다.

이러한 경향 때문에 사회 경제적인 구조들에 의하여 무기력하게 된 자들에게 나아가는 일은 일부 교회들에게 더 이상 우선적인 과제가 아닌 것으로 보인다. 일부 다른 디아코니아 사역들은 사람들을 개종시키는 수단으로 사용되기도 하였다. 디아코니아는 우리와 같은 기독교인들에게 절대적으로 필요한 것이다. 그리고 디아코니아 사역들을 잘못 사용해서도 안 된다. 교회들이 그 동안 이런저런 방식으로 하나님의 선교의 길로부터 이탈한 것에 대하여 회개하는 일은 교회의 신뢰성 회복과 순전함 회복을 위해 절대적으로 요청되는 절박한 것이다.

10. 변두리 사람들은 비록 많은 교회들이 늘 해 오던 익숙한 방식으로 디아코니아를 실천할 수 있는 물질적이고 재정적인 자원을 가지고 있지 않다 할지라도, 그들 자신의 삶과 일상적인 저항 운동을 통하여 디아코니아를 실천하고 있다. 그들은 세상의 죄악성에 대해서 증거하고 있으며, 세상이 자신의 죄악 연루 상황과 침묵에 대해서 책임을 져야 한다고 본다. 그러기에 하나님이 변두리 사람들을 선호하시는 것은, 그들이 스스로 원해서 약해졌기 때문이 아니요, 온정주의적인 자비심 때문에 그런 것도 아니다. 그것은 무엇보다도 그들의 삶이 사회 변화의 급박한 필요성을 지시하고 있기 때문에 그렇다.

11. 세계는 변두리를 불명예와 무기력함의 자리로 보려는 경향을 가지고 있는 듯하다. 그러나 성서의 증언은 불의하게 사회의 변두리로 내몰리는 자들의 투쟁에 항상 함께 하시는 하나님을 가리키고 있다. 그것은 압

제와 그로 인한 상실의 상황에 놓여 있는 사람들을 향한 하나님의 관심과 보살피는 사랑의 이야기들을 잘 보여 주고 있다. 하나님은 압제당하는 자들의 부르짖음을 들으시며, 해방을 향한 그들의 여정을 지켜 주시고 그들과 동행하심으로써 그들의 부르짖음에 응답하신다(출 3:7-8). 바로 이것이야말로 하나님의 디아코니아이다. 그것은 인간의 존엄성을 회복시킬 뿐만 아니라 정의와 평화를 보증하기도 하는 해방의 디아코니아이다.

12. "나사렛에서 무슨 선한 것이 날 수 있느냐?"(요 1:46) 이 비판적인 질문은 하나님이 아들을 세상에 보내실 때 이러한 선교를 위하여 마련하신 중요한 출발 지점을 암시한다. 예수께서는 자신의 디아코니아가 압제당하는 자들을 자유롭게 하고 눈 먼 자들의 눈을 열어주며 아픈 자들을 고쳐주는 디아코니아라고 선포하신다(눅 4:16f.). 예수께서는 자신이 잃은 자들과 작은 자들을 찾으러 왔음을 계속 강조하심으로써, 끊임없이 그 시대의 변두리 사람들 사이에 머물러 계셨다. 그의 디아코니아는 권력 남용을 거부하며(눅 4:1-12), 지배적인 힘의 논리에 휘둘리는 것을 거부하시며(막 10:45), 압제적인 종교 전통들에 맞서신다(눅 11:37-54). 도리어 그의 디아코니아는 자기 삶을 인정받지 못하는 자들을 회복시키는 일을 선택한다. 마침내는 그의 이러한 행동들이 그를 십자가로 이끌기는 했지만 말이다(이를테면 한쪽 손 마른 사람, 막 3:1-6). 이러한 선택을 통하여 그는 사람들을 변두리로 몰아내는 세력을 폭로하며 그 세력에 맞서신다. 이 점에 있어서 변두리 지역은 하나님의 긍휼과 정의를 위한, 그리고 약함과 저항의 자리에 함께 하시는 하나님의 임재를 위한 특별한 공간이다. 바로 그곳에서 아픈 자들이 치유되었고, 악한 영들의 통치가 분쇄되었으며, 변두리 사람들의 존엄성이 보호받았고, 제자들은 삶을 긍정하는 목회적 가치들로 무장할 수 있었다.

13. 뿐만 아니라 변두리 사람들은 항상 궁핍과 절망에 빠져 있는 자들로 이해되어서는 안 된다. 그들은 그들 나름의 방식으로, 그리고 생명과 정의와 존엄성 및 자기 자신과 모든 사람들의 권리 등을 위한 투쟁을 통하

여 불의와 압제에 저항하며, 하나님의 임재와 권능을 자신의 삶 속에서 드러낸다. 예로써 장애를 가진 자들은 공감과 협력의 가치들을 증진시킨다. 아프리카 후손 공동체들과 인도의 불가촉천민, 그리고 차별 당하는 다른 공동체들은 교회들과 공동체들에게 수백만 명의 사람들을 차별하고 비인간화하는 문화들과 관행들에 맞서서 그것들을 극복할 것을 요청한다. 토착민들은 그들의 삶과 땅이 위협당할 때조차도 모든 생명이 서로 연결되어 있다고 보는 가치를 옹호한다. 불행한 처지에 놓인 젊은이들은 교육과 고용의 기회를 빼앗는 정책들에 맞선다. 그리고 사회적 약자인 이주노동자들은 인권과 존엄성과 정의를 위한 투쟁을 통하여 국익(國益)이라는 명분으로 기본적인 인권을 부정하는 정치 체제들에 도전한다. 이러한 모습들은 세계 구석구석에서 두루두루 발견된다. 지구촌 남반구에서도, 지구촌 북반구에서도 똑같이 발견되고 있다. 오늘날의 교회들은 이러한 모습들에서, 그리고 해방과 변화를 향한 행동들과 연대들 속에서 디아코니아의 새로운 가능성들과 새로운 교회적 자기 발견을 경험하고 있다. 그러기에 변두리 사람들의 디아코니아는 하나님의 세계 통치, 곧 세계를 위한 대안적인 비전의 성취에 참여해야 하는 교회의 역할에 대하여 대단히 중요한 의미를 갖는다.

14. 신학적인 관점에서 볼 경우, 변두리 사람들의 언어는 사람들을 체제들과 구조들의 희생물로 규정하거나 그러한 희생물로 격하시키는 방식에 해당하는 것으로 여겨질 수도 있다. 그러나 디아코니아는 그러한 구조들의 파괴적이고 비인간화시키는 힘을 인정하지 않으면 안 된다. 그들이 처한 현실의 비극적인 효과들을 지적할 뿐만 아니라, 세계의 변화를 위한 변두리 사람들의 요구와 합법적인 권리와 힘을 널리 알리기 위해서라도 말이다. 사람들이 물건들과 소모품으로 취급되고 성과 인종과 피부색과 계급과 나이와 장애와 성적인 지향성과 경제적이고 문화적인 위치 등과 같은 정체성 때문에 차별당하는 세계에서, 디아코니아는 사람들과 공동체들을 세우고 모든 사람들의 존엄성을 확인시켜 주며 특정한 사람들을

차별하고 학대하는 문화들과 관행들을 고쳐나가지 않으면 안 된다.

15. 변두리 사람들은 존엄성과 정의에 기초한 삶을 향한 열망을 통하여, 그리고 그런 일을 이루기 위한 행동들에 참여함으로써, 많은 사람들의 정의와 존엄성과 생명을 부정하는 세력들로부터 자유로운 세계를 목표로 하는 대안적인 비전을 제시하고 있다. 이것은 많은 교회들에게 대하여 하나의 강한 도전이 되지만, 디아코니아의 실천과 신학적인 반성에 관한 전통적인 모델들을 새로운 포괄주의와 공유 및 변혁 행동 등의 양식들로 갱신할 수 있도록 돕는 약속의 의미를 훨씬 더 강하게 가지고 있다. 예수께서도 다가올 하나님의 통치를 선포하는 사역을 시작하면서 자신이 그 시대의 변두리 사람들 중에 속해 있음을 발견하셨다. 세계 전역에 있는 대다수의 기독교 회중은 몇 가지 요인들 때문에 대부분 가난하거나 변두리에 처한 자들로 구성되어 있다. 이러한 현실은 더욱 확실한 초교파적 참여를 위한 기회와 수단으로 여겨질 필요가 있다. 변두리 사람들과의 상호 협력과 연대는 교회들이 하나님의 선교에 참여하고 있다는 주장의 신뢰성을 보증해 줄 것이다.

3. 변화를 위한 디아코니아

> 정의를 행하며 인자를 사랑하며(미 6 : 8)

16. 그러기에 디아코니아는 모든 사람들로 하여금 삶을 경축하게 만드는 봉사이다. 그것은 하나님의 통치가 여기에서 지금 항상 모든 사람들의 삶 속에 실재하는 것이 되도록 사람들과 상황들의 변화를 유도하고 또 실제로 변화를 가능케 하는 믿음이다.

17. 성서의 하나님은 삶의 구체적인 상황들 속에서 변화를 추구하시며 이끄신다. 특히 그들 자신의 삶을 인정받지 못한 사람들의 경우가 그렇

다. 따라서 하나님의 사랑을 실천하는 행동으로서의 디아코니아는 사람들과 체제들과 문화들을 변화시키려고 노력하지 않으면 안 된다. 하나님은 권력을 남용하고 가난한 자들의 정의를 무시하는 자들에게 심판을 선고하신다. 예수께서도 불의한 체제들과 관행들에 도전하셨으며, 그러한 것들로부터 이득을 얻는 강자들과 특권층에게 회개하고서 사랑과 나눔과 신실함과 겸손 등의 가치들로 변화될 것을 촉구하셨다.

18. 디아코니아는 희생자들의 상처를 싸매 주거나 긍휼의 행동을 취하는 것으로 한정되지 않는다. 그러한 사랑과 보살핌의 표현들이 필요하긴 하지만, 그러한 표현들은 고통과 상실을 초래하는 세력들과 요인들에 맞서서 그것들을 변화시키려는 노력을 배제하지 않는다. 디아코니아 사역은 이렇듯이 희생자들을 위로하고 "통치자들과 권세들"(엡 6 : 12)에 맞서는 행동 모두를 포함한다. 그것은 희생시키는 자뿐만 아니라 희생자까지도 치유하지 않으면 안 된다. 그것은 급진적인 투쟁의 영성을 의미하며, 죄악스런 사회구조들의 변화를 위한 헌신을 뜻함과 아울러, 그러한 구조들에 의하여 희생된 자들의 해방을 위한 헌신을 뜻하기도 한다. 변화를 위한 활동이 없다면 디아코니아는 단순한 봉사의 표현에 지나지 않을 것이요, 압제와 착취를 행하는 세력들의 이익에 교묘하게 이바지할 것이다. 그들의 상호 협력관계를 덮어버림으로써 말이다. 만일에 디아코니아가 불의와 권력 남용에 맞서지 않는다면, 그것은 믿을 만한 디아코니아가 되기를 중단하는 것이나 다름이 없다.

19. 디아코니아는 또한 피상적인 평화와 친절의 표현들을 그대로 받아들이지 않는다. 디아코니아는, "그들이 내 백성의 상처를 가볍게 여기면서 말하기를, '평강하다, 평강하다' 하나 평강이 없도다"(렘 6 : 14)라는 말에 표현되어 있는 예언자 예레미야의 분노에 공감함으로써, 종종 불의하고 압제적인 현실을 유지하려고 애쓰는 강한 자들과 특권층의 그러한 시도들을 폭로한다. 예언적인 행동을 뜻하기도 하는 디아코니아는 그러

한 세력들에게 진리를 말하는 행동을 포함하기도 한다.

20. 오늘날의 세계에서 디아코니아는 불의한 군사력과 경제력에 맞서는 정치적인 행동을 뜻할 수도 있다. 왜냐하면 그것은 사람들의 기본적인 필요들과 인간 개발보다는 자기 방어에 더 많이 투자하는 것으로 보이는 국가 정치에 이의를 제기하며, 박탈당하고 내쫓긴 자들의 생존권을 부정하는 반이주법에 반대하고, 땅과 사람들을 파괴하는 개발 정책에 반대하며, 사회 경제적인 구조들에 의하여 상처 입은 자들과 함께 일하고 그들의 권리를 대변하는 일을 하기 때문이다.

21. 디아코니아는 단순히 가부장제, 인종차별, 계급제도, 외국인 혐오증 등과 그 외의 다른 차별적이고 배타적인 관행 등의 압제적인 문화들을 해체하려는 목적을 가진 사회적인 행동을 뜻할 수도 있다. 교회들은 이러한 문화들이 자신 안에 존재하고 있을 뿐만 아니라 여전히 행해지고 있다는 것에 대하여 회개할 필요가 있다. 사회의 특정 구성원들을 무시하고 조롱하는 태도와 신학적인 작업들에 대해서도 회개할 필요가 있다.

22. 그러나 디아코니아는 악에 저항하거나 맞설 뿐만 아니라, 사람들이 서로 간에 관계를 맺거나 자연과 관계를 맺는 방식들에 대한 대안을 제시하기도 한다. 이 점에서 볼 때 디아코니아는 변혁적인 것이다(롬 12 : 2). 종으로 오신 우리 주님 예수께서는 자기를 따르는 자들을 세상의 소금과 빛으로, 누룩으로 부르셨다(마 5 : 13-14).

달리 말해서 변화와 변혁을 이루어야 할 자들로 부르신 것이다. 초기 교회 공동체의 디아코니아는 성령의 힘에 의지하여 대안적인 가치들과 세계 비전을 제시함으로써 제국의 권력에 저항하였다. 따라서 디아코니아는 궁핍에 처한 자들을 지원하고 돕는 행동을 표현하는 것일 뿐만 아니라, 본질적으로는 하나님이 그토록 원하시는 세계를 이루려는 창조적인 행동이라 할 수 있다.

4. 도전들과 기회들

내가 새 일을 행하리니(사 43 : 19)

23. 21세기의 세계정세는 각종 도전들에 더하여 세계 전역에서 많은 사람들이 자유와 정의와 존엄성과 생명 등을 위해 적극적으로 움직이면서 투쟁하고 있음을 보여주고 있다. 바로 여기에 오늘의 교회들이 많은 창조적인 방법들로 디아코니아를 시도할 수 있는 새로운 기회들이 놓여 있다. 교회들은 그런 일을 하는 과정에서 자신을 새롭게 재발견할 수 있을 것이다. 아울러 각각의 상황에 맞는 무수한 다른 기회들과 가능성들이 존재할 수도 있다. 보다 진전된 생각과 행동을 위하여, 이번 회의 도중에 많은 사람들이 공감한 바 있는 아래의 통찰력 있는 제안들을 참고할 필요가 있을 것이다.

a. 지역 회중들의 디아코니아

1. 사람들로 하여금 그들 자신이 디아코니아 공동체들로 존재하는 곳에서 그들의 삶이 처해 있는 사회적이고 정치적이며 경제적인 현실을 인식하도록 하라. 기독교 교육은 사회적인 책임감을 키우는 데 목표를 두지 않으면 안 된다.
2. 예배와 선포를 통하여 디아코니아의 신학적인 중요성을 깨닫고 확증하는 일에 힘쓰라. 교회는 사람들로 하여금 세상 일에 창조적으로 참여할 수 있도록 돕는 훈련장이 될 필요가 있다.
3. 환경 문제와 관련하여 사람들의 수준에 맞춘 행동을 적극 시도하라.
4. 가정과 공동체와 교회 안의 여성들을 향한 학대와 폭력의 현실에 분명하게 응답하라.
5. 사람들에게 알코올 중독과 약물 남용에 맞서도록 교육함으로써, 희생자들로 하여금 그러한 현실을 극복할 수 있게 하라.

6. 솔직하고 정의롭고 친절하고 너그러운 공동체가 되도록 하라. 교회들은 차별 없는 공간, 그리고 안전과 희망의 성소가 되려고 노력하지 않으면 안 된다.
7. 상담, 탈중독 프로그램, 교육과 취업의 기회, 성적 감수성 등의 영역에서 사회 구성원들 사이에 수용 능력을 키우도록 하라.
8. 각각의 특수한 상황 속에서 사람들이 직면하고 있는 다양한 삶의 문제들에 대해서 다른 교회들, 다른 신앙 공동체들, 그리고 다른 사람들의 주도적인 행동과 협력관계를 유지하도록 노력하라.

b. 보다 큰 교회 집단들의 디아코니아

1. 지역 교회들이 디아코니아 사역을 통하여 그들 자신의 문제들에 응답할 때 그들을 격려하고 후원하고 그들과 동행하도록 하라.
2. 다른 무엇보다도 특히 도시와 농촌, 부자와 빈자, 정착민과 이주민 사이를 연결함으로써 연대감과 상호 책임의 표현들을 격려하라.
3. 교회 안에 있는 차별과 배척의 문제들에 대해서 언급하되, 안팎에서 그러한 문제들을 종결 짓기 위한 운동을 시작하라.
4. 후천성 면역 결핍증, 장애, 가난, 식품 안전, 환경 청지기 등의 문제들과 관련된 정책들과 프로그램들을 개발하라.
5. 인권, 정의, 변두리 공동체들의 권리 등의 대의를 지키려고 노력하는 예언적인 목소리들과 행동들을 인정하고 강화시켜주고 지원하도록 하라.
6. 일반 대중에 기초한 능동적 행동을 격려하기 위하여 지역 차원과 국가 차원에 속한 교회들 및 조직들과 협력관계를 세우도록 하라.
7. 신학 기관들로 하여금 필요한 모든 곳에서 디아코니아를 교육과정에 포함시키도록 격려하고, 이와 관련하여 디아코니아 실습을 위한 심화 연구를 계속 진행하도록 하라.
8. 목회자들과 평신도들이 쉽게 읽을 수 있는 디아코니아 관련 성서

연구 자료들을 개발하라.
9. 다른 신앙 공동체들에 속한 사람들과 함께 디아코니아 사역에 참여하라.

c. WCC 및 이와 유사한 국제기구들의 디아코니아

1. 디아코니아를 교회의 본질적인 표현으로 인식하라. 그리고 그러한 기구들의 우선적인 소명이 교회들을 위하여 일정한 디아코니아 사역을 시도하는 데 있을 뿐만 아니라, 반드시 교회의 주도적인 노력을 수반하는 것임을 인식하라. 이것은 능력 개발, 협력관계 증진, 자원 동력화 등을 포함할 수도 있을 것이다. 필요한 곳이라면 어디에서나 말이다.
2. 사람들과 공동체들 및 회중들과 함께 인종 차별과 인간 소외에 맞서 투쟁하도록 하라.
3. 정의와 존엄성과 평화 등의 대의명분을 옹호하고, 이유 없는 공격과 추방과 강탈 등에 희생된 자들을 옹호하도록 하라.
4. 변화를 위한 일반 대중의 주도적인 활동들을 지원하고 격려하도록 하라. 그러한 활동들 중의 일부는 도움을 받는 데 필요한 가시성과 하부 조직을 가지고 있지 않을 수도 있을 것이다.
5. 다양한 교회 협력의 양식들을 격려하고 상호 책임성을 증진시키기 위하여 국제적인 디아코니아 기구들과의 대화를 활성화시키도록 하라.
6. 다양한 상황에서의 창조적인 디아코니아 참여를 위한 신학적인 지원의 교회 간 교류를 가능케 하는 자원들을 준비하면서 그러한 교류과정을 활성화시키도록 하라.
7. 변화를 위한 투쟁에 있어서 상호 연대의 힘이 크다는 것을 올바로 인식하라. 그리고 모든 차원에서 그러한 상호 연대의 표현을 가능

하게 하고 격려하고 육성토록 하라.

24. 지금 이 시기에 이러한 방식으로 이해된 디아코니아는 때때로 현상 유지에 연연하는 세력들과의 대결을 포함할 수도 있다. 때로는 사랑과 겸손과 용기와 헌신의 태도를 필요로 하는 위험이 불가피하게 닥쳐올 수도 있다. 예수께서는 제자직이 십자가의 그늘 아래에서 표현되기를 원하는 것임을 강조하신다(마 16 : 24). 따라서 교회들은 섬김을 위해 자기 생명을 내려놓으신 그리스도의 길에서 봉사의 사명을 위해 함께 부름 받은 공동체들로서, 베드로전서에 있는 말씀을 가지고서 서로를 격려할 수도 있을 것이다 : "또 너희가 열심으로 선을 행하면 누가 너희를 해하리요? 그러나 의를 위하여 고난을 받으면 복 있는 자니, 그들이 두려워하는 것을 두려워하지 말며 근심하지 말고, 너희 마음에 그리스도를 주로 삼아 거룩하게 하고, 너희 속에 있는 소망에 관한 이유를 묻는 자에게는 대답할 것을 항상 준비하되 온유와 두려움으로 하고, 선한 양심을 가지라. 이는 그리스도 안에 있는 너희의 선행을 욕하는 자들로 그 비방하는 일에 부끄러움을 당하게 하려 함이라"(벧전 3 : 13-16).

[해설]

에큐메니칼 관점에서 본 봉사 Diakonia에 관한 신학적 성찰
WCC 디아코니아 문서 종합 해설

박성원
WCC 중앙위원, 한국준비위원회 기획위원장

이 글은 WCC가 태동기 때부터 발표해 온 봉사(diakonia)에 관한 문서들을 살펴보고 성찰하기 위한 것이다. 여기에서 다루려고 하는 역사적 문서는 다음의 다섯 문서들이다.

1. '삶과 일' 세계기독교대회 메시지 Message(1925년 스웨덴, 스톡홀름에서 열린 세계기독교대회에서 채택된 메시지)
2. 교회간 원조 세계 대회 요약 보고 Summary Report(1966년 영국, 스완위크에서 열린 교회 간 원조 세계협의회에서 레슬리 쿡이 발표한 요약 보고)
3. 라나카 선언 Larnaca Declaration(1986년 사이프러스, 라나카에서 열린 WCC 세계봉사협의회에서 선포된 선언문)
4. 나눔의 가이드라인 Guidelines for Sharing, Guidelines for Sharing(1987년 스페인, 엘에스코리알에서 열린 WCC 세계봉사협의회에서 채택된 정책 문서)
5. 21세기 봉사의 신학적 근거 Theological Perspectives on Diakonia in the 21 century(2012년 스리랑카 콜롬보에서 열

린 WCC 정의, 봉사, 포괄적 공동체국과 선교와 전도국이 공동 주최한 WCC 봉사신학협의회에서 채택된 문서).

이 문서들 중 앞의 네 문서 영문 원본은 Michael Kinnamon and Brian E. Cope, The Ecumenical Movement - An Anthology of Key Texts and Voices, Geneva : WCC Publications, 1997에서 찾을 수 있다. 1 : 265-267, 2 : 446-447, 3 : 315-317, 4 : 443-446. 그리고 다섯 번째 문서는 WCC 부산 총회 자료집에서 찾을 수 있다.

이 문서들을 살펴보는 목적은 세 가지다.

첫째는 세계교회협의회(World Council of Churches) 부산 총회를 개최하면서 한국 교회가 WCC와 에큐메니컬 운동을 이념적 선입견이나 표층적 차원에서 이해하지 않고 신학적·심층적으로 이해하기 위함이다.

둘째는 WCC의 에큐메니컬 봉사가 어떤 지구 정치적, 사회경제적 상황에서 행해져 왔으며, 이런 봉사의 경험에 따라 에큐메니컬 봉사신학(ecumenical theology of diakonia)이 어떻게 변화해 왔는지 살펴보기 위함이다.

셋째는 에큐메니컬 봉사신학을 살펴봄으로써 한국 교회의 봉사가 어떤 신학적 의미를 가져야 하는지, 그리고 앞으로 어떤 방향으로 발전하여야 하는지 생각해 보기 위함이다.

1. 디아코니아가 WCC 창설 과정에 신학적으로 자리매김한 과정

2008년에 발행된 WCC 홍보자료에 보면, WCC가 지향하는 가치 혹은 비전을 "일치, 증언, 봉사", 이렇게 세 가지로 정리하고 있다. 이 세 가치는 20세기 초 에큐메니컬 운동이 태동할 때부터 WCC가 에큐메니컬 삶과 증언을 해 온 지난 65년여 동안 일관되게 지켜온 가치들이다.

그런데 일치, 증언(선교), 봉사는 각각 독립된 가치가 아니라 삼위일체처럼 서로 다른 세 개의 개념이지만 하나의 가치로 연결되어 있는 유기적 개념이다. 이것은 근대 에큐메니컬 운동의 태동의 역사를 살펴보면 분명하게 드러난다. 에큐메니컬 운동의 모태로 인식되는 1910년 에든버러 세계 선교대회의 두 열쇠개념은 선교와 일치로서 '일치하여 선교한다'는 두 가치가 서로 유기적인 관계를 가지는 것이었다.

에든버러 대회에서는 관심은 교회 내적 차원의 관심이었다. 교회 내적 차원으로 시작된 이 에큐메니컬 도전은 1914년 세계 제1차 대전이 촉발되면서 에큐메니컬 운동의 박동을 역사 상황 속에서 교회 내외적으로 훨씬 더 강력하게 뛰게 했다. 교회 내적으로는 교회의 일치를 그냥 협력적 차원이 아니라 '예수 그리스도의 하나의 교회'(One Church of Christ)란 심층적 차원의 물음으로 심화하고, 교회 외적으로는 복음이 구체적 역사 상황에 어떻게 응답해야 하는지를 묻는 삶과 봉사(diakonia)의 과제로 확대하기 시작했다.

1910년 에든버러 이후 두 가지 중요한 에큐메니컬 샘이 솟기 시작했다. 한 샘의 진원지는 정교회 쪽이었고, 다른 한 샘은 서유럽 개신교회 쪽이었다. 1919년 1월 에큐메니컬 총대주교청(Ecumenical Patriarch)은 제1차 세계대전을 경험한 서구 열강이 국제연맹(Koinonia ton Ethnon)을 창설하는 데 자극을 받고 교회연맹(Koinonia ton Ecclesion)을 창설할 것을 제안했다. 한편 서구 개신교회에서는 스웨덴 루터교회 대주교 죄더블롬(Söderblom)의 주도로 시작된 "삶과 일"(Life and Work)의 흐름을 중심으로 한 세계 교회 일치(Ecumenical Council of Churches)운동이 제안되고 있었다.

그런데 이 두 샘이 분출한 것은 신학적 동기가 아니라, 서구가 세계 제1차 대전을 경험한 역사적 삶의 충격에서였다. 정교회의 제안의 배경에는 세계 제1차 대전의 충격과 더불어 오스만 제국과 러시아 제국이 해체되면서 그동안 억압되었던 교회의 자유가 찾아오자 교회가 하나 됨으로

한 목소리를 내고 그로써 세상에 휘둘리지 않으려는 의도도 있었다. 다시 말하면, 교회가 분열된 상태로는 세상에 대한 영향을 제대로 끼칠 수 없다는 인식이 깔려 있었다는 것이다.

반면 서구 개신교회가 주도한 '삶과 일'운동은 기독교 복음이 역사 현실 속에서 구체적으로 증언되어야 한다는 데서 출발했다. 세계대전으로 초토화된 유럽의 재건을 위해서는 교회가 하나 되어 협력해야 하고 복음을 사회현실에 적용하는 응용신학(applied theology)이 필요했다. 이 '삶과 일'을 주제로 1925년 스톡홀름에서 세계기독교대회가 열렸는데, 여기에서 채택된 메시지가 바로 WCC가 발표한 봉사에 대한 첫 번째 메시지이다.

그런데 중요한 것은, 정교회의 제안이 교회의 일치를 추구하면서도 제1차 세계대전 이후 사회 상황에 대한 응답의 차원이었고, 서유럽 개신교회의 에큐메니컬 운동도 복음의 사회 참여만에 관심을 둔 것이 아니었다는 사실이다. 봉사는 결국 교회 일치를 지향하는 운동이었다. 즉, 봉사하며 일치하고 일치하여 봉사하자는 뜻이었다. 중요한 것은 일치와 선교는 신앙적 일이고 봉사는 교회의 사회적 참여가 아니라 봉사, 그 자체가 이미 신앙고백의 행위이고 복음 증거의 행위이며 예배의 일환(liturgy after liturgy)임을 에큐메니컬 운동의 초기에 이미 인식하고 시작한 것이다. 봉사는 신앙 외적 문제가 아닌 신앙 내적 문제라는 인식이 에큐메니컬 봉사신학을 이해하는데 첫 번째 중요한 점이다.

이후 봉사는 일치, 선교, 기독교교육과 더불어 에큐메니컬 운동의 4대 지류 중의 하나로 WCC 안에 자리 잡게 되었다. 1938년에 창설할 목표였으나 제2차 대전 발발로 연기되어 1948년에 창설되었으나 공식 창립 전까지인 1939~48년에 제네바에서는 교회간협력국(Interchurch Aid), 난민봉사국(Service to Refugees), 국제국(International Affairs), 에큐메니컬 대출기금(Ecumenical Church Loan Fund), 에큐메니컬 연구소(Ecumenical Institute), 청년국(Youth Department)등의 부서들이 활동을 시작했다. 대부분은 봉사와 관계된 부서였던 데서 보듯이 초기 WCC

가 하는 일의 대부분이 봉사와 관련된 일이었다.

WCC의 봉사활동은 WCC 역사 속에서 조직과 프로그램 차원에서 시대적 과제에 따라 다양한 형태로 사무국에 자리하게 된다.

- 난민과 교회간 원조부 Department of Refugee and Inter-Church Aid(1945),
- 교회간 원조, 난민, 세계봉사 분과 Division of Inter-Church Aid, Refugee and World Service(DICARWS, 1960),
- 교회간 원조, 난민, 세계봉사위원회 Commission on Inter-Church Aid, Refugee and World Service(CICARWS, 1971)
- 제4국 나눔과 봉사 Unit IV; Sharing and Service(1992)
- 프로그램 4국. 정의, 봉사, 창조의 책임 P4. Justice, Diakonia and Responsibility for Creation / 프로그램 3국 공공 증언 : 권력을 도전하고 평화를 천명하기. P3. Public Witness : Addressing Power, Affirming Peace(2007)

그리고 봉사 문제를 다루기 위한 기구도 국제위원회(Commission of the Churches on International Affairs), 교회개발위원회(Commission on the Churches' Participation in Development), 함께 하는 교회행동(Action by Churches Together)(ACT International) 그리고 현재는 함께 하는 교회행동 연맹(ACT Alliance) 등 여러 개로 구성되었다.

난민, 긴급구호, 인권, 원주민, 장애우 등 여러 이슈에 대한 개별적 봉사과제 이외에도 WCC가 종합적 차원의 접근을 해 온 대표적 프로그램은 1970-80년대의 인종 차별철폐운동(Programme to Combat Racism), 1990년대의 정의, 평화, 창조의 보전(Justice, Peace and Integrity of Creation), 2000년대의 인간과 지구를 생각하는 대안지구화(Alternative Globalization Addressing People and the Earth)들이다.

2. 역사적 문서에 나타난 봉사에 대한 에큐메니컬 관점의 변천

WCC는 역사적 도전에 따라 에큐메니컬 증언을 해오면서 봉사에 대한 어떠한 신학적 사고의 변화를 일으켜 왔는가?

1) '삶과 일' 세계기독교대회 메시지 Message from Universal Christian Conference on Life and Work, 1925 스웨덴, 스톡홀름

1925년 스웨덴, 스톡홀름에서 열린 세계기독교대회에서 채택된 이 메시지는 WCC가 창설되는 과정에서 나온 문서이지만, 근대 에큐메니컬 운동이 봉사에 대한 신학적 입장을 천명한 첫 번째 문서이다. 이 문서는 당시의 심각한 세계 역사적 현실을 배경으로 작성되었다.

유럽과 유럽 교회는 인류 역사 초유의 세계대전을 일으킨 당사자로서 두 가지 당혹감에 사로잡혔다. 한 가지는 소위 과거의 기독교권이라는 유럽전체가 전대미문의 전쟁에 휘말리면서 역사 현실 속에서 교회가 아무것도 할 수 없다는 무력감이었고, 또 한 가지는 분열된 교회로서는 세상에 대응할 수 없다는 자괴감이었다.

이 역사적 현실이 메시지 서두에 그대로 나타난다. "세상은 분열된 교회로서는 감당하기 어려울 정도로 너무나 강하다." 이 역사적 현실의 도전은 교회의 디아코니아가 어려운 사람을 소박하게 도와주는 소프트 디아코니아가 아니라 역사 현실 그 자체에 대응하는 하드 디아코니아의 성격을 지녀야 한다는 에큐메니컬 디아코니아 관점을 초기부터 설정하기 시작했다.

메시지는 뒤이어 신앙과 직제의 차이를 잠시 접어두고 현실적인 삶에 먼저 연합된 모습으로 나서야 한다는 점을 재촉한다. 다시 말하면 '선일치 후봉사'가 아니라 '선봉사 후일치'를 도모하자는 것이다. 에든버러 선교대회의 모토가 "일치하여 선교하자"는 것이었다면 스톡홀름 삶과 일 대회의 모토는 "봉사하면서 일치하자"는 셈이었다.

1910년 에든버러 대회 이후 미국 감리교의 브렌트(Charles Brent) 감독의 주도로, 교회 일치에 있어 선교나 봉사만 다룰 것이 아니라 실제 교회분열의 원인인 교리나 직제 문제도 다루어 보자며 신앙과 직제 운동을 제창했다. 그러나 교리에 대한 논쟁은 끝이 없었다. 이 에큐메니컬 피곤 때문에 나온 유명한 말이 '교리는 분열하고 봉사는 연합시킨다'(doctrine divides, service unites)란 말이다. 그래서 메시지는 "우리의 목표는 이제 신앙과 직제에 대한 우리의 차이를 잠시 접어두고 그리스도인의 삶과 일에 있어서 연합된 구체적 행동을 구하는 것"이라고 천명하고 있다.

그 다음에 나오는 점은 교회의 봉사참여의 폭이다. 메시지는 산업, 사회, 정치, 국제관계 등 인간의 모든 삶의 영역을 디아코니아의 영역으로 보자는 것이다. 경제와 관련하여 인권이 재산권보다 우선하며, 산업의 목적은 개인의 재산 불리기가 아니라 공동체를 봉사하기 위함이라고 경제의 우선순위가 무엇인지 분명히 밝혔다. 심지어 "인간의 권리가 구원의 권리 중에 첫 번째 권리"(6항)라고 선언한 데서 당시 기독교가 인권을 구원의 관계를 이미 밀접하게 연결시키고 있음을 알 수 있다.

그 다음에 사회문제에 관한 신학적 관점을 정리하는데, 사회문제는 "결코 개인의 힘으로만 해결할 수 없고 공동체가 공동 책임으로 받아들여야"(7항) 한다고 규정함으로서 사회문제의 공동 책임성을 분명히 했다. 더 나아가서 개인의 인권도 중요하지만 개인의 인권이 존중될 수 있는 사회전체의 도덕성, 오늘의 언어로 말하면 사회정의가 이룩되는 데 초점을 두어야 한다며, 사회정의 세우기가 교회 디아코니아의 중요한 도전임을 이미 인식하고 있었다. 동시에 여성, 노동자, 어린이등 사회적 약자에 대한 민감성도 이미 가지고 있었다(7항).

메시지는 한 지역사회에서 국제관계로 넘어가 "민족적 편협성"과 "공허한 세계주의"를 모두 거부하고 "기독교적 국제주의의 표준적 지침을 설정해야 한다고 강조하고 있다"(8항). 이 부분은 오늘의 지정학적 상황에 비추어 볼 때 다소 기독교 배타적 시각이 있으나, 기독교는 국제평화와 정의의 영역도 기독교 증언에 포함된다는 인식을 한 것으로 보인다.

그 다음에 구체적 행동을 논의했는데, 첫 번째 중요한 것으로 인식한 것이 교육이었다(10항). 수련회, 연구, 기도 등에서 디아코니아 교육이 이루어져야 하며 이 교육은 디아코니아의 기술적인 부분보다는 그리스도의 마음을 품는 영적 준비라든지 인간의 의지를 하나님의 거룩한 뜻에 종속시켜야 한다든지 하는 디아코니아의 신학적이고 영적인 차원의 교육이 먼저 이루어져야 함을 강조하고 있다. 메시지는 아주 단언적인 결론을 내린다. 신앙인이 하나님에게 삶의 뿌리를 하나님에게 두고 그 삶을 개개인이 실천하지 않으면 결국 기독교의 이상으로 세상을 구원한다는 것은 요원하다고 밝히고 있다(11항).

그리고 이 봉사의 길을 교회 혼자만 가려 하지 말고 청년운동, 노동자운동 등 시민운동과 함께 가야 하고, 봉사의 길에 영향력을 높이려면 교사와 학자들의 전문적 도움이 필요함을 역설했다(12항).

메시지는 교회의 사명이 세상의 문제에 대한 적극적인 대응에 있다고 하면서도 그 뿌리를 신앙에 깊이 두고 해야 한다고 역설한다. 특히 세상적 배경은 서로 달라도 그리스도에 대한 신앙이라는 공통뿌리를 함께 가지고 있을 때 비로소 내면적 일치가 되고 이를 통해 진정한 일치의 길을 갈 수 있다는 것이다.

2) 교회 간 원조 세계 대회 요약 보고 Summary Report(레슬리 쿠크), World Consultation on Inter-Church Aid, 1966, 영국, 스완위크

1960년대는 세계 상황이 세계대전 이후 급격한 변화하는 사회 재편 시기였다. 세계 남반구는1950년대와 60년대를 거치면서 탈식민지화와 독립운동을 거치게 되고, 1960년대는 독립 이후의 사회 개발이 주요 관심사인 시대였다. 서구에서는 학생혁명 등 사회 변혁적 혁명의 기운이 솟아오를 때였다.

이 시기에 디아코니아와 관련하여 세 가지 중요한 에큐메니컬 모임과

프로그램이 있었다. 첫 번째는 1966년 스완위크에서 열렸던 '교회 간 원조에 대한 세계 대회'였고, 둘째는 같은 해 제네바에서 열렸던 '세계 교회와 사회 대회'였다. 세 번째는 WCC 안에 교회개발참여위원회(Commission on the Churches' Participation in Development)를 설치한 일이다.

제네바 교회와 사회 대회는 참석자 420명 중 대다수가 평신도였던 대회로서 교회는 정치, 경제, 문화, 과학, 기술 등 사회 전반의 문제에 대한 주도적이고 책임적인 참여를 해야 한다는 에큐메니컬 설정을 한 대회였다. 이 후 세계 교회 안에는 사회부가 설치되기 시작했다. 교회개발참여위원회 CCPD의 설치는 신생 독립국이 개발 시대로 돌입하면서 개발 대상화 되어가는 상황에서, 신생국이나 가난한 자나 억압받는 자가 개발에 주체적으로 참여해야 한다는 입장에서 이를 추진하기 위해 이루어졌다.

스완위크 교회 간 원조 대회는 이런 맥락에서 열린 것으로, 디아코니아가 단순히 구호차원에서 사회진보차원으로 진일보해야 한다는 에큐메니컬 사고의 전환이 이루어진 대회였다. 이 대회에서 나타난 사고의 전환을 1955년부터 1967년까지 WCC 교회 간 원조·난민·세계 봉사국 국장이었던 레슬리 쿠크가 세 가지 중요점으로 다음과 같이 정리했다.

첫 번째 중요한 것은, 디아코니아는 "단순히 원조를 조직하고, 주고받고 하는 차원에서 넘어가 구조를 변화시킬 수 있는 것"이 되어야 한다는 것이다. 디아코니아의 궁극적 목표점은 교회와 사회의 구조 변혁이어야 한다는 것이다.

두 번째 중요한 점은 공동체성과 투명성, 객관성을 담지해야 한다는 것이다. 초기의 원조는 주로 친분관계에서 이루어졌다. 이런 것은 또 다른 소외와 계급화를 낳을 수 있고 봉사에 부패가 생겨날 수 있다. 이런 한계를 극복함으로써 교회의 디아코니아가 공공성과 객관성을 획득할 수 있고 교회간의 일치도 진정성을 띨 수 있다는 것이다.

셋째로 파악한 중요점은, 당시 교회의 원조가 세상을 대상으로 보고 접근했는데 앞으로는 "세계를 위해 봉사한다는 개념의 차원을 넘어서…

세상과 더불어, 세상 속에서 이루어지는 참여로 확대되어야 한다"는 점이다. 이것은 중대한 신학적 전환이었는데, 이원론에 근거하여 세상을 속된 것으로 대상화하던 신학에서 세상은 하나님이 사랑하셔서 독생자를 보낸 곳임을 인식하고 세상이 바로 교회의 자리(locus)임을 인식하는 전환이 이루어졌다는 점이다.

3) 라나카 선언 Larnaca Declaration – 세계봉사협의회 WCC Consultation on Diakonia에서 선포된 선언문, 1986, 사이프러스, 라나카

1970~80년대는 에큐메니컬 운동의 역사적 하이라이트를 장식한 시기였다. 1968년 웁살라에서 개최된 WCC 총회 중 가장 진보적인 총회였던 제4차 총회가 '정의'를 에큐메니컬 증언의 열쇠 개념으로 등장시켰고, 1975년 나이로비에서 열렸던 제5차 총회는 아프리카 교회의 의존성을 극복하기 위해 소위 선교 모라토리움을 선언하는 등 '자유' 혹은 '자주'를 에큐메니컬의 열쇠언어로 등장시켰다. 1983년 밴쿠버에서 열렸던 제6차 총회는 '정의, 평화, 창조의 보전'을 이 시대의 가장 급박한 교회 증언의 과제로 설정한 총회였다.

뿐만 아니라 인종 차별 철폐를 위한 에큐메니컬 헌신을 구체화하기 위해 WCC 역사상 가장 논쟁적이었던 인종 차별 철폐 프로그램(Programme to Combat Racism)도 이때 시작했고, 1961년 뉴델리 총회부터 불거져 나온 종교 간의 대화도 이 시대에 부각된 에큐메니컬 이슈이다. 또한 점점 가속화하는 과학기술의 발달에 직면한 세계 교회는 제5차 총회 이후 '정의롭고, 참여적이고, 지속 가능한 사회'(Just, Participatory, and Sustainable Society) 프로그램을 진행하면서, 1979년에는 미국 M.I.T.에서 과학과 신앙 세계 대회를 열고 과학과 신앙은 어떻게 만나야 하는지를 논의한 것도 이 시대였다.

1986년 사이프러스 라나카에서 열린 세계 디아코니아 대회는 1970~80년대 산업화, 도시화, 근대화로 강도 높게 드라이브를 건 인류 문명의

진보 과정에서 파생되던 여러 가지 우려할 문제들에 대한 에큐메니컬 응답의 차원에서 개최되었다.

라나카 선언으로 명명된 협의회 최종 메시지는, 내용에 있어서 그리 많은 정보를 함유하고 있거나 한 것은 아니지만 관점에 있어서는 상당한 변혁적 입장을 나타내고 있다. 서두에 '모두에게 풍성한 생명을 주러 오셨다'(요 10 : 10)는 예수께서 이 세상에 오신 목적에 따라 기독교 봉사는 '생명 봉사'임을 밝히고 시작한 선언서는, 세 가지 중요한 변혁적 관점을 표명하고 있다.

첫째로 세상의 자원에 대한 소유권이 어디에 있는지 신학적으로 분명히 밝혔다. "예수 그리스도가 주님이시다"라고 시작한 선언서는 "하나님의 영적 물질적 자원은 모든 사람에게 속해 있고, 그것을 사용함에 있어 모두에게 참견할 권리가 있다."고 함으로써 자원은 어느 개인이나 어떤 국가, 어떤 특정한 계급의 소유물이 아니라 하나님께서 이 세상 모두에게 주신 것이므로 모든 사람들이 그 소유권에 대한 결정권과 사용권이 있다는 것이다. 이 시각은 디아코니아에 있어서 전통적 구조인 시혜자-수혜자의 구조를 넘어서자는 것이다.

둘째로 나타낸 변혁적 관점은, 부당한 구조와 체제를 변화시키려 하지 않는다면 그것은 공범자에 해당한다는 인식이다. 라나카 협의회는 1966년 스완위크 협의회 이후 20년이 지났지만 오히려 세계의 고통이 증가하고 있다고 인식하고, 이런 상황을 변화시키지 않고 계속 고통을 야기시킨다면 이는 "교회와 사회의 구조와 체제를 암묵적으로 은연 중에 지탱해 온 공범자"라고 인식한 것은 아주 과감한 인식의 변화이다.

서구 교회는 이런 인식을 매우 주저한다. 2004년 세계개혁교회연맹(WCRC)이 아크라 신앙고백을 할 때도 서구 교회의 이런 저항이 많이 나왔다. 그러나 2013년 3월 OIKOTREE Movement가 채택한 지구 위기에 대한 우리의 신앙적 입장(Kairos Global Faith Stance) 문서에 보면 '경제 불의에 대해 우리가 말하지 않으면 우리는 공범자'란 입장이 다시 한

번 표현되어 있다.

라나카 선언서가 표현한 세 번째 선언한 중요한 개념은 '예언적 봉사'(prophetic diakonia)란 표현이다. 선언서는 카리브 해(Carribean)에서 아르메니아(Armenia)에 이르기까지 당시 전 세계가 당면하고 있는 정치적 억압, 경제 불의, 사회적 소외, 문화적 압살 등 모든 종류의 이슈들을 열거하며 세계 민중들이 골리앗과 같은 경제적·정치적·군사적 조직에 맞서 싸우고 있음을 상기시키고, 그 투쟁의 전면에 낯선 청년들과 여성들의 투쟁을 크게 치하한다. 그리고 이와 같은 민중들의 투쟁을 '예언적 봉사'라 규정하고 이들과 함께해야 함을 역설했다. 디아코니아에서 일반적으로 수혜자로 인식되고 있는 이들의 투쟁을 "예언적 봉사"라고 규정한 것은 놀라운 사고의 전환이다. 이 인식은 "정의는 힘없는 자들이 함께 분기할 때까지는 권력자들이 결코 부여하지 않는다는 것을 우리는 잘 알고 있다"는 표현에 그대로 나타난다.

그리고 선언서는 정의와 평화가 가장 중요한 봉사의 과제임을 상기하고 예언적 봉사 속에 투쟁하는 민중들과 동일화하고 연대할 비전을 제시했다.

4) 나눔의 가이드라인 Guidelines for Sharing, Guidelines for Sharing – WCC 세계봉사협의회 WCC Consultation on Koinonia에서 채택된 정책문서, 1987, 스페인, 엘에스코리알

라나카 선언서가 발표된 이듬해인 1987년에 모인 엘에스코리알 협의회는 지금까지 WCC가 발표해 온 디아코니아에 관한 입장 중에 가장 진보적인 입장을 나타냈다.

엘에스코리알 지침의 핵심은 13가지 항목의 다짐으로 열거되었는데, 이것은 종합하면 다음의 세 가지로 정리할 수 있다.

첫 번째, 앞으로 디아코니아는 세계에 '근본적으로 새로운 가치 체계 세우기'로 나아가야 한다(다짐1). 이것은 구체적으로 "모든 차원에서 제3

세계 민중과 부의 착취로 연결되는, 그로 인해 가난과 생태 파괴가 양산되는 불의의 구조와 그 원인을 규명하고 폭로하고 맞섬으로써 "새로운 경제·정치 질서를 위해 일할 것"을 의미한다(다짐 4항). 불의의 원천인 뿌리는 건드리지 않고 거기에서 파생되는 현상에 대한 응답만으로의 디아코니아는 밑 빠진 독에 물 붓기 식이므로, 에큐메니컬 나눔의 행동은 이 차원을 넘어야 한다는 것이다. 남반구 민중들에게 외채를 갚기 위한 원조를 제공하고 원금보다 훨씬 더 많은 자원을 빼앗아가는 등 구조적 착취를 하는 IMF와 같은 국제기구에 저항하고, 하나님의 정의에 기반한 새로운 국제기구의 출현 같은 것이 필요하다고 했다(다짐 10항). 이 도전은 오늘에도 이어져서, 세계개혁교회연맹이 제안하고 WCC와 루터교 세계연맹 등이 함께 참여하는 새로운 국제 금융기구의 출범을 촉구하는 에큐메니컬 도전이 지금 전개되고 있다.

둘째로 요약될 수 있는 것은, 수혜자, 시혜자의 부당한 구분을 완전히 끊는 것이다. 우리가 통상적으로 시혜자는 모든 것을 가지고 있고 수혜자는 항상 받는 입장이라는 인식을 하고 있지만, 사실은 모든 자가 다 서로 주고 서로 받을 것이 있다는 것이다(다짐 8항). 사실 남반구 교회는 물질적 부족은 있으나 영성과 문화는 더욱 풍부할 수 있고, 북반구의 물질적 여유를 가진 사람들은 오히려 영적 궁핍에 빠져 있을 수도 있는 셈이다. 이제 우리는 "어떤 절대적 기부자도, 어떤 절대적 수요자도 없는, 모두가 충족되어야 할 존재"(다짐 7항)임을 인식하고, 우리가 가진 것의 나눔에 있어서 모든 것을 놓고 모든 것을 함께 나누는, 의사 결정에 모두가 참여하는 동반자적 구조로 가야 한다(다짐 2항)는 것이다. 사실 "재산과 소유를 팔아 각 사람의 필요를 따라 나눠 준"(행 2 : 45). 초대 신앙 공동체에는 이미 이보다 훨씬 더 진보적인 실천을 했으나 현대의 자본주의 사회구조에서 이런 사고의 전환은 상당히 진보적인 것이었다.

셋째로 부각된 것은 '연대'이다. "가난한 자와 억압받는 자 그리고 교회와 사회에서 정의와 인간의 존엄성을 위해 그들의 조직과 연대하여 투쟁할 것"을 제안했다. 그리고 심지어 다른 신앙과 이념을 가진 단체와도 연대할 것을 다짐했다(다짐 9항). 이 투쟁을 훼손하면 "주는 자로서이든 받는 자로서이든" 나눔의 참여를 거부하는 것으로 간주한다는 입장을 분명히 했다(다짐 3항). 그리고 각국, 지역, 국제 등 모든 차원에서 에큐메니컬 나눔을 촉진하고 강화해 나가기를 다짐했다(다짐 10항).

5) 21세기 봉사의 신학적 근거 Theological Perspectives on Diakonia in the 21 century – WCC Justice, Diakonia, Just and Inclusive Communities 국과 Mission and Evangelism국이 공동 주최한 WCC 봉사신학협의회, 2012, 스리랑카, 콜롬보

엘에스코리알 나눔의 지침이 나온 지 25년 만인 2012년에 새로운 디아코니아 문서가 나왔다. 2012년 6월 스리랑카 콜롬보에서 열린 이 디아코니아대회의 특징은 WCC의 또 하나의 지류인 "선교와 전도" 위원회와 함께했다는 점이다. WCC 안에는 일치, 선교, 증언 봉사, 교육, 이렇게 네 지류가 있다. 이 네 지류는 신학적 입장에 있어서 늘 약간씩 차이를 가지고 있었다. 진보성 순으로 말하면 증언봉사-교육-선교-일치 순이다. 일치와 증언 봉사는 개인 구원이냐 사회구원이냐, 교회가 우선이냐 사회가 우선이냐 하는 논쟁만큼 신학적 관점에 있어서 늘 약간의 갈등을 가지고 있다. 선교와 증언 봉사도 정도는 약간 덜하지만 마찬가지이다. 그런데 이번에 두 흐름이 서로 대화를 통해 조율을 했다.

세계는 20세기를 접고 21세기에 진입하면서 인류가 감당할 수 없는 격변을 겪고 있다. 신자유주의 경제 세계화로 세계의 경제가 구조적으로 1 : 99의 경제적 계급주의로 왜곡 재편되고, 서구가 주도해온 산업화-근대화-도시화의 개발 문명은 통제할 수 없는 생태 파괴와 기후 변화를 야기하고 있다. 뿐만 아니라 민주주의는 완전히 자본에 굴복하여 퇴행하고 있고, 정치 공동체뿐만 아니라 경제 공동체, 사회 공동체, 문화 공동체가 연이어 붕괴되며, 지구 사회는 자본이 이끄는 단일문화권으로 재편되고

있다. 사고체계도 모던 사고-포스트모던 사고로 이어지면서 공동의 가치관이 붕괴되고 영성의 진공화(spiritual vacuum)가 급속히 진행되고 있다.

콜롬보에서 발표된 "21세기의 디아코니아에 관한 신학적 관점"은 바로 이런 시대적 상황 속에서 개최되었다. 문서는 21세기 디아코니아를 생각하기 위해서는 바로 21세기에 인류와 세계가 당면하고 있는 이런 도전적 상황을 염두에 두어야 한다며, 21세기 디아코니아 신학의 성찰을 시작하고 있다. 콜롬보 문서는 21세기 디아코니아 대한 신학적 성찰을 세 가지 관점에서 한다고 전제하고 있다.

첫째로 디아코니아는 하나님의 선교(Missio Dei)의 일환으로 보아야 한다는 점이다. 이 시각은 변방 공동체의 입장에서 보자는 관점과 더불어 선교와 전도의 입장을 많이 반영한 것 같다. "하나님의 선교는 세상을 향한 하나님의 비전을 성취하는 것"(I-1항)이며, 공동체인 교회는 "교회의 존재 자체, 선교, 봉사를 통해"(I-2항) 그 하나님의 비전에 참여한다. 교회의 디아코니아는 섬김을 받으려고 온 것이 아니라 섬기려고 왔다는 예수 그리스도의 디아코니아를 원형으로 삼아야 하며, 궁극적으로 그리스도가 성취하려는 그 하나님의 새로운 통치 구조를 이루는 것을 목표로 삼아야 한다는 것이다(I-3항).

교회의 디아코니아의 범위(spectrum)는 광범위해야 한다. 디아코니아의 영역은 자기가 처한 지역에서부터 세계적 차원, 개인에서부터 공동체적 차원, 보살핌과 구제에서부터 체제와 구조적 변화까지를 모두 망라해야 하며, 하나님의 정의를 이루기 위해 "죽음을 초래하는 제국에 맞서는"(I-4) 예언적 봉사까지를 포함해야 한다. 디아코니아는 "삶과 정의와 평화 등의 온갖 쟁점들을 중심으로 하며 사람들과 공동체를 하나로 묶어주는 일치의 중요한 명분"(I-5)이라고 천명하고 있다. 이 관점은 일치에 접근하는 독특한 디아코니아의 방식으로 주목할 바가 있다. 어떤 의미에서 모든 사람들의 생명, 정의, 평화가 이룩되도록 봉사하는 것이 일치의 구체적 표현이 아닌가?

　문서는 디아코니아를 너무 전문 영역에만 맡기고 교회는 디아코니아의 후원자로 남아서는 안 된다고 하고, 디아코니아를 교회 공동체의 우선순위로 인식해야 한다고 했다. 디아코니아는 지역에서부터 지구 공동체 전체에서 상황적이며 다양하고 역동적으로 전개되어야 한다고 강조했다.

　둘째로 강조되는 점은, 디아코니아를 통상 수혜자로 여기던 변방 공동체(the marginalized) 시각에서 보아야 한다는 것이다. 이 점도 선교와 전도의 관점이 많이 반영된 흔적이다. 이 개념은 콜롬보 협의회가 열리기 3개월 전 마닐라에서 열렸던 선교와 전도 회의에서 논의된 선교와 전도에 관한 새 에큐메니컬 확언에 핵심적으로 등장한 새로운 선교 관점이다.

　디아코니아는 전통적으로 "궁핍과 위기상황에 처한 사람들에 대한 기독교적 관심의 일환"(II-8항)으로 자원, 구조, 능력 면에서 힘 있는 자들이 박애주의와 인도주의적 관점에서 접근하는 것으로 인식되고 실행되어 왔다. 심지어 "약한 자들과 취약민을 섬기려고 시작한" 디아코니아가 "사회의 특권층과 부유층에게 봉사의 도구"가 되고 있다(II-9항). 이런 현상들은 요즈음 한국에서 봉사가 기업, 연예인들에 의해 유행처럼 되어가는 모습에서 나타난다. 기업의 윤리성 각인이나 스타들의 이미지 형성에 이용되는 것 같고, 이들을 홍보대사로 임명하는 NGO들의 봉사 전략과 이들의 이해가 서로 맞아떨어지고 있다. 여기에서 수혜자는 디아코니아의 "레미제라블"이 되고 있다.

　콜롬보문서는 심지어 교회가 디아코니아를 개종의 수단으로 삼고 있음도 비판하고 있다. 디아코니아가 선교의 수단으로 활용되어 온 것은 오래된 일이다. 칼빈은 제네바에서 봉사는 사랑의 봉사이어야지 선교의 수단이 되어서는 안 된다는 입장을 가졌다. 이를 위해 집사 직(deacon)을 세웠다. 칼빈이 생각한 집사 직은 교회안의 봉사자가 아니라 교회를 대표한 사회속의 봉사직이었다.

　콜롬보 시각은 엘에스코리알 봉사 관점에서 이미 강조된 것처럼 변방인, 변방 공동체는 디아코니아의 수혜자가 아니라 그들이 오히려 봉사의 주체임을 강조하고 있다. 변방인들과 변방 공동체는 저항운동을 통해 디아코니아를 그들의 차원에서 더 처절하게 실천하고 있는 주체이다. 콜롬보는 이들의 이런 봉사야말로 "하나님의 디아코니아(Diakonia of God)이며 정의와 평화를 보증하는 해방의 디아코니아(Diakonia of Liberation)이다"(II-11항)라고 천명함으로써 디아코니아에 대한 시각을 완전히 예언적이고 해방적이고 통전적으로 넓혔다.

변방은 하나님이 임재하시는 특별 공간(II-12항)이며, 변방인과 변방 공동체의 투쟁이 곧 희망의 징표라는 것이다. 그들은 늘 궁핍과 절망에 빠져 있는 것이 아니라 정의와 평화를 위해 최전선에서 투쟁하며, 그들이 오히려 불의한 세계구조를 변혁시키는 주체이고, 이런 변혁의 희망의 징표이라는 점(II-13항)을 분명히 하고 있다. 대안의 완성은 몰라도 최소한 대안의 촉발은 항상 변방인, 변방 공동체에서 발현된 것이 역사적 경험이다.

셋째는 전통적으로 북반구의 관점에서 형성되어 온 디아코니아의 모델들을 남반구의 관점에서 구성해 보아야 한다는 점이다. 이것은 에큐메니컬 디아코니아 성찰에서 늘 제기되어 온 필요를 다시 천명하는 셈이다. "디아코니아는 희생자들의 상처를 싸매주거나 긍휼의 행동을 취하는 것으로 한정해서는 안 된다(III-18항). "사람들과 체제들과 문화들을 변화시키는 것"(II-17항)이 디아코니아의 목표가 되어야 한다. "변화를 위한 활동이 없다면 디아코니아는 단순한 봉사의 표현에 지나지 않으며, 압제와 착취를 행하는 세력들의 이익에 교묘히 이용당하는 셈이 되고 말 것"(III-18항)이다.

전통적으로 희생자였고 변방이었던 남반구에서 바라보는 디아코니아는 훨씬 더 근원적이어야 하며 심층적이어야 한다. 남반구 시각에서 보는 디아코니아는 "피상적인 평화와 친절을 표현을 그대로 받아들이지 않고"(III-19항) 불의한 세력들에게 진리를 말하는 행동(III-19항)이어야 하며 "불의한 군사력과 경제력에 맞서는 정치적 행동"(III-20항)을 뜻하고, 압제적인 문화들을 해체시키려는 목적을 가진 사회적 행동(III-21항)을 의미하며, 구조악에 저항할 뿐 아니라 인간과 인간 사이의 관계, 자연과 인간의 관계를(III-22항) 남반구의 유기적·통전적 관계로 재정립하는 관점이다. 결국 남반구에서 보는 디아코니아는 "궁핍에 처한 자들을 지원하고 돕는 행동뿐만 아니라 본질적으로 하나님이 원하시는 대안 세계를 이루려는"(III-22항) 창조적 행동이다.

콜롬보 문서는 "도전과 기회들"이라는 마지막 부분에서 지역 차원, 약간 넓은 차원, 그리고 WCC와 에큐메니컬 공동체가 실행해야 할 실천적이고 구체적인 제안을 망라하고 있다.

3. WCC 디아코니아 신학의 에큐메니컬 의미와 과제

WCC 디아코니아 신학은 삼위일체 하나님의 복음의 에큐메니컬 신학을 그대로 담지하고 있다. 그리고 에큐메니컬 증언의 신학적 독특성을 그대로 표현하고 있다. 이 에큐메니컬 디아코니아 신학이 이끌어온 복음이해의 발전은 세 가지로 압축할 수 있다.

첫째로 디아코니아는 교회의 외적 활동이나 사회프로그램이 아니라 교회의 본질이며, 신앙고백 그 자체이고, 복음의 살아나감 그 자체(living out the Gospel)이다. 예배, 봉사 모두 'Service'란 영어로 표기되는 데서 보는 대로 디아코니아 그 자체가 예배이다. 소위 예배 후의 예배(Liturgy after liturgy)인 셈이다. 디아코니아는 교회의 일이다.

둘째는 하나님의 피조물이 삶을 살아가는 삶의 전 영역이 디아코니아의 영역이다. 영적 영역, 신앙적 영역, 세상적 영역, 세속의 영역이 따로 없다. 디아코니아는 세상을 대상으로 하는 것이 아니라 세상 속에서 세상과 함께 하나님의 증언의 삶을 살아가는 것이다. 하나님의 집이 함께 살아가는 살림살이(life of oikos)가 디아코니아이다. 따라서 디아코니아의 목표는 모두가 참여하여 오늘의 반생명적이고 불의하고 반평화적인 이 세계의 구조와 체제를 변혁하여, 눈물이 없고 더 이상 사망과 곡하는 것이 없는, 하나님이 통치하시는 새 하늘과 새 땅을 만들어가는 만들어가는 교회의 통전적 선교의 일이다.

셋째로 따라서 디아코니아에서 시혜자-수혜자의 구조는 있을 수 없고 있어서도 안 된다. 거시적 관점에서 물질을 포함한 이 세상의 모든 것은 창조주 하나님께서 피조물 모두에게 공동으로 주신 것이다. 따라서 하나님께서 우리에게 하나님의 이름으로 맡기신 것이지 우리의 소유가 아니다. 모두가 공동의 소유자이며 공동의 나눔의 주체이다. 따라서 디아코니아는 줌-받음의 관계가 아니라 함께 사용하며 함께 살아감을 의미한다.

그러나 불행하게도 이 불평등한 세상의 균형을 잡으려면 아흔아홉 마리의 양을 두고 한 마리의 양을 찾기 위해 시간과 공간을 모두 사용한 예수 그리스도와 같이 변방의 시각에 좀 더 무게를 두어야 한다. 이것이 소위 하나님의 가난한 자를 향한 편향적 선택(God's preferential option of the poor)이란 개념으로 정리된 유명한 에큐메니컬 디아코니아 신조이다.

이런 관점에서 볼 때, 에큐메니컬 디아코니아는 기후 변화로 하나님의 창조 세계 자체가 파괴되어 가는 총체적 위기의 시대에 죽음과 파멸로 치닫고 있는 인류의 문명을 생명 문명(life-giving civilization)으로 전환하는 거대한 과제를 안고 있다. 여기에서 향후 에큐메니컬 디아코니아는 이제 인간 중심의 디아코니아에서 만물 중심의 디아코니아로 전환되어야 한다. 인간의 삶을 하나님의 생명, 정의, 평화를 누릴 수 있도록 변화시키는 일을 계속 하면서도, 궁극적으로는 온 피조물이 하나님이 부여하신 생명을 풍성히 누리고 하나님의 정의와 평화 속에서 살 수 있도록 변화시켜 나가는 창조 세계 중심의 디아코니아로 나아가야 한다. 그렇게 함으로써 하나님의 창조 세계인 온 우주의 생명이 하나가 되는 우주적 일치(Cosmic Unity)가 이루어지는 광역적 일치의 에큐메니즘으로 나아가야 하는 것이다.

이를 행하기 위해서는 중요한 방법론이 변해야 한다. 과거에는 세계가 결정하면 지역이 따라가는 형식의 에큐메니컬 운동이었지만 이제는 지역이 선도하고 세계가 응답하는(Local initiative, Global response) 새로운 에큐메니컬 협력의 틀을 생각해야 한다. 이것이 변방이 주도하고 세계가 함께 걷는 21세기형 에큐메니컬 디아코니아가 아닐까?

4. 닫는 이야기 그리고

오이코트리 운동 지구회의(Oikotree Global Forum)를 위해 2013년 3월 2일 남아공 요하네스버그에 갔다. 일행 3명과 함께 아침 7시에 공항에 도착해서, 호텔이 제공해 주는 셔틀버스를 타고 호텔에 도착했다. 로비에 들어서자 권총을 든 무장 강도들이 호텔 직원을 포함하여 도착하는 우리에게 바닥에 엎드리라고 위협하더니 입은 옷만을 제외하고 가방, 컴퓨터, 지갑, 핸드폰 등 모든 것을 다 빼앗아갔다. 후에 들은 이야기이지만, 남아공에서 총은 위협이 아니라 바로 쏜다는 의미라고 했다.

하루 종일 경찰 진술을 포함한 권총 강도 사건을 수습하고 밤에 호텔 방에 들어갔으나 분노와 당혹감으로 잠이 오지 않았다. 그 가운데서 성경의 강도 만난 사람 이야기가 생각이 났다. 그동안 신학자로서 목사로서 신학과 설교, 성경 공부의 주제로서 이 이야기를 수도 없이 음미하고 해설하곤 했는데, 그날은 강도 만난 자가 되어 생각해 본 것이다.

우리가 신학, 설교, 성경 공부에서 통상 이 이야기를 보는 관점은 선한 사마리아 사람의 관점이었다. 부각해 온 부분은 레위인도, 제사장도 다 지나쳤지만 당시 멸시 받던 사마리아 사람이 오히려 강도 만난 자를 도왔다며, 사마리아 사람의 선행에 온통 초점을 맞추어 생각했다.

그러나 그날은 강도 만난 자로서 강도당한 사람의 입장이 궁금했다. 강도 만난 사람이 일차적 희생자이다. 그리고 강도 만난 사람이 당장 맞닥뜨려야 하는 것은 선한 사마리아 사람이라기보다는 자기를 공격한 강도이다. 강도 만난 자에게 일차적으로 이해되어야 하는 것은, 나를 도와주는 사람이 아니라 왜 강도가 생겼으며, 그 강도는 지금 내 물건을 어떻게 할까, 과연 강도 당한 물건을 도로 찾을 수 있을까 하는 문제였다. 도움을 주는 사람은 그 다음의 관심이었다.

한참 생각한 뒤에 이런 생각이 들었다. 남아공은 오랫동안의 식민지를 겪으며 체제와 구조적 불의와 폭력이 일상화되었고, 그것이 수백 년 동안 빈곤과 억압과 폭력에 내어 몰린 남아공 아프리카 사람들의 삶의 악순환의 고리가 되었으며, 문화와 생활방식이 되고 말았다. 그날 우리가 만난 남아공 흑인 강도는 어떤 의미에서 바로 그 불의한 세계의 희생자이다. 세계는 남아공의 아파르트헤이트 체제를 수백 년 외면했고 아프리카 민족전선은 수많은 희생자를 양산하는 무장 투쟁을 하면서 남아공의 해방을 주도했다. 그러나 오늘, 아니 앞으로도 식민 잔재를 정리하고 안전한 국가로 만드는 데는 수 없는 세월이 걸릴지 모른다. 세계가 아프리카와 나누어야 할 부름을 엄청 받았는데도 세계는 애써 외면하며, 지금도 신식민지 경제구조로 구조적 착취를 계속하고 있다.

교회와 에큐메니컬 운동도 예외가 아니다. 서구 교회는 WCC 창설 초기 유럽의 재건을 위해 에큐메니컬 디아코니아 사역을 시작했고, 냉전체제 종식 전까지 정의와 나눔의 관점에서 디아코니아의 지평을 넓혀 왔다. 유럽 교회들이 아프리카, 아시아 등 지구 남반구에 대거 개발 원조를 했다. 그러나 냉전체제가 끝난 이후에는 대부분이 철수를 했다. 지금은 과거에 주는 자와 받는 자의 관계에서 받는 자를 원조국 체제 속에 포함해 함께 결정 구조에 참여하는 식으로 서구 교회의 디아코니아 구조를 에큐메니컬화했다고 하지만, 현실은 남반구에서 파송된 결정권자들은 여전히 전통적 시혜자의 눈치를 보아야 하는 신식민지적 구조가 작용하고 있다. WCC도 이런 흐름의 영향을 받고 있다.

역사적으로 정의와 봉사국이 WCC의 핵심 부서로 존재해 왔다. 그러나 서구 교회의 개발원조단체가 WCC의 의사 결정 구조에 영향을 주는 정회원이 되기를 요구했으나 부결되자, 최근에 WCC를 지원하던 모든 자금을 모아 서구 원조기관 주도로 ACT Alliance라는 이름의 에큐메니컬 디아코니아 기구를 독립적으로 출범시켰다. 많은 사람들은 혹시 에큐메니컬 디아코니아의 헤게모니를 서구 교회가 계속 잡겠다는 의도가 아닐까 의심하고 있다. 분명한 것은 이로써 WCC의 디아코니아 사역이 엄청나게 축소될 전망이라는 사실이다.

    이런 생각이 꼬리를 무니까, 강도 사건은 강도와 강도 만난 사람 모두에게 불행한 방법이었지만 그렇게라도 억지 나눔을 했다고 자위하며, 그동안 남아공과 나눔의 실천을 하지 않았던 내가 부끄럽고 미안하기 시작했다. 분노와 당혹감도 사그라들기 시작했다. 그러면서 생각했다. 구호를 하는 선한 사마리아 사람이 이야기의 주인공이 아니라 강도 만난 사람, 강도, 그리고 강도를 만들어내는 체제와 구조 전체를 보아야 하고, 계속 강도 만난 사람을 구제하는 일을 강조할 것이 아니라 그 사회에 강도가 나오지 않도록 하는 근원적 변혁을 하는 것이 교회의 일이어야 하고 에큐메니컬 디아코니아가 되어야 한다. 요하네스버그의 경험은 오늘의 에큐메니컬 디아코니아의 새로운 시각 형성에 크게 작용하고 있었다.

해설

콜롬보 디아코니아 컨퍼런스 문서의 배경과 의미

류태선 목사
생명의 길을 여는 사람들 상임이사, NCCK 신앙과 직제위원회 부위원장

1. 21세기를 위한 디아코니아 신학 컨퍼런스

2012년 6월 2~6일(토-수요일)에 스리랑카 콜롬보 교외의 한 호텔(Pegasus Reef)에서, 세계교회협의회의 3개 프로그램 영역들이 협력하여 〈21세기를 위한 디아코니아 신학 컨퍼런스〉를 개최했다. 이 회의에는 전 세계 총 26개국(인도, 스리랑카, 한국, 필리핀, 레바논, 브라질, 쿠바, 볼리비아, 파나마, 에티오피아, 탄자니아, 나이지리아, 가나, 토고, 남아공, 노르웨이, 영국, 독일, 네덜란드, 벨기에, 스위스, 이탈리아, 그리스, 루마니아, 캐나다, 미국 등)에서 49명이 참석했으며, 그중에는 WCC 의장인 브라질의 Walter Altmann 박사, 그리고 세계 선교와 전도위원회 위원장인 인도의 Geevarghese MOR COORILOS 주교, 그리고 CWME 총무 금주섭 박사를 포함하여, CWME와 Solidarity and Diakonia, 그리고 Just and Inclusive Communities 등 WCC의 3개 부서 실무자 5명 등이 포함되어 있었다.

이 컨퍼런스는 4박 6일 동안 진행되었는데, 첫째 날에는 개회예배와 WCC 의장 알트만 박사와 스리랑카 비빌라 교수의 기조 강연에 이어, 이번 신학 문서의 초안에 대한 설명과 토론이 있었다. 주일이었던 둘째 날에는 여러 그룹으로 나누어 스리랑카 교회들에서 예배드리고, 이어서 다양한 디아코니아 현장을 방문했다. 셋째 날(4일)부터는 다양한 패널 토론과 그룹 토론이 이어졌다. 필자는 "한국 교회 디아코니아의 회고와 비전"(Diakonia Ministry of the Church / Reflection and Vision from the Context of Korean Chuch)이라는 제목으로 패널 발제를 맡았었다. 첫째 날 보고되었던 컨퍼런스의 보고서 초안은 많은 토론을 통해 구성과 내용이 변화되고 보완되었다.

이하에서는 이번 컨퍼런스의 역사적 배경(2), 이번 컨퍼런스의 결과물로서의 〈21세기의 디아코니아에 관한 신학적 전망들〉의 개요(3), 그리고 그에 대한 분석과 평가(4), 그리고 제언(5)의 순서로 글을 정리하고자 한다.

2. 역사적 배경

WCC의 역사에서, 디아코니아와 관련된 중요한 이정표들은 다음과 같다.

〈1965년 8월 제네비(스위스)〉
보고서 "The Role of the Diakonia of the Church in Contem-poraryb Society"
디아코니아의 개념에 봉사뿐 아니라 사회 행동이 포함되고, 개인으로부터 공동체로, 개인적 경건에서 '정의'라는 보다 넓은 이슈에 대한 관심으로 전환.

〈1966년 Swanwick(영국)〉
웁살라 4차 총회 준비의 일환. 디아코니아의 개념에 구호(relief)

봉사(service) 외에 사회 행동(social action)이 포함됨.

〈1978년 크레타(그리스)〉
정교회의 디아코니아 이해에 초점을 맞춤. 디아코니아와 리투르기아와의 연관성에 주목.

〈1982년 제네바(스위스)〉
밴쿠버 6차 총회 준비의 일환(Contemporary understandings of diakonia : Report of a consultation, Geneva 22-26 November 1982).
주요 내용
- Healing and Sharing Life in Community
- 현대적 디아코니아 이해를 특징짓는 8개의 열쇠언어들-essential, local, world-wide, preventive, structural or political, humani-tarian, mutual, liberating
- Struggling for Justice and Human Dignity
- Critical View of Historical Forms of Diakonia : 중세기 수도원이나 성전기사단의 봉사 등-당시의 우선순위에 따른 봉사를 오늘의 시각에서 보면, 당시 기존 권력 등의 지배권에 봉사. 현대 교회들은 19세기의 사회 봉사 유산을 이어받고 있는데, 당시 유럽은 자본주의적 산업화에, 그리고 전 세계는 제국주의의 영향 하에 있었음. 당시 사회 봉사는 무식한, 아픈, 장애인들을 위한 교육, 건강, 사회 봉사 등이었음. 그러한 봉사들은 그 자체로서는 관대하고 가치 있었지만, 교회 중심적이었고, 개인 영혼 구원의 수단으로 여겨졌으며, 국내의 자본주의와 전 세계적 식민주의에 부속되어 있었음. 당시 사회 봉사는 지배적인 사회경제적 체계의 사회악에는 도전하지 않았음.

〈1986년 라나카(키프러스)〉
디아코니아의 다양한 측면들 검토-박애적 봉사, 정의 인권 인간 존엄을 위한 발전, 사람들 사이의 평화 등

〈1987년 엘에스코리알(스페인)〉
"ecumenical sharing of resources"를 강조. 기부자–수혜자(doner-recipient)라는 말 대신 '협력과 파트너십'이라는 수평적 패턴으로 대체

〈2013년 6. 2~6. 콜롬보(스리랑카)〉
WCC 제10차 부산 총회에 대한 준비의 일환

3. 〈21세기의 디아코니아에 관한 신학적 전망들〉의 특징과 개요

세 가지 Vantage Points(주변인들, 변혁, 지구촌 남부 교회의 부상)를 중심으로 구성되었다.
(1) 교회, 선교, 디아코니아의 관계 해명
(2) 주변화된 사람들의 디아코니아 강조
(3) 변혁을 위한 디아코니아 강조
(4) 지구촌 교회 상황의 변화에 주목
(5) 지교회, 노회 및 총회, WCC와 각 교파의 세계연맹 등 서로 다른 차원의 디아코니아에 대한 권고안 제시

4. 콜롬보 문서에 대한 분석과 평가

(1) 문서의 지위 – WCC 중앙위원회 승인을 거친 공식 문서
(2) 이전 문서들과의 연속성과 차별성
(3) 문서 자체의 신학적 성찰의 깊이
(4) 행동 지침으로 제시된 권고안의 내용들
(5) WCC 10차 부산 총회에 대한 기대

5. 제언

첫째, 역대의 디아코니아 문서들에 대한 번역과 보급

둘째, 한국 교회 각 교단의 사회선교, 다이코니아 문서 집대성 출간. 비교 분석

셋째, NCC의 사역 중 정의, 평화 등 관련 사업과 복지 구호 관련 사업을 큰 틀의 디아코니아 사역으로 개념 통합하면서, 그 안에서 역할을 나누는 것이 디아코니아의 보다 폭넓은 이해 확산을 위해 바람직하리라 봄

넷째, 각 교단 디아코니아 담당 부서, 또 한국 교회봉사단, 기독교사회 봉사회, 기독교 연합봉사회 등 유관 단체들의 네트워킹과 시너지 효과 추구

참고문헌

WCC, "Theological Perspectives on Diakonia in the Twenty-First Century", 2013
WCC, Contemporary understandings of diakonia, 1983.
WCC, Diakonia 2000 / Called to be Neighbours : fficial Report, Larnaca Consultation 1986
Paulos Mar Gregorios, The Meaning and Nature of diakonia, WCC, 1988.

| 성 찰 |

디아코니아에 대한 성서적 성찰

장 상
전 이화여자대학교 총장

그리스도인의 삶에서 디아코니아의 위치를 어떻게 이해해야 하는가? 에큐메니컬 운동의 디아코니아에 관한 이해와 역할은 어떻게 평가해야 하는가? WCC는 어떤 의미에서 디아코니아에 치우친다는 비난을 받으며, 어떤 의미에서 디아코니아에 대한 이해와 역할이 부족하다고 도전 받는가? 21세기의 시대적 현실은 그리스도인의 디아코니아에 어떤 절박하고 절실한 요구를 하는가?

이 글은 디아코니아의 성서적 이해를 돕기 위한 일단의 노력이다. 디아코니아의 이해를 돕기 위한 성서 전승으로, 복음서의 사랑의 두 계명과 바울 서신의 몸의 신학을 선택하였다.

1. "이보다 더 큰 계명이 없느니라"(막 12 : 31)

예수의 교훈의 핵심은 사랑의 두 계명이라고 말할 수 있다. 구약의 613개의 계명은 "하나님을 사랑하라"와 "이웃을 사랑하라"는 두 계명으로 수렴된다(신 6 : 4-5 ; 레 19 : 18). 이 계명은 공관복음서에 모두 보도되고 있다(마 22 : 34-40 ; 막 12 : 28-34 ; 눅 10 : 25-37).

예수는 질문에 답하는 형식으로 사랑의 두 계명을 제시한다. 마가복음에서 질문자는 서기관이지만 마태복음서와 누가복음서에서는 율법학자이다. 마가복음서의 분위기는 긍정적이고 우호적이나, 다른 두 복음서에서는 자못 적대적이며 부정적이다. 마가복음서의 관심은 "첫째 계명이 무엇인가?"다. 반면 마태복음서는 "위대한 계명"이다. 그리고 누가복음서는 "무엇을 해야 영생을 얻느냐"는 영생을 얻는 처방 계명에 관심이 있다.

질문에 대한 예수의 대답은 약간의 변형이 있으나, 기본적으로 동일하다.

마가복음서에 의하면(막 12 : 28-34), "첫째는 이것이니, 이스라엘아 들으라, 주 곧 우리 하나님은 유일한 주시라. 네 마음을 다하고 목숨을 다하고 뜻을 다하고 힘을 다해서 주 너의 하나님을 사랑하라 하신 것이오. 둘째는 이것이니 네 이웃을 네 자신과 같이 사랑하라 하신 것이라. 이것들보다 더 큰 계명이 없느니라." 이와 같은 예수의 대답에 대한 질문자의 반응은 유일신 신앙에 대한 동의와, 하나님 사랑과 이웃 사랑이 모든 제물과 제사보다 뛰어나다고 고백하는 것이다.

마태복음서에 의하면(마 28 : 34-40), "네 마음을 다하고 목숨을 다하고 뜻을 다하여 주 너의 하나님을 사랑하라 하셨으니 이것이 크고 첫째 되는 계명이요, 둘째도 그와 같으니 네 이웃을 네 자신같이 사랑하라 하셨으니 이 두 계명이 온 율법과 선지자의 강령이니라."

한편 누가복음서에서는 사랑의 두 계명이 질문자의 답으로 주어진다(눅 10 : 25-28). "네 마음을 다하여 목숨을 다하며 힘을 다하며 뜻을 다하여 주 너의 하나님을 사랑하고, 또한 네 이웃을 네 자신같이 사랑하라 하였나이다." 이에 대한 예수의 반응은 "네 대답이 옳다. 이를 행하라, 그러면 살리라"는 것이다. 율법사는 다시 한 번 질문을 한다. "제 이웃이 누굽니까?" 이에 대한 예수의 답이 바로 '선한 사마리아인의 비유'이다. 이 비유는 네 이웃은 도움을 필요로 하는 자이며, 네가 이웃이 되느냐가 핵심임을 시사한다.

　세 복음서에 나타난 대로의 두 계명의 관계는 다음과 같다. 마가복음서는 "이것들보다(복수)" 더 큰 계명이 없다고 밝히고 있다. 그러므로 하나님을 사랑하라와 이웃을 사랑하라는 두 계명이 함께 가장 큰 계명이다. 한편 마태복음서에서는 "하나님을 사랑하라"는 계명이 "크고 첫째 되는 계명이다." 동시에 "이웃을 사랑하라"는 계명도 크고 첫째 되는 계명이다. "그와 같으니"라는 언급에서 나타나는 대로, 먼저 언급된 계명과 후에 언급된 계명이 다 같이 크고 첫째 되는 계명이다. 마태는 어느 한 계명이 아니라 이 두 계명이 함께 "온 율법과 선지자의 강령이다"라고 다시 분명히 한다. 누가복음서에서 말하는 '하나님을 사랑하고 이웃을 사랑하라'는 계명은 사실 '하나님과 이웃을 사랑하라'고 번역해야 한다. 사랑하라는 동사는 하나이기 때문이다. 하나님을 사랑하라와 이웃을 사랑하라는 계명은 하나의 계명인 것이다.

　이같이 세 복음서의 기술은 조금씩 다르나 공통된 것은, 세 복음서 모두 "하나님을 사랑하라, 이웃을 사랑하라"는 두 계명을 제시하고 있으며, 이 두 계명의 관계를 매우 일관성 있게 밝히고 있다는 점이다. "하나님을 사랑하라"와 "이웃을 사랑하라"는 이 두 계명은 나란히 언급되나, 서열의 의미가 있는 것이 아니다. 각기 대등하고 독립된 의미와 중요성과 권위가 부여된다. 동시에 이 둘은 분리될 수 없는 계명으로 밀접한 내적 연결에서 그 완결된 의미를 지닌다. 즉 하나님을 사랑하지 않으면, 진실한 이웃 사랑은 불가능하며, 이웃을 사랑하지 않으며, 하나님을 사랑한다는 것도 불가능하다. 이 두 계명은 서로 구별되나, 분리해서 실천할 수가 없다.

　이것은 무엇을 의미하는가? 하나님을 사랑하는 것이 이웃을 사랑하는 것이라든가, 이웃을 사랑하는 것이 하나님을 사랑하는 것이라고 말할 수 없는 반면, 하나님을 사랑하며 이웃을 사랑하지 않은 것도 불가능하며, 하나님을 사랑하지 않으면 진심한 이웃 사랑도 불가능하다는 것이다. 이와 같이 이 두 계명은 서로 구별되나 분리해서 이루어질 수 없다.

"하나님을 사랑하라"와 "이웃을 사랑하라"는 두 계명의 관계가 하나님을 섬기는 행위와 이웃을 섬기는 행위로 또는 예배와 봉사의 관계로 이해되고 실천되어 왔다면, 예배와 봉사는 구별은 되나 서로 분리될 수는 없다는 의미이다. 그렇다면 예배와 봉사의 관계가 어떻게 이해되어야 하는가? 예배와 봉사는 다른가? 예배가 우선적이며, 봉사는 그 다음인가? 예배는 봉사고, 봉사는 예배라고 할 수 있나? 디아코니아 자체가 예배라고 할 때 디아코니아에는 하나님을 사랑하라는 명령과 이웃을 사랑하라는 명령에 대한 실천이 함께 이루어져야 한다. 하나님을 사랑하는 신앙이 간과된 봉사, 이웃을 사랑하는 행위가 간과된 예배는 불가능하기 때문이다.

예수는 섬기는 자로 오셨다. "섬기려고 왔지 섬김을 받으러 온 것이 아니라"고 하신다. 스스로 섬기는 자의 길을 가셨다(참조. 막 10 : 45 ; 마 20 : 28 ; 눅 22 : 27). 예수의 섬김의 궁극적 모습은 그의 성육신이다. 예수의 성육신 자체가 섬김이다. 예수의 성육신은 디아코니아의 완전한 계시라고 말할 수 있다. 그의 삶에서는 하나님을 향한 사랑과 이웃을 향한 사랑이 온전히 통합되어 있다. 디아코니아는 교회의 활동의 한 부분 또는 사회 프로그램이 아니라 교회 공동체의 본질적 표현이며, 교회의 삶 자체라고 이해되어야 할 것이다.

2. "너희 몸을 산 제사로 드리라"(롬 12 : 1)

바울 신학의 공헌의 하나는 깊이와 폭을 지닌 인간 이해라고 할 수 있다. 특히 로마서는 다른 서신에서는 찾아볼 수 없을 만큼 인류 상황에 대해 매우 깊이 있게, 넓게, 체계적으로 다룬다. 인간은 하나님의 창조물로 이 세상에 존재한다. 그러나 인간은 오만과 탐욕으로 창조주를 배신하고 오히려 하나님에 대해 공격적인 존재로 변하였다. 인간은 누구나 하나님 앞에서 죄인이다. 바울의 강한 인의론은 바로 이런 바울의 인간 이해에도 기인하고 있다.

바울의 대표적인 인간학적 용어는 육(sarx)과 몸(soma)이다. 이 두 용어가 지니는 개념은 어느 정도까지는 동일한 의미, 유사한 의미를 지닌다. 그러나 이 두 용어가 대변하는 인간 이해는 매우 상이하며, 바울 인간 이해의 깊이를 드러낸다.

1) 육(肉, sarx)
바울이 '육'이라고 할 때 그것은 단순히 인간을 뜻한다. 단순히 이 세상에 있는 존재를 의미하며, 또한 신체를 지닌 인간, 외적인 인간을 의미한다. 그러나 이원논적 의미가 아닌 전인을 뜻한다. 여기까지는 육과 몸의 의미가 구별되지 않는다. 그러나 육으로서 인간은 죽을 수밖에 없는 존재로서 잠정적이며, 이 세상적이고, 약하며, 썩어지는 존재이다. 영원한 것, 신적인 것과 대비된다. 육적 인간은 하나님과 거리가 있는 존재이며, 부정적 의미를 함축하고 있다. '육 안에' 또는 '육을 따라 사는 인간'이라고 할 때 그것은 부정적 의미를 지니고 있다. 육은 쉽게 수동적으로 악에 오염되며, 육은 악이 거하는 거처가 된다. 소위 죄에 거하는 인간이다. 이 상황이 더 과격화되면 육 자체가 악의 세력, 악의 도구가 된다.

2) 몸(soma)
우리는 대체로 몸이라고 하면, 우리의 육신을 생각한다. 19세기 학자들은 인간을 이원론적으로, 영혼과 몸으로 이루어진 존재로 보았다. 이 경우에 몸은 영혼보다 낮은 것으로 평가되었고, 겉사람 또는 형태로 이해하였다. 몸은 육으로 이루어져 있다고 생각했다. 그러나 19세기 말 또는 20세기에 접어들면서 이원론적 인간 이해는 희랍 사상의 영향의 소치이고, 바울의 인간 이해는 이원론적이 아니라는 것이 분명해졌다.

그렇다면 "몸"이라고 하면 어떤 측면에서 본 인간 존재인가? 시공간에 속하는 역사적·구체적 존재로서 인간의 지배적 특성은 신체적인 면이다. 몸은 신체의 관점에서 본 유형적·외적 인간을 흔히 의미한다. 또한 몸은 단순히 인칭대명사 대신 쓰이는 표현이기도 하다(참고. 고전 6 : 13, 15, 19 이하, 12 : 27 ; 빌 1 : 20). 그러나 몸은 오직 신체적인 면만을 의미하는 것이 아니라 인간 존재의 전부, 전인(全人)을 의미하며, 그의 영혼에 외부적으로 결부되어있는 것이 껍질이 아니라 본질적으로 자아 그 자체다.

그러면 어떤 의미에서 몸은 전인을 의미하는가? 바울은 몸의 개념을 통해 인간 존재의 모든 단계, 모든 측면, 모든 상황을 표현한다. 몸을 떠나서 인간 존재를 말할 수가 없다. 바울은 '죄의 몸'을 말한다. 죄에 종속되어 있는 인간이 바로 죄의 몸이다(롬 6 : 6). 죄와 결탁되어 죄의 지배를 받으며, 죄와의 유대성 안에 있는 인간이다. 그러나 그리스도와 함께 십자가에 못 박히면 그는 죄의 몸이 아니다.

바울에게 있어서 '죽을 몸'은 죽음이 지배하는 세상에 속한 인간이다(롬 6 : 12; 빌 3 : 21). 죽음의 세력 하에서 죽을 수밖에 없는 인간, 죽음과 유대성 안에 있는 인간이다. 말하자면 부활 이전의 인간은 누구나 죽을 몸이다.

바울은 또한 '몸의 부활'을 말한다(고전 15 : 34-44). 바울에게 있어서 부활은 육의 부활이 아니라 몸의 부활이다. 동시에 바울은 영적인 몸(the spiritual body) 또는 썩지 않을 영광의 몸(the body of glory, 빌 3 : 21)을 말한다.

바울은 '몸의 구속'이라는 표현을 쓴다(롬 8 : 23). 하나님의 모든 피조 세계가 다 같이 구원받는 종말론적 구원을 위해서 인간은 몸의 구속(the redemption of body)을 기다린다. 희랍 철학에서는 몸으로부터의 해방이 구원이나, 기독교에서는 몸의 구속이 궁극적 구원이다.

이상에서 본 대로 바울은 인간 존재의 윤리적 · 사회적 · 생태학적 · 우주적 차원과 유대성을 지니는 인간 존재의 특성을 soma를 통해서 표현한다. 인간은 soma를 소유하는 것이 아니라 soma적인 존재이며 단순히 고립될 수 있는 자아나, 인격체, 개인이라기보다는 다른 인간, 다른 사물과 관계성을 지니는 측면에서 본 전인이다.

하나님의 주권 아래서의 인간은 몸이다. 따라서 그리스도인의 복종의 차원도 몸적이다. 하나님의 뜻을 따라서 하나님께 복종한다고 할 때 그것은 몸으로의 복종이다. 그리스도인의 신앙고백과 윤리적 책임은 영혼의 문제와만 관련되는 것이 아니며, 또한 자기 자신과만 관련되는 것이 아니다. 또 경건한 인간들과만 관련되는 것도 아니다. 하나님의 주권의 영역은 인류전체이며 인간과 유대적·연대적 관계를 지닌 모든 사회적 정치적 경제적 차원이 포함된다. 하나님의 주권이 미치는 영역이 전인이며, 삶의 전영역이며, 우주적이므로 하나님 앞에서 인간은 영 또는 고립될 수 있는 한 개인이 아니라 이 세상에서 유대적 관계를 지니고 사는 역사적 구체적 인간 존재이다. soma를 이해하는 데 있어서 하나님의 주권의 차원을 도입한 것은 Kasemann의 공헌이다. 그는 하나님의 주권을 우주적이라고 주장하며, 사람을 고립된 존재로 이해하지 않고, 세계와 함께 이해한다고 지적한다.

바울에게 있어서 진정한 예배는 "몸으로 드리는 예배"이다. "…너희 몸을 하나님이 기뻐하시는 거룩한 산 제물로 드리라 이는 너희가 드릴 영적 예배니라"(롬 12 : 1). 말하자면 이웃과 사회, 세계와 자연계로부터 분리될 수 없는 유대적 관계에 있는 존재로서 하나님께 예배해야 할 것이다. 삶의 구체적 현실과 격리된 예배는 불가능하기 때문이다. 바로 이 점에서 "몸"은 그리스도인 존재의 사회 윤리적 차원, 우주적 생태학적 차원을 지니는 것이다.

바울에 의하면 몸으로 드리는 예배는 "산 제물"의 예배이며, 그것이 바로 "영적 예배"이다. 바울은 유대교 제사의식과 비교하고 있다. 유대교 제사의식은 동물을 죽여서 피를 흘리는 희생제사로서 산 제사가 아니라 죽은 것을 드리는 죽은 제사이며, 소유물의 일부분을 헌물하는 것이다. 그러나 바울에게 있어서 그리스도인 예배는 죽은 동물을 바치는 제사가 아니라 살아 있는 삶 자체를 헌신하는 산 제물이다. 또한 소유의 일부분을 드리는 제사, 특정한 때에만 드리는 제사가 아니다. 바울에게 있어서 그리스도인의 예배는 유대교의 제의적 의식으로부터 날마다 헌신하는 생활예배로 탈바꿈한다. 소유물의 일부분이 아니라 전인적인 헌신을 뜻한다.

바울의 인간 이해는 그리스도교 예배가 이 세상에서의 삶을 무시하는 탈속적인 경건주의로 빠지는 위험을 막아준다. 또한 육을 무시하는 열광주의적인 이원론으로 변질되는 것도 용납하지 않는다. 몸으로 드리는 예배란 사회적·경제적·문화적·역사적·생태학적 차원을 지닌 우리의 구체적 삶을 통해서 드리는 예배이다. 바울은 몸적 예배를 영적 예배라고 한다. '영적'이라 할 때 몸과 대비되는 영이 아니다. 여기서 영적이라 함은 pneuma(프뉴마)에서 온 것이 아니라 logos(이성)에서 기원된 형용사로 합당하다는 의미이다.

3. 마무리 지으며

에큐메니컬 운동의 두 축은 교회 일치와 디아코니아라고 할 수 있다. 에큐메니컬 운동은 특히 디아코니아의 확장에 크게 기여하였다. 동시에 에큐메니컬 운동은 복음 전파보다는 사회 봉사에만 치중함으로서 균형을 상실했다는 비난을 받아왔다. 그 현상으로 에큐메니컬은 에반젤리컬과 대립, 갈등을 일으키고 있다.

에큐메니컬과 에반젤리컬은 어떻게 다른가? 정말 대립적인가? 보완적이지 않나? 에반젤리컬은 복음 전도 우선주의이고 에큐메니컬은 하나님의 선교를 우선한다는 것이 일반적인 이해다. 그러나 에반젤리컬과 에큐메니컬은 예배와 디아코니아의 균형 있는 이해를 위해서 예수의 두 사랑의 계명에 대한 가르침에 더 겸허히 경청해야 할 것이다.

예배는 봉사와 구별되나 분리되지는 않는다. 예배와 봉사는 동일하지는 않으나 분리되어 실천될 수는 없다. 예배행위에서 디아코니아의 측면이 간과되거나 디아코니아의 행위에서 예배의 측면이 간과될 수 없다. 에큐메니컬 운동의 디아코니아 신학의 건전한 발전을 위해서는 예배의 차원에 대한 관심을 약화시키지 않아야할 것이다. 예배와 디아코니아의 관계가 불분명할 때 디아코니아의 신학적 위치도 불분명해지며 약화될 것이다.

에큐메니컬 운동의 공헌의 또 하나는, 하나님의 주권에 대한 신학적 이해의 확장이며 성숙이다. WCC는 만물들이 살고 있는 온 세상을 뜻하는 oikoumene의 비전을 지니고 있다. 그러므로 에큐메니컬 운동의 영역은 만물들이 사는 온 세상, 하나님의 창조 세계를 의미한다. 그것은 "하나님이 독생자를 보내시기까지 사랑하신 이 '세상'이며"(요 3 : 16), "하나님의 뜻이 하늘에서 이루어진 것 같이 땅에서도 이루어지이다"라고 기원하는 이 '땅'이다. 하나님의 사랑의 주권이 미치는 범위는 영혼이나 교회만이 아니라 전 세계이며, 전 지구적인 것이다.

에큐메니컬 운동의 디아코니아에 대한 신학적 이해를 위해서는 이와 같은 하나님의 주권에 대한 이해를 보다 보편화해야 할 것이다. 동시에 인간 이해의 깊이와 넓이를 더하는 바울의 "몸의 신학"에 대한 이해에 더 친숙해져야 할 것이다. 바울의 "몸의 신학"에서는 예배는 디아코니아적일 수밖에 없다. 인간은 몸으로 예배하며 그 몸은 진공상태의 존재가 아니라 영적·사회적·공동체적·지구적 차원의 유대성을 지닌 존재로 하나님께 예배한다. 바울에게 있어서 디아코니아는 한마디로 몸으로 드리는 예배이다. 몸적 예배를 바로 이해하고 실천할 때 예배와 봉사는 분리될 수 없다. 21세기 두 번째 총회인 10차 총회는 21세기 기독교 공동체의 건전한 성숙과 발전을 위해서 디아코니아의 신학적 이해 및 지평에 대한 진솔한 성찰이 있기를 기대한다.

참고문헌

장상. 「바울의 역사의식과 복음」 서울 : 이화여자대학교 출판부, 1996.

게하르트 쉐퍼, 테어도어 슈트롬 엮음. 「디아코니아와 성서」 서울 : 한들출판사, 2013.

Becker, J.C. *Paul the Apostle, the Triumph of God in Life and Thought*. Philadelphia : Fortress Press, 1980.

Jewett, Robert. *Paul's Anthropological Terms*. Leiden : E.J. Brill, 1971.

Kasemann, Ernst. "On Paul's Anthropology," *Perspectives on Paul*. Philadelphia : Fortress Press, 1969.

Robinson, J. A. T. "The Body : A Study in Pauline Theology," *Studies in Biblical Theology*, No. 5. London : SCM Press, 1966.

[번역]

과거 문서들
메시지, 스완위크대회 요약, 라나카 선언, 나눔의 지침

박성원
영남신학대학교 교수

메시지 : 삶과 일 세계 기독교대회(스톡홀름, 1925)

현대 에큐메니컬 운동의 근간이 되는 사건 중의 하나는, 스톡홀름 대회에서 분명하게 나타난 바대로, 최소한 부분적이라도 세계 제1차 대전이 직면한 교회의 분열과 무력함에 대해 응답하는 것이다. 스톡홀름 대회는 죄더블롬 감독(Bishop Söderblom)의 노력과 비전이 없이는 불가능한 사건이다(제1장을 보라)-스톡홀름 대회 1925 : 공식보고서 G. K. A. Bell (편), London, Oxford UP, 1926, 710-16.

1.

2. …세계대전의 죄악과 슬픔, 다툼과 상실감은 그때부터 기독교 교회에게 '세상은 분열된 교회로서는 감당하기 어려울 정도로 훨씬 더 강하다'는 것을 겸허하고 부끄럽게 인식하게 했다. 우리의 목표는 이제 신앙과 직제에 대한 우리의 차이를 잠시 접어두고, 그리스도

인의 삶과 일에 있어서 연합된 구체적 행동을 구하는 것이다. 대회 그 자체는 놀라운 사건이다. 그러나 그것은 시작일 뿐이다.
3. 우리는 하나님과 세계 앞에 교회가 그 죄책의 책임감을 가져야 하며, 사랑과 동정적 이해가 부족했던 죄악과 실패를 고백해야 한다. 교회는 그리스도를 따르는 자로서 인류에게 그리스도를 너무나 부족하게 나타내 왔기 때문에, 진리와 의를 충실히 추구해야 할 자들이 그리스도로부터 너무나 멀리 떨어져 있었다. 지금 이 시간 교회를 향한 부름은 회개여야 하며, 이 회개를 통해 그리스도 안에 있는 무진장한 재원에서 솟아오르는 새로운 용기를 가져야 할 점이다.

2.

5. 대회는 우리의 구원의 대장에 대한 우리의 헌신을 심화하고 새롭게 하였다. "나를 따라오라"는 그의 부름에 응답하면서 우리는 십자가의 현장에서 그의 복음을 인간의 모든 삶의 영역–산업, 사회, 정치, 국제관계의 영역–에 적용하는 긴급한 임무를 받았다.
6. 경제적 영역에서는 인간(역주–영어에는 영혼으로 번역될 수 있는 soul이란 단어로 되어 있으나 문맥상 인간으로 보는 것이 타당함)이 가장 지고한 가치이므로, 그것이 결코 재산권이나 산업구조에 종속되어서 안 된다고 선언하였고, 인간의 권리가 구원의 권리 중에 첫 번째 권리라고 할 수 있다. 그러므로 인간됨의 자유롭고 전적인 개발을 옹호한다. 우리는 복음의 이름으로 산업이 결코 개인의 재산에 대한 욕망에만 근거해서는 안 되며 공동체를 봉사하기 위해 집행되어야 함을 선언하였다. 재산은 하나님에게 책임감을 가지는 청지기적 사명으로 간주되어야 한다. 갈등이 현존하는 현장에서는 자본과 노동의 협력이 이루어져서, 고용주와 피고용인 모두가 산업에서 그들의 역할이 직업의 성취로 동등하게 간주될 수

있도록 해야 한다. 그렇게 함으로써 우리는 우리 주님의 명령에 순종할 수 있으며, 그들도 우리에게 해야 한다고 생각하는 것처럼 다른 사람들에게 해야 할 바를 할 수 있다.

7. 사회 도덕의 영역에서는 과잉인구, 실업, 도덕의 이완과 그에 따른 여러 사회악, 범죄와 범법자 등에서 나타나는 문제들을 고찰했다. 우리는 이 문제들이 너무나 방대하여 결코 개인의 힘으로만은 해결할 수 없고 공동체가 공동 책임으로 받아들여야 하며, 각각의 경우에 모두 공동선(common good)이 필요하듯이 개인의 행위 위에 사회적 통제 같은 것이 시행되어야 한다고 인식하게 되었다. 우리는 교육, 가정, 직업, 여성에게 영향을 주는 문제, 어린이, 노동자들과 같은 영역에서 개개인에게 관심을 높이 두어야 하는, 더욱 피부에 가까운 문제들을 결코 간과하지 않았다. 교회는 개인의 인권과 같은 문제에만 매달릴 것이 아니라 한 개인의 권리의 고양으로 인해 모든 인간의 권리가 고양되어야 하므로 도덕적 인간의 권리를 옹호하는 일을 반드시 해야 한다.

8. 우리는 또한 민족적 편협성(national bigotry) 혹은 공허한 세계주의(cosmopolitanism)도 모두 반대하면서 기독교적 국제주의의 표준적 지침을 설정하였다. 우리는 교회를 위한 우주적 본질과 형제적 사랑을 선포하고 실천할 의무를 재확인하였다. 우리는 개인의 양심과 국가의 관계에 대해서도 고려하였다. 우리는 인종 문제와 법과 중재 그리고 지금 우리가 당면하고 있는 비극적 상황 속에서 우리의 가슴에 깊이 다가오는 문제들, 즉 전쟁의 원인을 사전에 없애기 위한 평화적 방법들을 제공할 국제질서의 수립 등도 검토해 보았다. 우리는 지금 우리가 전쟁의 공포와 국제 분쟁을 종식시키기 위해 아무것도 할 수 없음을 느끼는 같이 교회도 그렇게 느끼기를 바라고, 평화의 왕권 아래 '인내와 진리가 같이 만나고 의와 화평이 서로 입 맞추는' 약속이 이루어지도록 기도하고 일하기를 바

란다.

9. 우리는 어떤 구체적인 해결책을 제시하려는 것도 아니며, 우리가 긴밀하게 나누었던 토론에 대해 표결을 한 것도 아니다. 이것은 우리가 개인이나 그룹의 견해에 대해 존중할 뿐만이 아니라 개인이나 공동체가 자선과 지혜와 용기를 가지고 적용할 의무 같은 것을 개인의 양심이나 공동체에게 맡겨 두면서도, 아직은 교회의 선교가 국가의 원칙 혹은 이상적 생각을 하는 것 위에 있어야 한다고 느끼기 때문이다.

3.

10. 이 목표가 달성되어야 한다면 우리는 교육이 반드시 필요하다는 점을 인지한다. 개인이 모든 면에서 기독교적 분별을 할 수 있도록 교회로부터 교육을 받아야 한다. 교회는 그리스도인들이 모든 진리를 행함에 있어 진리의 영에 의해 인도받으면서 그리스도의 마음을 가질 수 있는 역량을 높일 수 있도록 연구, 수련회, 기도 등을 통해 교육을 받아야 한다. 우리는 악의 뿌리가 인간의 의지에 도사리고 있음을 알아야 하며, 따라서 항상 그 섬김이 온전히 자유하신 하나님의 지고하고 거룩한 뜻에 우리의 의지가 속해야 한다는 우리의 믿음을 거듭 확인하려 해야 한다. 심지어 만약 우리의 근거를 우리 주 예수 그리스도의 아버지에게 두는 데서 벗어나고 성도의 개인의 삶 속에 그 원칙을 적용하지 않는다면 기독교적 아이디어나 이상마저도 세상을 구원할 수 없다.

11. 이 때문에 우리는 먼저 모든 그리스도인들에게 호소한다. 각 개인이 하나님의 뜻이 하늘에서 이루어진 것처럼 땅에서 이루어지게 하는 것과 하나님의 나라를 위해 일함이 있어서, 자기의 양심에 따라 자신의 신념을 실제적 삶에 적용하면서 자신의 개인적 책임을

받아들여야 한다. 그들로 하여금 자기 교회에 전적인 충성을 하면서 이 세계 대회에서 약속과 서약을 하는 (세계) 교회들과 더 넓은 교제와 협력을 추구하도록 해야 한다. 우리는 이 넓은 교제의 이름으로 우리의 특별한 동정의 메시지를 박해와 시험 속에 있으면서 그리스도인의 소명을 성취하고자 하는 모든 사람들에게 보내며, 그들 모두가 그리스도의 고난과 교제를 나누게 된다는 생각을 하면서 위로를 전한다.

12. 그러나 이 호소를 기독교교회에만 국한할 수 없다. 왜냐하면 감사하게도 우리는 이제 이 거룩한 일을 위해 많은 뜻을 함께 나눌 동반자들이 우리 곁에 있기 때문이다.

우리는 각국의 청년들에게 호소한다. 우리는 여러 나라에서 진행되는 청년운동에서 나타난 대로, 그들이 더 나은 사회질서를 위해 일하려는 열망과 노력을 하고 있다는 것을 정말 감사한 마음으로 들었다. 우리는 청년들의 열의와 그 능력들, 그들의 삶의 신선함과 성숙함들을 하나님의 나라와 인류를 위해 봉사하는 일에 투신하기를 간절히 열망한다.

우리는 또한 여러 가지 방법으로 진리를 따르는 그들을 생각하며 그들의 도움을 요청한다. 그리스도께서 진리이시므로 그리스도의 교회도 인간 안에 존재하는 이성과 양심을 진보시키는 것을 진심으로 환영해야 한다. 특별히 우리는 여러 특별 영역에서 영향력을 가지고 있고 지식을 가지고 있는 선생님들과 학자들의 협력을 요청한다. 왜냐하면 이런 지식이 없이는 우리를 압박하는 현실적인 문제들의 해결이 불가능하기 때문이다.

우리는 이 메시지를 나사렛의 목수, 사람의 아들의 이름으로 전 세계의 노동자에게 보낸다. 우리는 감사하게도 여러 나라에서 수많은 노동자들이 현재 어려운 여건 속에서도 이 원칙에 따라 행동하고 있는 사실을 잘 알고 있다. 우리는 아직도 우리 안에 오해와 이상한 생각이 존재하고 있음을 개탄하며 이것들을 없애기 위해 우리가 해야 할 일을 해야 한다. 우리는 하나님의 계획에 따라 모든 인간의 온전한 인간됨을 계발할 기회가 보장되는 정의롭고 우호적인 사회질서를 추구하는 열망에 공감한다….

14. 우리는 내면적으로 먼저 하나가 될 때에만 비로소 마음과 정신의 진정한 일치를 얻을 수 있다. 이 세상의 다양한 색깔이 우리의 신앙에 반영된다 하더라도 우리가 십자가에 달리신 그분에게 더 가까이 가면 갈수록 우리는 서로 더 가까워질 수 있다. 예수 그리스도의 십자가 아래서 우리는 서로 손을 내 밀어 잡아야 한다. 선한 목자는 하나님께서 흩어진 하나님의 자녀들을 함께 모을 수 있게 하시기 위해 죽었다. 십자가에 달리시고 부활하신 주님 안에서만 이 세상의 희망이 있다.

우리 안에서 역사하시는 그 능력에 따라 우리가 생각하거나 구하는 것보다 훨씬 더 풍성하게 하실 수 있는 그분, 그분에게, 그리스도 예수께서 세우신 교회 안에서 세세 무궁토록 영광이 있을지어다. 아멘.

스완위크 대회 요약 보고 : WCC 교회간 원조 협의회(스완위크, 1966)

레슬리 쿠크(Leslie Cooke)는 1955년부터 1967년까지 WCC의 교회간 원조·난민·세계봉사국 국장으로 봉사한 널리 존경을 받는 분이다. 이 분야의 중요지침이 되는 스완위크(Swanwick) 협의회가 바로 제1장 서론에 언급되고 있다-다이제스트 : 1966년 스완위크에서 열린 "교회간 원조 세계 대회 요약보고"(Leslie Cooke, Summary Report, World Consultation on Inter-Church Aid, Swanwick, 1966).

우리가 우리의 생각 속에서 찾아낼 수도 있을 것 같은 첫 번째 강조점은, 우리는 단순히 원조를 조직하고 주고받고 하는 것에서 넘어서서 구조를 변화시킬 수 있게 하기 위해 고민해야 한다는 점이다. 이 문제에 관해서는 우리가 서로 동의한다고 생각되는데, 결코 우리가 원조를 조직하는 것을 중단해야 한다는 의미는 아니다. 세계의 필요는 아주 분명히 우리 앞에 놓여 있고 이 세상의 교회의 필요가 정점에 달할 정도로 절실함이 표현되고 있는 마당에, 원조가 덜 필요한 것이 아니라 더욱 필요한 터이다.

그 점을 분명히 말해 두면서, 우리는 또한 이것으로는 결코 충분하지 않다는 점도 말했다. 이 일을 하기 위해서는, 바로 그 일을 하는 데 있어서, 혹은 그 일을 함으로 나타나는 효과는 사실 교회와 사회의 구조에 대해 도전하는 것이다.

내가 보기에 여기에서 우리에게 분명해진 점들 가운데 두 번째 문제가 되는 부분은, 향후 10년 동안 협력을 넘어서 공동체로 가야 한다는 점에 강조를 두어야 한다는 것이다. 이것이 전체로서의 공동체로서 세계교회협의회 앞에 놓인 주요 이슈라는 의미가 있다. 우리는 흔히 에큐메니컬 밀월은 끝났다고 말한다. (이 모임에서) 일어난 일은 바로 우리가 모이고 있는 이 자리에서도 여러 가지 경우를 통해 우정과 관계가 형성되고 있지만 -(에큐메니컬) 운동이 상당 부분 교회의 우정과 개인적인 관계에서 연유되는데, 이것은 사실 이제 교회 안에서 공정하고 투명성 있게 일어나야 한다고 깨달은 일이다. 하나의 큰 문제는, 세계교회협의회가 여러 가지 영역에서 효과적인 협력의 도구가 됨을 발견하면서 동시에 세계교회협의회가 교회들이 그렇게 강조하는 일치를 나타내는 도구가 되도록 세계교회협의회를 만들어갈 수 있는지에 대한 문제이다.

교회 간의 원조의 일을 함에 있어서 이것은 이론상의 문제가 아니라 실존적 문제이다. 이 일에서 우리는 아주 상당한 협력의 경지에 도달했다. 전략에 있어서도 상당한 정도의 합의에 도달했고, 교회와 국가간 원조에 대한 협력도 상당히 이루어지고 있으며, 중앙집중적 조직과 연합된 행동도 상당한 정도로 실현되고 있다.

그러나 내가 생각하기에는, 여기에서 우리는 이 부름이 계속 되어야 한다는 것을 계속 듣고 있다.

내가 생각하기에 여기에서 우리에게 분명하게 된 세 번째 점은, 향후 10년 안에는 우리가 세계를 위해 봉사한다는 개념의 차원을 넘어서 우리의 봉사가 세상과 더불어, 세상 안에서 이루어지는 참여로 확대되어야 한다는 점이다. 내 말은, 내가 생각하기엔 우리 모두는 온 세계 교회가 아직도 교회의 사역이 세상을 상대로 향해야 한다는 중세적인 사고의 영향을 받고 있는 것 같다는 것이다. 우리는 아직도 가난한 자와 병자들이 원조를 받기 위해 수도원 문으로 와야 한다는 옛 그림과 별로 다르지 않다. 내가 알기로는 교회는 항상 세상과 맞서 있어야 한다는 공감대가 있었다. 여기에서 우리는 다르지 않는 것 같다. 내 생각으로는, 우리는 결코 "세상적이어서 안 된다"는 데 강조를 둔 나머지 교회가 세상 안에 존재한다는 이 진리를 좀 덜 강조해 오지 않았나 싶다. 하나님께서 사랑하시고 그곳으로 당신의 독생자를 보내신 곳은 바로 세상이란 점 다시 강조하고 싶다.

라나카 선언 : WCC 디아코니아 협의회(라나카, 1986)

1986년 사이프러스 라나카(Larnaca)에서 열린 협의회는 교회 간 원조에 대한 이해에 한 전환점이 되었다. 1966년 스완위크(Swanwick) 대회 때의 개발의 가능성에 대한 낙관론에서, 이제 정의를 위한 투쟁에 있어서의 연대를 긴급하게 요청하는 쪽으로 그 중심축이 옮겨졌다–이웃이 되라는 부름(Called to be Neighbours). 공식보고서 : Larnaca Consultation 1986. 클라우스 포저(Klaus Poser) 편, 제네바 : WCC. 1987. 122-125.

전 세계 모든 대륙에서 온 남녀 그리고 청년 그리스도인들로서 우리는 봉사를 통한 정의와 평화에 대해 우리의 헌신을 천명하려고 여기 라나카에 함께 모였다. 생명과 죽음 사이의 선택은 모든 그리스도인들에게 명백하다. 그리스도 자신이 말씀하셨다. "내가 온 것은 양으로 생명을 얻게 하고 더 풍성히 얻게 하려는 것이라"(요 10 : 10). 그래서 우리는 생명을 택하고 세상 모두를 위해 행해져야 할 기독교 봉사를 통해 그것을 성취하기 위하여 헌신한다. 우리는 한 사람과 모두를 위해 이웃이 되도록 부름 받고 있다.

예수 그리스도는 주님이시다. 우리는 성령 안에서 그에게 충성하기를 다시 맹세한다. 우리는 (그리스도 외에) 어떤 다른 주 되심도 받아들이지 않는다. 하나님의 나라는 삼위일체적으로 사랑을 나누는 것이다. 하나님께서만이 모든 물질과 힘에 궁극적 소유권을 가지고 계신다. 하나님의 영적 물질적 자원은 모든 사람에게 속해 있고, 그것을 사용하는 데 모두가 말할 권리를 가진다.

스완위크(Swanwick)에서 교회 간 원조에 대한 협의회가 개최된 지 20년이 지났지만 세계의 고통은 더욱 증가했다. 우리는 우리의 죄악을 고백하고 인간을 억압하고 하나님의 백성들에게 고통을 야기한 교회와 사회의 구조와 체제를 암묵적으로 은연중에 지탱해 온 공범자로서의 잘못을 고백한다. 우리는 봉사(diakonia)가 진정한 형식으로라면 정의와 평화를 위한 투쟁과 결코 분리될 수 없다고 믿는다.

그리고 - 점점 테러와 폭력이 증가하는 시점에 - 각 대륙에서 수많은 사람들이 생명과 정의, 평화를 위해 지금 투쟁하고 있다. 라틴 아메리카와 카리브 해에서 그들의 존재 자체를 질식시키는 경제적 · 정치적 · 군사적 조직에 대항해 싸우고 있고 사람들은, 외채의 목 조르기와 땅 분배의 불평등을 끊어내기 위해 투쟁하고 있다. 아시아에서는 수출 주도 경제의 현상을 포함하여 부당한 경제구조가 인간의 삶을 황폐화시키는 결과를 만들어내고 있다. 소수민족과 사회적으로 소외된 민중들이 수세기 동안 계속되어온 차별과 억압에 맞서 투쟁하고 있다.

남아프리카와 나미비아에서는 사람들이 국경과 이웃 나라들, 심지어 전 아프리카 대륙과 세계까지 계속해서 불안하게 하는 인종분리(Apartheid) 정권의 비인도적 멍에 아래에서 투쟁하며 죽어가고 있다. 우리는 남아프리카공화국 정권에 대한 경제 제재의 시행을 적극 지지한다. 우리는 연대가 없이는 그 민중의 투쟁이 더욱 어려우며 심지어 지금 민중이 죽어가고 있는 나라들의 경제를 지원하고 강화하는 데 지원해 줄 것을 모든 선한 뜻을 가진 사람들에게 요청한다.

북미와 유럽, 호주에서는 가난한 사람들과 억압받는 사람들이 훨씬 더 지능적인 형태의 정치적·경제적 통제에 맞서 정의를 위해 투쟁하고 있다. 알바니아에서는 기독교인, 무슬림을 막론하고 모든 신앙인들이 신앙 공동체, 예배 공동체로 존재할 권리를 거부당하고 있는 데 대해 우리가 특별한 관심을 가지고 있음을 천명한다. 태평양에서는 사람들이 자치권과 자신들의 삶과 문화 그리고 그들의 자연환경을 핵무기와 핵폐기물의 독으로부터 지키기 위해 투쟁한다.

중동에서는 정의와 평화를 위한 투쟁이 다양한 형태를 띠고 있다. 레바논에서는 그 나라를 교란하고 불안정하게 하려는 지역 및 국제 세력들 간의 갈등 때문에 나라의 고통이 발생하고 있다. 죽음과 거주지와 거주지역으로부터 거듭 반복되는 소개가 결국 사람들에게는 엄청난 고통을 안겨 주고, 국가 주권과 일치를 회복할 수 있는 자신들의 능력을 점점 상실하게 만든다. 자치와 주권국가 권리를 위한 팔레스타인의 투쟁은 세계의 지원을 더욱 필요로 하며, 지역의 모든 사람들에게 평화와 정의를 가져오기 위해서는 세계 교회의 더욱 적극적인 개입을 요청하고 있는 실정이다. 이란-이라크 전쟁은 우리와 모든 희생자들 간의 새로운 형태의 연대를 개발하도록 부르고 있으며, 무기 판매를 통해 이 지역의 전쟁에 더욱 기름을 끼얹고, 폭력에 대한 해결책 모색을 지연시키는 나라들에게 도전하기를 요구하고 있다.

또한 평화를 위한 일을 시작하고 있는 사람들에게 용기를 주기를 요구하고 있다. 이 세기에 최초로 일어난 아르메니아 인종청소(genocide)는 세계 공동체에게 결코 잊혀서 안 되며 반드시 기억되어야 할 사건이다. 사이프러스에서는 난민들과 실종자들을 돌보는 일을 포함하여 분단된 공동체간의 일치에 대한 간절한 소원이 후원을 받을 필요가 있다.

각 대륙에서 모든 사회적·정치적·이념적 악의 세력이 표출되고 있다. 점점 가중되고 있는 군사화는 가난한 사람들을 점점 더 가난하게 만들고, 이미 우주까지 미치고 있는 핵무기 경쟁이 우리 지구를 완전 파괴로 몰고 갈 수 있을 정도로 생명을 위협하고 있다. 계속되는 기근의 천형이 우리 모두를 부끄럽게 만든다. 점점 증가하는 난민과 외국인 혐오증(xenophobia)은 세계 상황을 인간 생명과 존엄의 보호가 위태로운 세계로 만들고 있다. 점점 증가하는 이민은 많은 사람들의 권리를 극심한 착취에 방치되게 한다. 우리는 그리스도인들로서 모두의 삶이 존엄성을 가진 품위 있는 삶의 누림을 보장하기 위해 행동해야 하며, 지금 행동해야 한다.

불평등과 가난을 계속 지속시키는 경제적 사회적 구조는 그들의 삶에 영향을 주는 의사결정에 모든 민중들의 전적 참여가 보장되는 새로운 국제 경제질서와 정치적 구조로 바뀌어야 한다. 세계의 경제구조로 지탱되는 억압적 정권의 존재는 모든 대륙에 우리가 아주 죄악적이라고 딱지를 붙일 수밖에 없는 인권 침해로 이어진다. 모든 형태의 폭력, 특히 국가 폭력은 반드시 제지되어야 한다. 우리는 그리스도인들로서 하나님의 모든 백성들이 존엄성을 가지고 살아야 하며, 자신의 미래를 자기 자신이 스스로 결정지어야 한다는 우리의 근본적인 신념을 재천명한다. 우리가 모든 대륙에서 보는 여러 형태의 양극화와 사회적 분열은 우리 모두의 생존을 위협한다. 전 세계에 고통과 고뇌, 투쟁이 점점 증가하고 있다.

그러나 이런 억압과 고통 속에서도 우리는 희망과 믿음과 기쁨이 나타나고 있음도 본다. 젊은이들이 투쟁의 전면에 나서며, 그들의 도전과 해방적 봉사로 교회에 도전하고 있다. 항상 교회의 봉사 사역의 대부분을 실행해 온 여성들은 봉사에 대한 기독교적 이해를 민중 중심으로 심화시키는 데 기여하고 있다. 우리는 많은 그리스도인들이 그들의 믿음 때문에 값비싼 대가를 치르고 있음을 인식한다. 교회 스스로가 기독교 봉사의 방향을 결정하는 데 여성과 청년들이 충분히 참여하지 못하게 해온 부당한 구조에 대해 훨씬 더 적극적으로 도전해야 한다. 청년들과 여성들은 연대의 네트워크를 구축하게 하는 조력자 내지는 중재자가 되어야 한다.

어디에서든지 민중들은 예언적 봉사(prophetic diakonia)를 교회가 미래를 형성해 가는 데 해야 할 역할에 필수불가결한 것으로 만들어가고 있다. 우리는 이런 저런 방법으로 기독교 봉사의 힘을 변화시키는 경험을 모두 해 오고 있다. 우리는 봉사를 통해 우리의 신앙이 깊어지고, 우리의 봉사는 진리를 향한 우리의 영적 탐구로 더 풍요해짐을 경험해 왔다. 진리가 우리를 모든 형태의 죄악에서 자유하게 하여 하나님의 영광을 위해 우리 자신을 드리게 하는 것을 우리는 안다(요 8 : 32을 보라). 우리는 그리스도인들로서 하나님은 모든 피조물을 통해 나타나시고, 하나님의 종은 하나님의 나라의 능력을 선포하면서 우리를 회개와 순종 그리고 사랑으로 부르는 도구가 되어야 한다고 믿는다(마 11 : 12을 보라). 정의는 힘없는 자들이 함께 분기할 때까지는 권력자들이 결코 부여하지 않는다는 것을 우리는 잘 알고 있다. 하나님은 정의와 평화를 위해 투쟁하는 자와 같이 계심을 알며, 우리는 우리의 자리는 그들과 함께 있어야 함을-아직 우리의 행동에까지는 아니더라도-우리 마음으로는 안다.

제3의 천 년이 다가오는 이 즈음, 우리는 이날 이후로 봉사를 통해 정의와 평화를 위해 일할 것을 다짐한다. 우리는 우리 자신을 정의에 기초한 평화를 위해 지금 투쟁 중에 있는 사람들과 함께 동일화하고 연대할 비전을 실천할 것을 서약한다. 이제와 미래의 우리의 봉사는 반드시 상호 신뢰와 진정한 나눔에 근거해야 한다. 우리는 또한 모든 대륙의 사람들과 교회들이 궁핍 속에 있으며, 우리의 봉사의 손길은 고통받는 사람에게 미쳐야 함을 인식한다.

우리는 우리를 대적하는 세력들이 아주 많으며 우리 앞에 놓인 길은 길고 고통스러울 것이라는 점도 잘 안다. 우리는 최소한 십자가를 지고 고난 받는 종, 우리의 주님 되신 그리스도의 발자취를 따를 수 있음을 안다. 죽음을 이기신 그의 승리가 우리에게 생명이 되고 희망이 된다.

나눔의 지침 : WCC 코이노니아 세계교회협의회(엘 에스코리알, 1987)

WCC 프로그램, 자원의 에큐메니컬 나눔(Ecumenical Sharing of Resources)은 교회가 전통적인 의존과 온정주의(paternalism)의 틀에서 벗어날 수 있도록 "새로운 관계를 위한 개념적 틀거리"(H. van Beek)를 제공하려고 시도해 왔다. 이 지침은 이 프로그램의 세계 대회에서 채택되고 많은 교회들이 승인한 것이다. - 생명의 나눔(Sharing Life). 공식 보고서, WCC 코이노니아 협의회 : 세계 공동체의 생명 나눔(WCC Consultation on Koinonia : Sharing Life in a World Community). El Escorial 1987. Ed. Hubert van Beek, Geneva. WCC, 1989, 27-30.

1.

하나님은 풍성하고 베푸시는 사랑으로 세상을 창조하셨고, 그것을 모든 인간이 성실히 사용하고 나누도록 주셨다. 하나님의 생명의 선물을 받은 자로서 우리는 우리 자신의 사랑과 나눔과 올바른 사용을 통해 이 축복을 나누면서 세상을 하나님의 눈으로 바라보도록 부름 받고 있다.

그러나 우리의 죄와 이기심 때문에 우리는 하나님의 선물을 잘못 사용해 왔다. 우리는 이익만을 추구하는 소수의 사람들이 다수의 사람들의 삶을 빈궁하게 만드는 것을 용인해 왔다. 그로 인해 세계 민중 다수가 영속적으로 의존하고 가난하게 한 불의한 구조가 형성되고 말았다. 이것은 명백히 하나님의 목적에 반하는 것이다.

하나님께서 예수 그리스도 안에서 세상의 생명을 위해 하나님 자신을 주신 것은 바로 이런 죄적인 현실의 현장이다. 십자가 위에 나타난 예수의 자기 비움의 사랑은 우리를 참회하게 한다. 우리를 나누게 하는 능력이며 한 모범이 되는 것은 바로 이것이다.

성령의 능력 안에 부활하신 주님의 현존은 우리에게 벽을 허물게 하고, 하나님의 정의와 평화의 나라의 도래를 위해 준비하도록 우리의 체제를 새롭게 하신다.

그리스도 안에 성령을 통해 주어진 새 생명은 우리를 - 한 몸의 지체로서 서로의 짐을 나누어지고 모두를 위한 하나님의 생명의 선물을 함께 나누는 - 새사람으로 창조한다.

성례전 속에서 우리는 우리 자신을 하나님과 깨어진 온 창조 세계에 드리고, 그 후 새로워진 만물을 다시 받는다. 성례전은 우리로 하여금 세상을 위해 떼어지고 나누어지는 그리스도의 몸이 되도록 다시 세상으로 우리를 돌려보낸다.

교회는 새사람의 첫 열매로서 모든 사람들, 특히 가난한 자와 억눌린 자들과 연대하고 이 세계의 가치 체계에 도전하도록 부름 받고 있다.

전 세계 여러 지역에서 모여서 자원의 나눔에 대한 세계협의회에 함께 한 우리 모든 참가자들은, 성령을 통해 하나님의 뜻에 순종하며 살 수 있게 해주시는 예수 그리스도 안에 나타난 하나님의 은총으로 이 협의회를 가지면서, 우리의 나눔을 모든 하나님의 백성들 가운데서 행해 나가기로 우리 자신은 다짐한다.

2.

이 모든 나눔에 있어 우리는 다음과 같이 다짐한다.

1. 정의와 평화 그리고 창조의 보전에 근거한 근본적으로 새로운 가치 체계 만들기. 그것은 인간 공동체와 그들의 문화와 자연이 가진 부의 풍부한 자원을 인식하는 체계이다. 그것은 현재의 경제, 정치 질서가 바로 그 위에 세워져 있으며, 핵 위협이나 산업공해와 같은 현재의 위기 바로 그 배후에 있는 가치 체계와는 전혀 다른 것이 될 것이다.
2. 성, 나이, 정치 경제적 조건, 종족적 배경, 장애인 등의 이유로 소외되어 온 사람들과 노숙자, 난민, 망명 지원자, 이주노동자와 같은 사람들이 모든 의사 결정 과정의 중심에 자리하며, 동등한 동반자로서 행동할 수 있는 나눔에 대한 완전히 새로운 이해를 구축하기. 이것은 예를 들면 :
   - 교회나 협의회나 네트워크들이 이런 목적을 달성하기 위해 국가 단위나 세계 단위의 에큐메니컬 기구를 설치하며,
   - 의사 결정 구조에서 여성과 청년에게 동등하게 참여할 수 있는 대표성을 부여하는 것 등이다.
3. 가난한 자와 억압받는 자 그리고 교회와 사회에서 정의와 인간의 존엄성을 위해 투쟁하기 위해 그들이 조직한 운동과 연대하기. 이것은 곧 주는 자로서이건, 받는 자로서이건 이 투쟁을 훼손시키는 식의 나눔에 참여하기를 거부하는 것을 의미한다.
4. 모든 차원에서 제3세계의 민중과 부의 착취로 연결되는, 그로 인해 가난과 생태 파괴가 양산되는 불의의 구조와 그 원인을 규명하고, 노출시키고, 맞섬으로써 하나님의 선교를 증언하기. 이것은 곧 새로운 경제, 정치 질서를 위해 일하는 것을 수반한다. 이것은 예를 들면 북반구와 남반구의 교회가 다양한 반핵운동을 함께 강화하고 참여하며, 그들의 정부들이 핵 실험이나 핵폐기물 투매를 중지하도록 압력을 가하는 것이다. 이것은 또한 다국적 기업과 군사주의, 외세 개입과 점령 등에 반대하는 사람들의 투쟁에 참여하는 것을

의미한다.

5. 민중들이 개인이나 공동체로서 조직하고 그들의 잠재력이나 능력을 실현하여, 독립에 필수적인 조건이 되는 자립과 자결과 같은 것을 향해 일할 수 있게 하기.
6. 공동의 헌신, 상호 신뢰, 고백과 용서에 근거한 친구로서 서로 서로를 열며, 모든 계획과 프로그램의 형성 과정을 서로 서로에게 알려주고 상호 책무와 상호 교정을 위해 우리 자신을 열기. 이것은, 예를 들면 남반구와 북반구 사이에 의사결정을 함에 있어서 상호 책무성과 참여를 실천하는 것을 의미한다.
7. 이 부름이 부르는 북반구와 남반구의 기관들 사이에 어떤 절대적인 기부자도, 어떤 절대적인 수요자도 없는 모두가 충족되어야 할 필요가 있으며, 모두가 나눌 은사를 가지고 있는 관계를 형성하고 필요와 문제들을 함께 나누기.
8. 자유하게 하시는 하나님의 뜻에 순종하는 교회의 통전적 선교를 말과 행동으로 촉진하기. 우리는 선교의 한 부분에만 응답하면 전체로서의 선교를 왜곡하고 훼손한다고 확신한다.
9. 정의를 위한 민중의 투쟁에 참여하여 오늘 인류 가족을 가르는, 서로 다른 신앙과 이념 사이의 모든 장벽을 극복하기. 이것은 예를 들면 동서의 교회가 모든 기회를 활용해 화해(reconcile)의 과정을 강화시키고 이 과정에서 가용하게 된 자원을 에큐메니컬 나눔을 위해 함께 통합하는 것을 의미한다.
10. 남반구 민중들의 자원을 빼앗는 예를 들면, 그들이 외채를 갚기 위해 지금까지 받은 원조보다 훨씬 더 많은 것을 갚게 하고, 그들이 힘들여 번 자원을 빼앗아가서 결국은 그들을 영속적인 의존의 상태로 만들어 가는 (국제통화기금과 같은) 국제기구에 저항하고, 오히려 교회의 자원을 포함하여 국가의 모든 부와 자원을 정당하게 재분배하는 더욱 근본적인 장치를 만드는 데 기여하기.

11. 권리의 소재를 이동시켜 사회정의를 위한 운동과 같은 자원과 힘 모두 부당하게 거부당해 온 사람들에게 자원이 사용될 수 있도록 우선순위의 재정립 및 자원 사용 원칙 등을 세워 나가기. 이것은 예를 들면 의사 결정 과정에서 남반구의 참여가 현재 실행되고 있는 것같이 단순히 협의의 차원에서만이 아니어야 함을 의미한다.
12. 공동의 관심을 가지고 있는 남반구의 교회들과 민중들 사이에, 예를 들면 인적 자원의 나눔과 같은 것을 통해 상호 참여를 촉진하고 독려하기.
13. 각국, 지역, 국제, 모든 차원에서의 에큐메니컬 나눔을 촉진하고 강화해 나가기.

8부

다종교세계에서의 기독교 증언
Christian Witness in Multi-Religious Society

번역

다종교세계에서의 기독교의 증언
세계교회협의회 종교간 대화를 위한 주교회의 세계복음주의연맹

정원범
대전신학대학교 교수

1. 서 문

　선교는 교회의 본질에 속한다. 하나님의 말씀을 선포하는 것과 세계에 증언하는 것은 모든 기독교인에게 본질적인 것이다. 동시에 모든 인간에 대한 사랑과 깊은 존경심으로 가지고 복음의 원리에 따라 그렇게 하는 것이 필요하다.
　서로 다른 종교적 확신을 가진 사람들과 공동체들 사이의 긴장과 기독교인의 증언에 대한 다양한 해석들을 인식하고 있는 세계교회협의회(WCC)와 종교간 대화를 위한 주교회의(PCID)와 WCC의 초대를 받은 세계복음주의연맹(WEA)은 세계에서의 기독교 증언에 대한 숙고와 그 증언을 안내하기 위한 일련의 건의안으로서 도움이 되도록 하기 위한 문서를 만들기 위해 5년간 모임을 가졌다.
　이 문서의 의도는 선교에 대한 신학적인 진술을 하려는 데 있지 않고 다종교세계에서의 기독교인의 증언과 관련된 문제들을 다루는 데 있다.

이 문서의 목적은 교회들과 교회협의회들과 선교단체들이 그들의 현재의 실천들을 숙고하도록 고무하는 데 있고 또한 이 문서의 건의안들을 사용하여 적절한 곳에서 다른 종교를 가진 사람들과 특정한 종교를 고백하지 않는 사람들 가운데서 그들의 증언과 선교를 위한 그들 자신의 지침들을 마련하도록 하는 데 있다.

세계의 기독교인들이 말과 행동으로 그리스도에 대한 그들의 신앙을 증언할 때 그들 자신의 실천의 빛에서 이 문서를 연구하기를 희망한다.

2. 기독교 증언을 위한 기초

1. 기독교인들에게 있어서 친절과 존경심으로 가지고 자기들 안에 있는 희망에 대해 설명하는 것은 하나의 특권이고 기쁨이다(벧전 3 : 15 참고).
2. 예수 그리스도는 최고의 증언이다(요 18 : 37 참고). 기독교인의 증언은 언제나 그의 증언을 나누는 것이며 그 증언은 하나님나라에 대한 선포, 이웃에 대한 봉사, 그 주는 행위가 십자가에로 인도할지라도 자기를 주는 전적인 자아증여의 형태를 취한다. 아버지가 성령의 능력 안에서 아들을 보내셨듯이 신자들은 삼위일체 하나님의 사랑에 대해 말과 행동으로 증언하기 위한 선교 안으로 보냄을 받는다.
3. 예수 그리스도와 초기 교회의 가르침과 모범은 기독교인의 선교를 위한 지침이 되어야 한다. 이천년 동안 기독교인들은 하나님 나라의 좋은 소식을 나눔으로써 그리스도의 길을 따르려고 노력해왔다.
4. 다원적인 세계에서 기독교인의 증언은 다른 종교와 문화를 가진 사람들과의 대화에 참여하는 것을 포함한다(행 17 : 22-28 참고).
5. 어떤 상황에선 복음을 선포하고 복음을 따라 사는 것은 어렵기도 하고 방해를 받기도 하고 심지어는 금지당하는 일이다. 그러나 기

독교인들은 그리스도에 의하여 그리스도에 대한 그들의 증언에 있어서 서로 연대하여 계속 신실할 것을 위임받고 있다(마 28 : 19-20, 막 16 : 14-18, 눅 24 : 44-48, 요 20 : 21, 행전 1 : 8 참고).
6. 만일 기독교인들이 사기와 강제 수단에 의존함으로써 선교 수행의 부적절한 방법을 사용하게 된다면 그들은 복음을 배반하게 되고 다른 사람에게 고통을 유발시킬 수 있다. 그런 출발은 회개를 요청하고 우리에게 하나님의 계속적인 은혜의 필요성을 상기시킨다(롬 3 : 23 참고).
7. 기독교인들은 그리스도를 증거하는 것이 기독교인들의 책임이지만 회심은 궁극적으로 성령의 역사라는 사실을 인정한다(요 16 : 7-9, 행전 10 : 44-47 참고). 그들은 성령은 어떤 인간도 통제하지 못하는 방식으로 성령이 원하는 곳으로 움직이신다는 사실을 인정한다.

3. 원리들

기독교인들은 그들이 그리스도의 위임을 특별히 다종교의 상황 속에서 적절한 방식으로 완수하려고 할 때 다음의 원리들을 고수하도록 부름을 받고 있다.

1. 하나님의 사랑 안에서 행동하기 : 기독교인들은 하나님이 모든 사랑의 원천이고 따라서 그들의 증언에 있어서 그들은 사랑의 삶을 살도록 부름을 받았고 그들의 이웃을 그들 자신처럼 사랑하도록 부름을 받았다고 믿는다(마 22 : 34-40, 요 14 : 15 참고).
2. 예수 그리스도를 모방하기 : 삶의 모든 측면에 있어서, 특히 그들의 증언에 있어서 기독교인들은 예수 그리스도의 가르침과 모범을 따르도록 부름을 받았다. 즉 그의 사랑을 나누고, 성령의 능력 안에서 아버지 하나님에게 영광을 돌리도록 부름을 받았다(요 20 :

21-23).

3. 기독교인의 덕 : 기독교인들은 모든 오만, 비난을 극복하고 신실함, 자애심, 긍휼히 여김, 겸손함을 가지고 행동하도록 부름을 받았다 (갈 5 : 22 참고).

4. 봉사와 정의의 행위 : 기독교인들은 정의롭게 행동하고 부드럽게 사랑하도록 부름을 받았다(미 6 : 8 참고). 더 나아가 그들은 다른 사람들을 섬기도록 부름을 받았고 그렇게 할 때 형제와 자매들의 가장 작은 자들 속에서 그리스도를 인정하도록 부름을 받았다(마 25 : 45 참고). 교육, 건강관리, 구제봉사, 정의와 옹호의 행위를 제공하는 것과 같은 봉사의 행위들은 복음 증거의 필수적인 부분이다. 가난과 결핍 상황의 착취는 기독교인의 봉사활동에서는 존재할 수 없다. 기독교인들은 그들의 봉사행위에 있어서 금전적인 동기와 보상을 포함하여 모든 형태의 유혹들을 제공하는 것을 규탄하고 삼가야 한다.

5. 치유 사역에서의 식별 : 복음 증거의 필수적인 부분으로서 기독교인들은 치유사역을 실행한다. 그들이 이 사역을 수행하게 될 때 그들은 인간의 존엄성을 충분히 존중하면서 그리고 사람들의 연약함과 그들의 치유 필요성이 활용되지 않는다는 사실을 확실하게 하면서 식별력을 발휘하도록 부름을 받았다.

6. 폭력의 거부 : 기독교인들은 그들의 증언에 있어서 모든 형태의 폭력, 즉 힘의 남용을 포함하여 심리학적이거나 사회적인 폭력조차 거부하도록 부름을 받았다. 또한 그들은 예배장소, 거룩한 상징 또는 본문들에 대한 침해나 파괴를 포함하여 어떤 종교적 또는 세속적 권위에 의한 폭력, 불의한 차별 또는 억압을 거부한다.

7. 종교와 신앙의 자유 : 공적으로 자신의 종교를 고백하고 실천하고 보급하고 변화시킬 권리를 포함한 종교의 자유는 모든 인간이 하나님의 형상과 모양으로 창조되었다는 사실에 근거해 있는 인간의 바

로 그 존엄성으로부터 나온다(창 1 : 26 참고). 따라서 모든 인간은 평등한 권리와 책임을 갖는다. 어떤 종교가 정치적 목적을 위해 도구화되거나 종교 박해가 일어나는 곳에서 기독교인들은 그런 행위들을 거부하는 예언자적 증언에 참여하도록 부름을 받았다.

8. 상호존중과 연대성 : 기독교인들은 상호 존중하는 가운데서 모든 사람들과 함께 사역하는 데 전념하도록 부름을 받았고 정의, 평화, 공동선을 함께 촉진시키도록 부름을 받았다. 종교간 협력은 그런 헌신의 본질적 차원이다.

9. 모든 사람들에 대한 존중 : 기독교인들은 복음은 문화에 도전할 뿐만 아니라 문화를 부요하게 한다는 사실을 인식한다. 복음이 문화의 어떤 측면에 도전을 할 때일지라도 기독교인들은 모든 사람들을 존중하도록 부름을 받았다. 또한 기독교인들은 그들 자신의 문화 속에서 복음에 의해 도전을 받고 있는 요소들을 분별하도록 부름을 받았다.

10. 거짓 증언을 거부하기 : 기독교인들은 진실하고 공손하게 말해야 한다. 그들은 다른 사람들의 믿음과 실천에 대해 배우고 이해하기 위하여 경청해야 하며, 그들 속에 있는 참되고 선한 것을 인정하고 식별하도록 격려를 받는다. 어떤 의견이나 비평적 접근은 상호 존중의 정신 속에서 이루어져야 하고 다른 종교들에 대한 거짓된 증언은 확실히 하지 않아야 한다.

11. 개인적인 식별을 확실하게 하기 : 기독교인들은 자기가 가진 종교를 바꾸는 것이 개인의 충분한 자유를 보장하는 과정을 통하여, 적당한 숙고와 준비를 위한 충분한 시간이 수반되어야 하는 결정적인 조치라는 사실을 인정해야 한다.

12. 종교간 관계 수립하기 : 기독교인들은 공동선을 위한 보다 깊은 상호이해와 화해와 협력을 촉진하기 위하여 다른 종교인들과 함께 존중과 신뢰의 관계를 계속 수립해야 한다.

4. 권고사항

세계교회협의회(WCC)와 교황청의 종교간 대화를 위한 주교회의(PCID)에 의해 조직된 제삼 협의회는 기독교 신앙의 가장 큰 교파들(가톨릭, 정교회, 개신교, 복음주의, 오순절)이 참석하는 가운데 세계복음주의연맹과 협력하여 교회들, 국가적, 지역적 고백 단체들, 선교단체들, 특히 간종교적 상황에서 일하는 사람들에 의한 숙고를 위한 이 문서를 준비하기 위하여 에큐메니칼 협력의 정신으로 행동해오면서 이 단체들이 다음과 같이 하기를 권고한다.

1. 제삼차 회의는 이 단체들이 이 문서 안에서 다루어진 이슈들을 연구하고 그들의 특수한 상황에 적용될 수 있는 기독교 증언에 관한 행동지침들을 적절하게 공식화하기를 권고한다. 가능한 한 이 문서가 에큐메니칼적으로 그리고 다른 종교들의 대표들과의 협의 하에 수행되어야 한다.
2. 제삼차 회의는 이 단체들이 특히 교회들과 다른 종교 공동체들 사이의 제도적 차원에서 모든 종교인들과 존중과 신뢰의 관계를 수립하고 그들의 기독교적 헌신의 일부로서 진행 중인 종교간 대화 속에 참여하기를 권고한다. 오랫동안의 긴장과 갈등이 공동체들 사이와 그 가운데서 깊은 의심과 신뢰파기를 만들어냈던 어떤 상황에서는 종교간 대화가 갈등을 해결하고, 정의를 회복하고, 기억을 치유하고 화해와 평화건설을 위한 새로운 기회들을 제공할 수 있다.
3. 제삼차 회의는 이 단체들이 기독교인들에게 다른 종교들에 대한 그들의 지식과 이해를 심화 시키는 동안 그들 자신의 종교적 정체성과 신앙을 강화할 것을 독려할 것과 그래서 그 종교들의 지지자들의 관점들을 숙고하도록 독려할 것을 권고한다. 기독교인들은 다른 종교인들의 신앙과 실천들을 거짓되게 설명하는 것을 피해야 한다.

4. 제삼차 회의는 이 단체들이 정의와 공동선을 향한 종교간 지지활동에 참여하는 다른 종교 공동체들과 협력할 것과 가능한 한 갈등 상황 속에 있는 사람들과 연대하여 결속할 것을 권고한다.
5. 제삼차 회의는 이 단체들이 그들의 정부에게 종교의 자유는 적절하게 그리고 종합적으로 존중되어지는 것을 보장하도록 요구하기를 권고하며 많은 나라들에서 종교 단체들과 종교인들이 그들의 사명을 수행하지 못하도록 한다는 사실을 인식하도록 요구하기를 권고한다.
6. 제삼차 회의는 이 단체들이 그들의 이웃들과 그들의 복지를 위해 기도할 것을 권고하고 기도란 그리스도의 사명에 있어서 뿐만 아니라 우리가 누구인지, 우리가 무엇을 하고 있는지에 대해서도 필수적인 것이라는 사실을 인식할 것을 권고한다.

5. 부록 : 문서의 배경

1. 오늘의 세계에는 기독교인들 간의 점증하는 협력과 기독교인들과 다른 종교들 간의 점증하는 협력이 있다. 교황청의 종교간 대화를 위한 주교회의(PCID)와 종교간 대화와 협력에 관한 세계교회협의회의 프로그램(WCCIRDC)은 그런 협력의 역사를 가지고 있다. PCID/WCC-IRDC가 과거에 협력했던 주제들의 예들은 다음과 같다 : 종교간 결혼(1994-1997), 종교간 기도(1997-1998), 아프리카의 종교성(2000-2004). 이 문서는 그들의 공동 사역의 결과이다.
2. 오늘의 세계에는 폭력과 인간 생명의 상실을 포함하여 점증하는 종교간 긴장들이 있다. 정치, 경제와 다른 요소들은 이 긴장들에 있어서 중요한 역할을 한다. 기독교인들 역시 때때로 의도적이든 무의식적이든, 박해를 받는 사람들로서든 폭력에 참여하는 사람들로서든 이 긴장들 속에 연루되어진다. 이에 대한 응답으로 PCID와

WCC-IRDC는 기독교 증언 행동을 위한 공유된 권고사항들을 만들기 위한 합동과정에 포함된 문제들을 역점을 두어 다루기로 결심했다. WCC-IRDC는 세계복음주의연맹(WEA)이 이 과정에 참여하도록 초대했고 그들은 기쁘게 그렇게 했다.

3. 처음으로 두 개의 회의가 개최되었다 : 2006년 5월 이태리 라리아노에서 열린 첫 회의는 "현실 평가"라는 제목으로 열렸는데 거기서 상이한 종교들의 대표자들은 대화의 문제에 대한 그들의 견해와 경험들을 나누었다. 그 회의에서 나온 진술 중의 하나는 다음과 같다 : "우리는 모든 사람들이 자기들의 신앙에 대한 이해에로 다른 사람들을 초대할 권리가 있지만 그것은 다른 사람의 권리와 종교적 감수성을 침해함으로써 이루어져서는 안 된다는 사실을 확언한다. 종교의 자유는 우리 모두에게 우리 자신의 신앙과 다른 신앙들을 존중해야 할 책임감과 우리 신앙의 우월성을 확언할 목적으로 다른 신앙들을 모욕하지 않으며 비방하거나 잘못 설명하지 않을 책임감, 즉 동등하게 타협할 수 없는 책임감을 요구한다."

4. 두 번째 기독교간 회의는 동일한 문제들을 숙고하기 위해 2007년 8월 프랑스의 툴루즈에서 개최되었다. 가족과 공동체, 다른 사람에 대한 존중, 경제, 마케팅과 경쟁, 폭력과 정치에 관한 문제들은 철저하게 토의되었다. 이 주제들에 관련된 목회적이고 선교적인 문제들은 신학적 성찰과 이 문서에서 발전된 원리들의 배경이 되었다. 각 이슈는 당연히 중요하며 그것은 이 권고사항들에서 주어질 수 있는 더 많은 관심을 받을 만하다.

5. 제삼차 (기독교간) 회의의 참석자들은 2011년 1월 25일부터 28일까지 태국 방콕에서 만났고 이 문서를 완성했다.

[해설]

다종교세계에서의 기독교 증언

한국일
장로회신학대학교 교수

1. 주제의 배경

다종교사회 현상은 20세기 중반부터 전 세계로 확산되어 가고 있다. 아시아 지역은 본래부터 다종교사회로 구성되었다. 그러나 서구사회는 313년 기독교를 공인한 이후 기독교사회를 형성하였기 때문에 단일 기독교 문화와 전통을 조성한 사회였다. 또한 기독교 역사 속에서 이슬람과의 십자군 전쟁의 경험은 타 종교를 적대적 관계로 간주하도록 하는 원인이 되었다. 불교나 힌두교 역시 19세기 식민지 경험을 통하여 기독교보다 열등한 종교로 간주해 왔다.

그러나 다른 종교가 유럽 사회와 기독교에 중요한 의제로 등장한 것은 20세기 중반의 식민지 시대의 종식이었다. 이때부터 서구사회는 전통적 기독교 사회가 세속주의로 인해 붕괴되기 시작했고, 동시에 외부적으로 과거 식민지 국가로부터 이주민들을 받아들이기 시작하면서 점차적으로 다종교사회로 변해 가고 있다. 이제 유럽 어디를 가든지 모스크를 보는 것은 어려운 일이 아니며 시크 성전이나 불교사원을 볼 수 있게 되었다.

유럽과 서구사회는 전통적 기독교사회에서 다종교사회로 전환하고 있다.

19세기의 "위대한 세기"에 기독교는 다른 종교인들을 기독교인의 선교 활동이나 개종의 대상으로 인식하였고 그들의 종교에 대한 깊은 이해의 필요성을 갖지 않았다. 그러나 이제는 다른 종교인들이 일상생활 속에서 함께 살아가는 이웃으로 살고 있다. 1991년 제1차 골프 전쟁이 후 세계는 종교간 대립과 갈등을 일상적으로 경험하는 새로운 세계 현실을 직면하고 있다. 한스 큉이 언급한 바와 같이 종교가 오늘날 세계평화를 가장 위협하는 역설적 현상을 초래하고 있다. "세계 평화를 위해서는 종교 간 평화가 수립되어야 하며, 종교 간 평화를 위해서는 종교 간 대화가 선행되어야 한다."는 한스 큉의 전제는 오늘의 세계 종교 현실을 간명하게 설명하는 테제가 되었다.

이런 세계 상황의 변화에서 기독교 선교는, 다른 종교를 선교의 대상으로만 간주하는 기존의 선교관이나 종교 이해에 전환을 가져오도록 요청받고 있다. 또한 선교 활동에서 증언과 함께 대화가 불가피하다는 사실을 인정해야만 한다. 그러나 일반적 이해처럼 기독교와 타 종교 간의 대화가 기독교 증언을 대체하거나 약화시킨다는 우려는 정당한 평가가 아니다. 물론 대화의 종류에 따라 종교 다원주의를 지향하는 대화도 존재하지만, 모든 대화가 다 종교 다원주의를 지향하고 수용하는 것은 아니다. 오늘의 세계 상황이 선교에 앞서서, 또는 선교를 위해 먼저 종교간 평화로운 공존이 전제되어야 하며, 기독교 선교 역시 종교간 평화를 구축하는 일과 무관하게 진행할 수 없다는 점을 고려할 때 선교와 종교간의 대화의 관계에 대한 선교학적 정립이 필요하다.

2011년 WCC와 가톨릭 주교회의, 복음주의연맹의 세 교회가 함께 5년간 연구하여 발표한 문서 "다종교사회에서 기독교 증언 : 행동을 위한 지침"은 위에서 언급한 세계 현실을 반영할 것이다. 신학적으로 교리적으로 서로 만나기 어려운 세 교회가, 그것도 매우 민감한 기독교와 다른 종교와의 관계에 대한 내용을 함께 논의한 것 자체가 매우 의미 있는 사건이다. 이 문서가 오늘 세계 교회가 다종교사회에서 직면하고 있으며, 기독교 선교 과정에서 해결해야 할 문제들에 대하여 어느 정도 대안을 제시하였는가는 각 교회가 처한 입장과 신학에 따라 차이가 있을 것이다.

본 글에서는 먼저 문서가 제시한 내용을 간단하게 설명한 후 그 내용에 대한 평가와 함께 필자의 의견을 제시하고자 한다.

2. 문서의 이해

1) 기독교 증언을 위한 기초

문서는 다종교사회에서 기독교 증언을 위한 기초로 7가지 항목을 제시한다.

1번은 기독교 신앙의 증거 태도에 관하여 말하고 있다. 그리스도인들의 신앙과 희망에 대한 증언은 특권이지만, 그것을 전할 때 종교적 우월감이나 공격적 태도나 배타적 자세가 아니라 다른 사람을 향한 친절함과 존경심으로 할 것을 말한다. 2~3번은 기독교 증거의 중심이 예수 그리스도임을 진술하면서, 증언 방식에서는 복음서에 기록된 예수 그리스도의 본을 따라야 할 것을 말하고 있다. 4번은 다종교사회에서 그리스도인은 다른 종교를 가진 사람들과 이웃으로 살아가는 현실에서, 그들을 향한 복음의 증언 안에 대화가 포함되어 있다는 사실을 말하고 있다. 이 과정에서 증언과 대화는 서로 상충하거나 상반되지 않음을 밝힌다.

5번은 상황에 따라 복음 증거가 금지되거나 생명의 위협을 당할 정도로 박해받는 곳이 있다. 그러나 복음 증거는 박해 상황에서도 수행되어야 하기 때문에 세계 교회들이 연대적 관계를 형성하여 함께 참여하는 방안을 모색해야 할 것이다. 6번은 기독교 선교 방식의 적합성과 적절성에 대한 진술이다. 선교 활동이 가시적인 결과나 개종의 숫자에 비중을 두게 될 때, 과거의 역사에서 볼 수 있는 것같이 강제적 수단이나 물질을 사용한 회유와 같은 부적절한 방식을 사용되기도 한다. 이런 방식은 증언하는 복음의 내용과 전하는 방식이 서로 일치하지 않는 올바른 방식이 아니다. 7번은 선교에서 회심 사건이 중요한데, 종종 회심이 기독교 복음을 전하는 사람 자신에게 있는 것같이 행동할 때가 있다. 그러나 진정한 회심은 전하는 사람에 의한 것이 아니라 오직 복음을 듣는 사람의 내적 외적 환경과 과정을 통하여 은밀하게 일하는 성령에 속한 것임을 인정해야 함을 말하고 있다. 그러므로 어떤 상황에서도 회심을 기대할 수 있는데 그것은 성령의 역사에 속하기 때문이다.

2) 원리들

문서는 다종교사회에서 기독교 증언에 기초하여 선교를 수행할 때 12가지의 원리들을 따를 것을 권면한다.

1번은 기독교의 증거는 항상 하나님의 사랑에서 출발해야 함을 말한다. 사랑이야말로 기독교 증거의 가장 근본적인 동기이다. 그러나 현실적으로 사랑 외에 교회의 자기중심적인 다른 요인들이 동기로 작용하는 경우가 있다. 선교와 복음 증거는 언제나 사랑에 기초해야 한다.

2번은 기독교 증거 방식에 있어서 예수의 삶과 행동으로부터 본을 받아야 할 것을 강조한다. 종종 복음서에 예수의 말씀은 강조하지만 말씀을 전하는 예수의 모습을 간과하는 경우가 적지 않다. 기독교 증거의 모범인 예수의 삶과 행동이야말로 모든 선교사와 복음 증거자가 따라야 할 본이 된다.

4번은 기독교 증거 활동과 선교 이해의 차이에 따라 오는 선교 활동의 범위에 관한 진술이다. 신학적 차이에 따라 복음 전도와 사회 봉사와 실천이 서로 다른 내용으로 분리되어 이해하는 경우가 있다. 복음 전도를 사회 봉사보다 우선순위에 두기 때문에, 복음 전파에 비하여 사회 봉사가 소홀하거나 간과되는 경우도 있다. 또는 사회 봉사가 있다고 해도 언제나 복음 전도의 도구나 방법으로만 이해한다. 그러나 복음의 내용이나 예수 그리스도의 실천에 따르면, 복음 전도와 사회 봉사는 분리되지 않는 선교의 다른 면으로 이해하여야 한다.

6번은 기독교 역사에서 선교의 이름으로 폭력을 수용하거나 합법화한 적이 있다. 특히 타 종교에 대하여 기독교의 이름으로 강제력을 행사하기도 했다. 그러나 기독교 증거 활동에서 어떤 유형이나 종류의 폭력도 거부할 것을 강조한다. 복음의 핵심이 사랑이기 때문에 진리를 사랑 안에서 증거해야 한다.

7번은 모든 선교 활동은 종교적 자유를 존중하는 상황에서 진행되어야 함을 말하고 있다. 때로는 종교가 정치나 인종, 문화에 의하여 왜곡되거나 오용되기도 한다. 다른 종교를 가진 사람들을 적대적으로 대하면서 인권을 유린하는 사건이 종교의 이름으로 자행되기도 한다. 그리스도의 교회는 종교의 이름으로 폭력을 허용하는 모든 행위에 대하여 분명한 거부의 의사를 표명해야 한다.

8번은 기독교 증거 활동은 복음의 가치가 제시하는 정의, 평화, 공동선을 위하여 모든 사람들과 연대하며 협력할 것을 말한다. 기독교는 인류의 평화와 정의로운 삶과 같은 공동선을 위해 다른 종교들과 연대하고 협력하는 것이 필요함을 인식해야 한다.

9번은 복음과 문화의 관계에 대한 진술로서 복음이 문화를 변혁하는 힘이 있지만, 동시에 문화의 다양성으로 인하여 복음이 더 풍부하게 이해될 수 있음을 말하고 있다. 그러므로 모든 사람은 자기 문화적 상황 안에서 복음을 듣고 이해하는 것을 인정해야 하며, 같은 복음을 들을지라도 문화적 차이에 따라 다양한 전통이 형성될 수 있다는 사실도 서로 존중해야 한다. 서로 다른 문화 전통을 가진 교회들과 상호 존중, 상호 배움의 관계에서 협력하는 것을 배워야 한다.

10~11번은 기독교 증거 활동에서 자신의 신앙을 전할 뿐 아니라 다른 종교를 가진 사람들의 증거에 대해서도 존중하면서 들을 수 있어야 함을 말하고 있다. 이런 점에서 증언은 대화를 포함하며 병행하기도 한다. 그러나 증거와 대화와 서로를 대체하는 것은 아니며 오히려 상호보완적 관

계를 갖고 있다. 증거의 결과로 종교를 바꾸는 개종 사건은 당사자가 충분히 자유로운 양심의 상태에서 결단하도록 존중하고 기다려야 한다.

12번은 기독교는 세상의 평화와 공동선을 위해 기꺼이 다른 종교에 대한 열린 마음으로 서로 이해하고 존중하면서 종교간 협력을 위한 상호 신뢰관계를 구축해야 한다는 것이다. 이런 관계 형성을 위해 대화가 필요하다는 사실도 인정해야 한다.

3. 평 가

1. 세계교회협의회, 가톨릭교회 주교회의, 세계복음주의 연맹의 세 교회 기관의 연합으로 작성된 본 문서의 의도나 방향성은 훌륭하다. 사실 세계교회협의회 안에서 신학적인 주제에 대한 일치된 입장을 제시하는 것이 쉽지 않다. 더구나 뜨거운 감자와 같은 종교의 주제는 매우 민감하기 때문에, 논의하거나 어떤 통일된 입장을 제시하는 것이 더욱 쉽지 않다. 그런데 문서 작성에 참여한 세 교회 기구들은 서로 신학적 입장의 차이가 있음에도 불구하고 어려움을 예상하면서도 함께 5년간 연구한 끝에 본 문서를 완성하여 세계 교회 앞에 발표한 노고를 치하한다. 그러면서 문서가 내포하고 있는 내용에 대한 평가를 하고자 한다.

2. 기독교 증거 활동에서 다른 종교를 가진 사람들에 대한 이해와 태도를 언급할 때, 공격적이거나 배타적 태도를 염두에 두고 있는 것 같다. 또한 아직도 종교적 우월주의가 선교의 동기로 작용하고 있는 현실을 고려할 때 다른 종교나 종교인에 대하여 친절하고 존중하는 태도를 강조하는 것은 필요하다. 증거의 내용을 한마디로 함축하면 하나님의 사랑인데, 증거하는 태도나 방식은 그것과 상반되는 것을 발견할 수 있기 때문이다. 선교 현장에 대하여 갖는 문화적 우월주의, 종교적 우월주의는 과거 제국주의 시절에 볼 수 있는 태도인데 종종 이런 태도를 선교의 열정과 혼돈하고 있는 것이 사실이다.

3. 문서는 예수 그리스도를 기독교 증거의 핵심 내용으로 제시한다. 그런데 예수 그리스도는 증거하는 내용의 핵심일 뿐 아니라 그의 삶과 방식에 있어서도 기준이 되어야 한다. 우리는 복음서에서 예수의 말씀을 주목하고 있지만, 그의 삶이나 증거 방식은 간과하는 경우가 많이 있다. 무엇보다 세상에서 무시당하는 작은 자, 가난한 자, 소외된 자들을 인격적으로 존중하고 사랑하고 포용하는 예수님의 태도를 본다면, 우리는 세상에 존중하지 못할 사람이 없다는 결론에 도달한다. 예수님의 선교 방식을 교회 선교의 모범으로 삼고 따르도록 연구할 필요가 있다.

4. 선교에서 가시적 업적이나 결과를 강조하려고 할 때 개종인의 숫자를 기준으로 삼는 경우가 많다. 이 과정에서 지나친 열정이나 업적주의적 선교에서 발생하는 것은, 복음을 인격적 관계에서 전하는 것이 아니라 사용하는 수단과 방법이 적절하지 않다는 증거임을 볼 수 있다. 무엇보다 선교 현장의 사람들을 하나님의 사랑의 대상으로 인격적을 대하기보다 선교의 대상으로 대하는 경우가 많다. 문서는 이 주제와 관련하여 회심이나 개종은 선교 과정에서 당연히 기대하는 바이지만, 그것은 선교하는 사람들이나 교회에 의해서 일어나는 것이 아니라 전적으로 성령의 은혜로 주어지는 것임을 강조한다. 즉 종교의 자유가 존중되고 보장된 상황에서 복음을 들은 사람이 스스로 결단하도록 기다리는 것이 필요하다고 말한다.

5. 타 종교인과 연대나 대화를 선교의 범주에서 말하고 있다. 보수적 입장에서 타 종교인과 공존하거나 대화하는 것을 부정적으로 인식할 뿐만 아니라 종교다원주의와 동일시하는 경향이 있다. 그러나 기독교인이 소수자로 존재하는 아시아 지역의 경우 다른 종교인들과 평화로운 공존, 대화는 일상적인 삶의 형태로 나타난다. 이것은 선교 활동의 전제이다. 그러나 한국 교회에서는 이런 현상을 부정적으로 보고 있는 것이 현실이다. 다른 종교인과 정의, 평화, 사랑의 실천과 같은 공동선을 실현하기 위해 대화하며 협력하는 것은 당연하다. 이것을 위해 선교학적 근거가 좀 더 분명히 제시되면 좋겠다.

6. 비판적 평가를 하면 본 문서는 무거운 주제를 단순하고 짧은 내용으로 표현하고 있기 때문에, 주제를 다룰 때 발생하는 여러 가지 문제들에 대하여 충분한 검토나 논의를 하지 못하는 것이 한계라고 볼 수 있다. 기독교의 증거에 대화가 포함된다는 진술은 타당하지만, 구체적으로 증거와 대화가 어떻게 나타나며 관계를 갖는지에 대하여는 언급하지 않았다. 또한 종교간 대화를 언급하였는데, 대화에는 일상적 대화, 공동선을 위해 협력하는 대화, 진리의 대면을 위한 대화, 종교다원주의적 대화 등 여러 유형의 대화가 존재하고 있으며, 이러한 언급이 없기 때문에 대화에 대한 부정적 질문을 가진 사람에게 충분한 내용이 되지 못하고 있다.

7. 다른 종교간 만남과 대화, 협력은 필요하지만 선교 활동에서 그것이 갖는 한계는 무엇인가에 대해서도 언급이 없다. 각 종교가 서로를 존중한다는 점은 무시하거나 우월주의적 태도를 갖지 않는다는 점도 있지만, 다른 면으로는 각 종교가 가진 특수한 요소나 내용들을 인정한다는 점도 포함되어 있다. 그렇기 때문에 종교간 대화가 단지 공통적 요인이나 유사한 점만을 말하는 것이 아니라 차이점도 언급해야 하며, 여기에서 진정으로 서로의 종교적 특성을 존중하는 일이 실현된다.

8. 또한 종교간 대화와 협력에도 불구하고 판넨베르크가 진술한 바와 같이, 각 사람이 추구하는 진리가 보편·타당하다고 생각한다면 그 종교는 당연히 선교적 종교가 된다는 사실도 주목할 필요가 있다. 그럴 때 각 종교들은 서로의 진리를 들을 뿐 아니라 다른 사람들에게 전하는 자유도 허용해야 한다. 여기에서 진리의 대면이 발생하는데 결과는 문서에서 언급한 바와 같이 성령의 자유로운 역사에 달려 있음을 인정해야 한다.

9부

부산으로 떠나는 순례 :
세계 기독교를 향한 에큐메니칼 여정

Pilgrimage to Busan : An Ecumenical Journey
into World Christianity

부산으로 떠나는 순례
: 세계 기독교를 향한 에큐메니컬 여정

예수님은 제자들에게 "예루살렘과 온 유대와 사마리아에서, 그리고 마침내 땅 끝에까지 이르러 내 증인이 되라."(행 1 : 8)고 명령하셨습니다.

오늘날 세계 곳곳마다 예수 그리스도의 복음이 퍼져 있습니다. 어디든 그리스도인들이 있는 곳마다, 형태는 서로 달라도, 진리를 선포하고, 공동체를 세우며, 타인들을 위해 봉사하고, 이웃들과 대화를 나누며, 전 세계에 정의와 평화를 정착시키기 위한 여러 사역들이 진행되고 있습니다.

이 책자는 교회활동에 참가한 사람들에게 지구촌 교회(이 말은 전 세계에 있는 그리스도의 몸이 다양한 상황을 통해 서로 연결되어 있는 것을 가리킵니다.)의 일원이 되는 것이 과연 무슨 뜻인지 그 심오한 의미를 지역의 차원에서 발견하도록 하기 위한 것입니다.

신약성서는 하나님의 다스림이 오이쿠메네(그리스어로 지구 위에서 사람들이 사는 영역 전체)에 미치고 있다고 말합니다. 오이쿠메네라는 용어는 영어 단어 "에큐메니즘"과 "에큐메니컬"의 어원이 되며, 모든 그리스도인들과 교회들이 추구하는 교회일치와 관련되어 있습니다.

현대에 들어서, 에큐메니컬 비전은 그리스도교적인 증언과 섬김 안에서 대화와 연대를 통하여 교회일치를 회복하는 것으로 구체화되었습니다. 여러분들이 이 책자가 제시하는 그룹 활동, 독서와 묵상, 탐구를 통해 교회일치를 회복하기 위한 여정에 동참하실 것을 희망합니다. 에큐메니컬 운동은 전 세계적 차원에서 진행되는 갱신 운동으로서, 그리스도교의 제자직을 재구성하여 오늘날 가장 절박한 과제들에 부응하고자 합니다. 바라건대 여러분이 속한 그룹과 공동체의 활동을 통하여 이러한 에큐메니컬 운동을 아래로부터 체험하고 또 거기에 동참하실 것을 희망합니다.

세계교회협의회(WCC)는 전 세계의 그리스도교 교회들이 참가하는 협의체로서 1948년에 설립되었고, 현재 교회일치 운동을 추진하는 기구들 중 하나입니다. 세계교회협의회 제10차 총회는 2013년 가을 한국 부산에서 개최됩니다. 이 행사를 위하여 이 교재를 준비하게 되었습니다. 그러나 이 교재는 WCC 자체의 진행절차나 프로그램에 초점을 맞추기보다는 독자들로 하여금 에큐메니컬 운동이 지닌 심오한 영적 동력과 현재의 강조점에 동참하고 이를 통해 부산으로의 여정에 교회들과 함께 동행하도록 돕기 위한 것입니다.

이 교재를 6과로 나눈 것은 (우리의 여정을 따라가며 머무는 6개의 마당과 같은 것) 각 토론 주제로 연결되는 출발점을 제공하려는 것입니다. 각 마당은 세계 여러 곳에 있는 그리스도인들을 만나는 것에서 시작합니다. 다음으로 우리 그리스도인들이 속한 공동체에서 제기되는 문제들과 도전들과 주제들이 이어집니다. 바라건대 여러분이 이러한 연대의 현장들에 동참함으로써 "생명의 하나님, 우리를 정의와 평화로 이끄소서."라는 총회주제처럼 살아갈 수 있기를 바랍니다.

1. 첫째 마당-그리스도교의 일치

길라잡이
동유럽의 어느 나라에서는 그리스도교의 일치를 추구한다고 할 때 국민들의 민족적이고 국가적인 정체성에 깊이 뿌리내린 정교회, 바티칸과의 강한 유대를 전통으로 하는 로마 가톨릭 교회, 나름의 역사성을 지닌 개신교회들에 더하여, 오순절 교회 및 최근에 형성된 복음주의 내지 독립 교회 등 다양한 신앙 공동체들을 생각하게 됩니다.

예수님은 "아버지, 아버지께서 내 안에 계시고, 내가 아버지 안에 있는 것같이, 그들도 다 하나가 되게 하시어, 아버지께서 나를 보내셨다는 것을 세상이 믿게 하여 주십시오."(요 17:20-21)라고 기도하셨습니다. 그리스도교 신자들 간의 일치는 하나님께서 원하시는 것이지만 계속되는 분열은 그리스도의 몸인 교회에 상처를 줍니다.

1. 그리스도교의 일치가 부족한 것이 당신이 속한 지역공동체에서는 어떤 방식으로 나타납니까? 그리스도인들은 어떻게 해서 서로 분열하게 됩니까? 이러한 분열이 지역공동체에서 그리스도인의 복음 증거와 공동의 사역에 어떤 영향을 줍니까?

"우리 각자가 서로를 필요로 하는 것은 우리가 함께 할 때에만 그리스도의 한 몸으로 성장할 수 있기 때문이다"(올라프 픽쉐 트비에트, 세계교회협의회 총무, 2012년 오순절 교회 모임에서 행한 연설).

2. 당신이 속한 지역공동체에서 그리스도인들의 가시적인 연합은 어떻게 진행되고 있습니까? 최근 수년간 이러한 연합운동은 어떻게 변화되어 왔습니까? 아직도 남아 있는 장애물들은 무엇입니까?

"우리가 말하는 교회일치란 다른 사람의 신앙을 변화시키는 것을 의미하지 않는다. 그것은 함께 앉아서 서로 나누며 서로를 사랑하고 서로를 인정하는 것을 뜻한다"(아그네스 심보 레마).

3. 다른 교회들을 더 잘 알게 된 것이 '교회란 무엇인가'에 대한 당신의 견해에 어떤 영향을 주었습니까? 어떻게 하면 우리는 서로의 다름으로부터 배울 수 있고, 이를 통해 우리 자신을 풍요롭게 할 수 있겠습니까?

"그리스도인들은 분열과 이단을 극복하도록 열심히 일할 뿐 아니라 … 바람직한 다양성을 진작시키는 일에도 부르심을 받았으며 … 이로써 교회 전체의 일치성과 보편성에 공헌하게 된다"(「교회」, 2012, 28, 30쪽).

4. 우리는 다른 이들이 우리에게 제공하는 것들, 즉 삶을 바라보고, 신앙을 갖고, 그 신앙을 지역과 세계의 차원에서 살아내는 다양한 방식들을 수용함으로써 닥치게 될 더 큰 위험들을 어떻게 감내할 수 있겠습니까?

"우리는 에큐메니컬한 사람이 되라고 부르심을 받았다… 성령께서는 교회들이 자기 교인들로 하여금 다른 교회들과 더불어 예배하고, 함께 배우며, 더불어 성장하는 일을 할 수 있도록 공식적으로 승인할 때까지 기다리지 않으신다. 사람들은 교회들이 서로 경쟁하고 서로를 비판하며 심지어 싸우기까지 한다고 알고 있다. 우리가 더불어 일한다면, 이것은 우리가 예수를 다른 식으로 이해하고 있음을 보여주는 것이다"(제인 젭슨).

2. 둘째 마당-증인의 삶으로 부르심

길라잡이

토착민들이 많이 살고 있는 라틴 아메리카의 어느 지역에서, 지역 교회는 토착민들에 대한 선교와 전도를 더 활동적으로 진행하려고 합니다. 이들은 오랜 기간 동안 식민지배와 제국주의를 겪으면서 자기들의 문화와 토지를 빼앗기고 빈곤에 시달려 왔습니다. 이들은 교회를 이러한 식민지배 및 제국주의와 동일시합니다. 이런 상황에서 어떻게 하나님의 선교를 추구할 수 있겠습니까?

불이 타올라야 존재하는 것처럼, 교회는 선교에 의해서 존재합니다. 교회가 선교에 참여하지 않으면, 교회로서 존재하기를 멈추어 버립니다.

1. 당신이 속한 교회는 선교를 위한 열정으로 타오르고 있습니까? 어떻게 타오르고 있습니까? 혹 타오르지 않는다면 그 이유는 무엇입니까?

선교는 교회 확장(즉 수적 성장)을 위한 사역이 아니라 교회가 이 세상 안에서 하나님의 구원을 육화시키는 것입니다.

2. 선교에 대한 이러한 개념은 선교란 무엇인가에 대한 몇몇 통념적 견해들과 어떤 면에서 충돌됩니까?

예수님은 우리를 자신의 좁은 관심사로부터 보다 넓은 비전을 향해 불러내십니다. 성령은 우리가 언제 어디서든지 하나님의 정의와 자유와 평화의 증인이 되어 '땅 끝까지' 가도록 우리에게 힘을 주십니다.

3. 성령은 어떻게 당신을 새로운 만남과 도전의 현장으로 인도하셨으며, 이 과정 속에서 당신과 당신이 속한 교회를 어떻게 변화시키셨습니까?

사회에서 소외되어 있는 사람들은 권력의 중심에 있는 이들이 잘 보지 못하는 것을 보는 능력이 있습니다. 생명을 위한 노력에 동참함으로써, 이들 소외된 사람들은 세상 속에서 하나님이 원하시는 것을 표현해냅니다. 동시에 이들은 약속된 하나님의 통치 안에 충실히 머물러 있기 위해 필요한 적극적인 희망, 인내와 행동의 담지자들이기도 합니다.

4. 당신이 속한 교회 또는 공동체에서 – 인종/국적, 신분, 연령, 성별, 기타 다른 조건들로 인해 주변부로 내몰리는 이들은 누구입니까? 보편적 복지를 추구함에 있어 이들은 어떤 우선순위를 부여받고 있습니까? 이 사실이 당신이 속한 교회의 선교 우선

순위에 어떤 영향을 줍니까?

복음은 구체적인 문화적 환경, 정치적 상황, 종교적 현실에 개입하는 것을 통해 상이한 상황들 속에 뿌리 내립니다. 복음은 해방하고 변혁시키는 힘이 있습니다. 복음이 선포되는 곳에 문화의 변혁이 이루어지고, 보다 정의롭고 포용적인 공동체가 창조됩니다.

5. 당신의 문화 내지 생활 방식 중에서 어떤 측면들이 특별히 복음에 의해 해방되고 변혁되어야 합니까?

오늘날 우리는 종교적인 정체성과 확신을 과도하게 주장하는 세상에 살고 있습니다. 그 결과 치유하고 양육하기보다는 하나님의 이름으로 파괴하고 폭력을 행하는 것처럼 보입니다.

6. 어떻게 하면 우리가 장애물이 아니라 통로가 되어서, 복음이 마치 물처럼 흘러 넘쳐 모든 사람들과 만물을 치유하고 회복하고 새롭게 하겠습니까?

3. 셋째 마당-다른 신앙을 가진 이들과 더불어 살기

길라잡이

나이지리아에서는 그리스도인들과 무슬림들이 오랫동안 이웃으로 함께 살아왔습니다. 무슬림과 그리스도교 지도자들이 모두 평화와 화해를 이루기 위해 계속해서 노력했음에도 불구하고, 최근 들어 그리스도교 교회에 대한 폭력적 공격이 수차례 있었고, 이에 대한 보복으로 모스크에 대한 공격도 있었습니다. 모두가 종교의 이름으로 가하는 폭력이었고, 그 결과 수천 명이 목숨을 잃기도 하였습니다. 이 사건은 그 나라 전체의 분위기에 악영향을 주어서, 사람들이 의심과 두려움에 휩싸이게 되었습니다. 그리스도인들과 무슬림들이 대화도 많이 줄었는데, 어떻게 하면 이러한 어려운 상황 속에서 더불어 살아갈 수 있겠습니까?

다른 신앙을 가진 이들과 더불어 살아가는 것은 세계 여러 지역에 사는 그리스도인들에게는 그들이 수세기 동안 심지어 (아시아와 근동에서처럼) 천 년이 넘도록 겪어온 매일의 현실입니다. 하지만 오늘날 이것은 전통적으로 기독교 국가로 간주되던 지역을 포함하여, 세계 곳곳에서 볼 수 있는 일상적인 현실이 되고 있습니다. 그러한 곳에서는 최근 들어 변화와 새로운 긴장국면들이 조성되고 있습니다.

1. 당신이 속한 공동체에서는 다른 신앙을 가진 사람들을 어떻게 받아들입니까? 그들은 어떠한 장애들을 경험합니까? 당신은 당신이 속한 공동체에서 다른 신앙을 가진 이들과 더불어 어떤 주제나 사업을 놓고 함께 협력했던 그런 경험들이 있습니까? 이 경험을 통해 무엇을 배웠습니까? 당신이 앞으로도 그들과 협력할 수 있는 공통의 관심사는 무엇이 되겠습니까?

에큐메니컬 운동은 수십 년 동안 여러 가지 노력을 통해 이 문제를 다루어 왔습니다. 다른 이들의 신앙과 현실을 이해하고, 다른 신앙을 가진 이들과 대화를 나누며, 인간의 필요에 부응하고 공동선을 진작시키기 위해 그들과 더불어 협력하고 사역하는 일을 해왔습니다. 해가 갈수록 이 과제는 에큐메니컬 운동의 의제에 포함되게 됩니다.

2. 다른 신앙을 가진 이들이 실제로 무엇을 믿고 어떻게 수행하는지에 대해 배우고 토론하는 것은 필수적인 심화 단계라고 하겠습니다. 당신은 어떻게 해서 다른 종교에 대해서 (공식적이든 비공식적이든) 배웠습니까?
다른 신앙을 가진 사람들과 그들의 신앙 및 수행에 대해 실제로 토론해 본 경험은 어떠합니까? 그러한 상호 만남을 위한 조건들이 어떻게 하면 더 매력 있는 것으로 무르익어 가겠습니까?

종교 간의 상호 만남은 새로운 문제들을 제기할 뿐 아니라 그리스도인의 자기 정체성이 무엇을 의미하는지, 다문화와 다종교 사회 속에서 어떻게 선교와 전도를 행하여야 하는지에 대해 통찰을 던져줍니다.

3. 당신은 다른 신앙을 가진 사람들과 토론 내지 대화를 해 본 경험이 있으십니까? 이 경험이 당신으로 하여금 그리스도교 신앙을 이해하는 새로운 방식에 대해 고민하도록 어떻게 자극을 주었습니까? 그리스도인으로서 당신 자신에 대해 던지는 어떤 질문, 혹 어떤 통찰이 이러한 타종교인과의 만남으로 이끌었습니까? 당신이 경험한 것 중에서 다른 신앙을 가진 사람들 사이에서 그리스도교 신앙을 증거하도록 도전을 준 것은 무엇입니까?

4. 넷째 마당-하나님의 정의를 위하여 일하기

길라잡이

인도의 어떤 지역에서는 농민들이 대부분 심한 빈곤에 처해 있습니다. 그들의 생계가 달려있는 토지는 극심한 가뭄에 시달립니다. 기후변화와 날로 더 심해지는 태풍의 영향 때문에 토양이 휩쓸려나가 바다로 흘러들어갑니다. 그럼에도 불구하고 인도는 백만장자들이 가장 빠르게 증가하고 있는 나라입니다. 이들 백만장자들은 기업을 통해 사람들과 토지를 착취하는 것으로 이윤을 내고 있습니다.

성서의 맥락을 흐르는 가장 뚜렷하고 확실한 메시지는 바로 정의를 향한 부름입니다.

1. 하나님의 뜻은 정의를 이루는 것이라고 생각할 때 당신의 머릿속에 떠오르는 성서의 어떤 구절은 무엇입니까?

2. 당신이 속한 공동체에서 실제로 발견하게 되는 빈곤과 부의 편중과 환경 파괴의 예들은 무엇입니까?

빈곤과 부와 창조의 파괴는 서로 깊이 연결되어 있는 심각한 영적 문제입니다. 이윤과 부를 무제한적으로 추구하다보면 가난한 이들을 희생시키게 되고, 모든 생명을 유지하는 데 꼭 필요한 토지와 물과 공기도 파괴시킵니다.

3. 이러한 문제들이 어떻게 연결되어 있는지 – 당신이 속한 상황이나 다른 상황과 관련된 예를 들어서 토론해 봅시다. 어떻게 이러한 문제들을 알려나갈 수 있겠습니까?

4. 사람들이 이 위기상황을 무시하거나 합리화하거나 해명하는 통상적인 방식은 무엇입니까?

"성령은 교회에 활력과 은사를 주어 교회로 하여금 모든 피조물이 신음하며 대망하는 총체적인 변혁을 선포하고 그것을 불러일으키는 일에 적극적인 역할을 맡도록 인도하십니다."(로마서 8:22-23 참조) (「교회」, 2012)

5. 당신은 성령의 권능이 실제로 우리 안에서 우리를 통하여 역사하므로 이러한 정의롭지 못한 것들을 변혁하는데 기여하도록 인도한다고 믿으십니까?

6. 정의를 이루기 위해 일하는 것이 왜 그토록 어려운 것일까요?

7. 당신의 공동체가 하나님의 정의를 이루기 위해 이미 하고 있는 일은 무엇이며, 또 앞으로 할 수 있는 일은 무엇입니까?

5. 다섯째 마당-평화를 위하여 기도하기

길라잡이

최근 몇 년 동안 평화를 향한 세계의 염원이 집중된 곳은 중동지역이었습니다. '아랍의 봄'이라고 부르는 시민들의 봉기들이 일어나 튀니지, 이집트, 리비아와 같은 나라들에 놀랍고도, 급격한 변화를 가져왔으며, 시리아에서는 장기간에 걸친 내전 사태를 촉발시켰습니다. 현재는 이란을 향한 관심이 증대되고 있습니다. 역사적 유산과 정치적 역학관계와 폭력의 발생은 지역적으로 상당한 편차가 있지만, 이스라엘과 팔레스타인 사이의 장기간에 걸친 갈등만큼 주목을 받아온 경우도 없을 것입니다.

기도는 우리로 하여금 세상 속으로 더 깊이 들어가도록 합니다.

1. 먼 곳에서 고통 중에 있는 이들과 우리는 어떻게 기도를 통해 연대하게 됩니까? 하나님께서 우리를 그곳으로 데려가시기를 진정으로 원합니까? 이것이 오늘의 세계 속에서 갈등을 바라보고 대하는 우리의 태도를 어떻게 변화시키겠습니까?

"나의 평화를 너희에게 주노라."(요 14 : 27)고 예수께서 말씀하셨습니다. 토마스 머튼은 우리가 다른 사람들을 두려움과 불신과 증오와 파괴의 대상으로 보는 한, 지상에 평화는 있을 수 없다고 말합니다.

2. 우리가 어떻게 하면 두려움을 떨쳐버리고 예수께서 주시는 평화를 경험할 수 있겠습니까?

팔레스타인에 거주하는 아랍계 그리스도인들은 고난과 압제의 와중에서도 믿음과 소망의 중요성을 부각시키고 있으며, 그들을 압제하는 이들을 향한 비폭력적 사랑의 실천을 옹호하고 있습니다.

3. 어떻게 하면 갈등과 폭력의 상황들이 우리가 예수 그리스도 안에서 경험하는 믿음, 소망, 사랑을 통하여 변화 되겠습니까? 당신은 평화를 지키기 위해 평소에 어떻게 관계하고 있으며, 아직 그렇지 않다면 앞으로 어떻게 관계할 수 있겠습니까?

이웃 사랑과 용서의 실천이 우리가 속한 공동체와 오늘의 세계 속에 만연한 적대감의 반복과 보복의 연쇄를 끊을 수 있습니다.

4. 이러한 사랑과 용서의 사건이 일어난 사례를 들어보십시오. 또는 이러한 사례가 절실히 요청되는 경우를 언급해보시기 바랍니다.

2011년에 열린 국제 에큐메니컬 평화회의(www.overcomingviolence.org)에서는 가정과 공동체 내에서 발생하는 폭력, 지구와 관련된 인간의 폭력, 경제생활에서 나타나는 폭력, 민족들 간에 발생하는 폭력에 초점을 맞추어 논의하였습니다. 참가자들은 이 모든 분야들에 있어서 정의로운 평화의 실현을 촉구하였습니다.

5. 이러한 광범위한 영역 중에서도 당신이 보기에 평화의 실현이 가장 절실히 필요한 곳은 어디입니까?

6. 여섯째 마당-제자직을 위한 변화시키는 영성

길라잡이

이번 마당은 사실 세계 교회 전체에 걸쳐, 다시 말해서 사람들이 자신들과 다른 이들을 만나 서로 연결되고, 그들과의 만남을 통해 변화되는 곳 어디에나 자리 잡고 있습니다.

변화시키는 영성이란 우리가 무엇을 하는가 하는 문제가 아니라 하나님께서 우리를 다른 사람들과의 공동체 속에서 어떻게 변화시키시고 우리를 어떻게 제자로 파송하시는가 하는 것입니다.

우리 자신과 무척이나 다른 이들을 만나고 그들과 연결될 때, 우리는 성령의 능력을 통해 변화됩니다. 누가 우리의 이웃이 될지 (사회적으로나 인종적으로나 우리가 사는 지역이나 방식에 있어서 우리와 상당히 다른 이들을 포함하여) 결정하며 우리를 그들과 연결시키는 분은 그리스도이십니다. 이 모든 일은 시공간 및 다른 모든 경계를 넘어서는 친교 속에서 일어납니다.

1. 어떻게 당신은 세계의 다른 지역에서 온 그리스도인들과 연결되어 있음을 느끼십니까? 이러한 경험이 어떻게 당신이 하나님을 이해하고 예배하는 방식 및 당신이 생각하는 교회의 의미를 변화시킵니까?

2. 무척 다른 환경에서 온 이들과 더불어 상호작용을 하는 것이 어떻게 당신으로 하여금 현실을 다르게 볼 수 있도록 하였습니까? 또한 어떻게 이 경험이 정의롭지 못한 일들에 대해 무엇인가를 하도록 당신에게 동기를 부여하였습니까?

3. 교회의 실천들 (찬양, 말씀선포, 성례전의 집례 등) 이 어떻게 사람들로 하여금 불의에 맞서도록 하고, 당신의 주변이나 여타의 환경 속에 만연된 정의롭지 못한 일들을 변화시키게 해줍니까?

4. 이러한 일이 어떻게 교회들이 갖고 있는 통념적인 사고방식들과 자세들에 대해 이의를 제기하게 합니까?

지금껏 우리는 에큐메니컬 운동의 특징을 이루는 몇 가지 핵심적인 강조점들을 살펴보면서, 한국의 부산에서 열리는 세계 교회 협의회 총회를 향한 여정을 이어왔습니다. 에큐메니컬 운동 자체를 이 여행을 위한 '배나 열차나 항공기'에 비유할 수 있습니다. 하지만 이 여행은 성령이 추진하는 것으로서 지극히 영적인 운동입니다. 그것은 세상 안에서 세상을 위한 제자직을 향해 우리를 인도해간다는 뜻에서 변화의 영성을 지향하는 운동입니다.

5. 위의 진술이 현재 당신에게 어떤 의미로 다가옵니까? 우리가 어느 곳에 있든지, 생명의 하나님께서 어떻게 우리를 정의와 평화로 인도하십니까? 이 말이 우리의 구체적인 삶과 제자직에 대해 어떠한 의미를 지니고 있습니까?

6. 당신이 부산에서 열리는 세계교회협의회 제10차 총회 참가자들과 소통하고 싶은 것은 무엇입니까?

세계교회협의회 신학을 말한다

초판발행	2013년 11월 15일
초판인쇄	2013년 11월 20일
발　　행	세계교회협의회 제10차 총회 한국준비위원회
발 행 인	김삼환
기획위원장	박성원
엮 은 이	양명득
주　소	110-740 / 서울 종로구 연지동 136-56 한국기독교연합회관 1306호
전　화	(02) 763-2013
홈페이지	www.wcc2013.kr
펴 낸 이	채형욱
펴 낸 곳	한국장로교출판사
주　소	110-470 / 서울 종로구 연지동 135 한국 교회100주년기념관 별관
전　화	(02) 741-4381 / 팩스 741-7886
영 업 국	(031) 944-4340 / 팩스 944-2623
등　록	No. 1-84(1951. 8. 3.)

ISBN 978-89-398-4020-1 / Printed in Korea
값 15,000원

※ 이 출판물은 저작권법에 의해 보호를 받는 저작물이므로 무단전재와 무단복제를 할 수 없습니다.
　ⓒ 세계교회협의회 제10차 총회 한국준비위원회